Gemeinschaftsweite Immaterialgüterrechte und nationales Lauterkeitsrecht

**Europäische Hochschulschriften**

European University Studies

Publications Universitaires Européennes

Reihe II **Rechtswissenschaft**

Series II Law

Série II Droit

Band/Volume **5533**

Michael Zenker

# Gemeinschaftsweite Immaterialgüterrechte und nationales Lauterkeitsrecht

## Das Verhältnis des nicht eingetragenen Gemeinschaftsgeschmacksmusters und der Gemeinschaftsmarke zum nationalen Lauterkeitsrecht

PL ACADEMIC RESEARCH

**Bibliografische Information der Deutschen Nationalbibliothek**
Die Deutsche Nationalbibliothek verzeichnet diese Publikation in der Deutschen Nationalbibliografie; detaillierte bibliografische Daten sind im Internet über http://dnb.d-nb.de abrufbar.

Zugl.: Bonn, Univ., Diss., 2013

D 5
ISSN 0531-7312
ISBN 978-3-631-64168-2 (Print)
E-ISBN 978-3-653-03306-9 (E-Book)
DOI 10.3726/978-3-653-03306-9



PL Academic Research ist ein Imprint der Peter Lang GmbH.
Peter Lang – Frankfurt am Main · Bern · Bruxelles · New York · Oxford · Warszawa · Wien



Dieses Buch wurde vor Erscheinen peer reviewed.

www.peterlang.com

# Vorwort

Die vorliegende Arbeit wurde im Wintersemester 2012/2013 von der Rechts- und Staatswissenschaftlichen Fakultät der Universität Bonn als Dissertation angenommen. Rechtsprechung und einschlägige Literatur konnten bis einschließlich April 2013 berücksichtigt werden.

Meinem Doktorvater, Herrn Prof. Dr. Matthias Leistner, LL.M., danke ich für die Betreuung der Arbeit, die Unterstützung bei der Themenwahl sowie für die lehr- und erfahrungsreiche Zeit als wissenschaftlicher Mitarbeiter an seinem Lehrstuhl. Diese Zeit werde ich stets in sehr guter Erinnerung behalten. Herrn Prof. Dr. Michael Loschelder danke ich für die zügige Erstellung des Zweitgutachtens.

Für die wunderbare gemeinsame Zeit, die zahlreichen anregenden Diskussionen sowie die Durchsicht meiner Arbeit gilt mein Dank weiterhin meinen Lehrstuhl- und Doktorandenkollegen Dr. Sebastian Hühner, Dr. Manuel Kleinemenke, Dr. Felix Stang, LL.M., sowie Dr. Katrin Wegmann. Herrn Dr. Jens Steger danke ich für die vielen interessanten Gespräche während unserer gemeinsamen Promotionszeit.

Meinen Eltern Renate und Kurt Zenker danke ich von ganzem Herzen, dass sie mich auf meinem bisherigen Lebensweg vorbehaltlos unterstützt, gefördert und gefordert haben. Durch ihren steten Rückhalt, ihren Zuspruch und ihre Liebe haben sie im wesentlichen Maße zum Gelingen dieser Arbeit beigetragen.

Besonderer Dank gilt auch meinem Bruder Marcus Zenker sowie meiner Schwägerin Elke Zenker, die mir während meiner gesamten Studienzeit wichtige Stützen waren. Meinen Schwiegereltern Alla und Vladimir Mazur danke ich ebenso wie Ursula und Walter Kessel für ihre stetige moralische Unterstützung während meiner Promotionszeit.

Schließlich gilt mein innigster Dank meiner Frau Yuliya Zenker für ihre Liebe und ihre vorbehaltlose Unterstützung. Ohne ihren Zuspruch, ihre Geduld und ihr entgegengebrachtes Vertrauen wäre diese Arbeit nicht möglich gewesen.

# Inhaltsverzeichnis


Abkürzungsverzeichnis .................... 17
Einleitung .................... 21
I. Problemstellung .................... 21
II. Gang der Untersuchung .................... 22

Kapitel 1. Recht des nicht eingetragenen Gemeinschaftsgeschmacksmusters und lauterkeitsrechtlicher Nachahmungsschutz .................... 25
I. Vergleich der Schutzinstitute und Feststellung grundsätzlich möglicher Überschneidungsbereiche .................... 27
1. Schutzvoraussetzungen .................... 27
a) Schutzvoraussetzungen des nicht eingetragenen Gemeinschaftsgeschmacksmusters .................... 28
(1) Definition .................... 28
(2) Neuheit gemäß Art. 5 GGV .................... 29
(3) Eigenart gemäß Art. 6 GGV .................... 30
(a) Gesamteindruck .................... 30
(b) Informierter Benutzer .................... 32
(4) Sichtbarkeit .................... 33
(5) Schutzbeginn .................... 33
b) Schutzvoraussetzungen des lauterkeitsrechtlichen Nachahmungsschutzes .................... 34
(1) Allgemeine Voraussetzungen .................... 35
(a) Die wettbewerbliche Eigenart .................... 35
(i) Grundlagen .................... 35
(ii) Bestimmungszeitpunkt der wettbewerblichen Eigenart .................... 38
(b) Nachahmung .................... 39
(c) Wechselwirkung .................... 39
(2) Fallgruppen des lauterkeitsrechtlichen Nachahmungsschutzes .................... 41
(a) Vermeidbare Herkunftstäuschung gemäß § 4 Nr. 9 lit. a) UWG .................... 41

(b) Ausnutzung oder Beeinträchtigung des Rufs beziehungsweise der Wertschätzung einer Ware gemäß § 4 Nr. 9 lit. b) UWG ... 43
(c) Unredliche Kenntniserlangung gemäß § 4 Nr. 9 lit. c) UWG ... 45
(d) Mitbewerberbehinderung nach § 4 Nr. 10 UWG ... 46
(e) Unmittelbarer Produktschutz ... 47
(i) Entwicklung und Kritik ... 48
(ii) Saisonschutzrechtsprechung ... 50
c) Überschneidungsbereiche und Unterschiede des UWG-Nachahmungsschutzes und des formlosen Geschmacksmusterschutzes ... 51
(1) Beschränkung des Überschneidungsbereichs durch unterschiedliche Kriterien zur Bestimmung der Schutzvoraussetzungen ... 53
(a) Zeitpunkt zur Bestimmung der qualitativen Schutzvoraussetzungen ... 54
(b) Heranzuziehender Vergleichsmarkt ... 54
(i) Adressatenkreis ... 55
(ii) Territorialer Vergleichsmarkt ... 56
(2) Mittelbarer Produktschutz ... 57
(a) Vermeidbare Herkunftstäuschung gemäß § 4 Nr. 9 lit. a) UWG ... 58
(b) Rufausbeutung und Rufbeeinträchtigung gemäß § 4 Nr. 9 lit. b) UWG ... 59
(c) Unlautere Mitbewerberbehinderung gemäß § 4 Nr. 10 UWG ... 60
(3) Überschneidungen im unmittelbaren Produktschutz ... 61
(4) Zwischenergebnis ... 63
2. Rechtsfolgen ... 64
a) Rechte aus dem nicht eingetragenen Gemeinschaftsgeschmacksmuster ... 65
(1) Anspruchsberechtigung ... 65
(2) Ansprüche ... 66
(3) Verjährung ... 67
b) Rechtsfolgen der unlauteren Produktnachahmung ... 67
(1) Anspruchsberechtigung ... 67
(a) Faktische Beschränkung auf Hersteller ... 68
(b) Konkretes Wettbewerbsverhältnis ... 69
(2) Ansprüche ... 70

(3) Verjährung ..... 71
c) Zwischenergebnis ..... 71
3. Schutzdauer ..... 71
4. Schutzrichtung ..... 73
a) Grundkonzeption: Schutz des Produkts contra Schutz vor unlauteren Handlungen ..... 74
b) Immaterialgüterrechtsähnlichkeit des mittelbaren Leistungsschutzes? ..... 75
c) Zwischenergebnis ..... 78
5. Zwischenergebnis ..... 79
II. Beschränkung des lauterkeitsrechtlichen Produktschutzes durch Gemeinschaftsgeschmackmusterrecht und sonstiges europäisches Sekundärrecht ..... 80
1. Europäische Rahmenbedingungen ..... 80
a) Art. 96 GGV sowie Erwägungsgrund 31 GGV als Öffnungsklauseln? ..... 81
b) Faktische Harmonisierung des lauterkeitsrechtlichen Produktnachahmungsschutzes ..... 82
c) Primärrechtliche Relevanz des lauterkeitsrechtlichen Nachahmungsschutzes ..... 84
(1) Beele-Entscheidung des EuGH ..... 85
(2) „Freibrief" für den wettbewerbsrechtlichen Nachahmungsschutz ..... 85
d) Widerspruch zum Gemeinschaftsrecht als Prüfungsmaßstab für die Anwendung des Lauterkeitsrechts ..... 86
e) Zwischenergebnis ..... 87
2. Begrenzungswirkung im Hinblick auf die Schutzdauer ..... 88
a) Notwendigkeit verhaltensbezogener Unlauterkeitsmomente ..... 88
b) Umkehrschluss: Zulässiger Nachahmungswettbewerb nach Ablauf der Schutzfrist ohne zusätzliche verhaltensbezogene Unlauterkeitsmomente ..... 89
c) Konsequenz: Besinnung auf die Sanktionierung von über die Nachahmung hinausgehendem Verhaltensunrecht ..... 90
(1) Beeinflussung durch produktimmanente Faktoren – Die Rufausbeutung durch Anlehnung ..... 91
(2) Nachahmungsschutz aufgrund der Art und Weise der Nachahmung ..... 91
(3) Zuordnungsschutz – Die Regelung des § 4 Nr. 9 lit. a) UWG ..... 92

(a) Grundsatz: Vermeidbarkeit als handlungsbezogene Komponente ..... 92
(b) Neubestimmung des Zuordnungsschutzes im Lichte des europäischen Sekundärrechts ..... 92
(i) Die Regelung zum irreführenden Produktmarketing gemäß § 5 Abs. 2 UWG ..... 93
(ii) Überlagerung des Zuordnungsschutzes von § 5 Abs. 2 UWG im Bereich des Musterschutzes? ..... 94
(a) Lösung: Grundsatz der Sanktionierung von Zuordnungsverwirrungen über § 5 Abs. 2 UWG ... 94
(b) Ausnahme: Schutzfähigkeit als Warenformmarke nach § 4 Nr. 2 MarkenG ..... 96
(4) Grenze der Sanktionierung von über die Nachahmungshandlung hinausgehendem Verhaltensunrecht – Zwingende Erfordernisse des lauteren Handelsverkehrs ..... 98
d) Zwischenergebnis: Begrenzter Anwendungsbereich des UWG-Nachahmungsschutzes nach Ablauf der Schutzfrist des nicht eingetragenen Gemeinschaftsgeschmacksmusters ..... 99
3. Exkurs: Parallele Anwendbarkeit des UWG-Nachahmungsschutzes während der Schutzdauer des nicht eingetragenen Gemeinschaftsgeschmacksmusters? ..... 100
4. Begrenzungswirkung im Hinblick auf den sachlichen Schutzumfang ..... 101
a) Fehlen eines geschmacksmusterfähigen Gegenstands ..... 101
b) Vorliegen von Schutzausschlussgründen nach Art. 8, 9 GGV ..... 102
c) Fehlen schutzbegründender Veröffentlichung ..... 103
d) Fehlende Neuheit (Art. 5 GGV) beziehungsweise Eigenart (Art. 6 GGV) ..... 103
(1) Grundkonflikt ..... 103
(2) Lösungsansatz: Anwendung des § 4 Nr. 9 UWG unter Orientierung an der Schutzdauer des formlosen Geschmacksmusterschutzes ..... 104
(3) Kein unmittelbarer Leistungsschutz ..... 105
e) Nichtbestehen formlosen Geschmacksmusterschutzes wegen Nichtigkeitserklärung ..... 105
(1) Grund der Nichtigkeitserklärung ..... 106
(2) Zeitliche Komponente ..... 107
(a) Nichtigkeitserklärung vor Verletzungshandlung ..... 107
(b) Nichtigkeitserklärung nach Verletzungshandlung ..... 107

f) Zwischenergebnis ..... 108
III. Ergebnis ..... 109

Kapitel 2. Gemeinschaftsmarkenrecht und lauterkeitsrechtlicher Kennzeichenschutz ..... 111
I. Vergleich der Schutzinstitute und Feststellung möglicher Anwendungsbereiche eines lauterkeitsrechtlichen Schutzes der Gemeinschaftsmarke ..... 112
1. Schutz der Gemeinschaftsmarke durch das Gemeinschaftsmarkenrecht ..... 112
a) Schutzumfang der Gemeinschaftsmarke – Die markenrechtlich relevante Benutzungshandlung ..... 113
(1) Rechtslage zur Zeit des Warenzeichengesetzes ..... 115
(2) Rechtslage nach Erlass der Markenrechtsrichtlinie und der Gemeinschaftsmarkenverordnung ..... 117
(a) Kollisionsfälle des Art. 9 Abs. 1 GMV ..... 117
(i) Art. 9 Abs. 1 lit. a) GMV ..... 118
(ii) Art. 9 Abs. 1 lit. b) GMV ..... 119
(iii) Art. 9 Abs. 1 lit. c) GMV ..... 122
(a) Bekanntheit ..... 123
(b) Maßgebliches Gebiet zur Bestimmung der Bekanntheit ..... 124
(c) Eingriffstatbestände des Art. 9 Abs. 1 lit. c) GMV ..... 124
(i) Beeinträchtigung der Unterscheidungskraft ..... 125
(ii) Beeinträchtigung der Wertschätzung ..... 125
(iii) Ausnutzung der Unterscheidungskraft oder der Wertschätzung ..... 126
(d) Unlauterkeitsvorbehalt des Art. 9 Abs. 1 lit. c) GMV ..... 126
(b) Rechtsverletzende Benutzung gemäß Art. 9 Abs. 1 GMV in der Literatur, der nationalen Rechtsprechung und in der Rechtsprechung des EuGH ..... 128
(i) Literatur und nationale Rechtsprechung ..... 128
(ii) Rechtsprechung des EuGH ..... 130
(a) Entwicklung der EuGH-Rechtsprechung ..... 131
(b) BMW/Deenik ..... 131
(c) Hölterhoff ..... 133

(d) Etablierung einer funktionsorientierten Betrachtung des Benutzungsbegriffs – Die Entscheidungen Arsenal und Anheuser-Busch ... 134
(e) Adidas/Fitnessworld ... 137
(f) Opel/Autec ... 138
(g) Céline ... 141
(h) L'Oréal/Bellure ... 143
(iii) Zwischenergebnis ... 145
(c) Einzelfälle ... 148
(i) Referierende Benutzung ... 149
(a) Nennung im Bereich vergleichender Werbung ... 150
(b) Zulässige vergleichende Werbung tatbestandlich keine rechtsverletzende Benutzung ... 151
(c) Vergleichende Werbung als grundsätzlich rechtsverletzende Benutzung ... 152
(d) O2-Entscheidung des EuGH ... 153
(e) Fortführung in L'Oréal/Bellure ... 154
(f) Zwischenergebnis ... 155
(ii) Verwendung als Unternehmenskennzeichen ... 156
(iii) Produktgestaltender Gebrauch ... 158
b) Exkurs: Rechtsfolgen einer Gemeinschaftsmarkenverletzung ... 160
2. (Gemeinschafts-)Markenschutz durch nationales Lauterkeitsrecht ... 161
a) Ausgangspunkt ... 161
b) Schutz vor Herkunftstäuschung ... 163
(1) § 5 UWG – Verbot der Irreführung ... 164
(a) Schutzzweck des Irreführungsverbots im nationalen Recht ... 165
(b) Beeinflussung durch Gemeinschaftsrecht ... 166
(c) Spannungsfeld von lauterkeitsrechtlichem Irreführungsschutz und ausschließlichem Markenrecht bei der Verwendung von Kennzeichen ... 167
(i) Bisherige Praxis: Weitgehender Vorrang des Kennzeichenrechts ... 169
(ii) Abkehr von Vorrangthese durch UWG Novelle 2009 ? ... 170
(d) Irreführende Kennzeichenbenutzung – Die Regelungen in § 5 Abs. 1 S. 2 Nr. 1 sowie § 5 Abs. 2 UWG ... 172
(2) § 6 Abs. 2 Nr. 3 UWG – Herkunftstäuschung im Bereich der vergleichenden Werbung ... 173

(3) § 4 Nr. 9 UWG – Kennzeichen im Rahmen des lauterkeitsrechtlichen Nachahmungsschutzes ........................... 174
(a) Formmarkenschutz ........................................................... 174
(b) Sonstige Kennzeichenformen ............................................ 175
(i) Marken als eigenartbegründende Elemente bei Produktnachahmung ............................................ 176
(ii) Kritik ...................................................................... 176
(c) Produktunabhängiger (Nachahmungs-)Schutz von Kennzeichen zur Erfassung markenrechtlich nicht erfasster Konstellationen? ................................................ 177
(i) Allgemeines ............................................................. 178
(ii) Keine Anwendung von Art. 5 Abs. 5 MRRL im Gemeinschaftsmarkenrecht – Die The Home Store-Entscheidung des BGH ............. 178
(iii) Nichtexistenz einer der Art. 5 Abs. 5 MRRL vergleichbaren Regelung – negative Begrenzungswirkung? ............................................... 179
c) Schutz vor Rufausbeutung, Rufbeeinträchtigung und Verunglimpfung ........................................................................ 180
(1) Frühere Praxis: Schutz bekannter Marken über das UWG und das allgemeine Zivilrecht ................................................ 180
(2) Vorrangthese des BGH: Die MAC Dog-Entscheidung 1998 .... 181
(3) Rückkehr zum Gleichrangprinzip beim Produktschutz? Die jüngere Rechtsprechung des BGH ..................................... 182
(4) Anknüpfungspunkte im Lauterkeitsrecht ............................. 185
(a) Grundsatz: Individualschützender Charakter des Schutzes der bekannten Marke Lückenfüllungsfunktion des UWG ............................................................ 185
(b) Fallgruppen ...................................................................... 187
(i) Erweiterter Schutz der bekannten Marke im Warenähnlichkeitsbereich? .......................................... 187
(ii) Markenschutz außerhalb des Markenähnlichkeitsbereichs ..................................................................... 188
(iii) Sonderschutz nicht bekannter Kennzeichen? ............. 189
(a) Rufbeeinträchtigung nicht bekannter Kennzeichen ........................................................ 189
(b) Rufbeeinträchtigung in vergleichender Werbung .. 190
(c) Negative Begrenzungsfunktion des Art. 9 Abs. 1 lit. c) GMV, Art. 14 Abs. 1 GMV? ... 191

(iv) Fehlen einer gedanklichen Verknüpfung – nicht-markenmäßige Benutzung im Rahmen desArt. 9 Abs. 1 lit. c) GMV ..... 191
(a) Verwendung einer bekannten Marke als Gattungsbezeichnung ..... 192
(b) Rein dekorativer Gebrauch ..... 193
d) Schutz bei markenrechtlich nicht erfassten Besitzständen ..... 194
(1) Anwartschaftsschutz ..... 194
(2) Bösgläubige Gemeinschaftsmarkenanmeldung ..... 195
(a) Rechtsprechung: Echte Anspruchskonkurrenz ..... 195
(b) Voraussetzungen ..... 196
(i) Nationale Rechtsprechung ..... 196
(ii) Bösgläubigkeit im Gemeinschaftsmarkenrecht ..... 197
(c) Vorgehen bei Gemeinschaftsmarken? ..... 198
e) Konstellationen fehlender „Benutzung“ – Kennzeichenentfernung zu Behinderungszwecken ..... 198
f) Lauterkeitsrechtlicher Markenschutz bei fehlender Bestandskraft der Gemeinschaftsmarke? ..... 198
g) Verwirkung bestehender Ansprüche gemäß Art. 54 GMV ..... 199
h) Unlautere Vorfeldhandlungen – Die unredliche Kenntniserlangung gemäß § 4 Nr. 9 lit. c) UWG ..... 200
i) Exkurs: Vorgehen gegen markenrechtlich freigestellte Benutzungen? ..... 201
(1) Werbung für Ersatzteile – Art. 12 lit. c) GMV ..... 201
(2) Schutz von Vertriebsbindungen gegen Außenseiter ..... 202
(3) Lauterkeitsrechtliche Wertungen in markenrechtlichen Ausnahmevorschriften? ..... 203
3. Zwischenergebnis ..... 204
II. Möglichkeiten eines ergänzenden Gemeinschaftsmarkenschutzes durch das Lauterkeitsrecht ..... 205
1. Primat des europäischen Sekundärrechts im Gemeinschaftsmarkenrecht ..... 205
2. Ausgangspunkt: Die Regelung des Art. 14 GMV ..... 207
a) Art. 14 Abs. 2 GMV als Öffnungsklausel? ..... 208
b) Reichweite des Art. 14 Abs. 1 GMV ..... 208
(1) Begriff der Wirkung ..... 209
(2) Abschließende Regelung möglicher Verletzungshandlungen nach Art. 9–11 GMV? ..... 209
(3) Abgestuftes Verhältnis von Art. 14 Abs. 1 und Abs. 2 GMV .. 210
(4) Negative Begrenzungswirkung des Art. 14 Abs. 1 GMV ..... 211

(a) Fehlende Öffnungsklausel im Sinne des Art. 5 Abs. 5 MRRL – Auswirkungen auf den Wirkungsbegriff ... 212
(b) Rufbeeinträchtigung nicht bekannter Marken ... 212
(c) Nicht erfasste Benutzungen im Anwendungsbereich der Art. 9 Abs. 1 lit. a) und b) GMV ... 213
(d) Keine gedankliche Verknüpfung beim Sonderschutz bekannter Marken ... 214
c) Zwischenergebnis ... 215
3. Vorrangwirkung des Markenrechts ... 215
a) Anwartschaftsschutz bei Gemeinschaftsmarken? ... 216
b) Sanktionierung bösgläubiger Gemeinschaftsmarkenanmeldungen ... 217
c) Fehlende Bestandskraft der Marke ... 219
d) Konstellationen fehlender Benutzung: Kennzeichenentfernung zu Behinderungszwecken ... 219
e) Sanktionierung unlauterer Vorfeldhandlungen über § 4 Nr. 9 lit. c) UWG ... 220
f) Zwischenergebnis ... 220
4. Gemeinschaftsmarkenrecht und (sonstiges) sekundäres Gemeinschaftsrecht ... 221
a) Keine Restriktionen durch Art. 14 GMV ... 221
b) Gemeinschaftsmarkenrecht und harmonisiertes Lauterkeitsrecht ... 222
(1) Vergleichende Werbung gemäß Art. 4 Irreführungsrichtlinie 2006/114/EG ... 222
(a) Erwägungsgründe 14 und 15 der Richtlinie 2006/114/EG ... 223
(b) Keine andere Bewertung bei Gemeinschaftsmarken ... 224
(c) Zwischenergebnis ... 224
(2) Schutz vor Irreführung durch die Irreführungsrichtlinie und die UGP-Richtlinie ... 225
(a) Grundkonflikt ... 226
(b) Keine ausdrückliche Lösung des Konkurrenzverhältnisses im Sekundärrecht ... 226
(c) Denkbare Lösungen zur Bestimmung des Konkurrenzverhältnisses ... 227
(i) Schutz gegenüber Verbrauchern ... 229
(a) Grundsatz – Nebeneinander von Irreführungsschutz und Kennzeichenschutz ... 229

(b) Sachliche Grenzen des Irreführungsschutzes – Kernbereich des Markenschutzes .......................... 230
(i) Irreführung bei Herstellung und Vertrieb durch Lizenznehmer .................................... 230
(ii) Pflicht zur Qualitätserhaltung ........................ 232
(iii) Zwischenergebnis – Grundsätzliche Normenkonkurrenz – enumerative Ausnahmen ............................... 233
(c) Exkurs: Auswirkungen der markenrechtlichen Schrankenregelungen auf den Irreführungsschutz ......................................... 234
(ii) Schutz gegenüber Gewerbetreibenden ........................ 236
5. Ergebnis: Konkrete Anwendungsmöglichkeiten ergänzenden Lauterkeitsrechts .................................................................... 238

Kapitel 3. Zusammenfassung in Thesen ...................................................... 241
I. Konkurrenzverhältnis des formlosen Geschmacksmusterschutzes und des Schutzes nach § 4 Nr. 9 UWG .................................................. 241
II. Anwendungsbereich eines lauterkeitsrechtlichen Markenschutzes bei Gemeinschaftsmarken ..................................................................... 242

Literaturverzeichnis ............................................................................. 245

# Abkürzungsverzeichnis

| | |
|---|---|
| a.a.O. | am angegebenen Ort |
| AEUV | Vertrag über die Arbeitsweise der Europäischen Union |
| a.F. | Alte Fassung |
| Abl. | Amtsblatt der Europäischen Gemeinschaft |
| Abs. | Absatz |
| Alt. | Alternative |
| Art. | Artikel |
| Az. | Aktenzeichen |
| B2B | Business to Business (Verhältnis Unternehmer – Unternehmer) |
| B2C | Business to Consumer (Verhältnis Unternehmer – Verbraucher) |
| BB | Betriebsberater |
| BGB | Bürgerliches Gesetzbuch |
| BGH | Bundesgerichtshof |
| BGBl. | Bundesgesetzblatt |
| bzw. | beziehungsweise |
| BT-Drs. | Bundestagsdrucksache |
| CMLR | Common Market Law Review |
| Dok. | Dokument |
| DPMA | Deutsches Patent- und Markenamt |
| EGV | Vertrag zur Gründung der Europäischen Gemeinschaft |
| EWG-V | Vertrag über die Gründung der Europäischen Wirtschaftsgemeinschaft |
| EWR | Europäischer Wirtschaftsraum |
| endg. | Endgültige Fassung |
| EuGH | Europäischer Gerichtshof |
| EuZW | Europäische Zeitschrift für Wirtschaftsrecht |
| f. | folgende |
| ff. | fortfolgende |
| FS | Festschrift |
| GeschmMG | Deutsches Geschmacksmustergesetz |
| GG | Grundgesetz |

| | |
|---|---|
| GGV | Verordnung über das Gemeinschaftsgeschmacksmuster |
| GMV | Verordnung über die Gemeinschaftsmarke |
| GRUR | Gewerblicher Rechtsschutz und Urheberrecht, Zeitschrift der deutschen Vereinigung für gewerblichen Rechtsschutz und Urheberrecht |
| GRURInt | Gewerblicher Rechtsschutz und Urheberrecht, Zeitschrift der deutschen Vereinigung für gewerblichen Rechtsschutz und Urheberrecht, Internationaler Teil |
| GRURPrax | Gewerblicher Rechtsschutz und Urheberrecht, Zeitschrift der deutschen Vereinigung für gewerblichen Rechtsschutz und Urheberrecht, Praxis im Immaterialgüter- und Wettbewerbsrecht |
| GRUR-RR | Gewerblicher Rechtsschutz und Urheberrecht, Zeitschrift der deutschen Vereinigung für gewerblichen Rechtsschutz und Urheberrecht, Rechtsprechungs-Report |
| HABM | Harmonisierungsamt für den Binnenmarkt |
| HABM-BK | Beschwerdekammer des Harmonisierungsamts für den Binnenmarkt |
| HABM-NA | Nichtigkeitsabteilung des Harmonisierungsamts für den Binnenmarkt |
| HS | Halbsatz |
| JZ | Juristenzeitung |
| Kap. | Kapitel |
| KG | Kammergericht |
| LG | Landgericht |
| LMK | Kommentierte BGH-Rechtsprechung Lindenmaier-Möhring |
| LMuR | Lebensmittel und Recht |
| lit. | Buchstabe |
| MarkenG | Deutsches Markengesetz |
| Mitt. | Mitteilungen der Deutschen Patentanwälte |
| MRRL | Markenrechtsrichtlinie (Richtlinie 89/104/EWG) |
| MünchKommUWG | Münchner Kommentar zum UWG |
| NJW | Neue Juristische Wochenschrift |
| Nr. | Nummer |
| OLG | Oberlandesgericht |
| ÖOGH | Österreichischer Oberster Gerichtshof |
| PVÜ | Pariser Verbandsübereinkunft zum Schutz des gewerblichen Eigentums |
| RegE | Regierungsentwurf |

| | |
|---|---|
| RG | Reichsgericht |
| RGBl. | Reichsgesetzblatt |
| RGZ | Entscheidungen des Reichsgerichts in Zivilsachen |
| RL | Richtlinie |
| Rn. | Randnummer |
| Rs. | Rechtssache |
| Slg. | Amtliche Sammlung |
| TRIPS | Agreement on the Trade-Related Aspects of Intellectual Property Rights (Übereinkommen über handelsbezogene Aspekte der Rechte des Geistigen Eigentums) |
| UGP-Richtlinie | Richtlinie über unlautere Geschäftspraktiken (RL 2005/29/EG) |
| UrhG | Urhebergesetz |
| UWG | Gesetz gegen den unlauteren Wettbewerb |
| vgl. | vergleiche |
| VPP | Rundbriefe der Vereinigung von Fachleuten des Gewerblichen Rechtsschutzes |
| WRP | Wettbewerb in Recht und Praxis |
| WZG | Warenzeichengesetz |
| ZEuP | Zeitschrift für Europäisches Privatrecht |
| Ziff. | Ziffer |
| ZGE | Zeitschrift für Geistiges Eigentum |
| ZHR | Zeitschrift für das gesamte Handelsrecht und Wirtschaftsrecht |
| ZPO | Zivilprozessordnung |
| ZUM | Zeitschrift für Urheber- und Medienrecht |

# Einleitung

## I. *Problemstellung*

Die europäische Rechtsharmonisierung schreitet auch im Bereich der Immaterialgüterrechte unaufhörlich voran und ergänzt beziehungsweise ersetzt Elemente nationalstaatlichen Rechts. Dabei wurden neben der Harmonisierung nationalen Rechts, etwa durch die Markenrechtsrichtlinie[1] oder die Geschmacksmusterrichtlinie[2], auch originär europäische Immaterialgüterrechte geschaffen. Diese haben zum einen im Wege der Richtlinienumsetzung mittelbar ihren Eingang in nationales Recht gefunden, wie etwa der Rechtsschutz von Datenbanken.[3] Zum anderen wurden gemeinschaftsweite Immaterialgüterrechte erschaffen, die aufgrund von Verordnungen unmittelbaren Geltungsanspruch in den Mitgliedsstaaten besitzen. Zur letzteren Gruppe gehören die durch die Gemeinschaftsmarkenverordnung[4] von 1993 eingeführte Gemeinschaftsmarke sowie das durch die Gemeinschaftsgeschmacksmusterverordnung[5] von 2001 geschaffene nicht eingetragene Gemeinschaftsgeschmacksmuster[6].

Diese europäischen oder zumindest europäisch „geprägten" Immaterialgüterrechte werfen die Frage nach ihrem Verhältnis zum nationalen Lauterkeitsrecht

---

1 Erste Richtlinie des Rates vom 21.12.1988 zur Angleichung der Rechtsvorschriften der Mitgliedstaaten über die Marken, 89/104/EWG, ABl. EG Nr. L 40 vom 11.2.1989, S. 1 ff.

2 Richtlinie 98/71/EG des Europäischen Parlaments und des Rates vom 13.10.1998 über den rechtlichen Schutz von Mustern und Modellen, ABl. EG Nr. L 289 vom 28.10.1998, S. 28 ff. (im Folgenden: Geschmacksmusterrichtlinie).

3 Richtlinie 96/9/EG des Europäischen Parlaments und des Rates vom 11.3.1996 über den rechtlichen Schutz von Datenbanken, ABl. EG Nr. L 77 vom 27.3.1996, S. 20 ff.

4 Verordnung (EG) Nr. 40/94 vom 20.12.1993 über die Gemeinschaftsmarke, aufgehoben durch die kodifizierte Fassung der Verordnung (EG) Nr. 207/2009 vom 26.2.2009 über die Gemeinschaftsmarke, ABl. EU Nr. L 78, S. 1 ff., in Kraft getreten am 13.4.2009 (nachfolgend: GMV).

5 Verordnung (EG) Nr. 6/2002 des Rates vom 12. 12. 2001 über das Gemeinschaftsgeschmacksmuster, ABl. EG Nr. L 3 vom 5.1.2002, S. 1 ff. (nachfolgend: GGV).

6 Vorliegende Untersuchung beschränkt sich auf die Betrachtung des nicht eingetragenen Gemeinschaftsgeschmacksmusters und sein Verhältnis zum nationalen Lauterkeitsrecht, da nur insoweit ein Konkurrenzverhältnis im Hinblick auf den formlosen Musterschutz besteht.

auf. Das Verhältnis von Immaterialgüterrecht und Lauterkeitsrecht ist auch auf nationaler Ebene seit der *Schallplatten*-Entscheidung[7] des Reichsgerichts stets Gegenstand mannigfaltiger Diskussionen gewesen[8], die angesichts der Neufassung des UWG im Jahre 2004[9] und der Richtlinie über Unlautere Geschäftspraktiken aus dem Jahre 2005[10] noch heute andauern[11].

Die Bestimmung dieses Verhältnisses erschöpft sich nicht in der bloßen wissenschaftlichen Erörterung, sondern besitzt insbesondere im Bereich der ästhetischen Produktgestaltung auch eine hohe Praxisrelevanz, da hier sonderrechtliche Wertungen einen möglicherweise gravierenden Einfluss auf die wettbewerbsrechtliche Schutzfähigkeit von Waren und Produkten haben können. Nicht zuletzt die Einführung eines formlosen Musterschutzes in Gestalt des nicht eingetragenen Gemeinschaftsgeschmacksmusters im Jahre 2001 regt die Diskussion um eine mögliche Präklusion des Rückgriffs auf nationales Lauterkeitsrecht im Bereich des Designschutzes an. Aber auch im Kennzeichenrecht – gerade im Bereich des Formmarkenschutzes – ist eine Auseinandersetzung mit dem Konkurrenzverhältnis der verschiedenen Schutzregime unentbehrlich. Der Bestimmung eben dieser Relation zwischen den europäischen Immaterialgüterrechten und dem nationalen Lauterkeitsrecht widmet sich die vorliegende Arbeit.

## *II. Gang der Untersuchung*

Die nachfolgende Untersuchung gliedert sich in zwei Hauptkapitel. Das erste Kapitel behandelt das Recht des nicht eingetragenen Gemeinschaftsgeschmacksmusters sowie seinen Einfluss auf den Schutz von Formgebungen nach dem

---

7 RGZ 73, 294.

8 Vgl. dazu etwa die Monographien von *Beater*, Nachahmen im Wettbewerb – Eine rechtsvergleichende Untersuchung zu § 1 UWG, 1995; *Sambuc*, Der UWG-Nachahmungsschutz, 1996.

9 Vgl. die Neufassung des Gesetzes gegen den Unlauteren Wettbewerb vom 8.7.2004, BGBl. I 2004, 1414 (nachfolgend: UWG).

10 Richtlinie 2005/29/EG des Europäischen Parlaments und des Rates vom 11.5.2005 über unlautere Geschäftspraktiken im binnenmarktinternen Geschäftsverkehr zwischen Unternehmen und Verbrauchern und zur Änderung der Richtlinie 84/450/EWG des Rates, der Richtlinien 97/7/EG, 98/27/EG und 2002/65/EG des Europäischen Parlaments und des Rates sowie der Verordnung (EG) Nr. 2006/2004 des Europäischen Parlaments und des Rates (Richtlinie über Unlautere Geschäftspraktiken), ABl. EG Nr. L 149 vom 11.6.2005, S. 22 ff. (nachfolgend UGP-Richtlinie). Die UGP-Richtlinie wurde in Deutschland umgesetzt durch das Erste Gesetz zur Änderung des Gesetzes gegen den unlauteren Wettbewerb vom 22.12.2008, BGBl. I 2008, 2949.

11 Vgl. exemplarisch *Köhler*, GRUR 2007, 548 ff.; *Nirk/Rörig*, FS Mailänder, 2006, 161 ff.; *Ohly*, GRUR 2007, 731 ff.

UWG. Im ersten Unterabschnitt werden zunächst die Schutzvoraussetzungen, Schutzrichtung und -umfang, Schutzdauer sowie die Rechtsfolgen eines formlosen Musterschutzes nach der Gemeinschaftsgeschmacksmusterverordnung sowie nach dem UWG herausgearbeitet und miteinander verglichen, um Überschneidungen festzustellen (Kapitel 1.I). Im zweiten Unterabschnitt des ersten Hauptkapitels erfolgt sodann, basierend auf den im ersten Unterabschnitt gefundenen Ergebnissen, eine nähere Untersuchung, inwiefern der formlose Schutz durch das Gemeinschaftsgeschmacksmusterrecht den UWG-Nachahmungsschutz konkret beeinflusst (Kapitel 1.II). Dabei soll festgestellt werden, ob und inwieweit insbesondere das durch die Gemeinschaftsgeschmacksmusterverordnung geschaffene nicht eingetragene Gemeinschaftsgeschmacksmuster den Nachahmungsschutz durch das UWG sachlich und zeitlich beschränkt.

Im zweiten Hauptkapitel wird das Verhältnis des Gemeinschaftsmarkenrechts zum lauterkeitsrechtlichen Markenschutz näher beleuchtet, insbesondere inwiefern das Lauterkeitsrecht ergänzend dem Schutz der Gemeinschaftsmarke dienen kann. Dazu wird zunächst analysiert, inwieweit einer Gemeinschaftsmarke durch die Gemeinschaftsmarkenverordnung Schutz zukommt und inwieweit das nationale Lauterkeitsrecht denkbare kumulative beziehungsweise ergänzende Schutzmöglichkeiten bietet (Kapitel 2.I). Im zweiten Unterabschnitt soll dann vertieft darauf eingegangen werden, in welchem Umfang das europäische Primär- und Sekundärrecht im Allgemeinen sowie das Gemeinschaftsmarkenrecht im Besonderen der Anwendung des nationalen Lauterkeitsrechts im Zusammenhang mit dem Schutz einer Gemeinschaftsmarke Grenzen setzt (Kapitel 2.II). Dabei soll neben der Frage, inwiefern „Schutzlücken“ des Gemeinschaftsmarkenrechts durch das nationale Lauterkeitsrecht begegnet werden kann, auch erörtert werden, ob und inwiefern Dritte Ansprüche im Zusammenhang mit der Verletzung von Gemeinschaftsmarken aus dem UWG herleiten können.

Abschließend erfolgt eine kurze Zusammenfassung der gefundenen Ergebnisse in Thesenform (Kapitel 3).

# Kapitel 1. Recht des nicht eingetragenen Gemeinschaftsgeschmacksmusters und lauterkeitsrechtlicher Nachahmungsschutz

Mit dem durch die Gemeinschaftsgeschmacksmusterverordnung im Jahre 2001 eingeführten nicht eingetragenen Gemeinschaftsgeschmacksmuster genießen Formgebungen beziehungsweise Muster gemäß Art. 11 Abs. 1 GGV nunmehr einen dreijährigen europaweiten formlosen Schutz vor Nachahmung, Art. 19 Abs. 2 GGV. Bis zur Einführung des nicht eingetragenen Gemeinschaftsgeschmacksmusters war ein (originärer) Schutz der Formgebung grundsätzlich nur über Registerschutzrechte, also über ein eingetragenes (nationales) Geschmacksmuster oder eine eingetragene Formmarke zu erlangen, sowie in Ausnahmefällen aufgrund eines Formmarkenschutzes durch Verkehrsgeltung oder mithilfe des Urheberrechts. Die Rechtsprechung behalf sich oftmals durch Gewährung eines Nachahmungsschutzes aufgrund des so genannten „ergänzenden wettbewerbsrechtlichen Leistungsschutzes", der nach der Novellierung des UWG im Jahre 2004 seine ausdrückliche Normierung in § 4 Nr. 9 UWG fand. Angesichts der Schutzdauerbeschränkung des nicht eingetragenen Gemeinschaftsgeschmacksmusters gemäß Art. 11 GGV auf drei Jahre ab Veröffentlichung wurde bereits kurz nach Inkrafttreten der Gemeinschaftsgeschmacksmusterverordnung die Frage laut, inwieweit ein lauterkeitsrechtlicher Schutz der Formgebung überhaupt noch zur Anwendung kommen dürfe.[12] Die Problematik tritt insbesondere im Falle eines bereits abgelaufenen Schutzes durch das nicht eingetragene Gemeinschaftsgeschmacksmuster zutage. Da der lauterkeitsrechtliche Nachahmungsschutz grundsätzlich keiner zeitlichen Ausschlussfrist unterfällt[13], könnte eine allzu großzügige parallele Anwendbarkeit die Wertungen des auf drei Jahre begrenzten Schutzes des nicht eingetragenen Gemeinschaftsgeschmacksmusters unterlaufen.

---

12 Vgl. etwa die frühen Darstellungen bei *Bartenbach/Fock*, WRP 2002, 1119; *Osterrieth*, FS Tillmann, 2003, 221.

13 Vgl. jedoch BGH, GRUR 2005, 349 – *Klemmbausteine III*. Näher dazu Kapitel 1.I.3.

Von Seiten der höchstrichterlichen Rechtsprechung wurde erstmals in der *Jeans I*-Entscheidung vom 15.9.2005[14] zum Verhältnis des nicht eingetragenen Gemeinschaftsgeschmacksmusters und des nationalen lauterkeitsrechtlichen Nachahmungsschutzes nach § 4 Nr. 9 UWG Stellung genommen. Konkret ging es dabei tatsächlich um die Problematik, inwiefern nach Ablauf der Schutzfrist für ein nicht eingetragenes Gemeinschaftsgeschmacksmuster ein Rückgriff auf den UWG-Nachahmungsschutz noch möglich sein sollte. In diesem Urteil sah der Bundesgerichtshof ergänzenden wettbewerbsrechtlichen Leistungsschutz wegen vermeidbarer Herkunftstäuschung gemäß § 4 Nr. 9 lit. a) UWG nicht deshalb als ausgeschlossen an, weil für ein Erzeugnis Geschmacksmusterschutz in Form des nicht eingetragenen Gemeinschaftsgeschmacksmusters besteht oder bestanden hätte. Zur Begründung führte der BGH zunächst Art. 96 Abs. 1 GGV an, wonach die Bestimmungen der Mitgliedstaaten über den unlauteren Wettbewerb unberührt bleiben.[15] Ferner verfolgten die jeweiligen Gesetze unterschiedliche Zielrichtungen: Während die Gemeinschaftsgeschmacksmusterverordnung in Form des Gemeinschaftsgeschmacksmusters ein bestimmtes Leistungsergebnis schütze, richteten sich die Vorschriften über den ergänzenden wettbewerbsrechtlichen Leistungsschutz gemäß § 4 Nr. 9 lit. a) UWG gegen unlauteres Wettbewerbsverhalten, welches *in concreto* in einer vermeidbaren Täuschung der Abnehmer über die betriebliche Herkunft der in Frage stehenden Produkte läge.[16]

In einem nachfolgenden, mit dieser Entscheidung zusammenhängenden Beschluss vom 19.1.2006[17], bestätigte der BGH seine Auffassung und führte zusätzlich an, dass ein Nebeneinander von ergänzendem wettbewerbsrechtlichen Leistungsschutz und Schutz durch das nicht eingetragene Gemeinschaftsgeschmacksmuster auch deshalb geboten sei, da die Schutzinstitute sich sowohl in den Schutzvoraussetzungen als auch in den aus ihnen resultierenden Rechtsfolgen unterscheiden würden.[18] Ausdrücklich klammerte er dabei die Frage aus, ob ein zukünftiges Nebeneinander von UWG-Nachahmungsschutz und sonderrechtlichem Produktschutz auch ohne zusätzliche Unlauterkeitsmerkmale möglich sein soll, was bisher Grundlage der *Modeneuheiten*-Rechtsprechung des BGH[19] war.

---

14 BGH, GRUR 2006, 79 – *Jeans I.*

15 BGH, GRUR 2006, 79 (80) – *Jeans I.*

16 BGH, GRUR 2006, 79 (80) – *Jeans I.*

17 BGH, GRUR 2006, 346 – *Jeans II.*

18 Seitdem wurde diese Auslegung in der Entscheidung *Gebäckpresse* (GRUR 2009, 79 [82]) vom BGH bestätigt. Ebenso OLG Düsseldorf, GRUR-RR 2009, 142 (143) – *Crocs.* Restriktiv dagegen in jüngerer Zeit OLG Hamburg, BeckRS 2012, 18861 – *Flexibar,* hierzu kritisch *Engels*, GRUR-Prax 2013, 5.

19 Dazu Kapitel 1.I.1.b)(2)(e)(ii).

Diese Rechtsprechung stieß in der Literatur auf weitgehende Zustimmung[20], wobei insbesondere die Unterschiedlichkeit der Schutzvoraussetzungen, die voneinander divergierenden Schutzrichtungen sowie die gemeinschaftsrechtliche Öffnungsklausel für eine grundsätzlich parallele Anwendung des lauterkeitsrechtlichen Nachahmungsschutzes und des Rechts des nicht eingetragenen Gemeinschaftsgeschmacksmusters angeführt wurden.

## *I. Vergleich der Schutzinstitute und Feststellung grundsätzlich möglicher Überschneidungsbereiche*

Nachfolgend soll zunächst untersucht werden, ob und inwiefern im Ausgangspunkt tatsächlich Gemeinsamkeiten und Unterschiede im Recht des nicht eingetragenen Gemeinschaftsgeschmacksmusters zum lauterkeitsrechtlichen Nachahmungsschutz bestehen. Dazu sollen im Folgenden die Schutzinstitute im Hinblick auf ihre Schutzvoraussetzungen, ihre Schutzrichtungen sowie ihre Rechtsfolgen miteinander verglichen und mögliche Überschneidungsbereiche festgestellt werden.[21] Ausgehend von den gefundenen Ergebnissen wird im Anschluss eine Bestimmung des verbleibenden Anwendungsfelds des lauterkeitsrechtlichen Produktschutzes neben dem Recht des nicht eingetragenen Gemeinschaftsgeschmacksmusters vorgenommen.

### 1. Schutzvoraussetzungen

Bei oberflächlicher Betrachtung vermag man der These von unterschiedlichen Schutzvoraussetzungen im lauterkeitsrechtlichen Nachahmungsschutz und im Gemeinschaftsgeschmacksmusterrecht bereits deshalb zustimmen, da die Tatbestandsmerkmale der jeweiligen Schutzinstitute tatsächlich divergieren. Während etwa der gemeinschaftsrechtliche Musterschutz an die Neuheit und Eigenart des Gemeinschaftsgeschmacksmusters anknüpft (Art. 5, 6 GGV), setzt der Lauterkeitsschutz nach § 4 Nr. 9 lit. a) – c) UWG neben der wettbewerblichen Eigenart eines Produkt grundsätzlich ein gesondertes verhaltensbedingtes Unlauterkeitsmerkmal voraus.

---

20 Etwa *Gottschalk/Gottschalk*, GRURInt 2006, 461 (466); *Kiethe/Groeschke*, WRP 2006, 794 (795); *Lehmler*, UWG, 2007, § 4 Nr. 9 Rn. 16; *Teplitzky*, LMK 2005, 162219.

21 Auf die Bestimmung des Art. 96 GGV, die der BGH ebenfalls für eine parallele Anwendbarkeit von Geschmacksmusterrecht und Lauterkeitsrecht anführte, wird an späterer Stelle unter Kapitel 1.II.1.a) eingegangen.

Dennoch erscheint eine Gegenüberstellung der Schutztatbestände nicht entbehrlich. Denn selbst wenn die Schutzinstitute an unterschiedliche Voraussetzungen anknüpfen, ist damit noch nicht gesagt, ob nicht sowohl das Gemeinschaftsgeschmacksmuster als auch der lauterkeitsrechtliche Nachahmungsschutz im Kern letztlich Abwehrrechte gegen gleiche Verletzungshandlungen begründen, mithin ein tatsächlicher Gleichlauf des Schutzumfangs im geschmacksmusterrechtlichen beziehungsweise lauterkeitsrechtlichen Musterschutz vorliegt. Wäre dies zu bejahen oder bestünde zumindest eine weitgehende Übereinstimmung der erfassten Verletzungshandlungen, müsste hinterfragt werden, ob mit der Festlegung eines beschränkten dreijährigen formlosen Musterschutzes zumindest für Produktgestaltungen eine abschließende, spezialgesetzliche Regelung geschaffen werden sollte. Jedenfalls für den Bereich des unmittelbaren Leistungsschutzes erscheint diese Annahme zunächst naheliegend, da beide Schutzinstitute rein produktbezogenen Schutz gewähren. Aber auch für den Bereich des mittelbaren Leistungsschutzes, also in Fällen, in denen ein zusätzliches verhaltensbedingtes Unlauterkeitsmoment verlangt wird, könnte zumindest eine weitgehende faktische Kongruenz der Anwendungsbereiche zu einem Spezialitätsverhältnis führen.

## a) Schutzvoraussetzungen des nicht eingetragenen Gemeinschaftsgeschmacksmusters

### *(1) Definition*

Die Gemeinschaftsgeschmacksmusterverordnung definiert in Art. 3 lit. a) GGV als „Geschmacksmuster“ die Erscheinung eines Erzeugnisses oder eines Teils davon, die sich insbesondere aus den Merkmalen der Linien, Konturen, Farben, der Gestalt, Oberflächenstruktur und/oder der Werkstoffe des Erzeugnisses selbst und/oder seiner Verzierung ergibt. Auf das Erfordernis einer bestimmten ästhetischen Wirkung, wie sie vor Erlass der Geschmacksmusterrichtlinie in ständiger Rechtsprechung des BGH gefordert wurde[22], wird dabei explizit verzichtet (Erwägungsgrund 10 GGV)[23]. Vom Geschmacksmusterschutz ausgeschlossen

---

22 Vgl. etwa BGH, GRUR 1980, 235 (236) – *Play-family*.

23 In seinem ersten Urteil zum eingetragenen Gemeinschaftsgeschmacksmuster legt der BGH zur Ermittlung der schutzbegründenden Eigenart (dazu sogleich unter Kapitel 1.I.1.a)(3)) als maßgebliches Kriterium die Unterschiedlichkeit eines Musters zugrunde. Diese Unterschiedlichkeit ist in einem Einzelvergleich mit bereits vorhandenen Mustern zu ermitteln. Eigentümlichkeit oder Gestaltungshöhe seien hingegen keine Voraussetzungen zur Begründung eines Geschmacksmusterschutzes (BGH, WRP 2010, 896 – *Verlängerte Limousinen*; zustimmend *Ruhl*, GRUR 2010, 692 [693]).

sind durch technische Funktion bestimmte Gestaltungsformen (Art. 8 GGV) sowie unsichtbare Bauelemente (Art. 4 Abs. 2 GGV). Musterschutz durch ein nicht eingetragenes Gemeinschaftsgeschmacksmuster setzt gemäß Art. 4 Abs. 1 GGV in Verbindung mit Art. 5–7 GGV voraus, dass das Muster neu und eigenartig im Zeitpunkt der Offenbarung ist.

#### *(2) Neuheit gemäß Art. 5 GGV*

Ein nicht eingetragenes Gemeinschaftsgeschmacksmuster gilt gemäß Art. 5 Abs. 1 lit. a) GGV als neu, wenn vor dem Tag, an dem das zu schützende Muster veröffentlicht wird, kein identisches Muster der Öffentlichkeit bereits zugänglich gemacht wurde. Als identisch gelten dabei gemäß Art. 5 Abs. 2 GGV kollidierende Muster, die sich in ihren Merkmalen nur in unwesentlichen Einzelheiten unterscheiden.[24]

Art. 5 Abs. 1 GGV statuiert insofern grundsätzlich einen objektiven Neuheitsbegriff, als allgemein auf die Kenntnis der Öffentlichkeit abgestellt wird.[25] Dieser objektive Neuheitsbegriff findet jedoch eine subjektive Relativierung dahingehend, dass ein Muster dann nicht als veröffentlicht gilt, wenn es gemäß Art. 7 Abs. 1 S. 1 GGV den „in der Gemeinschaft tätigen Fachkreisen des betreffenden Sektors im normalen Geschäftsverlauf vor dem Anmeldetag des Musters nicht bekannt sein konnte“. Somit lässt sich der Neuheitsbegriff des Geschmacksmusterrechts als „objektiv-relativ“ bezeichnen[26]. Mithin ist eine Vorveröffentlichung eines identischen Musters nur dann neuheitsschädlich, wenn dieses Muster den relevanten Fachkreisen in der Gemeinschaft bekannt sein konnte.[27]

24 Näher dazu etwa *Koschtial*, GRURInt 2003, 973 (974).

25 *Gieseler*, Formloser geschmacksmuster- und wettbewerbsrechtlicher Designschutz, 2007, S. 305.

26 Begriff bei *Bulling/Langöhr/Hellwig*, Geschmacksmuster – Designschutz in Deutschland und Europa, 3. Auflage 2011, Rn. 51, 56; *Maierhöfer*, Geschmacksmusterschutz und UWG-Leistungsschutz, 2006, S. 30.

27 *Oldekop*, WRP 2006, 801 (804). Mit der Einführung des Art. 110a Abs. 5 S. 2 GGV im Jahre 2004 wurde die umstrittene Frage, ob Offenbarungshandlungen außerhalb der Gemeinschaft Schutz durch ein nicht eingetragenes Gemeinschaftsgeschmacksmuster begründen können, dahingehend entschieden, dass nur eine Offenbarung innerhalb des Gemeinschaftsterritoriums Schutz begründen kann (für eine schutzbegründende Offenbarung außerhalb der Gemeinschaft vor der Einführung des Art. 110a Abs. 5 GGV etwa *Rother*, FS Eisenführ, 2003, 85 [91]; dagegen etwa *Schennen*, FS Eisenführ, 99 [107]; ebenso *Rahlf/Gottschalk*, GRURInt 2004, 821 [824 f.]). Nach der Rechtsprechung des BGH kann eine dennoch erfolgte Offenbarung außerhalb der Gemeinschaft jedoch trotzdem neuheitsschädlich sein, wenn den in der Gemeinschaft tätigen Fachkreisen des betreffenden Wirtschaftszweigs das Geschmacksmuster im normalen Geschäftsverlauf bekannt sein konnte (BGH, GRUR 2009, 79 [81] – *Gebäckpresse*; so schon Büscher/Dittmer/Schiwy/*Auler*, Gewerblicher Rechtsschutz, 2. Auflage 2011,

### *(3) Eigenart gemäß Art. 6 GGV*

Ein Geschmacksmuster besitzt gemäß Art. 6 GGV dann Eigenart, wenn sich der Gesamteindruck, den es beim informierten Benutzer hervorruft, von dem Gesamteindruck unterscheidet, den ein anderes vorbekanntes Geschmacksmuster bei diesem Benutzer hervorruft. Durch diese Fixierung auf die reine Unterscheidungskraft und eine Beurteilung dieser Unterscheidungskraft aus dem Blickwinkel des informierten Benutzers verzichtet das europäische Musterrecht im Gegensatz zum früheren nationalen Geschmacksmusterrecht[28] auf das Erfordernis qualifizierender Merkmale, insbesondere auf eine besondere Gestaltungshöhe.[29]

#### (a) Gesamteindruck

Dem vorzunehmenden Vergleich zwischen vorbekannten Mustern und dem zu beurteilenden Geschmacksmuster ist der erzeugte Gesamteindruck zugrunde zu legen. Dieser Gesamteindruck wird grundsätzlich durch die optisch wahrnehmbaren prägenden Merkmale des Geschmacksmusters gebildet.[30] Berücksichtigungsfähig sind jedoch auch an sich nicht schutzfähige technische Merkmale, die auf den Gesamteindruck einwirken können.[31] Gleichwohl werden eben nicht diese Merkmale mit vorbekannten Formgebungen verglichen, sondern die daraus gebildeten Gesamterscheinungen der zu vergleichenden Muster, wie sie sich dem informierten Benutzer erschließen.[32] Für den zu fordernden Unter-

---

Art. 7 GGV Rn. 4; *Ruhl*, Gemeinschaftsgeschmacksmusterverordnung, 2. Auflage 2010, Art. 7 Rn. 8). Näher zu den maßgeblichen Offenbarungshandlungen etwa *Ruhl*, Art. 7 Rn. 1 ff. Zu den diesbezüglichen Problemen in Bezug auf den Schutz von Modeneuheiten siehe Kapitel 1.I.1.c)(3).

28 Neben der Rechtsprechung des BGH, die einen besonderen ästhetischen Gehalt des Musters (siehe Fn. 22) bzw. eine eigenpersönliche farb- und formschöpferische überdurchschnittliche geistige Schöpfung forderte (etwa BGH GRUR 1969, 90 – *Rüschenhaube*), stellten auch andere europäische Rechtsordnungen vor der Umsetzung der Geschmacksmusterrichtlinie besondere Anforderungen an die Schutzfähigkeit eines Geschmackmusters. Vgl. dazu die Ausführungen bei *Koschtial*, GRURInt 2003, 973 (974).

29 So jüngst BGH, WRP 2010, 896 – *Verlängerte Limousinen; Gottschalk/Gottschalk*, GRURInt 2006, 461 (463); *Rahlf/Gottschalk*, GRURInt 2004, 821 (822); *Ruhl*, GRUR 2010, 692 (693); *Schabenberger*, WRP 2010, 992 (995).

30 *Bulling/Langöhr/Hellwig*, Rn. 65 f.; *Maierhöfer*, S. 35. In diese Richtung auch BGH, WRP 2010, 896 – *Verlängerte Limousinen*. Kritisch dagegen *Ruhl* (GRUR 2010, 692 [694]), der betont, dass ausgewählte Einzelmerkmale zu einem Gesamteindruck beitragen, ihn jedoch nicht erwecken können. Ähnlich *Schabenberger*, WRP 2010, 992 (995).

31 *Maierhöfer*, S. 35. Andere Ansicht *Ruhl*, GRUR 2010, 692 (694).

32 *Maierhöfer*, S. 35.

scheidungsgrad, d.h. ab welcher Schwelle von einem anderen Gesamteindruck zu vorbekanntem Formenschatz auszugehen ist, haben sich noch keine einheitlichen Kriterien herausgebildet.[33] In der nationalstaatlichen Rechtsprechungspraxis und Literatur wird für die Prüfung des anderen Gesamteindrucks eine Gewichtung von Gemeinsamkeiten und Unterschieden zu anderen vorbekannten Geschmacksmustern vorgenommen.[34] Allgemein wird als Gradmesser für die Bejahung der Eigenart angesehen, ob die Unterschiede zwischen dem zu beurteilenden Muster und den vorbekannten Mustern bei einem informierten Benutzer zu einer Präferenzentscheidung führen kann.[35] Der Gradmesser der Präferenzentscheidung unterliegt indes nach nationaler Rechtsprechung der tatrichterlichen Würdigung[36] und wird zudem beeinflusst von Art. 6 Abs. 2 GGV. Danach ist der Grad der Gestaltungsfreiheit des Entwerfers bei der Entwicklung eines Geschmacksmusters zu berücksichtigen. Sofern die Gestaltungsfreiheit bei dem betreffenden Muster, etwa wegen technischer Zwänge[37] oder eines eng besetzten Formenschatzes[38], gering ist, gelten für den Vergleich großzügigere Maßstäbe als in denjenigen Warensegmenten, in denen eine hohe Gestaltungsfreiheit besteht.[39]

---

33 Die – angesichts der nach Erwägungsgrund 14 GGV statuierten Notwendigkeit eines deutlichen Unterschieds zum vorbekannten Formenschatz – in der Literatur von *Koschtial* angestoßene Diskussion (GRURInt 2003, 973) hinsichtlich des zu fordernden Abstandsgrads soll hier nicht vertieft werden, da dies als bloß abstraktes Kriterium kaum sinnvoll eingrenzbar ist (so zu Recht *Ruhl*, Art. 6 bei Fn. 72).

34 Etwa ÖOGH, GRURInt 2008, 523 (524); *Ruhl*, Art. 6 Rn. 35 mit weiteren Nachweisen.

35 In diese Richtung HABM-NA, ICD 000003259 vom 11.10.2007 – *Gartenstühle*; Ebenso *Ruhl*, Art. 6 Rn. 37ff., der betont, dass durch einen solchen Ansatz eine kohärente Anwendung von Art. 6 GGV und Erwägungsgrund 14 GGV gewährleistet wird, da der Unterschied im Gesamteindruck hinreichend deutlich sein muss, um eine Präferenzentscheidung annehmen zu können. Diese fiktive Präferenzentscheidung beim informierten Benutzer kann bei denjenigen Erzeugnissen eher angenommen werden, bei denen es tendenziell eher auf die Erscheinungsform ankommt, siehe mit Beispielen *Ruhl*, Art. 6, Rn. 39ff.

36 Für die Beurteilung des unterschiedlichen Gesamteindrucks als Tatsachenfrage implizit BGH in der Entscheidung *Verlängerte Limousinen* (WRP 2010, 896 [899]), der auf die Feststellungen des Berufungsgerichts rekurriert. Siehe dazu kritisch *Ruhl*, GRUR 2010, 692 (694).

37 KG Berlin, ZUM 2005, 231 (232); OLG Frankfurt, GRUR-RR 2009, 16 (17); *Eck*, Neue Wege zum Schutz der Formgebung, 1993, S. 178; *Kur*, GRUR 2002, 661 (666).

38 Vgl. etwa HABM-NA, ICD 000000230 vom 23.5.2005, Rn. 18 – *Mini-Fussball-Trikot.*

39 So etwa LG Düsseldorf, Urteil vom 18.4.2007 (Az.: 14c O 78/06) abgedruckt in Hartwig, Designschutz in Europa – Design Protection in Europe, Band 3, 2009, S. 360. Die Geltung höherer Anforderungen an den Gesamteindruck zu vorbekannten Formen wegen hoher Gestaltungsfreiheit ist von Seiten des HABM beispielsweise bei Tiernahrung (HABM-BK, R 1391-2006-3 vom 25.1.2008, Nr. 25) sowie bei Schuhwaren (HABM-NA, ICD 000003010 vom 12.12.2007) bejaht worden.

### (b) Informierter Benutzer

Die Beurteilung des Gesamteindrucks ist laut Art. 6 Abs. 1 GGV aus der Perspektive des informierten Benutzers vorzunehmen. Unter einem Benutzer im Sinne des Art. 6 Abs. 1 GGV ist eine Person zu verstehen, die mit den in Frage stehenden Erzeugnissen in der Praxis umgeht und unter diesen Erzeugnissen eine Präferenzentscheidung nach ihrem Erscheinungsbild zu treffen hat.[40] Diese muss zumindest allgemeine Kenntnisse über den Formenschatz in dem fraglichen Warensegment besitzen. Dies ergibt sich mittelbar aus Art. 6 Abs. 2 GGV, wonach die Gestaltungsfreiheit des Designers im jeweiligen Warensegment zu berücksichtigen ist. Stellte man keine Anforderungen an die (Vor-)Kenntnis des informierten Benutzers, könnte er diese relative Betrachtung gar nicht vornehmen.[41] Zudem spricht der Begriff der Informiertheit für ein gewisses notwendiges Basiswissen des maßgeblichen Betrachters. Andererseits sind auch nicht zu hohe Anforderungen an die Kenntnisse beziehungsweise das Designbewusstsein des Benutzers zu stellen, da andernfalls auch Muster schutzfähig wären, die sich möglicherweise nur in minutiösen Details von anderen unterscheiden, da der besser Informierte zwangsläufig auch geringe Unterschiede eher zu erkennen vermag, als es dies ein nur oberflächlich mit der Materie Vertrauter tut.[42] Dies würde dazu führen, dass bereits mit einem geringen Verschiedenheitsgrad die Schutzfähigkeit von Mustern begründet werden könnte. Zwar ist der Aspekt der Eigenart wegen Art. 6 Abs. 2 GGV als variable Größe zu begreifen, gleichwohl soll sich nach Erwägungsgrund 14 GGV die Bestimmung der Eigenart danach richten, ob sich das betreffende Muster *deutlich* vom vorbekannten Formenschatz unterscheidet.[43] Auch wenn dies erst bei der Bestimmung des notwendigen Unterscheidungsgrads zu berücksichtigen ist, erscheint es auch für die Bestimmung des Benutzerbegriffs von Relevanz. Vermeintlich geringe Unterschiede aus der Sicht des Durchschnittsverbrauchers könnten für den Designexperten wiederum einen deutlichen Unterschied begründen. Dieser faktisch geringe geforderte Formenabstand birgt die Gefahr einer übermäßigen Marktbehinderung durch Monopolisierung von Formen ohne wirklich honorierbaren Fortschritt in sich.[44] Um dieser Tendenz entgegenzuwirken, erscheint es bereits auf der Ebene des „Prüfungsmaßstabes“ gerechtfertigt, zur Bemessung der Eigenart die Perspektive des aufmerksamen Verbrauchers mit allgemeinen Kenntnissen zum Umfang

---

40 *Ruhl*, Art. 6 Rn. 26.

41 So *Ruhl*, Art. 6 Rn. 27.

42 *Koschtial*, GRURInt 2003, 973 (975).

43 *Koschtial*, GRURInt 2003, 973 (976).

44 So *Koschtial*, GRURInt 2003, 973 (977).

des Formenschatzes anzusetzen[45], wobei gegebenenfalls in Warenbereichen mit geringerem Gestaltungsspielraum unter Berücksichtigung der Wertung des Art. 6 Abs. 2 GGV im Einzelfall eine höhere Detailkenntnis des informierten Benutzers zu verlangen ist. Die Anknüpfung an den aufmerksamen Verbraucher entspricht wohl auch am ehesten dem Begriff des Benutzers, da die Benutzung bei Warensegmenten, in denen Formgebungen Relevanz haben (etwa die Mode- oder Automobilbranche), sich typischerweise nicht auf mit sämtlichen Vorkenntnissen bezüglich vorbekannter Formenschätze vertrauten Experten reduziert. Dem Begriff des aufmerksamen Verbrauchers hat sich im Wesentlichen auch der EuGH in der jüngsten Entscheidung *Grupo Promer* angeschlossen.[46]

#### *(4) Sichtbarkeit*

Die Notwendigkeit der Sichtbarkeit des Musters ergibt sich aus Art. 4 Abs. 2 GGV, wonach Muster für Erzeugnisse, die sich als Teile komplexer Erzeugnisse gemäß Art. 3 lit. c) GGV darstellen, nur dann geschmacksmusterfähig sind, wenn sie gemäß Art. 4 Abs. 2 lit. a) GGV bei dessen bestimmungsgemäßer Verwendung sichtbar bleiben und selbst die Voraussetzungen der Neuheit und der Eigenart erfüllen (Art. 4 Abs. 2 lit. b) GGV). Es besteht somit keine Möglichkeit, Geschmacksmusterschutz für ein „inneres Design" zu erlangen.[47] Trotz möglicher Neuheit und Eigenart bleiben somit insbesondere im Bereich technischer Erzeugnisse[48] Muster vom Schutzumfang des Geschmackmusters ausgenommen, da diese häufig von außen nicht sichtbar sind. Dieses Sichtbarkeitskriterium belegt die fehlende Notwendigkeit einer ästhetischen Wirkung des Geschmacksmusters, da im Umkehrschluss aus Art. 4 Abs. 2 GGV Geschmacksmusterschutz grundsätzlich auch für technisch-funktionale Gestaltungen erlangt werden kann, soweit diese bei Betrachtung des komplexen Erzeugnisses äußerlich sichtbar sind.[49]

#### *(5) Schutzbeginn*

Der Schutzbeginn des nicht eingetragenen Gemeinschaftsgeschmacksmusters bestimmt sich zunächst nach Art. 11 GGV. Danach beginnt der auf drei Jahre

---

45 Ähnlich *Ruhl,* GRUR 2010, 289 (295), wonach der informierte Benutzer denjenigen Formenschatz kennt, der eine „gewisse Marktgängigkeit" besitzt.

46 EuGH Rs. C-281/10 vom 20.10.2011, BeckRS 2011, 81516 – *Grupo Promer.*

47 Begriff bei *Rahlf/Gottschalk*, GRURInt 2004, 821 (822).

48 Beispielhaft seien Fahrzeugersatzteile genannt, vgl. *Gottschalk*, Der Schutz des Designs nach deutschem und europäischem Recht, 2005, S. 78.

49 *Gottschalk*, S. 78.

beschränkte formlose Schutz durch das nicht eingetragene Gemeinschaftsgeschmacksmuster mit dem Tag, an dem das Geschmacksmuster der Öffentlichkeit innerhalb der Gemeinschaft erstmals zugänglich gemacht wurde. Für den Nachweis der öffentlichen Zugänglichmachung trägt der jeweilige Designer die Darlegungs- und Beweislast.[50] Der Musterschutz durch das nicht eingetragene Gemeinschaftsgeschmacksmuster beschränkt sich auf nach dem Inkrafttreten der Gemeinschaftsgeschmacksmusterverordnung veröffentlichte Gestaltungen.[51] Eine rückwirkende Einbeziehung von vorher offenbarten Gestaltungen erfolgt mangels einer expliziten gesetzlichen Regelung nicht.[52]

### b) Schutzvoraussetzungen des lauterkeitsrechtlichen Nachahmungsschutzes

Der lauterkeitsrechtliche Nachahmungsschutz durch das UWG bietet eine weitere formlose Schutzmöglichkeit gegen Nachahmungen. Neben einer bestimmten Qualität des nachgeahmten Leistungsergebnisses – der wettbewerblichen Eigenart – verlangt der lauterkeitsrechtliche Nachahmungsschutz grundsätzlich besondere Umstände, die die Nachahmung unlauter erscheinen lassen. Diese vormals richterrechtlich entwickelten „besonderen Umstände“ fanden mit der Novellierung des UWG im Jahre 2004 eine ausdrückliche Regelung in § 4 Nr. 9 UWG. Gleichwohl gewährt die Rechtsprechung auch nach der Novellierung des UWG Schutz vor unlauteren Nachahmungen auch über die in § 4 Nr. 9 UWG normierten Fallgruppen hinaus, sofern das Leistungsergebnis besondere Anforderungen erfüllt oder wenn die Art und Weise der Nachahmung sich als unlautere Mitbewerberbehinderung gemäß § 4 Nr. 10 UWG darstellt.[53]

---

50 *Gottschalk/Gottschalk*, GRURInt 2006, 461 (464); *Rother*, FS Eisenführ, 85 (93).

51 LG Hamburg, GRUR-RR 2006, 94 – *Gipürespitze*.

52 *Gottschalk/Gottschalk*, GRURInt 2006, 461 (464).

53 BGH, GRUR 2004, 941 (943) – *Metallbett*. Teilweise wird dabei auch für die nicht ausdrücklich geregelten Fälle auf § 4 Nr. 9 UWG zurückgegriffen (so etwa *Maierhöfer*, S. 76), andere wiederum greifen zur Begründung auf die lauterkeitsrechtliche Generalklausel, § 3 UWG, zurück (so etwa Gloy/Loschelder/Erdmann/*Eck*, Handbuch des Wettbewerbsrechts, 4. Auflage 2010, § 56 Rn. 91; *Loschelder*, VPP 2/2004, 40 [48]; *Münker/Kästner*, BB 2004, 1689 [1691]; *Sack* WRP 2005, 531 [537]; Harte/Henning/*Sambuc*, UWG, 3. Auflage 2013, § 4 Nr. 9 Rn. 49). Einschränkend jedoch BGH GRUR 2007, 795 – *Handtaschen*, Rn. 51, wonach im Falle der Nichteinschlägigkeit einer der Fallgruppen des § 4 Nr. 9 UWG eine Produktnachahmung nur in Ausnahmefällen als unlauter angesehen werden kann.

### *(1) Allgemeine Voraussetzungen*

Sämtlichen Konstellationen des wettbewerbsrechtlichen Nachahmungsschutzes liegen bestimmte allgemeine Voraussetzungen zugrunde, auf die nachfolgend in gebotener Kürze eingegangen werden soll.[54]

### (a) Die wettbewerbliche Eigenart

Obwohl die Schutzrichtung des Lauterkeitsrechts allgemein und im besonderen auch im Bereich des lauterkeitsrechtlichen Nachahmungsschutzes grundsätzlich an die Sanktionierung wettbewerbswidrigen *Verhaltens* anknüpft – auch wenn dies zumindest für letzteren Bereich nicht unproblematisch erscheint[55] – wurde seit den Anfängen des zunächst aus § 1 UWG a.F. begründeten lauterkeitsrechtlichen Nachahmungsschutzes seitens Rechtsprechung und herrschender Literatur nicht auf ein qualitatives Element – die wettbewerbliche Eigenart – beim zu schützenden (Original-)Erzeugnis verzichtet.

#### (i) Grundlagen

So entschied das Reichsgericht bereits 1926 in der vielzitierten *Puppenjungen*-Entscheidung[56], dass ein Kläger nicht schutzlos gestellt werden könne, wenn einem Erzeugnis – *in concreto* einer Puppe – so viel Eigenart innewohne, dass man sie gegen Verwechslung mit identischer Ware nicht schutzlos stellen könne.[57] Trotz beachtlicher Kritik in der Literatur[58] hielt auch der BGH im Einklang mit der Rechtsprechung des Reichsgerichts an dem Erfordernis einer wettbewerbli-

---

54 Nicht näher eingegangen werden soll hier auf die sich allgemein bereits aus § 3 UWG ergebenden Voraussetzungen der „geschäftlichen Handlung" beziehungsweise die notwendige „spürbare Beeinträchtigung". Erstere Voraussetzung wird außerhalb des Bereichs der zu rein privaten Zwecken erfolgenden Nachahmung stets vorliegen. Bei Verwirklichung des § 4 Nr. 9 UWG ist auch immer von einer „spürbaren Beeinträchtigung" auszugehen (vgl. Teplitzky/ Peifer/*Leistner*, Großkommentar UWG, 2. Auflage 2013 , § 4 Nr. 9 Rn. 237; noch zum alten Recht *Köhler*, GRUR 2005, 1 [7]). Ebenfalls keine Einschränkung im Hinblick auf die zu schützende Produktart bietet nach ständiger Rechtsprechung das Merkmal der Waren und Dienstleistungen (vgl. *Nemeczek*, WRP 2010, 1315 [1319]). Einzig im Hinblick auf den unmittelbaren Schutz von Kennzeichen erscheint dies fraglich, siehe dazu Kapitel 2.I.2.b)(3).

55 Siehe dazu Kapitel 1.I.4.b). Statt vieler siehe *Köhler*, GRUR 2007, 548 (549).

56 RG, GRUR 1927, 132 – *Puppenjunge*.

57 Zur Entwicklung der frühen Rechtsprechung zum Begriff der wettbewerblichen Eigenart, vgl. *Sambuc*, GRUR 1986, 130 (131 ff.).

58 So wurde die Notwendigkeit des Schutzerfordernisses der wettbewerbsrechtlichen Eigenart schon in der älteren Literatur mit dem Argument verneint, dass die Qualität eines Erzeugnisses als Kriterium angesichts der Handlungsbezogenheit des Lauterkeitsrechts außer Betracht

chen Eigenart fest und schloss somit Alltagswaren, deren Herkunft beziehungsweise Besonderheiten den maßgeblichen Verkehrskreisen gleichgültig waren, vom lauterkeitsrechtlichen Nachahmungsschutz aus[59]. Dieses qualitative Element wurde mit der Novellierung des UWG zwar nicht ausdrücklich in § 4 Nr. 9 UWG verankert[60], nach dem Willen des Gesetzgebers sollte sich jedoch am richterrechtlich geprägten Erfordernis wettbewerblicher Eigenart nichts ändern.[61] Die Bestimmung der wettbewerblichen Eigenart eines Produkts wird dabei je nach Fallgruppe des lauterkeitsrechtlichen Nachahmungsschutzes unterschiedlich vorgenommen, so dass einheitliche Kriterien nicht bestehen.[62]

Für den wichtigsten Fall der vermeidbaren Herkunftstäuschung gemäß § 4 Nr. 9 lit. a) UWG ist eine wettbewerbliche Eigenart eines Erzeugnisses dann gegeben, wenn die konkrete Ausgestaltung oder bestimmte Merkmale geeignet sind, die maßgeblichen Verkehrskreise auf seine betriebliche Herkunft hinzuweisen.[63] Dabei ist nicht entscheidend, ob das in Frage stehende Originalerzeugnis über eine besondere Qualität verfügt. Entscheidend ist lediglich, ob die prägenden Merkmale dazu geeignet sind, auf einen bestimmten Hersteller schließen zu lassen.[64] Demnach sind solche Produkte bereits per se vom Schutz durch den wettbewerbsrechtlichen Nachahmungsschutz ausgenommen, bei denen die maßgeblichen Verkehrskreise keinen besonderen Wert auf die Herkunft legen, also typischerweise bei Alltags- oder Dutzendware. Nach der Rechtsprechung des

---

zu bleiben hat, vgl. etwa *Gewiese*, GRUR 1936, 296 (297); ebenso *Schroeter*, GRUR 1949, 228 (229). In jüngerer Zeit etwa *Maierhöfer*, S. 57.

59 Etwa BGH, GRUR 1957, 37 (38) – *Uhrenrohrwerke*; BGH, GRUR, 1968, 698 (702) – *Rekordspritzen.*

60 Vgl. in jüngerer Zeit BGH, GRUR 2007, 339 (342) – *Stufenleitern*; BGH, GRUR 2007, 984 (985) – *Gartenliege*; BGH, WRP 2008, 1510 (1512) – *ICON.*

61 Begründung RegE UWG 2004, BT-Drs. 15/1487, S. 18.

62 *Maierhöfer*, S. 50; *Sambuc*, Rn. 121; anderer Ansicht Teplitzky/Peifer/*Leistner*, § 4 Nr. 9 Rn. 125 ff. Anders auch *Nemeczek* (WRP 2010, 1315 [1318]), der strikt zwischen der wettbewerblichen Eigenart als immaterialgüterrechtlichem Moment einerseits und den besonderen Umständen andererseits differenzieren will und somit die Eigenart abstrakt bestimmt. Dies kann jedoch nicht überzeugen, da es sich etwa in der Fallgruppe des § 4 Nr. 9 lit. c) UWG um genuines Verhaltensunrecht handelt (siehe sogleich). Siehe ausführlich zum Streit Teplitzky/Peifer/*Leistner*, a.a.O.

63 Ständige Rechtsprechung seit BGH, WRP 1976, 370 (372) – *Ovalpuderdose.*

64 Vgl. etwa Teplitzky/Peifer/*Leistner*, § 4 Nr. 9 Rn. 158; *Maierhöfer*, S. 58. In der Praxis wird wohl eine Herkunftszuordnung beim maßgeblichen Publikum dann erfolgen, wenn das in Frage stehende Produkt von seiner qualitativen Beschaffenheit dazu geeignet ist, positive Gütevorstellungen hervorzurufen. Produkte mit fehlenden qualitativen oder originellen Eigenschaften mögen jedoch durch Vermarktung beziehungsweise übermäßige Verbreitung beim Hersteller bestimmte Herkunftsvorstellungen bei den angesprochenen Verkehrskreisen hervorrufen, so dass dadurch eine wettbewerbliche Eigenart begründet werden kann, vgl. Harte/Henning/*Sambuc*, § 4 Rn. 82.

BGH zum Nachahmungsschutz gemäß § 4 Nr. 9 lit. a) UWG muss das nachgeahmte Produkt für den lauterkeitsrechtlichen Schutz wegen vermeidbarer Herkunftstäuschung zudem über eine gewisse Bekanntheit verfügen, da ohne eine solche die Gefahr einer Herkunftstäuschung nicht bestünde.[65] Ein Erzeugnis verfügt dann über eine gewisse Bekanntheit, wenn es beim Vertrieb von Nachahmungen bei einem nicht unerheblichen Teil der angesprochenen Verkehrskreise zu der Gefahr von Herkunftstäuschungen kommen könnte.[66] Die bloße Markteinführung und Verbreitung auf dem inländischen Markt begründet diese Bekanntheit somit noch nicht.[67]

Für den Bereich der Rufausbeutung beziehungsweise der Rufbeeinträchtigung gemäß § 4 Nr. 9 lit. b) UWG sowie für die unter § 4 Nr. 10 UWG zu fassenden Fälle unlauterer Nachahmung wird ebenfalls eine wettbewerbliche Eigenart des nachgeahmten Produkts verlangt. Während sich diese in den letztgenannten Konstellationen unlauterer Mitbewerberbehinderung nur mehr darauf beschränkt, dass sich das Produkt von Alltags- und Dutzendware unterscheiden muss[68], wird im Anwendungsbereich des § 4 Nr. 9 lit. b) UWG, neben dem Erfordernis einer gewissen Bekanntheit für Konstellationen einer Rufausbeutung[69], zwingend das Vorliegen bestimmter positiver Vorstellungen, die den „guten Ruf“ eines Produkts begründen, vorausgesetzt. Diese Vorstellungen können sich insbesondere auf die Qualität, Zuverlässigkeit, Exklusivität etc. eines Erzeugnisses beziehen.[70]

Hingegen wird im Bereich des § 4 Nr. 9 lit. c) UWG nach herrschender Ansicht auf eine wettbewerbliche Eigenart des nachgeahmten Erzeugnisses verzichtet.[71]

---

65 BGH, GRUR 1968, 591 (593) – *Pulverbehälter*; BGH, GRUR 2002, 275 (277) – *Noppenbahnen*; BGH, GRUR 2005, 600 (602) – *Handtuchklemmen*. Gegen ein Bekanntheitserfordernis in Einklang mit der teilweise vertretenen früheren Rechtsprechung des BGH (WRP, 1976, 370 [371] – *Ovalpuderdose*; GRUR 1992, 523 [524] – *Betonsteinelemente*) etwa *Gottschalk*, S. 240; *Krüger/v. Gamm*, WRP 2004, 978 (979); Köhler/*Piper*, UWG, 3. Auflage 2002, Rn. 614.

66 BGH, GRUR 2002, 275 (277) – *Noppenbahnen*.

67 BGH, GRUR 2002, 275 (277) – *Noppenbahnen*.

68 Zur Mitbewerberbehinderung durch Nachahmung siehe unten Kapitel 1.I.1.b)(2)(d).

69 Vgl. BGH, GRUR 1985, 550 (552) – *Dimple*.

70 *Köhler*/Bornkamm, UWG, 31. Auflage 2013, § 4 UWG Rn. 9.53 f.

71 RG, GRUR 1936, 573 (578) – *Kernöl*; *Brem*, Der ergänzende wettbewerbsrechtliche Leistungsschutz in Europa, 2004, S. 217; Baumbach/*Hefermehl*, UWG, 22. Auflage 2001, § 1 Rn. 477; *v. Gamm*, Wettbewerbsrecht, 5. Auflage 1987, Kap. 21, Rn. 42; *Lehmann-Schmidtke*, Das Erfordernis der wettbewerbsrechtlichen Eigenart im ergänzenden wettbewerbsrechtlichen Leistungsschutz, 1988, S. 73 f.; Harte/Henning/*Sambuc*, § 4 Nr. 9 Rn. 167. Von einem Verzicht auf das Kriterium der wettbewerblichen Eigenart geht wohl auch der Gesetzgeber aus, vgl. Regierungsentwurf UWG BT-Drs. 15/1487, S. 18, wo im Gegensatz zu den Fallgruppen der § 4 Nr. 9 lit. a) beziehungsweise lit. b) UWG zur Begründung der Unlauterkeit keinerlei Anknüpfung an die nachgeahmte Ware vorgenommen wird. Anderer Ansicht Gloy/Loschelder/*Eck*, Handbuch des Wettbewerbsrechts, 3. Auflage 2005, § 43, Rn. 138; Teplitzky/Peifer/*Leistner*, § 4 Nr. 9 Rn. 200; *Nemeczek*, WRP 2010, 1315 (1317).

Der Tatbestand bezieht sich zuvorderst auf Handlungen im Vorfeld der eigentlichen Nachahmung, so dass nicht die Qualität des nachgeahmten Erzeugnisses im Vordergrund steht, sondern einzig die Art und Weise, wie der Nachahmende die für die Nachahmung erforderlichen Informationen erlangt hat beziehungsweise anvertrautes Wissen zu seinem Vorteil genutzt hat.[72]

(ii) Bestimmungszeitpunkt der wettbewerblichen Eigenart

Nachdem herausgearbeitet wurde, dass die Gewährung lauterkeitsrechtlichen Nachahmungsschutzes in den meisten Konstellationen (auch) von produktimmanenten Faktoren abhängt, stellt sich nunmehr die Frage, wann dieser produktimmanente Faktor, also die wettbewerbliche Eigenart, vorliegen muss. Hier offenbart sich ein wesentlicher Unterschied zu den starr zu bemessenden, qualitativen Schutzhürden des in Frage stehenden Erzeugnisses im Recht des nicht eingetragenen Gemeinschaftsgeschmacksmusters. So ist der maßgebliche Bestimmungszeitpunkt, ob einem Erzeugnis eine wettbewerbliche Eigenart innewohnt, nicht dessen Schaffung beziehungsweise seine erstmalige Markteinführung, sondern grundsätzlich vielmehr der Zeitpunkt der unlauteren Nachahmungshandlung selbst.[73] Durch die Fixierung auf den Zeitpunkt der Verletzungshandlung erweist sich das Merkmal der wettbewerblichen Eigenart auch in zeitlicher Hinsicht als variable Größe: Mag zum Zeitpunkt der Markteinführung einem Produkt noch ein hohes Maß an wettbewerblicher Eigenart, etwa bedingt durch seine Singularität, innewohnen, kann diese etwa durch verstärkte Konkurrenz und den zwischenzeitlich entwickelten Formenschatz geschwächt werden oder sogar ganz verschwinden, da sich das Erzeugnis nicht mehr von anderen Produkten hervorhebt.[74] Umgekehrt kann die wettbewerbliche Eigenart eines Erzeugnisses, etwa durch dessen zunehmende Bekanntheit oder Marktpräsenz, steigen.[75] Das Abstellen auf den Verletzungszeitpunkt zeigt bereits, dass die Neuheit eines Erzeugnisses im Vergleich zum nicht eingetragenen Gemeinschaftsgeschmacksmuster

---

72 *Brem*, S. 217. Zur Bemessung des Kriteriums der wettbewerblichen Eigenart beim lauterkeitsrechtlichen Schutz von Modeneuheiten siehe Kapitel 1.I.1.b)(2)(e)(ii).

73 BGH, GRUR 1985, 876 (878) – *Tchibo/Rolex* I; Dazu ausführlich *Maierhöfer*, S. 53.

74 Zur Thematik zuletzt etwa BGH, GRUR 2007, 984 (986) – *Gartenliege*. Ausnahmsweise soll dies nach der Rechtsprechung nicht gelten, wenn das in Frage stehende Erzeugnis Gegenstand zahlreicher Nachahmungen über eine relativ kurze Zeitspanne geworden ist, da ansonsten der wettbewerbsrechtliche Schutz durch gezielten Imitationswettbewerb konterkariert werden könnte. Dem Nachahmer soll in diesem Fall die Berufung auf das Entfallen der wettbewerblichen Eigenart des gegnerischen Produkts durch das Aufkommen eigener Produkte verwehrt werden, vgl. neben der bereits zitierten Entscheidung auch BGH, GRUR 2005, 600 (602) – *Handtuchklemmen*; *Köhler*/Bornkamm, § 4 Rn. 9.26.

75 BGH, GRUR 2001, 443 (444) – *Viennetta*.

gerade nicht konstituierend für die Schutzgewährung ist, sondern lediglich als (potentieller) Faktor innerhalb der Bewertung, ob ein Erzeugnis wettbewerbliche Eigenart besitzt, zu berücksichtigen ist.[76]

#### (b) Nachahmung

Das in Frage stehende Leistungsergebnis muss gemäß § 4 Nr. 9 UWG Gegenstand einer Nachahmung, also einer Leistungsübernahme, sein.[77] Bei der Bestimmung der Nachahmung wird unterschieden zwischen unmittelbarer, fast identischer und bloß „nachschaffender" Leistungsübernahme, bei der das Original dem Nachahmenden lediglich als Vorbild diente.[78] Um im letztgenannten Fall von einer Nachahmung im Sinne des § 4 Nr. 9 UWG auszugehen, muss jedoch das Original erkennbar bleiben.[79] Die Unterscheidung der verschiedenen Grade der Nachahmung ist im Rahmen des sogleich zu erörternden Grundsatzes der Wechselwirkung wesentlich.[80]

#### (c) Wechselwirkung

Im Gegensatz zur Anknüpfung an die statischen Tatbestandsmerkmale der Neuheit und Eigenart im Gemeinschaftsgeschmacksmusterrecht hängt nach der Rechtsprechung und der herrschender Literatur die Unlauterkeit einer Nachahmung im Lauterkeitsrecht von einer Gesamtschau des einzelnen Lebenssachverhalts unter Abwägung der betroffenen Interessen ab.[81] Um einer solchen

---

76 Vgl. Fezer/*Götting*, UWG Band 1, 2. Auflage 2010, § 4-9 Rn. 30. Gleichwohl bringt die Neuheit eines Produktes oftmals die Konsequenz anfänglich fehlender Bekanntheit mit sich, so dass die Möglichkeit eines Rekurrierens auf wettbewerblichen Nachahmungsschutz bei neu eingeführten Produkten zumindest für die Fallgruppe der Herkunftstäuschung sich oft als problematisch darstellt. Siehe dazu Kapitel 1.I.1.c)(2)(a).

77 Dogmatisch ist die Nachahmung im Bereich des lauterkeitsrechtlichen Nachahmungsschutzes wegen der Anknüpfung an den Verletzungszeitpunkt sowie ihres Einflusses im Rahmen der Wechselwirkungslehre (siehe sogleich Kapitel 1.I.1.b)(1)(c)) bereits als Schutzvoraussetzung anzusehen, so dass schon an dieser Stelle eine Erörterung erfolgen soll. Im formlosen geschmacksmusterrechtlichen Musterschutz ist eine Nachahmung zwar auch zwingend zur Begründung geschmacksmusterrechtlicher Ansprüche nötig (Art. 19 Abs. 2 GGV). Dennoch lässt sich im Gemeinschaftsgeschmacksmusterrecht die Nachahmung als anspruchsbegründende Verletzungshandlung von den originären Schutzvoraussetzengen trennen. Zur Nachahmung als Verletzungshandlung siehe näher Kapitel 1.I.2.

78 Zu den verschiedenen Formen der Nachahmung vgl. im Detail *Köhler*/Bornkamm, Rn. 9.34 ff.

79 KG Berlin, GRUR-RR 2003, 84 (85) – *Taddy Teddy*.

80 Siehe dazu sogleich Kapitel 1.I.1.b)(1)(c).

81 Vgl. etwa BGH, GRUR 1961, 588 (593) – *Ein-Pfennig-Süßwaren*; BGH, GRUR 1996, 210 (211) – *Vakuumpumpen*; BGH, GRUR 2001, 251 (253 f.) – *Messerkennzeichnung*; *Köhler*/

Gesamtbetrachtung gerecht zu werden, besteht zwischen der wettbewerblichen Eigenart, der Intensität der Nachahmung sowie den hier noch näher zu umreißenden besonderen Unlauterkeitsmomenten eine Wechselwirkung dahingehend, dass die jeweils zu stellenden Anforderungen davon abhängig sind, in welcher Intensität das andere Tatbestandsmerkmal gegeben ist. Mit anderen Worten, je größer etwa die wettbewerbliche Eigenart eines Erzeugnisses ist, desto geringere Anforderungen sind an die besonderen Unlauterkeitsmomente zu stellen, um zu einer Unlauterkeit der Nachahmungshandlung zu gelangen.[82] Andererseits sind auch keine allzu hohen Anforderungen an die Bejahung der wettbewerblichen Eigenart zu stellen, sofern die Nachahmung im Einzelfall besonders verwerflich erscheint.[83] Als dritter Aspekt ist die Art der Nachahmung mit zu berücksichtigen. Dabei gilt, dass bei der identischen beziehungsweise der fast identischen Übernahme geringere Anforderungen an die wettbewerbliche Eigenart sowie die besonderen Unlauterkeitsmomente zu stellen sind, als bei einer bloß nachschaffenden Leistungsübernahme.[84] Es besteht im lauterkeitsrechtlichen Nachahmungsschutz somit eine dem Geschmacksmusterrecht fremde Variabilität der einzelnen Tatbestandsmerkmale.[85]

---

Bornkamm, § 4 Rn. 9.69; *Piper*/Ohly, UWG, 4. Auflage 2006, § 4 Rn. 9/46. Anderer Ansicht Harte/Henning/*Schünemann*, 2. Auflage 2009, § 3 Rn. 319ff. mit der Begründung, dass eine Gesamtschau der zugrunde liegenden Wertungen letztlich zur Intransparenz von Entscheidungen führt, da für den jeweiligen Marktteilnehmer im Ergebnis oftmals nicht ersichtlich sei, welche Wettbewerbshandlungen noch nicht als unlauter zu bezeichnen sind. *Maierhöfer* plädiert somit für eine Nichtwürdigung der wettbewerblichen Eigenart, S. 57.

82 Ständige Rechtsprechung, zuletzt etwa BGH, GRUR 2009, 1069 (1070) – *Knoblauchwürste*. Vgl. im Übrigen die Nachweise bei *Köhler*/Bornkamm, § 4 Rn. 9.69. Kritisch zuletzt *Leistner*, der eine Wechselwirkung lediglich zwischen dem Grad der wettbewerblichen Eigenart sowie der Direktheit der Übernahme annehmen will. Auf diesem Wege könne eine durch die Wechselwirkungslehre begründete „Abstufung" der besonderen Unlauterkeitsumstände – und damit die Gefahr eines Schutzes der Leistung als solcher – vermieden werden (Teplitzky/Peifer/*Leistner*, § 4 Nr. 9 Rn. 144).

83 Diese Konstellation behandelnd etwa BGH, GRUR 1960, 244 (246) – *Simili-Schmuck*; BGH, GRUR 1969, 618 (620) – *Kunststoffzähne*; BGH, GRUR 1999, 1106 (1108) – *Rollstuhlnachbau*.

84 Etwa BGH, GRUR 1986, 673 (675) – *Beschlagprogramm*.

85 Im Rahmen dieser Gesamtschau kann ebenfalls berücksichtigt werden, ob für das in Frage stehende Produkt bereits Sonderschutzrechte beansprucht wurden, da die Nichtinanspruchnahme einerseits zwar den Rückgriff auf den lauterkeitsrechtlichen Nachahmungsschutz nicht ausschließt (vgl. *Maierhöfer*, S. 193), andererseits die Nichtinanspruchnahme von Sonderschutzrechten, wie deren zeitliche Begrenzung, als Faktor innerhalb der Gesamtwürdigung der Unlauterkeit einer Nachahmung berücksichtigt werden kann, vgl. dazu das Urteil des OLG Nürnberg, WRP 1987, 329 (332), wo unter anderem das Nichterwirken eines (möglichen) Geschmacksmusterschutzes zur Verneinung eines wettbewerbsrechtlichen Anspruchs geführt hat.

### *(2) Fallgruppen des lauterkeitsrechtlichen Nachahmungsschutzes*

Die bloße Nachahmung eines Erzeugnisses mit wettbewerblicher Eigenart ist grundsätzlich noch nicht als unlauter im Sinne des Lauterkeitsrechts zu begreifen. Vielmehr gewährte die Rechtsprechung in der Regel nur beim Hinzutreten besonderer handlungsbezogener Unlauterkeitsumstände lauterkeitsrechtlichen Nachahmungsschutz, wobei die Handlungsbezogenheit dieser besonderen Umstände teilweise in Zweifel gezogen werden kann.[86]

In der UWG-Novelle 2004 hat der Gesetzgeber mit der Normierung des wettbewerbsrechtlichen Nachahmungsschutzes in den § 4 Nr. 9 lit. a) – c) UWG einige in der Rechtsprechung entwickelte besondere Unlauterkeitsmomente ausdrücklich geregelt. Über die jetzt in § 4 Nr. 9 UWG geregelten Konstellationen hinaus wurde durch die Rechtsprechung auch wegen der Art und Weise einer Nachahmung unter dem Gesichtspunkt unlauterer Mitbewerberbehinderung gemäß § 1 UWG a.F. (nunmehr § 4 Nr. 10 UWG) vorgegangen.

Zudem wurde durch die Rechtsprechung auch oftmals explizit beziehungsweise faktisch auf einen besonderen Unlauterkeitsumstand verzichtet. In diesen Konstellationen wurde letztlich lauterkeitsrechtlicher Nachahmungsschutz aufgrund der Qualität oder Eigenschaften eines nachgeahmten Erzeugnisses gewährt. Diese Konstellationen sollen nachfolgend unter der Fallgruppe des „unmittelbaren Produktschutzes" behandelt werden.

### (a) Vermeidbare Herkunftstäuschung gemäß § 4 Nr. 9 lit. a) UWG

Die mit Abstand wichtigste Fallgruppe innerhalb der in § 4 Nr. 9 UWG geregelten besonderen Umstände ist die vermeidbare Herkunftstäuschung.[87] Neben einer Eignung des Originalprodukts, beziehungsweise dessen prägender Merkmale, zum Hervorrufen von Herkunftsvorstellungen – ergo, einer wettbewerblichen Eigenart – setzt § 4 Nr. 9 lit. a) UWG voraus, dass die nachgeahmte Form bei den angesprochenen Verkehrskreisen die Gefahr fehlerhafter Herkunftszuordnungen tatsächlich begründet. Nicht umfasst sind daher bloße Warenverwechslungen, sofern diese nicht von Herkunftsvorstellungen seitens der Verbraucher geleitet sind.[88] Es wird somit die Gefahr einer Herkunftsverwechslung vorausgesetzt, wobei grundsätzlich drei Formen der Herkunftsverwechslung zu unterscheiden sind: Während bei einer unmittelbaren Herkunftsverwechslung von Seiten der maßgeblichen Verkehrskreise aufgrund der Übereinstimmung herkunftshinwei-

---

86 Dazu unten Kapitel 1.I.4.b).

87 Harte/Henning/*Sambuc*, § 4 Nr. 9 Rn. 73.

88 *Gottschalk*, S. 243; *Sambuc*, Rn. 84; *Stolz*, Geschmacksmuster- und markenrechtlicher Designschutz, 2002, S. 176.

sender Merkmale auf dieselbe Herkunftsstätte von Original und Nachahmung geschlossen wird, liegt eine mittelbare Herkunftsverwechslung dann vor, wenn die maßgeblichen Verkehrskreise aufgrund der Übereinstimmung eigenartiger Merkmale darauf schließen, dass es sich beim nachgeahmten Produkt um eine Abwandlung des Originals vom selben Anbieter handelt.[89] Darüber hinaus gewährt die Rechtsprechung auch dann Schutz vor Herkunftsverwechslungen, wenn selbst bei zutreffender Zuordnung des Anbieters der Nachahmung die Ausgestaltung des Nachahmungsprodukts irrig auf rechtliche oder wirtschaftliche Beziehungen zwischen dem Anbieter des Originals und dem der Nachahmung schließen lassen.[90] Bei der Untersuchung, ob durch die Nachahmung eine Gefahr der Herkunftstäuschung vorliegt, ist keine Gegenüberstellung vereinzelter, eigenartiger Besonderheiten, sondern eine Betrachtung des erzeugten Gesamteindrucks beim jeweiligen Betrachter vorzunehmen.[91] Vermag somit eine zergliedernde Betrachtungsweise einzelner spezifischer Merkmale Gemeinsamkeiten hervorzubringen, sind diese in einer Gesamtschau möglicherweise in Bezug auf eine Täuschung über die Herkunft zu vernachlässigen.

Ist danach die Gefahr einer Herkunftsverwechslung durch die Nachahmung zu bejahen, so ist diese gleichwohl hinzunehmen, sofern sie unvermeidbar ist.[92] Nach der Rechtsprechung des BGH gelten Herkunftsverwechslungen als vermeidbar, wenn sie „durch geeignete und dem Nachbauenden zuzumutende Maßnahmen verhindert werden könnten".[93] Als solche Maßnahmen kommen neben technischen und gestalterischen Maßnahmen unter anderem auch Verpackungsabweichungen[94] beziehungsweise das Anbringen einer eigenen Herkunftsbezeichnung[95] in Betracht.[96] Regelmäßig wird die Frage der Vermeidbarkeit bei technischen Erzeugnissen im Vordergrund stehen, da bei bloß ästhetischen, nicht technischen Gestaltungen eine abweichende Gestaltung grundsätzlich zumutbar ist.[97] Im Bereich technisch bedingter Gestaltungen sind abweichende Gestaltungen dagegen im Regelfall unzumutbar[98], dennoch trifft den Nachahmenden im Rahmen des Mög-

---

89 Harte/Henning/*Sambuc*, § 4 Nr. 9 Rn. 105 f.

90 BGH, GRUR 2001, 443 (445) – *Viennetta* ; so schon BGH, GRUR 1963, 152 (156) – *Rotaprint.*

91 Vgl. BGH, GRUR 2002, 629 (632) – *Blendsegel*; BGH, GRUR 2005, 600 (602) – *Handtuchklemmen*; BGH, GRUR 2007, 795 (798) – *Handtaschen.*

92 *Köhler*/Bornkamm,§ 4 Rn. 9.45.

93 BGH, GRUR 2000, 521 (525) – *Modulgerüst.*

94 BGH, GRUR 2001, 443 (445) – *Viennetta.*

95 BGH, GRUR 1962, 243 (247) – *Kindersaugflasche*; BGH, GRUR 1977, 666 – *Einbauleuchten.*

96 Vgl. den Überblick bei Harte/Henning/*Sambuc*, § 4 Nr. 9 Rn. 120 ff.

97 Vgl. die Rechtsprechungsübersicht bei *Gottschalk*, S. 244 mit dem Hinweis auf eventuelle Ausnahmen.

98 So führt der BGH in der Entscheidung *Modulgerüst* (GRUR 2000, 521 [525]) aus, dass es dem Nachahmenden nicht verwehrt werden könne, den „... Stand der Technik zu benutzen, um

lichen und Zumutbaren die Pflicht, auf anderem Wege, eben etwa durch eine unterschiedliche Verpackungsgestaltung, Vorkehrungen gegen Täuschungen der maßgeblichen Verkehrskreise, also derjenigen Personengruppen, die das Produkt typischerweise nachfragen[99], zu treffen.[100]

### (b) Ausnutzung oder Beeinträchtigung des Rufs beziehungsweise der Wertschätzung einer Ware gemäß § 4 Nr. 9 lit. b) UWG

Die besonderen Unlauterkeitsmomente sind im Falle des § 4 Nr. 9 lit. b) UWG die Ausnutzung beziehungsweise die Beeinträchtigung der Wertschätzung eines Erzeugnisses, das heißt seines „guten Rufs".

Eine durch Nachahmung begründete Rufausnutzung wird regelmäßig entweder durch Täuschung beziehungsweise durch Anlehnung verwirklicht werden.[101] Erstgenannte Handlung beinhaltet weitestgehende Parallelen zu den Fällen der Herkunftstäuschung, da in den Fällen der Rufausbeutung durch Täuschung regelmäßig die erforderliche Eignung zum Herkunftsbeweis des nachgeahmten Gegenstands ebenso gegeben sein wird. Einer gesonderten Bemühung der Fallgruppe des § 4 Nr. 9 lit. b) UWG bedarf es jedoch nicht, da im Falle der Herkunftstäuschung die Anforderungen an die wettbewerbliche Eigenart geringer sind. So müssen im Falle der Rufausnutzung neben einer „gewissen" Bekanntheit[102] eben

---

Verbraucherwünschen und -erwartungen, vor allem in Bezug auf den Gebrauchszweck des Erzeugnisses, Rechnung zu tragen." Detalliert Teplitzky/Peifer/*Leistner*, § 4 Nr. 9 Rn. 169f. mit weiteren Nachweisen.

99 Harte/Henning/*Sambuc*, § 4 Nr. 9 Rn. 110ff.

100 BGH, GRUR 1968, 591 (593) – *Pulverbehälter*.

101 *Maierhöfer*, S. 68. Auch die Konstellationen des „Einschiebens in eine fremde Serie", dass heißt des Vertriebs fremder, kompatibler Ergänzungslieferungen für ein ständig erweiterbares, auf Fortsetzung angelegtes gleichartiges Erzeugnis wird vom BGH unter dem Gesichtspunkt der Rufausbeutung gelöst, vgl. dazu BGH, GRUR 2005, 349 (352) – *Klemmbausteine III* ; kritisch zur Fallgruppe *Heep*, Lauterkeitsrechtlicher Schutz vor Herkunftstäuschung (§ 4 Nr. 9 lit. a UWG) und Rufausbeutung (§ 4 Nr. 9 lit. b) 1. Alt UWG) im Verhältnis zum Geschmacksmuster- und Kennzeichenrecht, 2010, S. 152ff.; *Heyers*, GRUR 2006, 23 (25ff.); *Kur*, GRURInt 1995, 469 (470ff.); Teplitzky/Peifer/*Leistner*, § 4 Nr. 9 Rn. 209f., 223; *Rauda*, GRUR 2002, 38 (41f.); *Sack*, FS Erdmann, 2002, 697 (701ff.); Harte/Henning/*Sambuc*, § 4 Nr. 9 Rn. 66. Dazu unter dem Gesichtspunkt der Schutzdauer des wettbewerbsrechtlichen Leistungsschutzes siehe Kapitel 1.I.3.

102 Teilweise wird sogar über den Maßstab der für die Herkunftstäuschung verlangten „gewissen" Bekanntheit eine „erhebliche" Bekanntheit gefordert (so *Maierhöfer*, S. 68f.). Eine Differenzierung zwischen den anzusetzenden Bekanntheitsgraden erscheint indes nicht angebracht. Sofern eine solche Bekanntheit besteht, die bereits die Gefahr von Herkunftstäuschungen in sich birgt, vermag ein solcher Bekanntheitsgrad wohl regelmäßig auch beim maßgeblichen Verkehrskreis als Grundlage zum Hervorrufen von Gütevorstellungen dienen.

zwingende Wertschätzungsaspekte mit dem Original verbunden sein.[103] Ebenso wie bei der Herkunftstäuschung entfällt auch im Rahmen des § 4 Nr. 9 lit. b) UWG der Unlauterkeitsvorwurf, sofern der Nachahmer gegen Warenverwechslungen in zumutbarem Umfang durch geeignete Maßnahmen vorzubeugen versucht.[104]

Selbstständige Relevanz gewinnen die Fälle der Rufausbeutung durch Anlehnung, da in diesem Falle nicht zwingend eine gleichzeitige Herkunftstäuschung vorliegen muss. Fälle der Rufausnutzung durch Anlehnung liegen nach der Rechtsprechung des BGH dann vor, wenn der Nachahmer „die Qualität seiner Waren oder Leistungen mit denen geschätzter Konkurrenzerzeugnisse in Beziehung setzt, um den guten Ruf der Waren oder Leistungen eines Mitbewerbers als Vorspann für die eigene Werbung auszunutzen".[105] Zu unterscheiden sind die offen, etwa durch Gleichsetzung oder Bezugnahme auf das Originalprodukt[106], erfolgende Anlehnung und die verdeckte Anlehnung. Letztere hat nach der Rechtsprechung des BGH nicht nur im Bereich des Kennzeichenschutzes[107], sondern auch im Bereich der Produktgestaltung Relevanz, insbesondere bei der Nachahmung bekannter Produkte.[108] Ebenso können nach der Rechtsprechung Fälle unlauterer Rufausbeutung durch Anlehnung auch außerhalb des Warenähnlichkeitsbereichs vorliegen, wobei in diesen Fällen eine gezielte Ausnutzung des Rufs durch deutliche Herausstellung der Originalware verlangt wird.[109]

Die Beeinträchtigung der Wertschätzung eines Erzeugnisses liegt dann vor, wenn der Vertrieb des Nachahmungsprodukts zur Schädigung des Rufes des Ori-

103 *Maierhöfer*, S. 68f. Entsprechend hat der Tatbestand des § 4 Nr. 9 lit. b) UWG bei gleichzeitiger Herkunftstäuschung gemäß § 4 Nr. 9 lit. a) UWG keine eigentständige Relevanz, siehe Teplitzky/Peifer/*Leistner*, § 4 Nr. 9 Rn. 183.

104 Etwa durch Anbringen einer unterscheidenden Herkunftskennzeichnung, siehe Teplitzky/Peifer/*Leistner*, § 4 Nr. 9 Rn. 193 mit weiteren Nachweisen. Zu § 1 UWG a.F. etwa BGH, GRUR 1962, 144 (149) – *Buntstreifensatin I*; BGH, GRUR 1966, 617 (620) – *Saxophon*; Köhler/*Piper*, § 1 Rn. 638.

105 BGH, GRUR 1969, 413 (415) – *Angélique II*; BGH, GRUR 1983, 247 (248) – *Rolls-Royce.*

106 Etwa BGH, GRUR 1988, 453 – *Ein Champagner unter den Mineralwässern*. Eine Rufausbeutung verneinte der BGH hingegen jüngst in der Entscheidung *Markenheftchen,* bei dem ein Mitbewerber das bewährte Kennzeichnungssystem des Klägers (unter gleichzeitiger Schaffung eines eigenen Referenzsystems) teilweise in seine Kataloge integrierte (BGH, WRP 2011, 51 [54]).

107 Für das Gemeinschaftsmarkenrecht siehe Kapitel 2.I.1.a)(2)(a)(iii)(d).

108 Vgl. das bei *Maierhöfer*, S. 69 angeführte Urteil *Tchibo/Rolex I* (BGH, GRUR 1985, 876 [878]), in welchem der BGH die Unlauterkeit einer Nachahmung damit begründete, dass zwar die Käufer der von Tchibo vertriebenen Uhren nicht zu irrigen Vorstellungen über besondere Gütemerkmale verleitet werden. Dennoch generiert die Uhr durch das an Rolex angepasste Design eine dem original ähnliche „Prestigewirkung" bei Dritten, was für eine Unlauterkeit der Nachahmung genüge. Diese Rechtsprechung ablehnend etwa *Sambuc*, Rn. 355; *Maierhöfer*, S. 72f.

109 Vgl. BGH, GRUR 1994, 732 (733) – *McLaren.*

ginals führt.[110] Sofern der gute Ruf des Originals etwa maßgeblich auf dessen Qualität beruht, kann dieser Ruf dann Schaden nehmen, wenn die Nachahmung sich als qualitativ minderwertig herausstellt.[111] Im Falle eines in Frage stehenden Prestigeverlustes gilt einschränkend, dass zumindest bei Dritten die Gefahr einer Herkunftstäuschung bestehen muss. Anderenfalls kann nicht von einem die Unlauterkeit begründenden hinreichenden Exklusivitätsverlust des Originalerzeugnisses ausgegangen werden.[112] Dogmatisch werden die Fälle der Rufbeeinträchtigung überwiegend als gesetzlich gesondert normierter Fall der Mitbewerberbehinderung angesehen[113], so dass eine gewisse Bekanntheit, wie beim Schutz vor Rufausbeutung, nicht erforderlich ist.

### (c) Unredliche Kenntniserlangung gemäß § 4 Nr. 9 lit. c) UWG

Bei der Fallgruppe der unredlichen Kenntniserlangung gemäß § 4 Nr. 9 lit. c) UWG ist zwischen einem Erschleichen der für die Nachbildung nötigen Kenntnisse und dem Missbrauch anvertrauter Kenntnisse zu differenzieren.[114] Im Falle eines Erschleichens knüpft der Unlauterkeitsvorwurf an die bloße Erlangung der zur Nachahmung nötigen Kenntnisse an[115], etwa durch Betriebsspionage[116]. Bei einem Vertrauensbruch nutzt der mit (redlich erlangten) Informationen bereits betraute Nachahmer diese in unlauterer Weise zur Nachahmung.[117] Am Beispiel der unredlichen Kenntniserlangung verdeutlicht sich am ehesten die (eigentliche) Handlungsbezogenheit des UWG im Allgemeinen und auch des wettbewerbsrechtlichen Nachahmungsschutzes im Besonderen. Das Augenmerk innerhalb dieser Fallgruppen richtet sich zuvorderst auf Handlungen im Vorfeld der eigentlichen Nachahmung; qualitative Aspekte des Nachahmungserzeugnisses haben grundsätzlich bei der Bewertung der Unlauterkeit nach § 4 Nr. 9 lit. c) UWG zu unterbleiben.[118] Jedenfalls im Anwendungsbereich des § 4 Nr. 9 lit. c) UWG

---

110 *Köhler*/Bornkamm, § 4 Rn. 9.59.

111 BGH, GRUR 2000, 521 (526 f.) – *Modulgerüst*; BGH, GRUR 2010, 1125 (1129) – *Femur-Teil*.

112 Vgl. BGH, GRUR 1998, 830 (833) – *Les-Paul-Gitarren*; BGH, GRUR 2007, 795 – *Handtaschen*.

113 Gloy/Loschelder/Erdmann/*Eck*, § 56 Rn. 91.

114 Vgl. Harte/Henning/*Sambuc*, § 4 Nr. 9 Rn. 169 f.

115 Harte/Henning/*Sambuc*, § 4 Nr. 9 Rn. 169.

116 BGH, GRUR 1973, 483 – *Betriebsspionage*.

117 So etwa wenn ein Angehöriger in amtlicher Eigenschaft Wissen erlangt und dieses privat nutzt (Beispiel bei *Köhler*/Bornkamm, § 4 Rn. 9.62). Aus der Rechtsprechung etwa BGH, GRUR 1956, 284 (286) – *Rheinmetall-Borsig*; BGH, GRUR 1964, 31 (32 f.) – *Petromax II*; BGH, GRUR 1983, 377, (379) – *Brombeermuster*.

118 Anders jedoch Teplitzky/Peifer/*Leistner*, § 4 Nr. 9 Rn. 127; *Nemeczek*, WRP 2010, 1315 (1318). Der BGH spricht die wettbewerbliche Eigenart zwar in einem jüngeren Fall zu § 4 Nr. 9 lit. c) UWG an. Die Ausführungen verhalten sich jedoch lediglich zum Schutz nach § 4 Nr. 9 UWG

lässt sich die These unterschiedlicher Schutzvoraussetzungen von Geschmacksmusterschutz und lauterkeitsrechtlichem Nachahmungsschutz vorbehaltlos bejahen.[119]

### (d) Mitbewerberbehinderung nach § 4 Nr. 10 UWG

Nachahmungsschutz unter dem Gesichtspunkt unlauterer Mitbewerberbehinderung nach § 4 Nr. 10 UWG gewährte der BGH bislang in Fällen systematischer Nachahmung einer Vielzahl von Erzeugnissen[120] eines bestimmten Herstellers sowie in bestimmten Fällen der Preisunterbietung[121]. Dabei wurde seitens des BGH, wie bereits angeführt, nicht auf ein qualitatives Element beim nachgeahmten Erzeugnis verzichtet. Hingegen muss das Erzeugnis nicht über eine „gewisse Bekanntheit" wie in Fällen der vermeidbaren Herkunftstäuschung oder Rufausbeutung verfügen, da die genannten Konstellationen unlauterer Mitbewerberbehinderung sich typischerweise kurz nach Markteinführung stellen, in denen aufgrund des Bekanntheitserfordernisses Schutz nach den § 4 Nr. 9 lit. a, b) UWG ausscheidet.[122]

Bei der Behinderung in Form der systematischen Nachahmung einer Vielzahl von Produkten sind keine starren Grenzen an die Anzahl der nachgeahmten Pro-

---

im Allgemeinen und lassen nicht erkennen, dass der BGH im Falle des § 4 Nr. 9 lit. c) UWG einen Schutz an einer nicht vorhandenen wettbewerblichen Eigenart scheitern lassen würde (BGH, GRUR 2010, 536 [540] – *Modulgerüst II*).

119 Dazu ausführlich Kapitel 1.I.1.c).

120 Aus der Rechtsprechung zu § 1 UWG a.F. etwa BGH, GRUR 1996, 210 (212 f.) – *Vakuumpumpen*; BGH, GRUR 1999, 751 (753) – *Güllepumpen*; BGH, GRUR 2002, 820 (823) – *Bremszangen*. Teilweise werden in der Literatur entsprechende Fälle systematischer Nachahmung unter die Generalklausel des § 3 Abs. 1 UWG gefasst (etwa Teplitzky/Peifer/*Leistner*, § 4 Nr. 9 Rn. 74, 212 ff.).

121 BGH, GRUR 1966, 617 (620) – *Saxophon*; BGH, GRUR 1996, 210 (213) – *Vakuumpumpen*.

122 Die Fallgruppe der Behinderung wurde etwa in der Entscheidung *Ovalpuderdose* (BGH, WRP 1976, 370) dazu bemüht, Nachahmungsschutz vor einer nationalen Markteinführung zu gewährleisten. In diesem Fall stellte die Beklagte Plagiate von Puderdosen her, die im Original bereits in anderen europäischen Ländern vertrieben wurden, eine Markteinführung in Deutschland jedoch noch nicht erfolgt war. Mangels Vorverbreitung und damit fehlender Möglichkeit einer Herkunftstäuschung beziehungsweise Rufausbeutung/-beeinträchtigung rekurrierte der BGH auf eine unlautere Behinderung. *Fritze* (GRUR 1982, 520 [522]) bezeichnete diesen Fall der Behinderung treffend als „Auffangtatbestand" für die Fälle, in denen eben mangels Vorverbreitung keine Herkunfts- oder Gütevorstellungen bei den maßgeblichen Verkehrskreisen erzeugt worden sein konnten. Ließe man den Anbieter des Originals in diesen Fällen jedoch ungeschützt, könnte dieser wegen der entstehenden Marktsättigung durch Plagiate davon absehen, das Originalprodukt überhaupt einzuführen (vgl. BGH, WRP 1976, 370 – *Ovalpuderdose).*

dukte zu stellen.[123] Auch ist es unerheblich, ob der Plagiator die gesamte Produktpalette auf einmal oder einzelne Erzeugnisse nach und nach, jeweils nach deren Markteinführung, nachahmt.[124] Der quantitative Aspekt stellt beim systematischen Nachahmen vielmehr, insofern den Grundsätzen der Wechselwirkung entsprechend[125], einen Aspekt unter mehreren Faktoren dar. Maßgebend sind vielmehr auch etwa die Art der Nachahmung sowie die produktimmanente wettbewerbliche Eigenart.[126]

Fälle der Preisunterbietung beim Vertrieb eines nachgeahmten Erzeugnisses sind nach der Rechtsprechung des BGH grundsätzlich als wettbewerbskonform zu bezeichnen.[127] Etwas anderes gilt nur dann, wenn innerhalb kurzer Zeit nach Erscheinen eines mit hohen Entwicklungskosten verbundenen Originals verbilligte Nachahmungen erscheinen.[128] In einem solchen Fall liegt die Erwägung nahe, dass sich die Preisunterbietung des Nachahmers unter anderem auf Einsparungen bei den Entwicklungskosten begründet.[129] Würde man in diesen Fällen eine Preisunterbietung tolerieren, verlöre der Ersthersteller jeden Anreiz zur Fortentwicklung.[130] Dabei ist um so eher eine Behinderung anzunehmen, je höher die ersparten Entwicklungskosten und die damit mögliche Preisunterbietung sind.[131]

#### (e) Unmittelbarer Produktschutz

Überdies kommt nach ständiger Rechtsprechung in bestimmten Fällen ein Produktschutz ohne besondere Unlauterkeitsmomente in Betracht, die Leistung wird vielmehr um ihrer selbst willen geschützt.[132] Dabei lässt sich eine dahingehende

---

123 Harte/Henning/*Sambuc*, § 4 Nr. 9 Rn. 178.

124 *Maierhöfer*, S. 78; *Sambuc*, Rn. 508.

125 Siehe oben Kapitel 1.I.1.b)(1)(c).

126 Harte/Henning/*Sambuc*, § 4 Nr. 9 Rn. 178. Denkbar ist auch eine Kumulation der aufgezeigten Fallgruppen der Behinderung, etwa in dem ein Plagiator systematisch Produkte eines Konkurrenten nachahmt und diese dann im Vergleich zu den Originalen mit einer erheblichen Preisunterbietung kombiniert, vgl. BGH, GRUR 1996, 210 (213) – *Vakuumpumpen*.

127 BGH, GRUR 2003, 359 (361) – *Pflegebett*.

128 BGH, GRUR 1966, 617 (620) – *Saxophon*; BGH, GRUR 1996, 210 (213) – *Vakuumpumpen*.

129 *Köhler*/Bornkamm, § 4 Rn. 9.65.

130 Vgl. BGH, GRUR 1966, 617 (620) – *Saxophon*; BGH, GRUR 1996, 210 (213) – *Vakuumpumpen*. Angesichts der Existenz des nicht eingetragenen Gemeinschaftsgeschmacksmusters erscheint diese Begründung – jenseits systematischer, UWG-immanenter Bedenken – für den Bereich der Produktgestaltung nur eingeschränkt anwendbar. Siehe dazu ausführlich Kapitel 1.II.

131 *Köhler*/Bornkamm, § 4 Rn. 9.65.

132 Vgl. BGH, GRUR 1973, 478 (480) – *Modeneuheit*; Ebenso schon RGZ 73, 294 (297) – *Schallplatten*; RG, GRUR 1927, 132 (133) – *Puppenjunge*. Einschränkend jüngst BGH, GRUR 2011, 436 (439) – *Hartplatzhelden.de*, der eine Gewährung eines auf § 3 Abs. 1 UWG gestützten

Abstufung zwischen den Fällen erkennen, in denen zum einen ein reiner Produktschutz gewährleistet wird, zum anderen die Schutzwürdigkeit des Produktes so überwiegt, dass die „besonderen Unlauterkeitsumstände“ als Begründungstopoi zu vernachlässigen sind[133]. Im Bereich des direkten Produktschutzes soll hier exemplarisch auf die Saisonschutzrechtsprechung des BGH eingegangen werden, gleichwohl dieser auch in anderen Konstellationen auf den Nachahmungsschutz durch § 1 UWG a.F. ohne besondere Unlauterkeitsumstände rekurriert hat.[134]

(i) Entwicklung und Kritik

Die Möglichkeit eines solchen unmittelbaren Produktschutzes ist bereits seit dem Inkrafttreten des mit einer Generalklausel als Grundnorm versehenen UWG im Jahre 1909, welches in der Grundkonzeption auch dem heutigen *status quo* entspricht[135], sehr umstritten.[136] So wird von Seiten der herrschenden Lehre gegen die Möglichkeit eines unmittelbaren Produktschutzes ohne Hinzutreten besonderer Unlauterkeitsumstände zuvorderst der Grundsatz der Nachahmungsfreiheit angeführt, der aus dem Umkehrschluss zum Bestehen sonderrechtlicher Immaterialgüterrechte gefolgert wird.[137] Demnach soll außerhalb sondergesetzlicher

---

Nachahmungsschutz zumindest dann in Betracht zieht, wenn in ein Leistungsergebnis erhebliche Investitionen getätigt wurden, deren Erbringung und Bestand ohne diesen Rechtsschutz ernstlich in Gefahr gerieten. Mit dieser Ansicht schließt sich der BGH der Konzeption jüngerer Literaturstimmen an (vgl. *Ohly*, GRUR 2010, 487 [494], im Ergebnis ebenso *Peukert*, WRP 2010, 316 [319] sowie *Schröer*, Der unmittelbare Leistungsschutz, 2010, S. 383 sowie 477), die als Voraussetzung für das Eingreifen eines unmittelbaren Leistungsschutzes ein ansonsten drohendes Marktversagen verlangen. Siehe auch unten Kapitel 1.II.4.a).

133 Diese Problematik heraushebend zuletzt *Ohly* (IIC 2010, 506 [514]) mit Nachweisen aus der Rechtsprechung.

134 Siehe dazu sogleich Kapitel 1.I.1.b)(2)(e)(i).

135 Das bis 1909 geltende Gesetz gegen den Unlauteren Wettbewerb vom 27.5.1896 war auf enumerativ zugeschnittene Fälle begrenzt, was nur einen sehr eingeschränkten Anwendungsbereich zuließ. Dieser Missstand führte zur Ablösung der einzeltatbestandlichen Regelungen durch die Generalklausel des § 1 UWG durch das (zweite) Gesetz gegen den Unlauteren Wettbewerb vom 7.6.1909. Vgl. hierzu *Erdmann*, FS Vieregge, 1995, 197.

136 Vgl. exemplarisch dazu etwa *Lubberger*, FS Ullmann, 2006, 737 (738 ff.); *Schulte-Beckhausen*, Das Verhältnis des § 1 UWG zu den gewerblichen Schutzrechten und zum Urheberrecht, 1994, S. 134 ff.; *Weihrauch*, Der unmittelbare Leistungsschutz im UWG – Eine Untersuchung zu den rechtsdogmatisch und rechtstatsächlichen Grundlagen eines ergänzenden Leistungsschutzes auf der Grundlage des § 1 UWG, 2001.

137 *Fezer*, WRP 1993, 63 (65); *Köhler*/Bornkamm, § 4 Rn. 9.3; *Mees*, WRP 1999, 62 (65); *Peukert,* WRP 2010, 316 (319). Im Übrigen geht auch der Gesetzgeber mit dieser Begründung von einem solch bestehenden Grundsatz der Nachahmungsfreiheit aus, vgl. BT-Drs. 15/1487, S. 18. In jüngster Zeit kritisch gegenüber der Anerkennung eines unmittelbaren Leistungsschutzes *Nemeczek* (WRP 2010, 1204 ff.; GRUR 2011, 292 ff.), der insbesondere die Verkehrsfähig-

Regelungen die Möglichkeit der Nachahmung durch Mitbewerber grundsätzlich zulässig sein. Trotz zahlreicher kritischer Stimmen in der Literatur[138] hält jedoch auch die Rechtsprechung an der grundsätzlichen Nachahmungsfreiheit sonderrechtlich ungeschützter Produkte fest und betont die Notwendigkeit des Hinzutretens besonderer Unlauterkeitsmomente, um eine Nachahmung lauterkeitsrechtlich zu sanktionieren.[139] Gleichwohl ist dieses Bekenntnis im Bereich des ergänzenden Leistungsschutzes nicht immer stringent durchgehalten worden. So erfüllte der lauterkeitsrechtliche Nachahmungsschutz oftmals eine zur Schaffung von Sonderrechten führende „Schrittmacherfunktion"[140], indem er Fälle der unmittelbaren Leistungsübernahme beziehungsweise des identischen Nachahmens per se als Wettbewerbsverstoß deklarierte[141], ohne besondere Unlauterkeitsumstände vorauszusetzen. Um nicht vom Grundsatz der Nachahmungsfreiheit abzuweichen und einen verhaltensbezogenen UWG-Schutz aufrechtzuerhalten, wurden die Aspekte der Vorsprungsverschaffung respektive der Ersparnis eigener Aufwendungen zur Begründung verhaltensbezogenen Unrechts herangezogen.[142] Dieser Begründungsansatz erscheint jedoch bereits deshalb, zumindest unter der Prämisse zusätzlicher besonderer Umstände, zweifelhaft, da Aspekte der Vorsprungsverschaffung beziehungsweise der Aufwandsersparnis jedweder Nachahmung innewohnen.[143] Vielmehr zeigt diese Rechtsprechung, dass eine handlungsbezogene Konzeption des ergänzenden lauterkeitsrechtlichen Nachahmungsschutzes nicht immer durchgehalten wird und somit teilweise Ersatz-

---

keit einer durch unmittelbaren Leistungsschutz gewährten Rechtsstellung als ungerechtfertigt gegenüber dem mittelbaren Leistungsschutz, der besondere Umstände voraussetzt, anführt.

138 Aus der Literatur etwa *Götte*, Die Schutzdauer im wettbewerbsrechtlichen Leistungsschutz, 2000, S. 96 f.; *Köhler*, GRUR 2007, 548 (549); *Kur*, GRUR 1990, 1 (2); Teplitzky/Peifer/*Leistner*, § 4 Nr. 9 Rn. 65; *Lubberger*, FS Ullmann, 737 (753); *Müller-Laube*, ZHR 156 (1992), 480 (495).

139 Vgl. jüngst BGH, GRUR 2007, 795 (799) – *Handtaschen*.

140 Begriff bei *Ulmer*, Urheber- und Verlagsrecht, 3. Auflage 1980, S. 40. In dieser „Schrittmacherfunktion" wird auch heute noch ein legitimes Anwendungsfeld eines (unmittelbaren) lauterkeitsrechtlichen Nachahmungsschutzes gesehen. So befürwortet etwa *Leistner* einen auf Grundlage von § 3 Abs. 1 UWG gewährten (unmittelbaren) Leistungsschutz, wenn ein im Verhältnis zum Immaterialgüterrecht neuer Schutzgegenstand vorliegt, der durch bestehende Schutzrechte nicht einmal potentiell erfasst wird (Teplitzky/Peifer/*Leistner*, § 4 Nr. 9 Rn. 68 ff.; *ders.*, FS Pfennig, 2012, 41 (59 ff.).

141 Beispielhaft für eine solche „Schrittmacherfunktion" sei die Entscheidung *Figaros Hochzeit* (BGH, GRUR 1960, 614 [617]) genannt, in welcher der BGH die Nachahmung von Arbeitsergebnissen als unlauter deklarierte. Es erfolgte wenig später die Einführung des Schutzes des ausübenden Künstlers nach § 73 ff. UrhG. Siehe auch die weiteren Beispiele bei Fezer/*Götting*, UWG, § 4-9 Rn. 33.

142 Vgl. etwa BGH, GRUR 1959, 240 (243) – *Nelkensteckklinge*; *Wiebe*, FS Schricker, 2005, 773 (774).

143 *Wiebe*, FS Schricker, 773 (774).

ausschließlichkeitsrechte mittels des Lauterkeitsrechts begründet werden.[144] Auf diese Überlegung wird im Hinblick auf die Existenz des nicht eingetragenen Gemeinschaftsgeschmacksmusters noch zurück zu kommen sein.[145]

(ii) Saisonschutzrechtsprechung

Für den Bereich unmittelbaren Produktschutzes soll hier exemplarisch auf den Schutz von Modeneuheiten eingegangen werden. Seit der *Modeneuheit*-Entscheidung[146] des BGH im Jahre 1973 wird für den kurzfristigen Schutz modischer Bekleidungsstücke auf einen aus § 1 UWG a.F. (nunmehr § 3 UWG) begründeten Nachahmungsschutz zurückgegriffen, für dessen Einschlägigkeit lediglich die Eigenart des Modeerzeugnisses gegeben sein muss.

Der Rückgriff auf das Lauterkeitsrecht gründet zunächst auf praktischen Bedürfnissen, da ein Sonderrechtsschutz für entsprechende Saisonartikel regelmäßig ausscheidet. Für einen urheberrechtlichen Schutz von Modeartikeln fehlt regelmäßig die erforderliche Gestaltungshöhe zur Annahme eines „Werkes“ im Sinne des Urheberrechtsgesetzes.[147] Der eigentlich thematisch einschlägige Geschmacksmusterschutz bietet wegen des Erfordernisses einer objektiven Neuheit im Modebereich regelmäßig unzureichenden Schutz, da Modekreationen oftmals auf Vorbekanntes zurückgreifen und entsprechend das geschmacksmusterrechtliche Neuheitserfordernis nicht erfüllen.[148] Zudem lohnt sich oftmals der Aufwand einer geschmacksmusterrechtlichen Anmeldung nicht, da ein ausreichender Schutz neben den hohen Kosten oftmals nur durch Hinterlegung ganzer Musterkollektionen gewährleistet werden kann. Ein solcher Aufwand wird den kurzlebigen Modeprodukten regelmäßig nicht gerecht, die ohnehin meist nur in der betreffenden Saison dazu geeignet sind, die Investition des Modeschöpfers zu amortisieren.[149] Entsprechend dieser praktischen Bedürfnisse für einen

---

144 Diese Problematik besteht nicht nur in den erwähnten Fällen unmittelbaren Produktschutzes sondern auch bei herausragender wettbewerblicher Eigenart. Zwar geht der BGH nicht so weit, bei einem Produkt mit herausragender wettbewerblicher Eigenart auf weitere Unlauterkeitsmomente zu verzichten, dennoch verblassen die Anforderungen an die „besonderen Umstände“ zusehends im Falle hoher wettbewerblicher Eigenart (vgl. BGH, GRUR 1999, 1106 [1108] – *Rollstuhlnachbau*). Kritisch zu dieser Rechtsprechung etwa Teplitzky/Peifer/*Leistner*, § 4 Nr. 9 Rn. 2, 47.

145 Dazu vertieft Kapitel 1.II.

146 BGH, GRUR 1973, 478 – *Modeneuheit.*

147 *Brem*, S. 240; Vgl. zum ausnahmsweise in Betracht kommenden urheberrechtlichen Schutz bei Modeartikeln, *Helfrich*, Rechtsschutz der Mode, 1993, S. 57.

148 So führt der BGH in der Entscheidung *Modeneuheit* aus, dass die Mode weitgehend von der „Wiederkehr des Gleichen“ lebe (BGH, GRUR 1973, 478 [480]). Siehe vertieft unten Kapitel 1.I.1.c)(3).

149 Vgl. BGH, GRUR 1973, 478 (480) – *Modeneuheit.*

kurzfristigen Schutz bejahte der BGH den Rückgriff auf die wettbewerbsrechtliche Generalklausel des § 1 UWG a.F., da der Modeschöpfer ansonsten regelmäßig schutzlos dastünde und um die „Früchte seiner Arbeit“ gebracht würde. Dieser Rückgriff setzt im Gegensatz zum Geschmacksmusterrecht keine objektive Neuheit voraus; einzig wettbewerbliche Eigenart muss dem Modeerzeugnis insofern zukommen, als dass „der Gesamteindruck durch überdurchschnittliche Gestaltungsmerkmale im ästhetischen Bereich geprägt“ sein muss.[150] Eine zeitliche Beschränkung zum ansonsten zeitlich prinzipiell unbegrenzt gewährleisteten wettbewerbsrechtlichen Nachahmungsschutz gilt für den Bereich des Modeschutzes jedoch dahingehend, dass dieser in der Regel auf eine Saison zu beschränken ist.[151] Im Falle der Einschlägigkeit dieses saisonalen Modeschutzes beschränkt sich der Nachahmungsschutz auf identische oder fast identische Nachbildungen und nicht auf sämtliche verwechslungsfähige Nachahmungen.[152] Angesichts des bloß kurzfristigen, formlosen Schutzes zeigen sich im lauterkeitsrechtlichen Schutz der Mode weitgehende Parallelen zum Recht des nicht eingetragenen Gemeinschaftsgeschmacksmusters, auf die noch vertieft zurück zu kommen sein wird.[153]

### c) Überschneidungsbereiche und Unterschiede des UWG-Nachahmungsschutzes und des formlosen Geschmacksmusterschutzes

Nach Herausarbeitung der Schutzvoraussetzungen des formlosen Geschmacksmusterschutzes sowie des UWG-Nachahmungsschutzes ist nunmehr eine Gegenüberstellung der materiellen Schutzvoraussetzungen vorzunehmen, da für die Bejahung eines Nebeneinanders eben die Unterschiedlichkeit der Schutzvoraussetzungen in Rechtsprechung und Literatur geltend gemacht werden. Dieser Aspekt allein mag zwar eine nebeneinander stehende Anwendung beider Rechtsinstitute noch nicht rechtfertigen, da auch bei Verschiedenheit der Schutzvoraussetzungen sowie der Schutzwirkungen Spezialitätsverhältnisse zwischen

150 So BGH, GRUR 1984, 453 (454) – *Hemdblusenkleid.*

151 BGH, GRUR 1973, 478 (480) – *Modeneuheit.* Ausnahmsweise mag der Schutz bei jahreszeitlich nicht klar zuordenbaren Kleidungsstücken auf die nachfolgende, zweite Saison ausgedehnt werden (vgl. BGH, GRUR 1998, 477 [479] - *Trachtenjanker*; OLG Hamburg, GRUR 1986, 83 – *Übergangsbluse*; OLG München, GRUR 1995, 275 – *Parka-Modell).* Die Möglichkeit eines längeren, wettbewerbsrechtlichen Schutzes unter dem Gesichtspunkt der Herkunftstäuschung bleibt dem Schöpfer jedoch unbenommen, sofern das Modeerzeugnis dazu geeignet ist, Herkunftsvorstellungen zu erwecken (BGH, GRUR 1998, 477 [478] – *Trachtenjanker).* Zur Schutzdauer siehe sogleich Kapitel 1.I.3.

152 BGH, GRUR 1973, 478 – *Modeneuheit.*

153 Siehe Kapitel 1.I.1.c)(3).

Schutzinstituten bestehen können.[154] Gerade im Hinblick auf europarechtliche Wertungen, wie etwa die Festsetzung der maximalen Schutzdauer für das formlose Gemeinschaftsgeschmacksmuster, ist diese Feststellung von immenser Bedeutung, da die Anwendung innerstaatlichen, rein nationalen Rechts, welches hier in Form des zeitlich potentiell unbegrenzt zu gewährenden ergänzenden wettbewerbsrechtlichen Leistungsschutzes in Frage steht[155], ebendiese Wertungen konterkarieren könnte. Dennoch erscheint nicht zuletzt ob der Begründung des BGH ein Vergleich der materiellen Schutzvoraussetzungen und des dadurch gewährten Schutzumfangs vonnöten.

Um die Kongruenz des gewährleisteten Schutzes festzustellen, ist zunächst ein Vergleich der geschmacksmusterrechtlichen und lauterkeitsrechtlichen Schutzanforderungen vorzunehmen. Aus der vorangegangen Skizzierung der materiellen Schutzvoraussetzungen des geschmacksmusterrechtlichen wie auch des lauterkeitsrechtlichen Nachahmungsschutzes lassen sich bei bloß schematischer Betrachtung vermeintlich gravierende Unterschiede ausmachen. Während die geschmackmusterrechtliche Eigenart letztlich über das bloße Erzeugen eines anderen Gesamteindrucks hinaus keine besonderen qualitativen Schutzhürden stellt[156], sieht sich die Bestimmung der wettbewerblichen Eigenart einer umfassenden fallbezogenen Kasuistik ausgesetzt[157]. Dennoch wäre eine Betonung nur der (formell) unterschiedlichen Entstehungsvoraussetzungen als Begründungsansatz zur parallelen Anwendbarkeit zu formalistisch und schlichtweg zu kurz gegriffen.[158] Vielmehr muss ermittelt werden, inwieweit die formal unterschiedlichen Schutzvoraussetzungen dennoch Schutzüberschneidungen begründen. Dabei ist neben einem Vergleich der jeweiligen anspruchsbegründenden Normen für die Ermittlung der Schnittmengen von gemeinschaftsgeschmacksmusterrechtlichem und lauterkeitsrechtlichem Nachahmungsschutz mitentscheidend, zu welchem Zeitpunkt die qualitativen Anforderungen an das nachgeahmte Produkt vorliegen müssen beziehungsweise aus wessen Sicht deren Vorliegen sich bestimmt. Diese Parameter zur Ermittlung der erforderlichen „Eigenart" sollen hier zunächst erörtert werden, da sie mitbestimmend für das gewährte Schutzniveau sind.

Sodann erfolgt ein Vergleich der hier als „mittelbarer Produktschutz" beschriebenen Konstellationen des wettbewerbsrechtlichen Leistungsschutzes zum Schutz durch das nicht eingetragene Gemeinschaftsgeschmacksmuster, also derjenigen Fallgruppen, in denen nach tradierter Rechtsprechung neben der Nachahmung

154 Vgl. *Larenz*, Methodenlehre der Rechtswissenschaft, 6. Auflage 1991, S. 269.

155 Siehe Kapitel 1.I.3.

156 Siehe Kapitel 1.I.1.a)(3).

157 Vgl. die jeweiligen Ausführungen unter Kapitel 1.I.1.b)(1)(a).

158 Vgl. eben *Larenz*, S. 269.

eines Produkts mit wettbewerblicher Eigenart ein besonderer Unlauterkeitsumstand vorliegen muss.[159] Darunter sind neben den Fällen vermeidbarer Herkunftstäuschung gemäß § 4 Nr. 9 lit. a) UWG und den Konstellationen unlauterer Rufausbeutung beziehungsweise Rufbeeinträchtigung gemäß § 4 Nr. 9 lit. b) UWG auch die unlauterere Mitbewerberbehinderung durch Nachahmung im Sinne des § 4 Nr. 10 UWG zu fassen, da hier die Art und Weise der Nachahmung ein besonderes Unlauterkeitsmoment begründet, neben dem die produktbezogenen Eigenschaften des nachgeahmten Produkts verblassen. Im Anschluss wird auf die Schnittmengen des unmittelbaren lauterkeitsrechtlichen Produktschutzes, ergo diejenigen Fälle, in denen die bloße Eigenart des geschützten Produkts die Unlauterkeit einer Nachahmung dieses Produkts begründet sowie den Schutz durch das nicht eingetragene Gemeinschaftsgeschmacksmuster eingegangen[160], bevor abschließend ein kurzes Zwischenfazit zur bestehenden Schnittmenge im Hinblick auf den gewährten Schutzumfang durch das nicht eingetragene Gemeinschaftsgeschmacksmuster und den mittelbaren und unmittelbaren lauterkeitsrechtlichen Nachahmungsschutz gezogen werden soll.[161]

### *(1) Beschränkung des Überschneidungsbereichs durch unterschiedliche Kriterien zur Bestimmung der Schutzvoraussetzungen*

Bei eingehender Betrachtung von Geschmacksmusterrecht und lauterkeitsrechtlichem Nachahmungsschutz ist festzustellen, dass die Überschneidungsbereiche des Schutzes durch das nicht eingetragene Gemeinschaftsgeschmacksmuster sowie des UWG-Nachahmungsschutzes erheblich durch unterschiedliche zeitliche und personelle Kriterien zur Bestimmung der qualitativen Anforderung der Eigenart geprägt werden.

---

159 Siehe Kapitel 1.I.1.c)(2).

160 Siehe Kapitel 1.I.1.c)(3).

161 Auf eine Erörterung der Schnittmengen des Geschmacksmusterschutzes zum Schutz vor „reinem“ Handlungsunrecht nach § 4 Nr. 9 lit. c) UWG muss hingegen nicht eingegangen werden. Konstellationen unredlicher Kenntniserlangung können stets vorliegen, selbst vor Veröffentlichung eines Geschmacksmusters. Wegen der reinen Handlungsbezogenheit des so gewährten Schutzes kann zwar eine parallele Einschlägigkeit von lauterkeitsrechtlichem und geschmacksmusterrechtlichem Schutz bestehen. Jedoch sind wegen des Verzichts auf eine besondere qualitative Eigenschaft des nachgeahmten Produkts im Anwendungsfeld des § 4 Nr. 9 lit. c) UWG solche Überschneidungen zufällig. Ebenso soll auf eine Erörterung derjenigen Konstellationen verzichtet werden, in denen unmittelbarer Produktschutz durch das Lauterkeitsrecht für bislang sonderrechtlich ungeschützte Produkte gewährt wurde, da insofern eine Überschneidung zum formlosen Geschmacksmusterschutz nicht besteht. Zur möglichen Sperrwirkung des nicht eingetragenen Gemeinschaftsgeschmacksmusters für nicht musterfähige Gestaltungen siehe Kapitel 1.II.4.a).

### (a) Zeitpunkt zur Bestimmung der qualitativen Schutzvoraussetzungen

Dies wird insbesondere bei Betrachtung der jeweils maßgeblichen Zeitpunkte zur Bestimmung der geschmacksmusterrechtlichen beziehungsweise wettbewerblichen Eigenart deutlich. Im Falle des nicht eingetragenen Gemeinschaftsgeschmacksmusters ist dessen Veröffentlichung entscheidend, das heißt, zu diesem Zeitpunkt müssen die in Art. 4 Abs. 1 GGV genannten Voraussetzungen vorliegen. Ab diesem Zeitpunkt entsteht dann das Ausschließlichkeitsrecht am in Frage stehenden Muster, sofern dies als Geschmacksmuster im Sinne des Art. 3 lit. a) GGV zu begreifen ist.[162] Im Bereich des UWG-Nachahmungsschutzes ist hingegen – wie eingangs bereits dargelegt – eine Bestimmung der wettbewerblichen Eigenart im Zeitpunkt der Verletzungshandlung vorzunehmen.[163]

Die praktischen Folgen dieser unterschiedlichen Bestimmungsmethoden sind beachtlich: Sind die Schutzvoraussetzungen im Geschmackmusterrecht einmal verneint worden, ist zumindest ein formloser Geschmacksmusterschutz nicht mehr möglich.[164] Hingegen wird eine wettbewerbliche Eigenart, wie für Konstellationen der vermeidbaren Herkunftstäuschung gemäß § 4 Nr. 9 lit. a) UWG gefordert[165], bei Markteinführung beziehungsweise erstmaliger Veröffentlichung des Produkts zumeist noch gar nicht vorliegen, sondern erst durch Etablierung im Verkehr entstehen beziehungsweise nach gewisser Dauer wieder schwinden.[166] Während der geschmacksmusterrechtliche Schutz somit statisch nach dem Zeitpunkt der Veröffentlichung zu bemessen ist, muss das Vorliegen der wettbewerblichen Eigenart stets neu für jede Verletzungshandlung bestimmt werden.

### (b) Heranzuziehender Vergleichsmarkt

Überdies vermag in bestimmten Konstellationen des Nachahmungsschutzes der im Lauterkeitsrecht einerseits und im Geschmacksmusterrecht andererseits sowohl in personeller wie auch in territorialer Hinsicht heranzuziehende Vergleichsmarkt hinsichtlich der qualitativen Anforderungen an ein Produkt Schutzunterschiede zu begründen.

162 *Maierhöfer*, S. 146 f.

163 BGH, WRP 1976, 370 (372) – *Ovalpuderdose*. Siehe dazu Kapitel 1.I.1.b)(1)(a)(ii).

164 Vgl. dazu näher *Maierhöfer*, S. 147.

165 Siehe Kapitel 1.I.1.b)(1)(a)(i).

166 Siehe dazu Kapitel 1.I.1.b)(1)(a)(ii).

(i) Adressatenkreis

Während das europäische Geschmackmusterrecht die Beurteilung der Schutzvoraussetzung aus Sicht des „informierten Benutzers" vornimmt[167], der gegenüber dem durchschnittlichen, uninformierten Verbraucher ein höheres Maß an Fachkenntnis innehat, knüpft der wettbewerbsrechtliche Leistungsschutz pauschal an die „angesprochenen Verkehrskreise" an.[168] Diese Einbeziehung des gesamten Abnehmerkreises umfasst damit jedoch nicht nur „informierte Benutzer", sondern zum Großteil auch Abnehmer, die über keine besondere (Design-)Kenntnis verfügen. Maßstab zur Beurteilung der wettbewerblichen Eigenart ist daher nicht derjenige, der über eine gewisse Expertise verfügt, sondern ein durchschnittlich informierter Angehöriger der angesprochenen Verkehrskreise.[169]

Diese Differenzierung hat dann Auswirkungen, wenn zur Beurteilung der wettbewerblichen Eigenart, ähnlich wie im Bereich des Geschmacksmusterrechts[170], ein Vergleich mit dem vorbekannten Formenschatz im maßgeblichen Warensegment vorzunehmen ist.[171] Der informierte Benutzer ist angesichts seines höheren Differenzierungsvermögens eher in der Lage, Unterschiede im Design zu erkennen und sie für eigenartig im Sinne des Art. 6 Abs. 1 GGV zu halten als der durchschnittliche Verbraucher eine anhand eines Vergleichs mit Vorgestaltungen zu attestierende „wettbewerbliche Eigenart".[172] Somit erscheint die durch das Geschmacksmuster gewährleistete Schutzdichte engmaschiger, sofern man zur Feststellung der wettbewerblichen Eigenart einen Vergleich zu Vorbekanntem bemühen will. Diese Schutzdichte mag sich unter Einbeziehung des vom EuGH vertretenen und nunmehr vom BGH explizit für die Fallgruppe des auf betriebliche Herkunftstäuschung gestützten UWG-Nachahmungsschutzes übernommenen modernen Verbraucherbegriffs[173], nach dem es auf die Sicht eines aufmerksamen und verständigen Durchschnittsbetrachters ankommt, zumindest nach der hier vertretenen Auffassung wiederum weitestgehend angleichen, da die Anforderungen an den informierten Benutzer im Geschmacksmusterrecht im Interesse eines angemessenen Schutzwürdigkeitsmaßstabs im Wesentlichen mit

167 Siehe Kapitel 1.I.1.a)(3)(b).

168 *Köhler*/Bornkamm, § 4 Rn. 9.42 f.

169 *Maierhöfer*, S. 149.

170 Siehe dazu Kapitel 1.I.1.a)(3)(a).

171 *Maierhöfer*, S. 150.

172 *Osterrieth*, FS Tillmann, 221 (229).

173 BGH, GRUR 2005, 349 (352) – *Klemmbausteine III*; Grundlegend zum europäischen Verbraucherleitbild EuGH Rs. C-210/96 vom 16.7.1998, Slg. 1998 I-4657 – *Gut Springenheide*. Zu den maßgeblichen Verkehrskreisen im Bereich des UWG-Nachahmungsschutzes siehe näher Teplitzky/Peifer/*Leistner*, § 4 Nr. 9 Rn. 148 ff.

denen an den verständigen Verbrauchers übereinstimmen dürften.[174] Ausgenommen und damit tatsächlich Anknüpfungspunkt für Differenzierungen sind die Fälle, in denen eine bloß geringe mögliche Gestaltungsdichte besteht, in denen sich also auch für den aufmerksamen Verbraucher ein Unterschied zu Vorbekanntem kaum ergeben wird. Die in diesen Fällen zu fordernde Detailkenntnis auf Seiten des „informierten Benutzers“ vermag gegenüber dem bloß aufmerksamen Verbraucher eine höhere Schutzdichte gewährleisten. Insofern erscheint eine nähere Betrachtung der Frage, ob auch die Überprüfung des Abstands zu vorbekannten Formen bei der Bestimmung der wettbewerblichen Eigenart tatsächlich erfolgt, vonnöten. Im Bereich des unmittelbaren Produktschutzes ist dies jedenfalls zu bejahen: So wird in der *Trachtenjanker*-Entscheidung des BGH etwa das schutzbeanspruchende Produkt im Hinblick auf seinen Abstand zu vorbekannten Erzeugnissen überprüft.[175] Dies erscheint deshalb nachvollziehbar, weil in diesen Fällen an die Schutzwürdigkeit eines Produkts angeknüpft wird, das sich (im Bereich der Modeneuheiten) zumindest minimal von vorbekannten Erzeugnissen unterscheiden muss. Aber auch im praktisch wichtigsten Fall der vermeidbaren Herkunftstäuschung gemäß § 4 Nr. 9 lit. a) UWG wird zumindest mittelbar ein Vergleich zum vorbekannten Formenschatz bemüht.[176] So wird die Eignung eines Produkts zum Hervorrufen von Herkunftsvorstellungen um so eher vorliegen, je mehr es sich von vorbekannten Gestaltungen unterscheidet.[177]

(ii) Territorialer Vergleichsmarkt

Neben diesen letztlich geringen Unterschieden in der Bestimmung des Adressatenkreises erscheint die Problematik des heranzuziehenden territorialen Vergleichsmarktes bei lauterkeitsrechtlichem Anknüpfen an den vorbekannten Formenschatz viel gravierender.

Während im Bereich des Geschmacksmusterschutzes zur Bestimmung der Eigenart sämtliche vorbekannte Formen heranzuziehen sind, sollen im lauterkeitsrechtlichen Nachahmungsschutz nach der Rechtsprechung nur diejenigen Erzeugnisse zum Vergleich herangezogen werden, die Bestandteile des deut-

---

174 Unter Berücksichtigung des modernen Verbraucherleitbilds im Ansatz ebenso *Maierhöfer*, S. 150; Andere Ansicht *Osterrieth*, FS Tillmann, 221 (229). Siehe dazu bereits Kapitel 1.I.1.a) (3)(b).

175 BGH, GRUR 1998, 477 (479) – *Trachtenjanker*.

176 Zu Recht bejahend *Maierhöfer*, S. 148.

177 Beispielhaft sei an dieser Stelle die Entscheidung *Pflegebett* (BGH, GRUR 2003, 359) angeführt. Dort wird von Seiten der Rechtsprechung zur Begründung der (vormaligen) Eigenart eines Pflegebetts darauf rekurriert, dass sich dieses bei Markteinführung von anderen Konkurrenzprodukten durch seine „teleskopartig ineinander verschiebbare Einkleidung des Hebsäulenfußes“ unterschied.

schen Markts sind.[178] Als Konsequenz aus der unterschiedlichen Bestimmung der Märkte könnten daher Produktgestaltungen, die vormals nur im Ausland bekannt waren, in ähnlicher Form auf dem deutschen Markt eingeführt werden, ohne geschmacksmusterrechtlichen Schutz zu erlangen. Um so mehr erscheint dann, angesichts der Einzigartigkeit der eingeführten, im sonstigen europäischen Ausland bekannten Produktform, das praktische Bedürfnis für einen lauterkeitsrechtlichen Nachahmungsschutz gegeben zu sein. Mangels eines vergleichbaren Konkurrenzprodukts wird die erforderliche Eignung zum Herkunftshinweis und damit die wettbewerbliche Eigenart tatsächlich oft vorliegen, so dass in diesen Fällen ein per se ausgeschlossener geschmacksmusterrechtlicher Schutz gegebenenfalls durch das Lauterkeitsrecht kompensiert werden könnte.[179]

### *(2) Mittelbarer Produktschutz*

Wie gezeigt, gewährleistet der wettbewerbsrechtliche Leistungsschutz in den Fällen des § 4 Nr. 9 lit. a), b) UWG sowie § 4 Nr. 10 UWG in der Grundkonzeption einen mittelbaren, reflexhaften Schutz der Leistung und knüpft zur Begründung der Unlauterkeit von Nachahmungen an verhaltensbezogenen, besonderen Umständen an.[180] Die wettbewerbliche Eigenart stellt innerhalb dieses, auf die Sanktionierung von unlauterem Verhalten ausgelegten Schutzsystems grundsätzlich nur mehr eine zu erfüllende Mindestvoraussetzung dar, um eine Prüfung der jeweiligen besonderen Unlauterkeitsmerkmale des § 4 Nr. 9 sowie Nr. 10 UWG vorzunehmen.[181] Aufgrund dieser Grundkonzeption verbietet es sich eigentlich, innerhalb des (mittelbaren) wettbewerbsrechtlichen Leistungsschutzes eine losgelöste, sonderrechtsschutzartige Schutzhürde anzunehmen, wie dies jedoch teilweise durch die Rechtsprechung gemacht wird.[182] Blendet man diese Rechtsprechungstendenz jedoch aus, bleibt angesichts der Wesensverschiedenheit des (mittelbaren) wettbewerbsrechtlichen Leistungsschutzes und rein produktbezogenen Geschmacksmusterschutzes zu konstatieren, dass die wettbewerbliche Eigenart als Aliud zur geschmacksmusterrechtlichen Eigenart zu begreifen ist.[183] Insofern ist zumindest eine „echte" Vergleichbarkeit der Schutzvoraussetzungen nicht möglich. Trotz dogmatisch unterschiedlicher Konzeption lassen sich jedoch auch

---

178 BGH, GRUR 2003, 359 (360) – *Pflegebett*; OLG Köln, GRUR-RR 2004, 21 (22) – *Küchen-Seiher*; so schon BGH, GRUR 1992, 619 (621) – *Klemmbausteine II*.

179 Siehe zur Problematik *Maierhöfer*, S. 147 ff.; dazu näher Kapitel 1.II.4.d).

180 Siehe oben Kapitel 1.I.1.b)(2).

181 Treffend *Maierhöfer*, S. 146.

182 Siehe dazu insbesondere die Fälle des unmittelbaren Leistungsschutzes Kapitel 1.I.1.b)(2)(e).

183 So auch *Maierhöfer*, S. 146; *Sambuc*, Rn. 127. Anders jedoch im Bereich des lauterkeitsrechtlichen Nachahmungsschutzes von Modeneuheiten, siehe dazu Kapitel 1.I.1.c)(3).

in den Fällen mittelbaren wettbewerbsrechtlichen Produktschutzes Schutzüberschneidungen zum formlosen Gemeinschaftsgeschmacksmusterschutz erkennen. Dies soll im Folgenden dargelegt werden.

### (a) Vermeidbare Herkunftstäuschung gemäß § 4 Nr. 9 lit. a) UWG

Auch im wichtigsten Anwendungsfall des lauterkeitsrechtlichen Nachahmungsschutzes, der vermeidbaren Herkunftstäuschung gemäß § 4 Nr. 9 lit. a) UWG, werden Schnittmengen zum formlosen Geschmacksmusterschutz deutlich. So lässt ein Vergleich der jeweils zu fordernden Eigenart im Lauterkeits- beziehungsweise Gemeinschaftsgeschmacksmusterrecht zunächst Überschneidungen erkennen. Die wettbewerbliche Eigenart im Falle der Herkunftstäuschung ist dann gegeben, wenn die Ausgestaltung des Erzeugnisses oder dessen prägende Merkmale geeignet sind, den Adressatenkreis auf seine betriebliche Herkunft hinzuweisen.[184] Explizit wird dabei nicht auf einen Abstand zu Vorbekanntem zur Begründung der wettbewerblichen Eigenart, wie im Geschmacksmusterrecht, eingegangen. Jedoch wird diese im Anwendungsbereich der Herkunftstäuschung eher vorliegen, sofern sich das Erzeugnis von Vorbekanntem unterscheidet. Zudem wird im Regelungsbereich des § 4 Nr. 9 lit. a) UWG als Grundbedingung nur verlangt, dass das Erzeugnis geeignet ist, auf seine betriebliche Herkunft hinzuweisen. Ein besonderes ästhetisches oder qualitatives Element wird – wie beim Gemeinschaftsgeschmacksmuster – *nicht* verlangt.

Deutliche Unterschiede im Hinblick auf den gewährleisteten Schutzumfang ergeben sich jedoch vor dem Hintergrund der neueren Rechtsprechung des BGH, die eine gewisse Bekanntheit des Erzeugnisses als zusätzliche obligatorische Komponente innerhalb der Beurteilung der Eigenart fordert.[185] Unter Berücksichtigung des maßgeblichen Beurteilungszeitpunktes der Eigenart, der beim wettbewerbsrechtlichen Nachahmungsschutz im Zeitpunkt der Verletzungshandlung liegt[186], lässt dieses Erfordernis den lauterkeitsrechtlichen Nachahmungsschutz geradezu diametral zum geschmacksmusterrechtlich gewährleisteten Schutz eingreifen. So wird einer Produktgestaltung im maßgeblichen Beurteilungszeitpunkt für den geschmacksmusterrechtlichen Schutz, nämlich dem Zeitpunkt ihrer Veröffentlichung, regelmäßig wohl noch keine Bekanntheit zukommen. Eine solche Bekanntheit wird das Produkt erst durch Bewerbung erlangen, also regelmäßig erst in der Laufzeit des gewährleisteten Schutzes durch das nicht eingetragene Gemeinschaftsgeschmacksmuster. Insofern ist für den Bereich der Herkunfts-

184 Siehe bereits Kapitel 1.I.1.b)(1)(a)(i).
185 BGH, GRUR 2002, 275 – *Noppenbahnen*. Siehe dazu Kapitel 1.I.1.b)(1)(a)(i).
186 Siehe dazu Kapitel 1.I.1.b)(1)(a)(ii).

täuschung *Bartenbach/Fock* zuzustimmen, wenn sie das Verhältnis von nicht eingetragenem Gemeinschaftsgeschmackmuster und ergänzendem wettbewerbsrechtlichen Leistungsschutz als Stufenverhältnis kennzeichnen. Innerhalb des zunächst dreijährigen Schutzes kann sich das Produkt zunächst am Markt etablieren und an Bekanntheit gewinnen, die es nachher als zwingende Voraussetzung für die Gewährung ergänzenden wettbewerbsrechtlichen Leistungsschutzes benötigt.[187]

### (b) Rufausbeutung und Rufbeeinträchtigung gemäß § 4 Nr. 9 lit. b) UWG

Für den Nachahmungstatbestand der Rufausbeutung gemäß § 4 Nr. 9 lit. b) UWG lässt sich in Gegenüberstellung zum formlosen Geschmacksmusterschutz durch die Notwendigkeit einer „gewissen Bekanntheit" ebenfalls ein Stufenverhältnis wie bei der vermeidbaren Herkunftstäuschung durch Nachahmung nach § 4 Nr. 9 lit. a) UWG ausmachen.[188] Dieses abgestufte Verhältnis zwischen Schutz vor Rufausbeutung durch Nachahmungen und formlosem Musterschutz wird noch verdeutlicht durch die Notwendigkeit der Generierung positiver Wertvorstellungen durch das nachgeahmte Produkt beim maßgeblichen Publikum im Anwendungsbereich des § 4 Nr. 9 lit. b) 1. Alt. UWG. Ein lauterkeitsrechtlicher Produktschutz aufgrund von Rufausbeutung durch Nachahmung kommt daher nur dann in Betracht, wenn sich ein Produkt vollends am Markt etabliert hat[189], also typischerweise nach Ablauf der durch das formlose Gemeinschaftsgeschmacksmuster gewährleisteten dreijährigen Schutzfrist.

In Fällen der Rufbeeinträchtigung durch Nachahmung ist das Verhältnis des gewährten Schutzes durch das formlose Gemeinschaftsgeschmacksmuster und dem lauterkeitsrechtlichen Nachahmungsschutz wiederum anders zu beurteilen. Im Anwendungsbereich des § 4 Nr. 9 lit. b) 2. Alt. UWG sind zwar keine Bekanntheitsanforderungen an das nachgeahmte Produkt zu stellen, dennoch muss es einen durch qualitativ besondere Eigenschaften begründeten Ruf erworben haben, der überhaupt beeinträchtigt werden könnte. Ein solcher Ruf mag unter Umständen auch schon im Zeitpunkt der Veröffentlichung des Produkts vorliegen, etwa im Falle eines dem Produkt „vorauseilenden" Rufs; zumindest ist dies eher denkbar, als dass einem Produkt im maßgeblichen Schutzzeitpunkt für den Geschmacksmusterschutz Bekanntheit zukommen wird.

Andererseits vermag einem Produkt ein gewisser, mit positiven Wertvorstellungen verbundener Ruf womöglich erst dann zuzukommen, nachdem dieses

187 *Bartenbach/Fock*, WRP 2002, 1119 (1124).
188 Siehe soeben Kapitel 1.I.1.c)(2)(a).
189 *Maierhöfer*, S. 155.

bereits einen gewissen Bekanntheitsgrad erlangt hat. Während somit die vorausgesetzte Bekanntheit als eher statisches Moment zu begreifen ist, mag der Ruf eines Produktes als unabhängig vom Kenntnisgrad der maßgeblichen Verkehrskreise zu bestimmendes Moment variabel zu deuten sein. Gerade diese fehlende statische Erfassung lässt eine Gegenüberstellung zum Geschmacksmusterschutz schwierig erscheinen. Zudem verkörpert das zu fordernde handlungsbezogene Element der Beeinträchtigung eher als etwa die vermeidbare Herkunftstäuschung ein zu pönalisierendes Mitbewerberverhalten, so dass die produktimmanenten Schutzvoraussetzungen neben diesem besonderen Umstand trotz gewisser Anforderungen verblassen. Insofern kann es im Falle der Rufbeeinträchtigung zwar Überschneidungen zum gewährleisteten Schutzumfang des nicht eingetragenen Gemeinschaftsgeschmacksmusters geben, von einer wirklichen Kongruenz des gewährleisteten Schutzes kann indes nicht ausgegangen werden.

#### (c) Unlautere Mitbewerberbehinderung gemäß § 4 Nr. 10 UWG

Wiederum anders lässt sich das Verhältnis von unlauterer Mitbewerberbehinderung durch Nachahmung gemäß § 4 Nr. 10 UWG und dem formlosen Schutz durch das nicht eingetragene Gemeinschaftsgeschmacksmuster kennzeichnen. Die Fälle der unlauteren Mitbewerberbehinderung durch systematische Nachahmung knüpfen maßgeblich an der Art und Weise der Nachahmungshandlung an, betreffen also – vorbehaltlich gewisser qualitativer Eigenschaften des Produkts[190] – nur mehr eine Komponente, die für den gemeinschaftsgeschmacksmusterrechtlichen Untersagungsanspruch gemäß Art. 19 Abs. 2 GGV ureigene Tatbestandsvoraussetzung ist. Letztlich knüpft § 4 Nr. 10 UWG somit zwar an die handlungsbezogene Komponente des „Nachahmens“ an, die in dieser Form jedoch, sei es auch durch eine Vielzahl von Einzelansprüchen gemäß Art. 19 Abs. 2 GGV, im Gemeinschaftsgeschmacksmusterrecht berücksichtigt worden ist. Es besteht somit eine weitestgehende Kongruenz des gewährten Schutzes jedenfalls dann, wenn eine schutzbegründende Veröffentlichung des Musters gemäß Art. 7 GGV vorgenommen wurde. Das Hauptanwendungsfeld eines lauterkeitsrechtlichen Schutzes vor systematischer Nachahmung (gegebenenfalls gekoppelt mit einhergehender Preisunterbietung) liegt jedoch in denjenigen Konstellationen, in denen ein Produkt beziehungsweise eine Produktreihe vor Markteinführung von Dritten nachgeahmt wurde, also im Extremfall auch in Konstellationen, in denen eine schutzbegründende Veröffentlichung nach Art. 7 GGV noch gar nicht stattgefunden hat. Zumindest in diesen Szenarien lässt sich zwischen lauterkeitsrechtlichem Nachahmungsschutz vor systematischer Produktnachahmung gemäß § 4 Nr. 10

190 Siehe oben Kapitel 1.I.1.b)(1)(a)(i).

UWG und formlosem Geschmacksmusterschutz ein gewisses Stufenverhältnis ausmachen, wobei angesichts des weitreichenden Begriffs schutzbegründender Veröffentlichung nach Art. 7 GGV der vorgelagerte, nur mehr vom Lauterkeitsrecht geschützte Zeitraum, regelmäßig gering sein dürfte.

### *(3) Überschneidungen im unmittelbaren Produktschutz*

Im Bereich des unmittelbaren Produktschutzes, der also nur mehr ein bestimmte nachgeahmte Produktart verlangt, ergeben sich die augenscheinlich größten Schnittmengen im lauterkeitsrechtlichen und formlosen geschmacksmusterrechtlichen Nachahmungsschutz. Dies wird insbesondere deutlich beim Schutz von Modeneuheiten.[191] So ergibt sich die erforderliche Eigenart im lauterkeitsrechtlichen unmittelbaren Produktschutz, wie beim Sonderrechtsschutz, aus der Produktform selbst, so dass die Vorgehensweise zur Bestimmung der wettbewerblichen Eigenart weitgehend der Methodik zur Bestimmung der geschmacksmusterrechtlichen Eigenart, eben durch Bemühung eines Vergleichs mit Vorbekanntem, entspricht.[192] Einzig die Notwendigkeit eines besonderen ästhetischen Moments steht der Deckungsgleichheit der qualitativen Komponente „Eigenart" im Geschmacksmusterrecht und lauterkeitsrechtlichen Nachahmungsschutz entgegen. Während der lauterkeitsrechtliche Schutz von Modeneuheiten einen Gesamteindruck, der „durch überdurchschnittliche individuelle Gestaltungsmerkmale im ästhetischen Bereich geprägt ist"[193], also eine gewisse ästhetische Qualität voraussetzt, verzichtet das Gemeinschaftsgeschmacksmuster in Gänze auf ästhetische Voraussetzungen, sondern orientiert sich zur Bestimmung der Eigenart ausschließlich an vorbekannten Gestaltungsformen.[194] Die Schutzschwelle im Bereich des Geschmacksmusterschutzes ist unter Berücksichtigung der jeweiligen Adressatenkreise im Ergebnis daher niedriger anzusiedeln, wenn auch tatsächlich in den meisten Fällen ein Schutz nach beiden Rechtsinstituten möglich wäre.

Diskrepanzen zwischen gemeinschaftsgeschmacksmusterrechtlichem und lauterkeitsrechtlichem Produktschutz vermag auch das grundsätzlich fehlende Neuheitserfordernis im lauterkeitsrechtlichen Nachahmungsschutz zu begründen. So wurde in der Literatur im Fall fehlender geschmacksmusterrechtlicher

191 Siehe oben Kapitel 1.I.1.b)(2)(e)(ii).

192 Siehe oben Kapitel 1.I.1.b)(2)(e)(ii).

193 BGH, GRUR 1973, 478 (480) – *Modeneuheit.*

194 Die Eigenart bei Modeneuheiten entspricht somit eher der alten Rechtslage zum deutschen Geschmacksmusterrecht vor der Novellierung des Geschmacksmustergesetzes, siehe dazu bereits Kapitel 1.I.1.a)(1).

Neuheit gemäß Art. 6 GGV ein originärer Anwendungsbereich des unmittelbaren wettbewerbsrechtlichen Nachahmungsschutzes bei Modeneuheiten gesehen.[195]

Dem kann in dieser Absolutheit jedenfalls nicht gefolgt werden, da weder im Bereich des europäischen Geschmacksmusterrechts ein absoluter, objektiver Neuheitsbegriff gilt, noch im Bereich des wettbewerbsrechtlichen Modeschutzes auf ein Neuheitserfordernis in Gänze verzichtet wird. Zwar wurde der unmittelbare Leistungsschutz im Bereich der Modegestaltungen maßgeblich mit der Erwägung gewährt, dass der geschmacksmusterrechtliche Schutz wegen seines Erfordernisses der „objektiven Neuheit“ für die Bedürfnisse der Modeindustrie keinen ausreichenden Schutz gewährleisten würde, da die Mode „weitestgehend von der Wiederkehr des Gleichen“ lebe.[196] Trotz der Betonung des Aspekts der Wiederkehr wird nach den von der Rechtsprechung aufgestellten Schutzkriterien jedoch *nicht* auf einen Neuheitsaspekt verzichtet.[197] So wird der Rückgriff auf Vorbekanntes nur dann mit wettbewerbsrechtlichem Schutz honoriert, falls dies in der fraglichen Saison *erstmalig* geschieht und dieser Rückgriff in dieser Saison als eigenartige Modeneuheit empfunden wird.[198] Insofern besteht schon zumindest die Notwendigkeit einer erstmaligen Verwendung vorbekannter Muster in einem bestimmten Zeitraum, namentlich eben einer Saison.

Auch das nicht eingetragene Gemeinschaftsgeschmacksmuster geht nicht von einem objektiven Neuheitserfordernis aus, welches bekannte Formen per se vom Musterschutz sperren würde, sondern eben von einem objektiv-relativen Neuheitsbegriff[199]. Zwar ist grundsätzlich jede Vorveröffentlichung eines identischen beziehungsweise nahezu identischen Musters neuheitsschädlich, aber eben nur, soweit die Veröffentlichung den in der Gemeinschaft tätigen Fachkreisen bekannt sein konnte. Somit mögen ältere, in Vergessenheit geratene Muster durchaus einem erneuten Geschmacksmusterschutz zugeführt werden, auch wenn sie einem bestehenden Formenschatz entspringen.[200] Zudem verliert das Neuheits-

195 *Köhler*/Bornkamm, § 4 Rn. 9.8.

196 BGH, GRUR 1973, 478 (480) – *Modeneuheit*.

197 So wohl aber *Köhler*/Bornkamm, § 4 Rn. 9.8, wenn hervorgehoben wird, dass der wettbewerbsrechtliche Schutz von Modeschöpfungen insbesondere dann Anwendung finden könnte, falls eine „Neuheit“ im Sinne des Geschmacksmusterrechts nicht vorliegt.

198 BGH, GRUR 1973, 478 (480) – *Modeneuheit*.

199 Siehe dazu bereits Kapitel 1.I.1.a)(2).

200 *Gieseler*, S. 306. Denkbar wäre es, gerade im Bereich des schnelllebigen Modeschutzes, die Maßgaben des Art. 7 Abs. 1 GGV dahingehend auszulegen, dass der „normale Geschäftsverlauf“ sich an einer branchenspezifischen Höchstdauer zu orientieren hat, dass also eben vorbekannte, potentiell neuheitsschädliche Gestaltungen, deren Letztveröffentlichung eine gewisse Zeitspanne zurückliegt, (vorbehaltlich bestehenden Sonderrechtsschutzes etwa durch ein eingetragenes Gemeinschaftsgeschmacksmuster) einer Neuveröffentlichung des Musters im Sinne einer Neuheitsschädlichkeit nicht entgegenstehen.

erfordernis dadurch faktisch an Gewicht, dass erst bei Vorbekanntheit sämtlicher Merkmale des Geschmackmusters diesem möglicherweise fehlende Neuheit entgegenzuhalten ist. Eine mosaikartige Heranziehung verschiedener vorbekannter Formen als Gegenüberstellung zum Gemeinschaftsgeschmacksmuster erfolgt nicht.[201] Insofern kommt dem Neuheitserfordernis ein vergleichsweise geringes eigenständiges Gewicht zu; es wird bei fehlender Neuheit regelmäßig auch an der notwendigen Eigenart fehlen.[202]

#### *(4) Zwischenergebnis*

Zunächst ist dem BGH insoweit zuzustimmen, als dass die formellen Schutzvoraussetzungen im Gemeinschaftsgeschmacksmusterrecht und im Bereich des wettbewerbsrechtlichen Nachahmungsschutzes grundsätzlich divergieren. Die Kongruenz des gewährleisteten Schutzumfangs ist jedoch je nach Fallgruppe unterschiedlich zu bewerten. Während sich dieser im Bereich des unmittelbaren Leistungsschutzes in Gestalt der „Saisonschutzrechtsprechung" mit dem Schutz durch das nicht eingetragene Gemeinschaftsgeschmacksmuster in der Praxis weitestgehend deckt und insofern von einer „echten" Vergleichbarkeit der Schutzvoraussetzungen ausgegangen werden kann[203], erscheint die wichtigste Fallgruppe des wettbewerbsrechtlichen Nachahmungsschutzes, die vermeidbare Herkunftstäuschung im Sinne von § 4 Nr. 9 lit. a) UWG, aufgrund des produktimmanenten Bekanntheitserfordernisses sowie der abweichenden zeitlichen Bestimmung

201 *Oldekop*, WRP 2006, 801 (804).

202 So spricht etwa *Ruhl*, Art. 5 Rn. 3 f. dem Neuheitserfordernis des Art. 5 GGV gänzlich eigenständige praktische Bedeutung ab und begründet seine Normierung als Schutzvoraussetzung historisch. Anders mag dies dann zu bewerten sein, wenn man etwa im Modebereich die zu berücksichtigenden Vorveröffentlichungen zeitlich begrenzt. Dann mag die Eigenart eines Erzeugnisses zu verneinen sein, während es als „Neu" im Sinne des Geschmacksmusterrechts gelten mag. Dennoch käme auch in diesem Fall der Neuheitsprüfung eine nur begrenzte Wichtigkeit zu, da eine vergleichbare Auslegung der Eigenart angesichts des expliziten Bezugs auf den informierten Benutzer in Art. 6 GGV wohl nicht in Betracht kommt. Einen vergleichbaren Bezug in dem Sinne, dass auch die Neuheit aus der Sicht des informierten Benutzers zu bewerten ist, enthält Art. 5 Abs. 1 GGV nicht. Plastisch verdeutlicht mögen etwa klassische Formen beim informierten Benutzer keinen anderen Gesamteindruck zu Vorbekanntem hervorrufen, gleichwohl jedoch als neu zu begreifen sein, da den tätigen Fachkreisen diese im „normalen Geschäftsverlauf" nicht bekannt sein konnten.

203 Diese „echte" Vergleichbarkeit entspricht auch am ehesten der ursprünglichen Intention der europäischen Musterrechtsgesetzgebung, die insbesondere die deutsche Rechtsentwicklung zum Schutz von Modeartikeln zum Anlass nahm, die Grundsätze des Schutzes gegen die Nachahmung kurzlebiger Modeartikel zu vereinheitlichen und zu optimieren, siehe dazu *Grünbuch der Kommission* über den rechtlichen Schutz gewerblicher Muster und Modelle, KOM Dok. ffl/F/5131/91- DE. Ziff. 6.3.3.1.; *Kur*, GRURInt 1998, 353 (359); *Rahlf/Gottschalk*, GRUR 2004, 821 (825).

der wettbewerblichen Eigenart eines Produkts eher in einem faktischen Stufenverhältnis zum Geschmacksmusterschutz zu stehen. Gleiches gilt für die Fälle unlauterer Rufausbeutung durch Nachahmung gemäß § 4 Nr. 9 lit. b) 1. Alt UWG. Im Bereich des rein beziehungsweise primär handlungsbezogenen lauterkeitsrechtlichen Nachahmungsschutzes kommt es, sofern nicht an die Art und Weise der Nachahmung wie im Falle unlauterer Mitbewerberbehinderung gemäß § 4 Nr. 10 UWG angeknüpft wird, nur im Einzelfall zur Einschlägigkeit beider Schutzinstitute; eine gemeinsame Schnittmenge besteht also nicht. Insofern lässt sich die These der unterschiedlichen Schutzvoraussetzungen jedenfalls für den mittelbaren Produktschutz und den Schutz vor reinem Handlungsunrecht bestätigen. Für den unmittelbaren Produktschutz von musterfähigen Gestaltungen, ergo den Schutz von Modeneuheiten, lässt sich die These von der Unterschiedlichkeit der Schutzvoraussetzungen in materiell-rechtlicher Hinsicht jedoch nicht aufrecht erhalten.

## 2. Rechtsfolgen

Nachfolgend sollen die Rechtsfolgen einer Verletzung eines nicht eingetragenen Gemeinschaftsgeschmacksmusters sowie die Rechtsfolgen einer unlauteren Produktnachahmung aufgezeigt und miteinander verglichen werden, da die Unterschiedlichkeit der Rechtsfolgen ebenfalls zur Begründung einer Parallelität von formlosem Geschmacksmusterschutz sowie UWG-Nachahmungsschutz angeführt wurde.[204] Zunächst ist festzuhalten, dass beide Schutzinstitute dem jeweils Berechtigten einen Schutz vor Nachahmungen bieten. Dabei kann sich auch im Gemeinschaftsgeschmacksmusterrecht grundsätzlich am lauterkeitsrechtlichen Begriff der Nachahmung orientiert werden.[205] Insbesondere erfordert die Bejahung einer rechtsverletzenden Nachahmung jeweils eine subjektive Komponente auf Seiten des Verletzers. So muss sowohl im Geschmacksmusterrecht als auch im lauterkeitsrechtlichen Produktschutz die Nachahmung in Kenntnis von der Existenz eines Originals vorgenommen worden sein. Ansonsten läge bereits

204 BGH, GRUR 2006, 346 (347) – *Jeans II.*

205 Vgl. *Ortner*, WRP 2006, 189 (191). Zwar ist dies angesichts der Natur der Gemeinschaftsgeschmacksmusterverordnung als autonom auszulegendem europäischen Sekundärrecht nicht unproblematisch. Gleichwohl läuft eine solche Auslegung dem Gemeinschaftsrecht auch nicht zuwider, da auch die nachschaffende Leistungsübernahme an sich objektiv eine Nachahmung begründet. Zur Autonomie des Gemeinschaftsrechts vgl. etwa die Ausführungen bei von der Groeben/Schwarze/*Gaitanides*, Kommentar zum EU-/EG-Vertrag, 6. Auflage 2003, Art. 220 EGV Rn. 52 ff. Zum lauterkeitsrechtlichen Nachahmungsbegriff siehe Kapitel 1.I.1.b)(1)(b).

begrifflich keine Nachahmung, sondern vielmehr eine selbstständige Schöpfung vor.[206]

## a) Rechte aus dem nicht eingetragenen Gemeinschaftsgeschmacksmuster

Das nicht eingetragene Gemeinschaftsgeschmacksmuster gewährt gemäß Art. 19 Abs. 2 GGV seinem Inhaber zunächst das Recht, Dritten die Benutzung eines Geschmacksmusters zu verbieten. Voraussetzung für diesen Unterlassungsanspruch ist, dass das streitgegenständliche Muster eine Nachahmung eines geschützten Musters darstellt und diese Nachahmung nach Art. 10 Abs. 1 GGV keinen anderen Gesamteindruck gegenüber dem nachgeahmten Muster erzeugt[207].

### *(1) Anspruchsberechtigung*

Ursprünglicher Inhaber und damit Anspruchsberechtigter ist nach Art. 14 Abs. 1 GGV der Entwerfer des Musters.[208] Ausnahmsweise steht dem Arbeitgeber eines angestellten Entwerfers gemäß Art. 14 Abs. 3 GGV das Recht auf das nicht eingetragene Gemeinschaftsgeschmacksmuster kraft originären Rechtserwerbs zu, wenn dieser das Muster in Ausübung seiner Aufgaben

---

206 Für den UWG-Nachahmungsschutz *Köhler*/Bornkamm, § 4 Rn. 9.68; Für den Geschmacksmusterschutz *Maierhöfer*, S. 107. Hinsichtlich der Beweislastverteilung gilt im UWG-Nachahmungsschutz die widerlegliche Vermutung der Kenntnis des Originals, wenn das Nachahmungsprodukt später als das Original auf den Markt gekommen ist (vgl. BGH, GRUR 1998, 477 [480]). Selbiges gilt nach richtiger Auffassung auch für das Gemeinschaftsgeschmacksmusterrecht. Dies ergibt sich bereits aus der Exkulpationsmöglichkeit des Art. 19 Abs. 2 S. 2 GGV, wonach bei einem selbstständigen Entwurf der mutmaßliche Verletzer die Beweislast dafür trägt, dass er das Original nicht kannte (vgl. *Bulling*, Mitt. 2002, 170 [175]; *Osterrieth*, FS Tillmann, 221 [226]). Bestätigend aus der Rechtsprechung etwa LG Hamburg vom 26.11.2003 (Az.: 308 O 564/03, abgedruckt in Hartwig, Designschutz in Europa – Design Protection in Europe, Band 1, 2007, S. 92 ff. mit Anmerkung *Spranger*), welches das Verletzungsmuster als Nachahmung im Sinne des Art. 19 Abs. 2 GGV angesehen hat, weil die Beklagte keinen erheblichen Vortrag für die Selbstständigkeit ihres Designentwurfs vorbrachte.

207 Nach herrschender Ansicht in Rechtsprechung und Literatur sind an den Begriff des Gesamteindrucks bei Bestimmung des Schutzumfangs in Art. 10 Abs. 1 GGV dieselben Maßstäbe wie bei der Bemessung der schutzbegründenden Eigenart nach Art. 6 GGV anzusetzen (so etwa LG Hamburg, abgedruckt in Hartwig, Designschutz in Europa, Band 1, S. 92, 101; ÖOGH, GRURInt 2008, 523 [524]; aus der Literatur etwa *Hartwig*, GRUR-RR 2009, 201; *Ruhl*, GRUR 2010, 289 ff.; *ders.*, GRUR 2010, 692 [694] mit weiteren Nachweisen). Andere Ansicht *Mittelstaedt*, WRP 2007, 1161 (1162 f.).

208 *Ruhl*, Art. 14 Rn. 2.

beziehungsweise nach Weisung entworfen hat.[209] Dies hindert jedoch nicht die Möglichkeit eines derivativen Erwerbs durch den herstellenden Unternehmer.[210] Sofern dieser das Muster berechtigt verwendet, ist er nach richtiger Auffassung als Rechtsnachfolger des ursprünglichen Entwerfers zu sehen.[211]

### *(2) Ansprüche*

Sofern die angefochtene Benutzung auf eine Nachahmung des geschützten Musters zurückzuführen ist, steht dem Inhaber des nicht eingetragenen Gemeinschaftsgeschmacksmusters gemäß Art. 19 Abs. 2 GGV ein gemeinschaftsweites Verbietungsrecht zu.[212] Dieses Verbietungsrecht umfasst die unbefugte Benutzung von Geschmacksmustern, wobei typische Benutzungsformen sich aus dem Beispielskatalog des Art. 19 Abs. 1 S. 2 GGV ergeben, auf den Art. 19 Abs. 2 GGV verweist.[213] Im Falle einer verletzenden Benutzung ergibt sich unmittelbar aus Art. 19 Abs. 2 GGV ein Unterlassungsanspruch des Musterinhabers, mit dem eine entsprechende prozessuale Durchsetzungsnorm in Art. 89 Abs. 1 lit. a) GGV korrespondiert.[214] Aus Art. 89 Abs. 1 lit. b) und c) GGV ergeben sich in Bezug auf die Beschlagnahme der verletzenden Erzeugnisse sowie dazu verwendeter Herstellungsmaterialien und -werkzeuge weitere, der Gemeinschaftsgeschmacksmusterverordnung immanente Sanktionsmöglichkeiten. Darüber hinaus formuliert Art. 89 Abs. 1 lit. d) GGV eine Öffnungsklausel für nationale Vorschriften am Verletzungsort, welche gemäß Art. 88 Abs. 2 GGV immer dann anwendbar sind, sofern die Gemeinschaftsgeschmacksmusterverordnung keine Regelung vorsieht. Dies betrifft im nationalen Recht insbesondere die Ansprüche auf Auskunft und Rechnungslegung nach § 242 BGB, Schadensersatz gemäß § 42 Abs. 2 GeschmMG, Drittauskunft gemäß § 46 GeschmMG sowie Vernichtung beziehungsweise Überlassung der verletzenden Erzeugnisse gemäß § 43 GeschmMG.[215]

---

209 *Ruhl*, Art. 14 Rn. 31. Eine analoge Anwendung des Art. 14 Abs. 3 GGV auf den Auftraggeber im Verhältnis zum beauftragten Designer wurde vom EuGH ausdrücklich abgelehnt (EuGH Rs. C-32/08 vom 2.7.2009, Slg. 2009, I-5611 – *FEIA/Cul de Sac*). Zustimmend *Becker*, GRURInt 2010, 484 mit weiteren Nachweisen zur Diskussion.

210 Vgl. *Ruhl*, Art. 14 Rn. 31.

211 *Nirk/Rörig*, FS Mailänder, 162 (171).

212 BGH, WRP 2010, 896 (901) – *Verlängerte Limousinen*; Anders ist dies nur dann, wenn sich die internationale Zuständigkeit des Verletzungsgerichts nur aus der Tatortzuständigkeit nach Art. 82 Abs. 5 i.V.m. Art. 83 Abs. 2 GGV ergibt. In diesen Fällen ist der Unterlassungsanspruch territorial auf das Gebiet desjenigen Mitgliedsstaats, in dem die Verletzungshandlung begangen wurde, beschränkt (*Ruhl*, GRUR 2010, 692 [696]).

213 Zu den einzelnen Benutzungshandlungen vgl. etwa *Ruhl*, Art. 19 Rn. 36 ff.

214 *Ruhl*, Art. 19 Rn. 80.

215 *Oldekop*, WRP 2006, 801 (807); im einzelnen *Ruhl*, Art. 89 Rn. 90 ff. Bislang ungeklärt ist die Frage, ob auch neben dem Unterlassungsanspruch die weiteren Ansprüche der Gemein-

#### *(3) Verjährung*

Die Gemeinschaftsgeschmacksmusterverordnung trifft selbst keine Regelung zur Verjährung geschmacksmusterrechtlicher Ansprüche. Sofern sich die Verjährung nach deutschem Recht bestimmt[216], gilt nach § 49 S. 1 GeschmMG in Verbindung mit § 195 BGB die regelmäßige Verjährungsfrist von drei Jahren. Eine Anwendung der kurzen Verjährungsfrist des § 11 UWG auf Ansprüche aus einem nicht eingetragenen Gemeinschaftsgeschmacksmuster, wie es in der Literatur teilweise vorgeschlagen wird[217], soll hingegen nicht erfolgen. Sinn und Zweck der kurzen Verjährung im Wettbewerbsrecht ist die dadurch angestrebte rasche Bereinigung von Wettbewerbsstreitigkeiten wegen der Schwierigkeit nachträglicher Tatsachenfeststellungen sowie die Vermeidung der Gefahr der Inanspruchnahme durch mehrere Anspruchsberechtigte (vergleiche § 8 Abs. 3 UWG).[218] Diese Gefahr besteht im Geschmacksmusterrecht nicht.

### b) Rechtsfolgen der unlauteren Produktnachahmung

#### *(1) Anspruchsberechtigung*

Nach der Rechtsprechung des BGH steht in Fällen des UWG Nachahmungsschutzes das Individualinteresse des durch die Nachahmung Verletzten im Vordergrund, so dass die Klagebefugnis regelmäßig nur dem Erbringer der jeweiligen

---

schaftsgeschmacksmusterverordnung (etwa Art. 89 Abs. 1 lit. b) GGV) bzw. sonstige nationale materiell-rechtliche Ansprüche (etwa auf Auskunft und Schadensersatz) gemeinschaftsweit Geltung beanspruchen können. Die Rechtsprechung hat diese Frage bislang offen gelassen (vgl. BGH, WRP 2010, 896 [901] – *Verlängerte Limousinen*). Zumindest für die nationalen materiell-rechtlichen Vorschriften, die das Gemeinschaftsmarkengericht über Art. 89 Abs. 1 lit. d) GGV anwendet, wird eine territoriale Beschränkung in der Literatur aus dem Urteil des BGH geschlossen (so *Ruhl*, GRUR 2010, 692 [696]). Angesichts der ausdrücklichen Regelungen über die Reichweite der Zuständigkeit der Gemeinschaftsmarkengerichte in Art. 83 GGV kann diese territoriale Beschränkung nur im Falle einer Zuständigkeitsbegründung über Art. 82 Abs. 5 GGV hergeleitet werden. Für die aus nationalem Recht resultierenden Folgensprüche dogmatisch überzeugend *Schabenberger* (WRP 2010, 992, [999]), der in den Fällen der umfassenden internationalen Zuständigkeit nach Art. 83 Abs. 1 GGV eine Kompetenz des Gemeinschaftgeschmacksmustergerichts zum Erlass territorial gemeinschaftsweit wirkender Anordnungen zubilligt, die jedoch aus dem materiellen Recht der einzelnen betroffenen Mitgliedsstaaten erwachsen müssen.

216 Zu dieser Fragestellung *Ruhl*, Art. 89 Rn. 86 ff.

217 *Ortner*, WRP 2006, 189 (192).

218 *Ruhl*, Art. 89 Rn. 124.

Leistung zukommen soll.[219] Als Leistungserbringer kommen nach der Rechtsprechung des BGH regelmäßig nur der Hersteller eines Produkts oder dessen Urheber in Betracht.[220] Eine aus § 8 Abs. 3 UWG resultierende Aktivlegitimation sonstiger Mitbewerber oder von Verbänden wurde zwar von Seiten der Rechtsprechung nicht ausgeschlossen, es müssten jedoch für eine entsprechende Klagebefugnis über das individuelle Schutzinteresse des Herstellers (beziehungsweise Urhebers) hinaus Allgemeininteressen betroffen sein. Nach der Rechtsprechung kommt dies insbesondere in den Fällen vermeidbarer Herkunftstäuschung in Betracht[221], muss jedoch im Einzelfall geprüft werden.[222]

### (a) Faktische Beschränkung auf Hersteller

Die von der Rechtsprechung vorgenommene Gleichsetzung von Urheber und Hersteller ist dabei nicht gänzlich unproblematisch, da Urheber einer Produktgestaltung wohl regelmäßig ein Designer als Einzelperson ist. Hersteller ist hingegen ein Unternehmen, welches diesen Designer beschäftigt.[223] Aufgrund der notwendigen besonderen Unlauterkeitsumstände wird ein Anspruch aus wettbewerbs-

---

219 Eine aus § 8 Abs. 3 Nr. 1 UWG resultierende Aktivlegitimation sonstiger Mitbewerber oder von Verbänden wurde zwar von Seiten der Rechtsprechung nicht ausgeschlossen, es müssten jedoch für eine entsprechende Klagebefugnis über das individuelle Schutzinteresse des Herstellers (beziehungsweise Urhebers) hinaus Allgemeininteressen betroffen sein. Zu weitgehend hingegen *Heep*, S. 246ff., der in § 4 Nr. 9 lit. b) UWG einen besonders ausgeprägten Verbraucherschutztatbestand sieht, bei dessen Einschlägigkeit stets auch Verbraucherverbände nach § 8 Abs. 3 UWG zur Geltendmachung von Rechten berufen sein sollen.

220 BGH, GRUR 1993, 34 (37) – *Bedienungsanweisung*. Zur Gleichsetzung des ausschließlich Vertriebsberechtigten mit dem Hersteller in Fällen des § 4 Nr. 9 lit. a) UWG siehe *Köhler*/Bornkamm, § 4 Rn. 9.85.

221 BGH, GRUR 1991, 223 (224) – *Finnischer Schmuck*; BGH, GRUR 1994, 630 (634) – *Cartier-Armreif*.

222 Eine im Vordringen befindliche Literaturmeinung ging zumindest bis zur Novellierung des UWG im Jahre 2008, nicht zuletzt angesichts der Wertungen der UGP-Richtlinie, stets von der Tangierung von Allgemeininteressen im Falle der Herkunftstäuschung aus, so dass in diesen Fällen eine Klagebefugnis von sonstigen Mitbewerbern beziehungsweise berechtigten Verbänden in Betracht käme, vgl. *Münker*, FS Ullmann, 781 (790f.); bereits vor Erlass der UGP-Richtlinie schon *Mees*, WRP 1999, 62 (67); *Spätgens*, FS Erdmann, 727. Mit der gesonderten Normierung der irreführenden Produktvermarktung durch die UWG Novelle 2008 in § 5 Abs. 2 UWG hat sich diese Diskussion jedoch wiederum dahingehend entwickelt, dass nunmehr dieser Tatbestand von Mitbewerbern oder sonstigen aktivlegitimierten Verbänden vorrangig bemüht werden und im Übrigen am traditionellen Verständnis des ergänzenden Leistungsschutzes als ausschließlich dem Hersteller zustehenden Schutzregime festgehalten werden soll (siehe etwa Teplitzky/Peifer/*Leistner*, § 4 Nr. 9 Rn. 240f.). Dazu im Einzelnen Kapitel 1.II.2.c)(3).

223 Vgl. Harte/Henning/*Sambuc*, § 4 Nr. 9 Rn. 201.

rechtlichem Leistungsschutz regelmäßig nur vom Hersteller geltend gemacht werden können, da Herkunftsvorstellungen oder besondere Gütevorstellungen in den Fällen des § 4 Nr. 9 lit. b) UWG in der Regel nicht einem individuellen Designer zugeordnet werden, sondern eben dem Herstellerunternehmen an sich.[224]

### (b) Konkretes Wettbewerbsverhältnis

Diese faktische Beschränkung der Anspruchsberechtigung auf den Hersteller manifestiert sich zudem durch das Erfordernis eines konkreten Wettbewerbsverhältnisses. Ein solches muss zwischen Nachahmendem und dem Anspruchsteller bestehen, da § 4 Nr. 9 UWG eine Nachahmung durch einen Mitbewerber im Sinne des § 2 Abs. 1 Nr. 3 UWG voraussetzt.[225] Während dies im Bereich der Herkunftstäuschung meist unproblematisch zu bejahen ist, da sich Originalprodukt und Nachahmung im Absatz behindern[226], kann dies zumindest im Regelungsbereich der Rufausbeutung beziehungsweise -beeinträchtigung im Sinne des § 4 Nr. 9 lit. b) UWG im Einzelfall zweifelhaft sein, da unter diesem Bereich auch solche Konstellationen erfasst werden, in denen Produktgestaltungen in anderen Produktzweigen als das Originalerzeugnis nachgeahmt werden.[227] Der Begriff des Wettbewerbsverhältnisses wird indes von der Rechtsprechung sehr weit ausgelegt. Ein solches liege bereits dann vor, wenn der als Verletzer in Anspruch Genommene mit seiner Handlungsweise in Konkurrenz um einen wirtschaftlich ausnutzbaren Ruf des Anspruchstellers trete.[228] Gleichwohl scheidet durch diese niedrige Hürde regelmäßig der zuarbeitende Designer aus der Reihe der Anspruchsberechtigten auch außerhalb der bereits benannten Fälle des § 4 Nr. 9 lit. a) UWG aus. [229]

224 Harte/Henning/*Sambuc*, § 4 Nr. 9 Rn. 201.

225 *Köhler*/Bornkamm, § 4 Rn. 9.19.

226 *Maierhöfer*, S. 44.

227 Vgl. *Maierhöfer*, S. 44. Dabei ist jedoch zu berücksichtigen, dass auch Nachahmungen außerhalb des Produktzweigs des Originalerzeugnisses jedenfalls nicht per se von der Erfassung durch die Fallgruppe der Herkunftstäuschung gemäß § 4 Nr. 9 lit. a) UWG ausgeschlossen sind.

228 BGH, GRUR 1994, 732 (733) – *McLaren* mit weiteren Nachweisen. Angesichts dieser weitgehenden Auslegung erscheint eine Verneinung eines Wettbewerbsverhältnisses im Bereich des wettbewerbsrechtlichen Nachahmungsschutzes letztlich nur theoretisch im Anwendungsbereich des § 4 Nr. 9 UWG denkbar.

229 *Maierhöfer*, S. 132.

*(2) Ansprüche*

Der praktisch bedeutendste Anspruch im wettbewerbsrechtlichen Leistungsschutz ist, wie schon im Gemeinschaftsgeschmacksmusterrecht, der verschuldensunabhängige Unterlassungs- und Beseitigungsanspruch gemäß § 8 Abs. 1 UWG. Da der Tatbestand des § 4 Nr. 9 UWG jedoch nur das „Anbieten" einer Nachahmung erfasst, kann nicht bereits das Unterlassen der Herstellung einer Nachahmung verlangt werden.[230] Entsprechend scheidet im Gegensatz zum Geschmacksmusterrecht ein Anspruch auf Vernichtung auch aus, da dass bloße Herstellen eben im allgemeinen noch nicht wettbewerbswidrig ist.[231] Die Geltendmachung eines Schadensersatzanspruchs gemäß § 9 UWG ist hingegen unter der Voraussetzung eines (regelmäßig) gegebenen Verschuldens des Vertreibers der Nachahmungen möglich.[232] Dem unmittelbar Verletzten, also insbesondere dem Hersteller[233], steht dabei, wie bei Immaterialgüterrechten[234], seit der Entscheidung *Kollektion Holiday*[235] die Möglichkeit der dreifachen Schadensberechnung, das heißt die konkrete Schadensberechnung nach §§ 249 ff. BGB, die Herausgabe des Verletzergewinns sowie die Lizenzanalogie, zur Verfügung[236]. Überdies kommt auch ein Anspruch aus ungerechtfertigter Bereicherung in Form der Eingriffskondiktion gemäß § 812 Abs. 1 S. 1 2. Alt. BGB in Betracht, der jedoch praktisch nur relevant wird, wenn trotz Kenntnis des Nachahmers bezüglich der unlauterkeitsbegründenden Tatbestandsmerkmale ein Verschuldensnachweis nicht geführt werden kann.[237]

230 Ständige Rechtsprechung bereits zu § 1 a.F. Vgl. die Rechtsprechungsübersicht bei *Köhler*/Bornkamm, § 4 Rn. 9.80. Zutreffend weist jedoch *Leistner* auf das praktische Bedürfnis eines Vorfeldschutzes in Produktpirateriefällen hin. Demgemäß soll der Hersteller in eindeutigen Situationen unlauterer identischer oder fast identischer Übernahme im Einzelfall bereits auf Ebene der Herstellung über die Haftungsfigur der wettbewerbsrechtlichen Verkehrspflichten gemäß § 3 Abs. 1 UWG in Anspruch genommen werden können (Teplitzy/Peifer/*Leistner*, § 4 Nr. 9 Rn. 247).

231 Vgl. BGH, GRUR 1982, 305 (308) – *Büromöbelprogramm*; BGH, GRUR 1988, 690 (693) – *Kristallfiguren*; BGH, GRUR 1999, 923 (928) – *Tele-Info-CD*.

232 Dazu im Einzelnen *Köhler*/Bornkamm, § 4 Rn. 9.82; *Maierhöfer*, S. 135.

233 Zum Begriff siehe soeben Kapitel 1.I.2.b)(1)(a).

234 Vgl. dazu etwa *Schaub*, GRUR 2005, 918 (919 f.).

235 BGH, GRUR 1993, 757 – *Kollektion Holiday*.

236 Vgl. bereits vorher schon BGH, GRUR 1972, 189 – *Wandsteckdose II* zur Möglichkeit der Schadensberechnung nach der Lizenzanalogie. Zu den Methoden der dreifachen Schadensberechnung im Immaterialgüter- und Lauterkeitsrecht vgl. detailliert *Ohly*, GRUR 2007, 926 (928 ff.). Konkret für den Anwendungsbereich des § 4 Nr. 9 UWG Teplitzky/Peifer/*Leistner*, § 4 Nr. 9 Rn. 252 ff.

237 Vgl. im Einzelnen *Maierhöfer*, S. 135.

#### *(3) Verjährung*

Während Teile der Literatur für Ansprüche aus lauterkeitsrechtlichem Nachahmungsschutz teilweise einen Rückgriff auf die Verjährungsfristen des Bürgerlichen Rechts zulassen wollen[238], soll nach Ansicht der Rechtsprechung die kurze Verjährung des § 11 UWG gelten.[239] Ansprüche aus ergänzendem Leistungsschutz verjähren daher grundsätzlich gemäß § 11 Abs. 1 UWG in sechs Monaten.

### c) Zwischenergebnis

Sowohl hinsichtlich der potentiell aus einer Verletzung resultierenden Ansprüche als auch hinsichtlich des Kreises der Anspruchsberechtigten bleibt der lauterkeitsrechtliche Nachahmungsschutz hinter dem Schutz durch das Gemeinschaftsgeschmacksmuster zurück. Während die Rechte aus dem Gemeinschaftsgeschmacksmuster – je nach Ausgestaltung im Innenverhältnis – dem Urheber eines Musters selbst beziehungsweise dem Hersteller als Rechtsnachfolger oder in Fällen des Art. 14 Abs. 3 GGV in originärer Rechteinhaberschaft zustehen, ist die Geltendmachung des UWG-Nachahmungsschutz in der Regel auf den Hersteller eines Produkts beschränkt. Zudem gehen die Ansprüche im Gemeinschaftsgeschmacksmusterrecht auch in sachlicher Hinsicht weiter als diejenigen des UWG-Nachahmungsschutzes.

## 3. Schutzdauer

Wie bereits beschrieben, beträgt die Schutzdauer des nicht eingetragenen Gemeinschaftsgeschmacksmusters nach erstmaliger öffentlicher Zugänglichmachung drei Jahre. Zur Schutzdauer des wettbewerbsrechtlichen Leistungsschutzes gibt es hingegen keine formalen Bestimmungskriterien wie im Geschmacksmusterrecht. So bleiben Wettbewerbsverstöße grundsätzlich verfolgbar, solange ihre materiell-rechtlichen Voraussetzungen bestehen, das heißt der wettbewerbswidrige Zustand fortbesteht.[240] Gleichwohl betonen die Rechtsprechung und ein Großteil der Literatur aufgrund der Funktion des wettbewerbsrechtlichen Leistungsschutzes als Ergänzung zum sonderrechtlichen Immaterialgüterschutz die Notwendigkeit einer zeitlichen Begrenzung zumindest in Fällen des unmittel-

---

238 *Nirk*, GRUR 1993, 247 (254); *Sambuc*, Rn. 777.

239 BGH, GRUR 1999, 751 (754) – *Güllepumpen*; ebenso *Köhler*/Bornkamm, § 4 Rn. 9.88; Teplitzky/Peifer/*Leistner*, § 4 Nr. 9 Rn. 275.

240 *Erdmann*, FS Vieregge, 197 (199).

baren Leistungsschutzes[241], wobei die konkrete Ausgestaltung dieser zeitlichen Begrenzung jedoch umstritten ist[242]. Für die hiesige Darstellung der Schutzdauer soll dabei der ständigen Rechtsprechungspraxis gefolgt werden, die eine Gesamtbetrachtung des jeweiligen Einzelfalls vornimmt. Zur Begründung wird im Einklang mit der neueren Literatur betont, dass eine zeitliche Schutzbegrenzung des UWG-Nachahmungsschutzes nicht statisch, sondern flexibel festzusetzen sei, da im Gegensatz zum Sonderrechtsschutz eine starre Frist angesichts der Vielzahl der in die Unlauterkeitsbeurteilung einfließenden Faktoren schlichtweg systemfremd wäre.[243]

Ausgehend von der durch die Rechtsprechung vorgenommenen Gesamtbetrachtung und der unterschiedlichen Wertigkeit besonderer Unlauterkeitsmomente, lässt sich wohl keine generalisierende Festlegung zeitlicher Höchstgrenzen im lauterkeitsrechtlichen Nachahmungsschutz vornehmen.[244] Insbesondere kann die zeitliche Begrenzung des lauterkeitsrechtlichen Schutzes in der *Klemmbausteine III*-Entscheidung nicht pauschal auf sämtliche in § 4 Nr. 9 UWG geregelten Konstellationen übertragen werden. Insofern gelte eine zeitliche Höchstschutzdauer nur in Fällen unmittelbaren Leistungsschutzes, der sich dann an der Schutzdauer des Sonderrechtsschutzes zu orientieren habe.[245] Indes soll der bloß „mittelbare" wettbewerbsrechtliche Leistungsschutz, also die Fälle, in denen das besondere, handlungsbezogene Element den Kern der wettbewerblichen Unlauterkeit der Nachahmung ausmacht beziehungsweise die Eigenart des Erzeugnisses zum bloßen „negativen Ausgrenzungskriterium" zum nicht Schutzwürdigen verkommt, zeitlich unbegrenzten Nachahmungsschutz genießen können, solange

241 So schon BGH, GRUR 1969, 186 (188 f.) – *Reprint*; Aus der jüngeren Rechtsprechung etwa BGH, GRUR 1999, 751 (754) – *Güllepumpen*; BGH, GRUR 2005, 349 (353) – *Klemmbausteine* III; *Erdmann*, FS Vieregge, 197 (199); *Götte*, S. 124 f.; *Köhler*/Bornkamm, § 4 Rn. 9.70; Teplitzky/Peifer/*Leistner*, § 4 Nr. 9 Rn. 232 ff.

242 Vgl. *Erdmann*, FS Vieregge, 197.

243 Vgl. BGH, GRUR 1969, 186 (188 f.) – *Reprint*; BGH, GRUR 1999, 751 (754) – *Güllepumpen*; *Erdmann*, FS Vieregge, 197 (206 f.). Von Teilen der Literatur wird hingegen die Immaterialgüterrechtsähnlichkeit des UWG-Nachahmungsschutzes zum Anlass genommen, sich je nach zu schützendem Produkt an den durch den Gesetzgeber bei den Sonderschutzrechten festgelegten zeitlichen Grenzen zu orientieren, vgl. die Nachweise bei *Erdmann*, FS Vieregge, 197 (206 f.). Beispielsweise wird für den Bereich technischer Produkte von *Schulte-Beckhausen* (S. 226 ff.) vorgeschlagen, die dreijährige Mindestschutzfrist des Gebrauchsmusterrechts als Obergrenze für einen maximalen wettbewerbsrechtlichen Leistungsschutz heranzuziehen, während für den Bereich ästhetischer Erzeugnisse der Mindestschutz des Geschmacksmusters von fünf Jahren gelten soll. Dabei soll im begründeten Einzelfall auch eine höhere Schutzdauer gewährleistet werden, siehe *Schulte-Beckhausen*, S. 229; zum dahinterstehenden Belohnungsgedanken näher etwa *Hubmann*, GRUR 1975, 230 (236).

244 So auch *Erdmann*, FS Vieregge, 197 (206 f.).

245 BGH, GRUR 2005, 349 (352) – *Klemmbausteine III*.

die Leistung wettbewerbliche Eigenart innehat und Unlauterkeitsmomente vorliegen.[246]

## 4. Schutzrichtung

In der Rechtsprechung sowie der Literatur wird für eine parallele beziehungsweise sukzessive Anwendbarkeit des UWG-Nachahmungsschutzes bei Vorliegen eines nicht eingetragenen Gemeinschaftsgeschmacksmusters ebenfalls die unterschiedliche Schutzrichtung der jeweiligen Regelungsregime angeführt. Während das Lauterkeitsrecht Schutz vor unlauteren (geschäftlichen) Handlungen bieten soll, gewährt die Gemeinschaftsgeschmacksmusterverordnung dem Entwerfer einer Formgebung (beziehungsweise dessen Rechtsnachfolger) ein Immaterialgüterrecht in Form eines Ausschließlichkeitsrechts, welches im Falle des formlosen Gemeinschaftsgeschmacksmusters sich auf ein Verbietungsrecht beschränkt.[247]

Für den unmittelbaren Produktschutz ist die Leistungsbezogenheit des Schutzes zweifellos gegeben, so dass sich die Argumentation bezüglich der unterschiedlichen Schutzrichtungen von lauterkeitsrechtlichem und geschmacksmusterrechtlichem Produktschutz jedenfalls nicht auf den grundsätzlich vom Geschmackmusterrecht erfassten unmittelbaren Produktschutz – also etwa den Rechtsschutz von Modeneuheiten – übertragen lässt. Umgekehrt kann wegen der reinen Handlungsbezogenheit des lauterkeitsrechtlichen Nachahmungsschutzes nach § 4 Nr. 9 lit. c) UWG die These der Unterschiedlichkeit der Schutzrichtung für diesen Anwendungsbereich des wettbewerbsrechtlichen Nachahmungsschutzes vorbehaltlos bejaht werden.

---

246 BGH GRUR 2005, 349 (352) – *Klemmbausteine III*; BGH, GRUR 2006, 79 (81) – *Jeans I*. In der Literatur stößt ein solch unbegrenzter Leistungsschutz auch in Fällen „mittelbaren" Leistungsschutzes bereits vor der Einführung des nicht eingetragenen Gemeinschaftsgeschmacksmusters angesichts des naheliegenden „verkappten Immaterialgüterrechtsschutz" durch das Lauterkeitsrecht auf Kritik. So betont *Köhler* (WRP 1999, 1075 [1079]) den Gegensatz des potentiell „immerwährenden" mittelbaren Leistungsschutzes im Vergleich zum zeitlich begrenzten Sonderrechtsschutz; *Osterrieth* (FS Tillmann, 221 [236]) beklagt dagegen die fehlende Vorhersehbarkeit und Rechtssicherheit einer der Gesamtbetrachtung innewohnenden individuellen Befristung des lauterkeitsrechtlichen Nachahmungsschutzes. Vgl. zum Verhältnis des UWG-Nachahmungsschutzes zum Urheberrecht, insbesondere nach Ablauf des urheberrechtlichen Schutzes Teplitzky/Peifer/*Leistner*, § 4 Nr. 9 Rn. 79 ff.; *Stang*, Das urheberrechtliche Werk nach Ablauf der Schutzfrist, 2011, S. 258 ff. Zum Verhältnis des UWG-Nachahmungsschutzes zu den verwandten Schutzrechten im Urheberrecht Teplitzky/Peifer/*Leistner*, § 4 Nr. 9 Rn. 83 f.

247 Im Unterschied zum eingetragenen Gemeinschaftsgeschmacksmuster, welches ein positives Benutzungsrecht gemäß Art. 19 Abs. 1 GGV begründet (vgl. *Ruhl*, Art. 19 Rn. 31).

Nachfolgend soll daher lediglich untersucht werden, inwiefern sich die These von der Unterschiedlichkeit der Schutzrichtungen im Verhältnis des mittelbaren Produktschutzes nach § 4 Nr. 9 lit. a) und b) UWG sowie § 4 Nr. 10 UWG zum Schutz durch das nicht eingetragene Gemeinschaftsgeschmacksmuster bestätigen lässt.

### a) Grundkonzeption: Schutz des Produkts contra Schutz vor unlauteren Handlungen

Während es für die Gewährleistung von Geschmacksmusterschutz ausreicht, dass im (vorbehaltlich des Art. 7 Abs. 2 GGV) maßgeblichen Zeitpunkt der Offenbarung die Schutzvoraussetzungen Neuheit, Eigenart und Sichtbarkeit vorliegen, gewährt der wettbewerbsrechtliche Leistungsschutz grundsätzlich kein fortwährendes Immaterialgüterrecht am Leistungsergebnis. Zwar bieten beide Rechtsinstitute Schutz vor Produktnachahmungen. Im Falle des wettbewerbsrechtlichen Leistungsschutzes, wie ihn § 4 Nr. 9 UWG vorsieht, gilt das jedoch – vorbehaltlich der bereits erläuterten Sonderfälle[248] – nur, wenn im Einzelfall zusätzliche unlauterkeitsbegründende Umstände vorliegen. Das durch den lauterkeitsrechtlichen Nachahmungsschutz sanktionierte Unrecht liegt somit im Grundsatz nicht in der bloßen äußeren Übereinstimmung eines Plagiats mit dem Original. Vielmehr pönalisiert der Gesetzgeber in den dargestellten Fällen mittelbaren Leistungsschutzes die Art und Weise der Nachahmung einerseits sowie die von der Nachahmung ausgehenden Auswirkungen andererseits. Das „Wie" der Nachahmung wird relevant in den Konstellationen des § 4 Nr. 9 lit. c) UWG (*wie* kam die Übereinstimmung zustande) sowie in den beschriebenen Fällen der Behinderung (*wie* wurden Vorkenntnisse bezüglich des Originals verwendet). Die durch die Nachahmung erzeugten *Auswirkungen* spiegeln sich hingegen in den Fällen der Herkunftstäuschung (§ 4 Nr. 9 lit. a) UWG) und der Rufausbeutung beziehungsweise –beeinträchtigung (§ 4 Nr. 9 lit. b) UWG) wider.[249]

Konsequenz der vom Geschmacksmusterrecht gewährten „Alles-oder-Nichts"-Regelung ist eine im Vergleich zum Lauterkeitsrecht größere Rechtssicherheit für den Entwerfer, der ab Schutzbeginn zielgerichtet die Schutzdauer bestimmen kann. Der in seiner Grundkonzeption handlungsbezogene Leistungsschutz in den hier aufgeworfenen Fällen ist dagegen in hohem Maße von Einzelfallumständen abhängig. Ein Produkt kann von der Qualität her noch so schutzwürdig sein, die Nachahmung noch so plump. Lauterkeitsrechtlichen Nachahmungsschutz wird man ohne Hinzutreten besonderer Unlauterkeitsfaktoren nicht erlangen

248 Siehe dazu sogleich Kapitel 1.II.3.

249 Vgl. *Maierhöfer* , S. 139. Siehe dazu sogleich Kapitel 1.II.3.

können.[250] Um eine Sanktionierung von Verhaltensunrecht als divergierender Schutzrichtung vom gewährleisteten Immaterialgüterrechtsschutz durch das nicht eingetragene Gemeinschaftsgeschmacksmuster begründen zu können, ist es jedoch nötig, festzustellen, inwiefern die besonderen Unlauterkeitsmomente als tatsächlich über die Nachahmung hinausgehende verhaltensbezogene Faktoren zu berücksichtigen sind.

### b) Immaterialgüterrechtsähnlichkeit des mittelbaren Leistungsschutzes?

Tatsächlich wird in der Literatur die handlungsbezogene Konzeption des ergänzenden wettbewerbsrechtlichen Leistungsschutzes in den Fällen der Herkunftstäuschung und der Rufausbeutung in Frage gestellt.[251] So hält *Keller* der Lehre vom handlungsbezogenen Unrecht in diesen Fallgruppen entgegen, dass die Unlauterkeitsmerkmale *auf das Leistungsergebnis* bezogen zu bestimmen sind.[252] Die Beurteilung, ob einzelne Merkmale geeignet sind, Herkunfts- oder Gütevorstellungen zu transportieren, ist von einem eigentlichen Handlungsbezug unabhängig und erfolgt „entpersonalisiert" vom Nachahmer und dessen Verhalten.[253] Diesem bedenkenswerten Ansatz mag zumindest insoweit gefolgt werden, als dass dem jeweiligen Produkt tatsächlich um so eher ein Schutz vor Herkunftstäuschungen zukommen kann, je prägnanter es sich in seinen individuellen Merkmalen von sonstigen, vergleichbaren Produkten abhebt.[254]

Das Abstreiten der Existenz eigentlicher handlungsbezogener Komponenten jenseits der bloßen Nachahmung begegnet jedoch insbesondere im Bereich der vermeidbaren Herkunftstäuschung gravierenden Bedenken. Anknüpfungspunkt für die Feststellung der Handlungsbezogenheit ist nicht die eigentliche Herkunftstäuschung, die oftmals tatsächlich mit der Nachahmung eines Produkts einhergeht. Der Unlauterkeitsvorwurf besteht vielmehr darin, dass der Nachahmende es ohne triftigen Grund auf eine mit zumutbaren Mitteln *vermeidbare* Herkunftstäuschung ankommen lässt.[255] Die handlungsbezogene Komponente

250 Ausgenommen sind natürlich die Fälle, in denen der Leistungsschutz vordergründig darauf gestützt wird, dass eine Fallgruppe des mittelbaren Leistungsschutzes nach § 4 Nr. 9 UWG beziehungsweise der unlauteren Behinderung vorliegt, tatsächlich jedoch Schutz aufgrund einer „Überbetonung" der wettbewerblichen Eigenart eines Originalerzeugnisses gewährt wurde. Siehe dazu bereits oben Fn. 144.

251 Ausführlich etwa *Keller*, FS Erdmann, 595 (602). Ebenso für § 4 Nr. 9 lit. b) UWG *Schrader*, WRP 2005, 562 (563).

252 *Keller*, FS Erdmann, 595 (602).

253 *Keller*, FS Erdmann, 595 (602).

254 Siehe dazu Kapitel 1.I.1.b)(2)(a).

255 *Emmerich*, Unlauterer Wettbewerb, 9. Auflage 2012, S. 144; *Stieper*, WRP 2006, 291 (296).

liegt hier in der Nichtvornahme derjenigen Maßnahmen, die erforderlich und zumutbar sind, um einer objektiv vermeidbaren Herkunftstäuschung entgegenzuwirken.[256] Dabei steht auch im Lauterkeitsrecht das Unterlassen dem positiven Tun im Sinne einer geschäftlichen Handlung gleich, sofern eine Erfolgsabwendungspflicht besteht.[257] Diese Erfolgsabwendungspflicht kann eben darin gesehen werden, dass der Nachahmende Sicherungsmaßnahmen vorzunehmen hat, um dem Entstehen einer Herkunftsverwirrung vorzubeugen.

Aber auch der Ausklammerung der Rufausbeutung aus dem Kanon der unlauteren Nachahmungstatbestände mit handlungsbezogenen Komponenten kann nicht uneingeschränkt zugestimmt werden. Zunächst erscheint bei Betrachtung der Gesetzesbegründung zu § 4 Nr. 9 b) UWG *Keller* wiederum einen wahren Kern zu treffen, wenn er die Handlungsbezogenheit eines lauterkeitsrechtlichen Nachahmungsschutzes bei Rufausbeutung in Frage stellt.[258] So beschränkt sich der Gesetzgeber auf die Feststellung, dass von einer Rufausbeutung insbesondere dann auszugehen sein wird, „wenn der Verkehr mit einer Ware bestimmte Herkunfts- und Gütevorstellungen verbindet und so durch die Nachahmung der gute Ruf der fremden Ware ausgenutzt wird“[259]. Der Gesetzgeber scheint somit die Unlauterkeit der Nachahmung selbst aus der Nachahmung des Produkts begründen zu wollen; jedenfalls erscheint zunächst kein Umstand ersichtlich, der über die bloße Nachahmung des fraglichen Produkts hinausgeht.[260]

Zumindest für den Bereich der Rufausbeutung auf Grund einer Waren- oder Dienstleistungsverwechslung, also durch Erzeugen einer Zuordnungsgefahr, ist die Existenz handlungsbezogener Komponenten aus denselben Gründen wie bei der Herkunftsverwechslung zu bejahen. Bereits vor der Novellierung des UWG 2004 konnte auch der Gefahr einer Herkunftsverwechslung im Bereich der Rufausbeutung durch geeignete und zumutbare Gegenmaßnahmen begegnet werden. So war auch die Rufausbeutung bei Warenverwechslung hinzunehmen, sofern diese unvermeidbar war.[261] Als Anknüpfungspunkt für die Einordnung als Handlungsunrecht mag hier der Begriff der Angemessenheit dienen. Im Bereich der Rufausbeutung durch Hervorrufen einer Verwechslungsgefahr ist somit „unan-

---

256 BGH, GRUR 2001, 443 (445) – *Viennetta*; BGH, GRUR 2002, 275 (277) – *Noppenbahnen*; *Stieper*, WRP 2006, 291 (296). Zu den in Betracht kommenden Maßnahmen siehe Kapitel 1.I.1.b)(2)(a).

257 Vgl. *Köhler*/Bornkamm, § 2 Rn. 10.

258 *Keller*, FS Erdmann, 595 (602).

259 BT-Drs. 15/1487, S. 18.

260 So auch *Stieper*, WRP 2006, 291 (297), der zudem zutreffend darauf hinweist, dass die Verwendung negativ konnotierter Begriffe durch die Rechtsprechung in Fällen angenommener Rufausbeutung nicht zur Steigerung des materiellen Unrechtsgehalts beiträgt.

261 Vgl. die Nachweise bei *Köhler*/Bornkamm, § 4 Rn. 9.54.

gemessen“ im Sinne von „vermeidbar“ zu verstehen.[262] Der Rufausbeutung durch Erzeugung einer Herkunftstäuschung gemäß § 4 Nr. 9 lit. b) UWG liegen somit im Ergebnis die gleichen handlungsbezogenen Komponenten wie im Anwendungsfeld des § 4 Nr. 9 lit. a) UWG zugrunde.

Wichtiger, weil mit eigenem Anwendungsbereich neben der vermeidbaren Herkunftstäuschung sind jedoch Fälle der Rufausbeutung ohne Waren- oder Dienstleistungsverwechslung, namentlich in den Konstellationen der Rufausbeutung durch Anlehnung[263]. Hier kann mangels Gefahr einer Herkunftstäuschung das Unlauterkeitsmoment nicht in der Tatsache gesehen werden, dass der Nachahmer es ohne sachlichen Grund auf eine eigentlich vermeidbare Herkunftstäuschung ankommen lässt. Insofern greift die Ansicht *Stiepers* zu kurz, wenn er die Unangemessenheit in § 4 Nr. 9 lit. b) UWG mit der Vermeidbarkeit in § 4 Nr. 9 lit. a) UWG gleichsetzen will.[264]

Während die Vermeidbarkeit einer Herkunftstäuschung ein handlungsbezogenes Moment darstellt, fehlt ein solches, von der Nachahmung losgelöstes, Element bei der Rufausbeutung durch Anlehnung.[265] Sofern man ein bekanntes Produkt nachahmt, wird die Bejahung einer Rufausbeutung nur durch produkt*immanente* Faktoren wie etwa die Stärke des Rufs des Produkts oder seine Exklusivität beeinflusst. Die „besonderen Umstände“, die zu einem Imagetransfer, also der Übertragung eines Rufs auf ein Plagiat, führen, ergeben sich rein aus dem Produkt selbst und setzen jenseits der Tatsache, dass der Nachahmende ein Produkt zur Nachahmung auserkoren hat, an welches besondere Gütevorstellungen gekoppelt sind, keine originär handlungsbezogenen Unlauterkeitsumstände voraus.

Diese Überlegung verdeutlicht insbesondere der bereits angeführte Fall *Tchibo/Rolex*[266], in dem eine Rufausbeutung deshalb angenommen wurde, weil zwar nicht die Käufer des Plagiats zu irrigen Vorstellungen über die Herkunfts- und Gütevorstellung des Produkts verleitet werden, diese jedoch wiederum dann durch das offene zur Schau stellen des Plagiats „Eindruck zu schinden“ vermögen.[267] Hier wird besonders deutlich, dass der ausgelöste drittvermittelte Imagetransfer nicht auf eine besonders unlautere Handlungsweise gegründet ist, sondern auf eine vermeintliche „Exklusivität“, die das nachgeahmte Produkt auf Dritte ausstrahlt. Der Hersteller des Originals wird in letzter Konsequenz durch

262 In diese Richtung auch *Stieper*, WRP 2006, 291 (297).

263 Siehe oben Kapitel 1.I.1.b)(2)(b).

264 *Stieper*, WRP 2006, 291 (297).

265 Siehe *Leistner*, Der Rechtsschutz von Datenbanken im deutschen und europäischen Recht, 2000, S. 341.

266 BGH GRUR 1985, 876 – *Tchibo/Rolex I*; Dazu näher bereits Fn. 108.

267 Vgl. *Köhler*/Bornkamm , § 4 Rn. 9.55.

die bloße Generierung eines guten Rufs mit der Monopolisierung des damit behafteten Produkts belohnt.[268] Insoweit ist zumindest für den Bereich der Rufausbeutung durch Anlehnung eine Immaterialgüterrechtsähnlichkeit des lauterkeitsrechtlichen Nachahmungsschutzes anzunehmen. Somit besteht in diesen Konstellationen lauterkeitsrechtlichen Nachahmungsschutzes im Ergebnis keine unterschiedliche Schutzrichtung zum formlosen Geschmacksmusterschutz.

### c) Zwischenergebnis

Der Geschmacksmusterschutz gewährt dem Entwerfer einer schutzwürdigen Formgestaltung ein Immaterialgüterrecht, das dieses Muster im Falle des nicht eingetragenen Gemeinschaftsgeschmacksmusters für eine Zeitspanne von drei Jahren ab Schutzbeginn vor Nachahmungen schützt. Der wettbewerbsrechtliche Leistungsschutz gewährt auf der einen Seite immaterialgüterrechtsähnlichen Leistungsschutz schwerpunktmäßig im Bereich des Schutzes von Modeneuheiten sowie im Falle der Rufausbeutung durch Anlehnung gemäß § 4 Nr. 9 lit. b) UWG, bei der die Gefahr einer Herkunftstäuschung nicht besteht. Außerhalb dieser Konstellationen ist der in der Rechtsprechung und Teilen der Literatur vertretenen Grundaussage jedoch zuzustimmen, dass der wettbewerbsrechtliche Leistungsschutz nur mittelbar die Leistung schützt und primär unlauteres Verhalten zu unterbinden sucht. Die Tatsache, dass oftmals das besondere Unlauterkeitsmoment wegen der Überbetonung der schutzwürdigen Eigenart beziehungsweise des Grades der Nachahmung eine eher sekundäre Rolle spielt, ist dabei zwingende Folge des Prinzips der Wechselwirkung beziehungsweise der im Einzelfall vorzunehmenden Gesamtwürdigung.

268 Bemerkenswert ist der von *Götte* (S. 63) vertretene Ansatz, dass die Übernahme eines „guten Rufs" und die in der Produktgestaltung verkörperte wettbewerbliche Leistung letztlich die gleichzeitige Übernahme zweier Leistungen bedeute, deren Verkupplung dann regelmäßig einen Wettbewerbsverstoß darstelle. Dabei ist jedoch nicht erkennbar, inwiefern die Übernahme eines guten Rufs eine verhaltensbezogene Komponente darstellt, die vom eigentlich nachgeahmten Produkt unabhängig ist. Insofern bietet der Schutz gegen Anlehnung in diesen Fällen keinen verhaltensbezogenen Schutz, sondern eben einen quasi-immaterialgüterrechtlichen Schutz, da das Unlauterkeitsmoment hier einen ausschließlich produktbezogenen Faktor in die Wertung einbezieht. Dieser Schutz stellt mithin ein formloses Schutzrecht für vermeintlich besonders schützenswerte Produkte dar, nicht jedoch ein Schutzinstitut zur Sanktionierung besonderen, über die bloße Nachahmung hinausgehenden, Verhaltensunrechts.

## 5. Zwischenergebnis

Die von der Rechtsprechung sowie der herrschenden Literatur vorgebrachten Thesen für ein Nebeneinander des Schutzinstituts des nicht eingetragenen Gemeinschaftsgeschmacksmusters und des UWG-Nachahmungsschutzes lassen sich nur teilweise bestätigen. So bestehen zwar formal deutliche Unterschiede in den Schutzvoraussetzungen der Schutzinstitute, die sich jedoch insbesondere im Bereich des unmittelbaren wettbewerbsrechtlichen Leistungsschutzes materiell weitgehend decken. Auch die These unterschiedlicher Rechtsfolgen ist in der Absolutheit nicht verifizierbar. Vielmehr ist festzustellen, dass der lauterkeitsrechtliche Nachahmungsschutz sowohl hinsichtlich der gewährten Ansprüche wie auch des Kreises der Berechtigten in der Regel hinter dem Schutz durch das nicht eingetragene Gemeinschaftsgeschmacksmuster zurückbleibt. Präziser als mit dem Begriff der Unterschiedlichkeit der Rechtsfolgen wäre ein Vergleich der Schutzinstitute in dieser Hinsicht damit zu umschreiben, dass das Recht des nicht eingetragenen Gemeinschaftsgeschmacksmusters während seiner Schutzdauer aus dem UWG-Nachahmungsschutz resultierende Ansprüche faktisch „konsumiert“. Dies vermag insbesondere für die Frage relevant werden, inwiefern überhaupt ein Rückgriff auf den UWG-Nachahmungsschutz vonnöten ist. Auch eine Unterschiedlichkeit der Schutzrichtungen lässt sich nicht für jeden Fall des lauterkeitsrechtlichen Nachahmungsschutzes in dem Sinne ausmachen, dass dieser tatsächlich nur Schutz vor unlauteren Verhaltensweisen bietet. Vielmehr wird oftmals Leistungsschutz unter dem Deckmantel der Sanktionierung wettbewerbswidrigen Verhaltens gewährt.

Das Verhältnis des nicht eingetragenen Gemeinschaftsgeschmacksmusters zum UWG-Nachahmungsschutz ist somit – ausgehend von den Auffassungen in der Literatur und Rechtsprechung – nach der hier vertreten Ansicht nicht so eindeutig zugunsten eines Nebeneinanders beider Rechtsinstitute auszulegen, wie dies der BGH in seinen Entscheidungen *Jeans I* und *Jeans II* zu begründen versucht. Weder legt sich der Gemeinschaftsgesetzgeber in der Gemeinschaftsgeschmacksmusterverordnung auf eine Parallelität der Rechtsinstitute fest, noch lässt sich in jedem Falle eine tatsächlich unterschiedliche Schutzrichtung in dem Sinne ausmachen, dass das Lauterkeitsrecht nur Schutz vor unlauteren Verhaltensweisen bietet. Vielmehr wird oftmals Leistungsschutz unter dem Deckmantel der Sanktionierung wettbewerbswidrigen Verhaltens gewährt. Zwar lässt sich die These der unterschiedlichen Schutzvoraussetzungen bestätigen, gleichwohl ist dieser Feststellung keine Bedeutung dahingehend beizumessen, dass daraus ein Nebeneinander der Schutzinstitute folgen muss. Der Vergleich des gewährleisteten Schutzumfangs bringt hingegen teilweise deutliche Unterschiede hervor. Es ist somit gerade unter Berücksichtigung der europäischen Rechtsharmonisierung von besonderer Wichtigkeit festzustellen, inwieweit ein nationaler ergänzender lauterkeitsrechtlicher Nachahmungsschutz für diese insbesondere in zeitlicher Hinsicht bestehenden „Schutzlücken" im gemeinschaftlichen Geschmacksmusterrecht unter besonderer Berücksichtigung der Vorgaben der UGP-Richtlinie anzuerkennen ist.

## *II. Beschränkung des lauterkeitsrechtlichen Produktschutzes durch Gemeinschaftsgeschmackmusterrecht und sonstiges europäisches Sekundärrecht*

Ausgehend von den gefundenen Ergebnissen ist nunmehr zu hinterfragen, ob und inwiefern der lauterkeitsrechtliche Produktschutz vor dem Hintergrund der Existenz eines gemeinschaftsweit geltenden formlosen Musterrechts, dem nicht eingetragenen Gemeinschaftsgeschmacksmuster, eingeschränkt werden muss. Dabei werden im Folgenden zunächst die europäischen Rahmenbedingungen skizziert. Angesichts des gemeinschaftsrechtlichen Hintergrunds der Gemeinschaftsgeschmacksmusterverordnung kommt diesen europäischen Rahmenbedingungen eine besondere Bedeutung zu. Sie vermögen ausdrücklich oder faktisch das Verhältnis des formlosen europäischen Musterschutzes zum lauterkeitsrechtlichen Produktschutz prägend zu bestimmen, wie nachfolgend gezeigt wird. Sodann soll hinterfragt werden, inwiefern diese europäischen Rahmenbedingungen eine Einschränkung des formlosen Produktschutzes in zeitlicher und sachlicher Hinsicht begründen.

### 1. Europäische Rahmenbedingungen

Eine restriktive Anwendung lauterkeitsrechtlicher Regelungen könnte sich zuvorderst durch sekundärrechtliche Wertungen einerseits, sowie durch primärrechtliche Grenzen andererseits ergeben. Nachfolgend soll untersucht werden, inwieweit das Gemeinschaftsgeschmacksmusterrecht selbst das Verhältnis zum nationalen Lauterkeitsrecht regelt beziehungsweise ob der Gemeinschaftsgeschmacksmusterverordnung eine faktische Harmonisierungswirkung in Bezug auf den Musterschutz innewohnt. Sodann wird hinterfragt, inwiefern das europäische Primärrecht darüber hinaus der Anwendung eines lauterkeitsrechtlichen

Nachahmungsschutzes Grenzen setzt. Abschließend soll darauf eingegangen werden, welcher konkrete Prüfungsmaßstab für die Bestimmung einer Beschränkungswirkung des Gemeinschaftsrechts gelten soll.

### a) Art. 96 GGV sowie Erwägungsgrund 31 GGV als Öffnungsklauseln?

Ausgangspunkt nachfolgender Betrachtung der europarechtlichen Rahmenbedingungen für die Anwendung des lauterkeitsrechtlichen Nachahmungsschutzes sind die in der Gemeinschaftsgeschmacksmusterverordnung enthaltenen „unberührt-Klauseln" Art. 96 GGV sowie Erwägungsgrund 31 GGV. Neben der Betonung der unterschiedlichen Schutzvoraussetzungen, Schutzrichtungen und Rechtsfolgen des lauterkeitsrechtlichen Nachahmungsschutzes zum formlosen Geschmacksmusterschutz werden vom BGH in den *Jeans*-Entscheidungen Art. 96 Abs. 1 GGV sowie Erwägungsgrund 31 GGV als Öffnungsklauseln begriffen. Nach Art. 96 GGV sollen nationale beziehungsweise gemeinschaftsrechtliche Schutzformen trotz der Existenz des Gemeinschaftsgeschmacksmusters unberührt bleiben. Dabei werden als Schutzformen unter anderem der nationale und gemeinschaftsrechtliche Schutz von Marken sowie die Vorschriften des unlauteren Wettbewerbs genannt.[269] Demnach bedeutet die Nennung der Regelungen über den „Unlauteren Wettbewerb" in Art. 96 GGV, dass die Gemeinschaftsgeschmacksmusterverordnung sich Regelungen des nationalen Wettbewerbsrechts nicht verschließt und daher eine Anwendbarkeit auch des lauterkeitsrechtlichen Nachahmungsschutzes grundsätzlich zulässt.[270]

Der Verweis auf diese Konkurrenzvorschriften zur Begründung der kumulativen Anwendbarkeit des wettbewerbsrechtlichen Nachahmungsschutzes erscheint jedoch wenig überzeugend. So betont insbesondere *Ohly*, dass Art. 96 Abs. 1

269 Missverständlich an der Formulierung des Art. 96 Abs. 1 GGV ist, dass auch der gemeinschaftsrechtliche Schutz über nicht eingetragene Muster „unberührt" bleiben soll. Dieser wird jedoch erst durch die Gemeinschaftsgeschmacksmusterverordnung begründet. Richtigerweise besagt Art. 96 Abs. 1 GGV daher, dass die Bestimmungen des Rechts der Mitgliedsstaaten über nicht eingetragene Muster (die etwa im Vereinigten Königreich geschützt werden) unberührt bleiben, vgl. *Ruhl*, Art. 96 Rn. 3.

270 BGH, GRUR 2006, 79 (80) – *Jeans I*; *Gottschalk/Gottschalk*, GRURInt 2006, 461 (466); *Kiethe/Groeschke*, WRP 2006, 794 (795); *Köhler*/Bornkamm, § 4 Rn. 9.8; *Maierhöfer*, S. 169; *Ruhl*, Art. 96 Rn. 4; Harte/Henning/*Sambuc*, § 4 Nr. 9 Rn. 5. Die parallele Anwendung während der Schutzdauer des nicht eingetragenen Gemeinschaftsgeschmacksmusters aufgrund Art. 96 Abs. 1 GGV halten auch *Nirk/Rörig*, FS Mailänder, 161 (165) für möglich, wobei diese in der Folge die Frage aufwerfen, ob Art. 96 Abs. 1 GGV vorbehaltlos auch auf Konstellationen Anwendung finden soll, in denen ein Geschmacksmusterschutz bereits abgelaufen ist. Ebenfalls *Reinisch*, Das nicht eingetragene Gemeinschaftsgeschmacksmuster und sein Verhältnis zum ergänzenden wettbewerbsrechtlichen Leistungsschutz, 2008, S. 144 f.

GGV letztlich nur eine absolute Sperrwirkung der Gemeinschaftsgeschmacksmusterverordnung ausschließt.[271] Weder wird ein kategorisches Nebeneinander der Vorschriften angeordnet noch pauschal verneint. Einzig die *Möglichkeit* einer parallelen Anwendung wird eingeräumt, indem die Anwendbarkeit der in Art. 96 Abs. 1 GGV aufgeführten Vorschriften „unberührt" bleibt. Einen darüber hinausgehenden Anwendungsbefehl enthält auch Erwägungsgrund 31 GGV nicht, der lediglich davon ausgeht, dass auch andere Rechtsvorschriften zum gewerblichen Rechtsschutz beziehungsweise sonstige Vorschriften trotz Schutzes als Gemeinschaftsgeschmacksmuster nicht ausgeschlossen werden. Eine solche Auslegung entspräche im Grundsatz auch der bisherigen Rechtsprechung zum nationalen Markenrecht, die trotz einer Öffnungsklausel in § 2 MarkenG von einem Vorrang markenrechtlicher Vorschriften innerhalb deren Anwendungsbereichs ausgeht.[272] Auch die bisherige nationale Rechtsprechung zum Geschmacksmusterrecht lässt keinen anderen Schluss zu. So hat sich der BGH in seiner Entscheidung *Klemmbausteine III* mit Art. 16 der Geschmacksmusterrichtlinie, der genau wie Art. 96 Abs. 1 GGV die Formulierung „unberührt" verwendet, befasst und dahingehend geäußert, dass „die Richtlinie (…) die Vorschriften des nationalen Rechts über unlauteren Wettbewerb unberührt läßt, das heißt diese Vorschriften weder schwächt noch stärkt".[273]

Gegen eine ausdrückliche Anordnung der parallelen Anwendbarkeit spricht überdies ein Vergleich mit Art. 96 Abs. 2 GGV, der das Verhältnis von Geschmackmusterschutz und Urheberrecht regelt. Danach kann ein als Gemeinschaftsgeschmacksmuster geschütztes Muster auch nach dem Urheberrecht der jeweiligen Mitgliedstaaten geschützt werden. Hier wird also explizit die Möglichkeit einer parallelen Anwendbarkeit verschiedener Schutzsysteme angesprochen.[274] Sowohl vom Wortlaut als auch von seiner systematischen Stellung vermag Art. 96 Abs. 1 GGV die parallele Anwendbarkeit des lauterkeitsrechtlichen Nachahmungsschutzes nach alledem nicht zu begründen.

### b) Faktische Harmonisierung des lauterkeitsrechtlichen Produktnachahmungsschutzes

Die materielle Reichweite des Art. 96 Abs. 1 GGV sowie von Erwägungsgrund 31 GGV geht daher nur soweit, als der Gemeinschaftsgesetzgeber prinzipiell einen Musterschutz durch andere Rechtsinstitute für möglich erachtet. Der Rechtsan-

---

271 *Ohly*, GRUR 2007, 731 (737); Zustimmend Teplitzky/Peifer/*Leistner*, § 4 Nr. 9 Rn. 8.

272 BGH, GRUR 1999, 161 – *MacDog*. Zum „Vorrang des Markenrechts" siehe Kapitel 2.I.2.b)(1)(c)(i).

273 BGH, GRUR 2005, 349 (353) – *Klemmbausteine III*.

274 Zu Art. 96 Abs. 2 GGV näher auch *Ruhl*, Art. 96 Rn. 29 ff.

wender soll indes nicht von der Notwendigkeit entlastet werden zu prüfen, wo das Gemeinschaftsgeschmacksmusterrecht bewusst zwischen Schutzinteressen des Rechtsinhabers und der Gemeinfreiheit zu respektierende Freiräume schaffen wollte.[275] Von diesen Freiräumen mag insbesondere dann gesprochen werden, wenn der europäische Gesetzgeber ein Rechtsgebiet bewusst harmonisiert hat. Gewährt bei paralleler Schutzrichtung der nationale Gesetzgeber weitergehenden Schutz, kann dies zum einen in Konflikt mit den sekundärrechtlich gezogenen Grenzen stehen, zum anderen darüber hinaus primärrechtliche Relevanz im Hinblick auf Art. 34 AEUV beinhalten.

Von einer „herkömmlichen“ Harmonisierung des formlosen Produktschutzes kann angesichts des Verordnungscharakters der Gemeinschaftsgeschmacksmusterverordnung und ihrer gemeinschaftsweit einheitlichen und unmittelbaren Geltung indes nicht gesprochen werden. Wohl aber ist zu erkennen, dass im Bereich des formlosen Produktschutzes für den Nachahmungsschutz, der bisher gänzlich dem nationalen Recht oblag und der sich in der konkreten Ausgestaltung in der Gemeinschaft in hohem Maße unterschied, durch das nicht eingetragene Gemeinschaftsgeschmacksmuster eine bewusste Regelung vollzogen wurde.

So geht aus den Regelungen in Art. 96 GGV sowie Erwägungsgrund 31 GGV hervor, dass dem europäischen Gesetzgeber bei Einführung des nicht eingetragenen Gemeinschaftsgeschmacksmusters bewusst war, dass durch die Gemeinschaftsgeschmacksmusterverordnung kein originäres Schutzgut – wie etwa die später noch zu erörternde Gemeinschaftsmarke – geschaffen wurde. Vielmehr war dem Verordnungsgeber bekannt, dass das von der Gemeinschaftsgeschmacksmusterverordnung geschützte Leistungsergebnis in den Mitgliedstaaten bereits weitreichenden Schutz durch andere Rechtsvorschriften genießen kann. Dieser Schutz wird jedoch – außer durch die formellen Registerrechte – nur durch die selten einschlägige Warenformmarke als Benutzungsmarke, das – oftmals an der Gestaltungshöhe scheiternde – Urheberrecht beziehungsweise in vielen Mitgliedsstaaten eben durch das Lauterkeitsrecht gewährt. Für diese vormals uneinheitlich durch verschiedene Rechtsmaterien geschützten Produkte legt der Gemeinschaftsgesetzgeber nunmehr eine dreijährige Schutzfrist im Musterschutz fest, sofern der Inhaber eben nicht auf einen Registerschutz zurückgreift. Die vom Gemeinschaftsgesetzgeber gewählte Obergrenze stellt somit den bisherigen formlosen Nachahmungsschutz über das Lauterkeitsrecht in Frage. Dieser kann – auch wenn keine „klassische“ Harmonisierung als Richtlinienrecht erreicht wurde – schlichtweg getroffene Wertungen des europäischen Gesetzgebers konterkarieren, namentlich die Entscheidung für eine Höchstschutzdauer von drei Jahren für ein Schutzgut, dem kein Registerschutz zukommt. Dass

275 *Ohly*, GRUR 2007, 731 (737); Anders etwa *Osterrieth*, FS Tillmann, 221 (223).

diese Angleichung des formlosen Produktschutzes letztlich nicht im Lauterkeitsrecht (beziehungsweise im allgemeinen Deliktsrecht) vorgenommen wurde, über das ein Großteil der Mitgliedsstaaten entsprechenden Schutz gewährt[276], ändert nichts an der Notwendigkeit harmonisierungsfreundlicher Auslegung. Vermag schon die Verlagerung in ein externes Schutzregime – also das Gemeinschaftsgeschmacksmusterrecht – nicht von der Pflicht zur Prüfung zu befreien, inwiefern nationales Recht dem Gemeinschaftsrecht entgegensteht, so gilt dies noch mehr vor dem Hintergrund der gemeinschaftsrechtlichen Schwierigkeiten bei der Harmonisierung des lauterkeitsrechtlichen Mitbewerberschutzes.[277] So wurde der Nachahmungsschutz nicht zuletzt aus diesem Grunde in das harmonisierte Marken- und Geschmacksmusterrecht verlagert.[278] Die durch diese Harmonisierungsbemühungen notwendig gewordene Orientierung an dem Schutzumfang des zum Lauterkeitsrecht externen Schutzregimes des nicht eingetragenen Gemeinschaftsgeschmacksmusters lässt sich treffend mit dem von *Kur* verwendeten Begriff der „faktischen Harmonisierung" umschreiben.[279]

### c) Primärrechtliche Relevanz des lauterkeitsrechtlichen Nachahmungsschutzes

Diese durch die Einführung des nicht eingetragenen Gemeinschaftsgeschmacksmusters erfolgte faktische Harmonisierung überlagert den wettbewerbsrechtlichen Schutz jedoch nicht in der Weise, dass über die gemeinschaftsrechtliche Zulässigkeit der Gewährung wettbewerbsrechtlichen Nachahmungsschutzes nur noch auf Grundlage des Sekundärrechts zu entscheiden wäre. Hier bleibt eine Überprüfung anhand des europäischen Primärrechts, namentlich mit dem Grundsatz des freien Warenverkehrs gemäß Art. 34 AEUV, nach wie vor möglich und statthaft.[280] Insbesondere ist dessen Anwendbarkeit nicht etwa nach den Grundsätzen der *Keck*-Rechtsprechung des EuGH ausgeschlossen, wonach „Maßnahmen gleicher Wirkungen" im Sinne des Art. 34 AEUV nur produktbezogene Maßnahmen darstellen, nicht jedoch Maßnahmen, die, ohne diskrimi-

---

276 Zu den europäischen Regelungsregimen hinsichtlich unmittelbarer Nachahmung sowie Schutz vor Herkunftstäuschungen vgl. *Schricker*, GRURInt 2001, 1367 (1381). Rechtsvergleichend zum lauterkeitsrechtlichen Nachahmungsschutz jüngst Teplitzky/Peifer/*Leistner*, § 4 Nr. 9 Rn. 11 ff.; *ders.*, FS Pfennig, 2012, 41 ff.

277 Speziell zu den Schwierigkeiten im Bereich des Nachahmungsschutzes *Kur*, GRURInt 1998, 771 (774).

278 *Kur*, GRUR 2002, 661 (665); *dies.*, FS Ullmann, 717 (720); *Ohly*, ZEuP 2004, 296 (305); *ders.*, GRUR 2007, 731 (737).

279 *Kur*, FS Ullmann, 717 (720).

280 *Kur*, FS Ullmann, 717 (720).

nierend zu wirken, die Modalitäten der Verkaufsförderung betreffen[281]. Die hier in Frage stehenden Maßnahmen des wettbewerbsrechtlichen Leistungsschutzes haben produktbezogenen Charakter, da letztendlich der Vertrieb eines Produkts insgesamt untersagt werden soll.[282] Die Frage der Vereinbarkeit des wettbewerbsrechtlichen Leistungsschutzes mit dem europäischen Primärrecht muss daher eruiert werden. Dies gilt jedoch nur insofern, als seiner Anwendung nicht bereits Grenzen wegen eines möglichen Widerspruchs zum gemeinschaftlichen Sekundärrecht gezogen werden.[283]

#### *(1) Beele-Entscheidung des EuGH*

Die Frage der Vereinbarkeit wettbewerbsrechtlich begründeter Nachahmungsverbote mit den Grundsätzen des freien Warenverkehrs hat den EuGH bereits einmal beschäftigt. In der Entscheidung *Beele*[284] aus dem Jahre 1982, die auf eine Vorlage des niederländischen *Gerechtshof Den Haag* zurückging, bejahte der EuGH die Vereinbarkeit der Gewährung wettbewerbsrechtlichen Nachahmungsschutzes, der solche Nachahmungen verbietet, die die Gefahr unnötiger Verwechslungen erzeugen, mit Art. 34 AEUV (damals Art. 30 EWG-V). Dabei bezieht sich der Gerichtshof ausdrücklich auf Art. 10bis PVÜ, der jegliches Tun untersage, durch das eine Verwechslung mit den Waren eines Wettbewerbers erzeugt werde. Insofern stellt eine Regelung, wie sie das niederländische Recht vorsieht und im deutschen Recht ihre vergleichbare Regelung heute in § 4 Nr. 9 lit. a) UWG findet, zwar eine den innerstaatlichen Handel beeinträchtigende Maßnahme dar[285], die jedoch den zwingenden Erfordernissen des lauteren Handelsverkehrs genügt und daher nicht gegen die Wettbewerbsfreiheit verstößt.[286]

#### *(2) „Freibrief" für den wettbewerbsrechtlichen Nachahmungsschutz*

Diese Entscheidung wurde in der nationalen Literatur als Begründung für die uneingeschränkte Bejahung der Europarechtskompatibilität des wettbewerbsrechtlichen Nachahmungsschutzes herangezogen.[287] Diese Sichtweise ist ange-

281 EuGH Verbundene Rs. C-267/91 und C-268-91 vom 24.11.1993, Slg. 1993, I-6097 – *Keck & Mithouard*.
282 *Hösch*, WRP 1994, 796 (799); *Kur*, FS Ullmann, 717 (720); Teplitzky/Peifer/*Leistner*, § 4 Nr. 9 Rn. 7.
283 Siehe sogleich Kapitel 1.II.1.d).
284 EuGH Rs. C-6/81 vom 2.3.1982, Slg. 1982, 707 – *Beele*.
285 EuGH Rs. C-6/81, Slg. 1982, 707 – *Beele*, Rn. 7.
286 EuGH Rs. C-6/81, Slg. 1982, 707 – *Beele*, Rn. 8.
287 *Keller*, FS Erdmann, 595 (600).

sichts der europäischen Entwicklungen zum Produktschutz problematisch: So erging die Entscheidung zu einem Zeitpunkt, zu dem die europäische Harmonisierung im Immaterialgüterrecht noch am Anfang stand.[288] Mittlerweile haben sich jedoch europäisch geprägte Immaterialgüterrechte entwickelt, die in bestimmten Bereichen, wie eben dem Marken- und Geschmacksmusterrecht, eine weitreichende Harmonisierung bewirken, beziehungsweise wie das nicht eingetragene Gemeinschaftsgeschmacksmuster eine „faktische" Harmonisierungswirkung begründen.[289] Diese gilt gerade für Fallgestaltungen, in denen nach traditionellem Verständnis auf den durch Lauterkeitsrecht gewährten Nachahmungsschutz zurückgegriffen wird, so dass eine vorbehaltlose Gewährung lauterkeitsrechtlichen Nachahmungsschutzes in sämtlichen hier aufgezeigten Fällen im Hinblick auf die Vereinbarkeit mit europäischem Primärrecht kritisch zu überprüfen ist.

### d) Widerspruch zum Gemeinschaftsrecht als Prüfungsmaßstab für die Anwendung des Lauterkeitsrechts

Eine Prüfung der europarechtlichen Vereinbarkeit des lauterkeitsrechtlichen Schutzes gegen die Nachahmung von Produkten vollzieht sich in zwei gedanklichen Schritten.[290] Auf der ersten Ebene ist zunächst festzustellen, ob die Gewährung lauterkeitsrechtlichen Produktschutzes gegen Wertungen des sekundären Gemeinschaftsrechts verstoßen würde. Dabei wird im Folgenden zu zeigen sein, dass nicht schon die potentiell zeitlich unbeschränkte Gewährleistung lauterkeitsrechtlichen Nachahmungsschutzes deshalb einen Widerspruch zum Sekundärrecht darstellt, weil die gemeinschaftsrechtlich festgelegte Höchstdauer eines formlos gewährleisteten Produktschutzes nur drei Jahre beträgt und deshalb durch den lauterkeitsrechtlichen Schutz „ausgehebelt" werden kann. Auf der anderen Seite kann – wie gezeigt – auch Art. 96 GGV, der die Heranziehung verschiedener Schutzregime billigt, nicht zur Verneinung eines Widerspruchs herangezogen werden. Eine solch pauschale Klausel entlastet nicht von der zu treffenden Feststellung, wann eben ein tatsächlicher Widerspruch zum sekundären Gemeinschaftsrecht besteht. Auch der Verweis auf die intendierte Sanktionierung von Verhaltensunrecht im Lauterkeitsrecht genügt zumindest in der bisherigen Handhabung des lauterkeitsrechtlichen Nachahmungsschutzes im nationalen Recht nicht zur Widerlegung eines Widerspruchs.

Bei der Frage eines Widerspruchs zum europäischen Sekundärrecht stellt *Kur* zu Recht fest, dass es zu seiner Feststellung maßgeblich darauf ankommt, ob

288 *Kur*, FS Ullmann, 717 (723).
289 *Kur*, FS Ullmann, 717 (723).
290 *Kur*, FS Ullmann, 717 (723).

der Anknüpfungspunkt für die lauterkeitsrechtliche Schutzgewährung derselbe ist, wie im maßgeblichen europäischen Sekundärrecht.[291] Dies ist für den formlosen Schutz von Produktgestaltungen zuvorderst das Recht des nicht eingetragenen Gemeinschaftsgeschmacksmusters.[292] Die Kongruenz dieser Anknüpfungspunkte wird insbesondere in denjenigen Konstellationen zu überprüfen sein, in denen der Vorwurf der Unlauterkeit maßgeblich auf die Eigenart eines Produkts gestützt wird, also in den hier gekennzeichneten Fällen unmittelbaren Produktschutzes. Hier wird festzustellen sein, ob ein vergleichbarer paralleler, aber insbesondere auch ein nach Ablauf der Schutzfrist gewährleisteter Schutz im Widerspruch zu getroffenen Wertungen des Gemeinschaftsgesetzgebers steht beziehungsweise ob im Einzelfall sogar aus der Nichtanerkennung eines geschmacksmusterrechtlichen Schutzes für die Gewährung eines lauterkeitsrechtlichen Nachahmungsschutzes eine Präklusionswirkung anzuerkennen ist. Diese „Widerspruchsprüfung" bleibt nicht beschränkt auf Regelungen des Geschmacksmusterrechts. So erscheinen diejenigen Fälle, in denen eine irreführende Produktvermarktung vorliegt, angesichts der sekundärrechtlichen Natur des im Rahmen der UWG-Novelle 2008 eingefügten § 5 Abs. 2 UWG nicht mit der bisherigen, vornehmlich leistungsschutzorientierten Handhabung des § 4 Nr. 9 lit. a) UWG vereinbar, so dass auch hier ein Widerspruch zum europäischen Sekundärrecht diskutiert werden muss.
Sofern ein Widerspruch zu Sekundärrecht zu verneinen ist, ist auf zweiter Ebene zu hinterfragen, ob die den innerstaatlichen Handel beeinträchtigende Maßnahme erforderlich ist, um zwingenden Erfordernissen des lauteren Handelsverkehrs gerecht zu werden. Dies setzt nach ständiger Rechtsprechung des EuGH voraus, dass die Maßnahme zur Erfüllung ihres Zieles angemessen ist und nicht über das für diesen Zweck Notwendige hinausgeht.[293] Hier stehen insbesondere diejenigen Fallkonstellationen im Vordergrund, die zwar an besondere Unlauterkeitsmomente anknüpfen, bei denen es jedoch wiederum unter Berücksichtigung der bestehenden Schutzkonzeptionen fraglich erscheint, ob zwingende Erfordernisse des lauteren Handelsverkehrs sie notwendig machen.

### e) Zwischenergebnis

Das Recht des nicht eingetragenen Gemeinschaftsgeschmacksmusters hat im Kanon der Immaterialgüterrechte einen komplementären Charakter, indem es Produkte beziehungsweise Muster schützt, die bereits vorher durch andere Insti-

291 *Kur*, FS Ullmann, 717 (726).
292 *Kur*, FS Ullmann, 717 (726).
293 Ständige Rechtsprechung, vgl. etwa EuGH Rs. C-362/88 vom 7.3.1990, Slg. 1990 I-667 – *GB INNO BM.*

tute geschützt wurden. Die Einschlägigkeit eines solchen formlosen Schutzes vermag somit den Rückgriff auf Registerschutzrechte und das nationale Urheberrecht wegen der ausdrücklichen Regelung durch Art. 96 Abs. 2 GGV nicht zu versperren. Für den im nationalen Lauterkeitsrecht angesiedelten Nachahmungsschutz, der bis zu einem gewissen Grad Überschneidungen mit dem Recht des nicht eingetragenen Gemeinschaftsgeschmacksmusters aufweist, kann dies aufgrund der „faktischen" Harmonisierungswirkung nicht vorbehaltlos gelten. Hier wird zu überprüfen sein, ob zum einen in der Gewährleistung nationalen Lauterkeitsschutzes ein expliziter Widerspruch zum gemeinschaftlichen Sekundärrecht besteht. Zum anderen wird herauszuarbeiten sein, ob und inwiefern unter Berücksichtigung der weitreichend erfolgten Harmonisierung der Immaterialgüterrechtsordnungen, sei sie rechtlicher oder tatsächlicher Art, ein formloser, nationaler Produktschutz notwendig zum Schutz der zwingenden Erfordernisse des lauteren Handelsverkehrs und damit primärrechtlich unter dem Gesichtspunkt der Wettbewerbsfreiheit zuzulassen ist.

## 2. Begrenzungswirkung im Hinblick auf die Schutzdauer

Wie bereits die Konstellation in den *Jeans*-Entscheidungen des BGH zeigt[294], ist die Frage der Anwendbarkeit formlosen lauterkeitsrechtlichen Nachahmungsschutzes nach Ablauf der Schutzfrist des nicht eingetragenen Gemeinschaftsgeschmacksmusters die vordringlich zu beantwortende Frage bei Bestimmung des Verhältnisses von nicht eingetragenem Gemeinschaftsgeschmacksmuster zum lauterkeitsrechtlichen Produktschutz. Dabei besteht im nationalen Schrifttum im Einklang mit der Rechtsprechung des BGH weitestgehend Einigkeit, dass zumindest im Grundsatz ein lauterkeitsrechtlicher Produktschutz auch nach Ablauf der Schutzfrist möglich sein sollte.[295]

### a) Notwendigkeit verhaltensbezogener Unlauterkeitsmomente

Betont wird dabei explizit die Notwendigkeit besonderer, die Unlauterkeit begründender Umstände zur Schutzgewährung.[296] Diesem Grundverständnis der herrschenden Literatur ist zunächst vorbehaltlos zuzustimmen, jedoch ist es in einigen Facetten zu konkretisieren.

---

294 BGH, GRUR 2006, 78 – *Jeans I* sowie BGH, GRUR 2006, 346 – *Jeans II.*

295 Vgl. etwa *Köhler*/Bornkamm, § 4 Rn. 9.8; *Ohly*, ZEuP 2004, 296 (312 f.); *Rahlf/Gottschalk*, GRURInt 2004, 821 (826); *Reinisch*, S. 152; Harte/Henning/*Sambuc*, § 4 Nr. 9 Rn. 70.

296 BGH, GRUR 2006, 346 (347) – *Jeans II.*

So lässt sich dieses Erfordernis zusätzlicher verhaltensbezogener Elemente über einen reinen Produktschutz hinaus vorrangig mit der vom Gemeinschaftsgesetzgeber erfolgten faktischen Harmonisierung für den formlosen Musterschutz begründen. Darüber hinaus lassen auch immanente Wertungen der Gemeinschaftsgeschmacksmusterverordnung die Notwendigkeit der Abgrenzung von einem mittelbar über ein sanktionswürdiges Verhalten vermittelten Produktschutz zu dem nur aufgrund der reinen Nachahmungshandlung begründeten Produktschutz deutlich werden. Dabei wird zu Recht angemerkt, dass die Gemeinschaftsgeschmacksmusterverordnung eine Abstufung des Schutzumfangs von eingetragenem und nicht eingetragenem Gemeinschaftsgeschmacksmuster vornimmt.[297] Die Gemeinschaftsgeschmacksmusterverordnung sieht im Falle des eingetragenen Gemeinschaftsgeschmacksmusters gemäß Art. 12 S. 2 GGV eine Schutzdauer von bis zu 25 Jahren vor, während das nicht eingetragene Gemeinschaftsgeschmacksmuster eben nur einen kurzfristigen dreijährigen Schutz bietet. Diese grundsätzliche Unterscheidung von formlosem Schutz und Registerschutz darf bei der Frage einer möglichen Begrenzungswirkung nicht unberücksichtigt bleiben. Die Belastung des Rechtsverkehrs durch nicht eingetragene Rechte ist stärker als durch Registerrechte, weil sich weder der genaue zeitliche Rang des Rechts, noch dessen Inhalt ersehen lässt.[298]

### b) Umkehrschluss: Zulässiger Nachahmungswettbewerb nach Ablauf der Schutzfrist ohne zusätzliche verhaltensbezogene Unlauterkeitsmomente

Diese bewusste Entscheidung des Gemeinschaftsgesetzgebers muss sich in der konsequenten Berücksichtigung der kurzen, für kurzlebige Produkte jedoch vom Gemeinschaftsgesetzgeber für typisch gehaltenen Amortisationsfrist von drei Jahren manifestieren (vergleiche Erwägungsgrund 25 GGV). Für den UWG-Nachahmungsschutz bedeutet dies zwingend die Notwendigkeit der Berücksichtigung verhaltensbezogener Elemente, die über die bloße Nachahmung eines Produkts hinausgehen. Im Umkehrschluss ist jedoch dort, wo rein an die Nachahmungshandlung als solche angeknüpft wird, zukünftig ein Schutz durch den lauterkeitsrechtlichen Nachahmungsschutz nicht mehr zu gewähren. Diese Konsequenz ist im nationalen Recht nicht unbekannt und findet ihre Entsprechung im Grundsatz der Nachahmungsfreiheit, nach dem die Nachahmung sonderrechtlich nicht geschützter Produkte grundsätzlich erlaubt sein soll.[299]

---

297 *Ohly*, GRUR 2007, 731 (739); Teplitzky/Peifer/*Leistner*, § 4 Nr. 9 Rn. 87; ebenso bereits *Auteri*, GRURInt 1998, 360 (367), *Nirk/Rörig*, FS Mailänder, 161 (171).

298 *Ohly*, GRUR 2007, 731 (739); *Ruhl*, Art. 11 Rn. 4.

299 Siehe oben Kapitel 1.I.1.b)(2)(e)(i).

Dieser Grundsatz wird jedoch zeitweilig insofern *ad absurdum* geführt, als unter dem Deckmantel der Sanktionierung verhaltensbezogenen Unrechts im Wesentlichen Produktschutz gewährleistet wird. Für den Musterschutz ist diese Handhabung nicht mehr statthaft, wenn in der Sache letztlich auf die Schutzwürdigkeit des Produkts abgestellt wird. Dies gilt insofern, als bereits vorher Schutz durch ein nicht eingetragenes Gemeinschaftsgeschmacksmuster bestand. Wird ein längerfristiger Musterschutz beziehungsweise ein durch ein schützenswertes Muster vermittelter Produktschutz auf Grundlage des lauterkeitsrechtlichen Nachahmungsschutzes begehrt, so muss der Schutzbegehrende entweder sein Muster anmelden oder sich auf einen konsequent verhaltensbezogenen lauterkeitsrechtlichen Schutz berufen.

### c) Konsequenz: Besinnung auf die Sanktionierung von über die Nachahmung hinausgehendem Verhaltensunrecht

Diese Schlussfolgerung hat praktisch noch keine Konsequenz und unterscheidet sich insofern auch kaum von der Rechtsprechungslinie des BGH, wonach außerhalb der Schutzgrenzen eines Immaterialgüterrechts grundsätzlich kein Raum für den Rückgriff auf nationales Lauterkeitsrecht verbleiben soll.[300] Die durch das nicht eingetragene Gemeinschaftsgeschmacksmuster eingetretene „faktische" Harmonisierung muss aber im Ergebnis dann noch weitergehen, wenn den „besonderen Umständen", unter denen bisher Nachahmungsschutz über das Lauterkeitsrecht gewährt wurde, kein Unlauterkeitsmoment innewohnt, welches über die bloße Nachahmung *als solche* hinausgeht. Auch dies würde im Grundsatz noch keine Abweichung gegenüber einem strikt verstandenen Grundsatz der Nachahmungsfreiheit darstellen, wie er bisher in der Rechtsprechung indes nicht verstanden wurde. Ein solches restriktives Verständnis ist nach dem hier gefundenen Ergebnis der faktischen Harmonisierungswirkung durch das nicht eingetragene Gemeinschaftsgeschmacksmuster jedoch angezeigt. Es ist daher zu ermitteln, in welchen Fällen ein über den bloßen Nachahmungstatbestand hinausgehender Unrechtstatbestand nicht ersichtlich ist. In diesen Konstellationen begründet die dreijährige Schutzfrist eine Ausschlusswirkung gegenüber dem formlos gewährleisteten lauterkeitsrechtlichen Nachahmungsschutz.

---

300 Siehe oben Kapitel 1.I.1.b)(2)(e)(i).

### *(1) Beeinflussung durch produktimmanente Faktoren – Die Rufausbeutung durch Anlehnung*

Es sind insbesondere diejenigen Fälle zu nennen, in denen Nachahmungsschutz aufgrund von Rufausbeutung durch Anlehnung gewährt wurde.[301] Wie bereits beschrieben, ist neben der Nachahmungshandlung an sich ein originär verhaltensbezogenes Element nicht ersichtlich. Vielmehr wird die Sanktionierung der Nachahmung letztlich durch einen produktimmanenten Faktor ausgelöst, nämlich den guten Ruf, der dem Produkt anhaftet. Dies ist jedoch keine verhaltensbezogene Komponente, sondern ein immaterialgüterrechtlicher Faktor. Geschützt wird in solchen Fällen die erfolgreiche Investition in den Aufbau eines Produktimages.[302]

### *(2) Nachahmungsschutz aufgrund der Art und Weise der Nachahmung*

Ebenfalls lassen sich diejenigen Konstellationen, in denen eine Nachahmung unter dem Gesichtspunkt unlauteren Behinderungswettbewerbs nach § 1 UWG a.F. (§ 4 Nr. 10 UWG) sanktioniert wurde, nicht in Einklang mit dem nunmehr gewährleisteten, dreijährigen formlosen Produktschutz durch das Gemeinschaftsgeschmacksmuster bringen, wenn dieser Schutz nach Ablauf der Schutzdauer gewährt wird. Dies betrifft die beschriebenen Fälle der Preisunterbietung und des systematischen Nachahmens beziehungsweise die Kombination dieser Elemente. Zwar steht in diesen Konstellationen die handlungsbezogene Komponente des Nachahmens im Vordergrund und nicht die Leistung als solche.[303] Dieses Verhalten ist nach Ablauf der Schutzfrist im Rahmen des formlosen Musterschutzes jedoch nicht zu beanstanden, da eben kein besonderes Verhaltensunrecht sanktioniert wird, das nicht schon durch den formlosen Musterschutz erfasst wird.[304] Sofern der Hersteller von Plagiaten entsprechende Nachahmungshandlungen vornimmt, ist der Hersteller der Originale grundsätzlich auf Ansprüche aus Registerschutzrechten beschränkt.[305]

---

301 So auch Teplitzky/Peifer/*Leistner*, § 4 Nr. 9 Rn. 87. Siehe bereits oben Kapitel 1.I.1.b)(2)(b).

302 *Ohly*, GRUR 2007, 731 (739).

303 Siehe bereits Kapitel 1.I.1.c)(2)(c).

304 Siehe *Ohly*, GRUR 2007, 731 (739), der jedoch in Extremfällen, in denen eine systematische Nachahmung ganzer Warensortimente kombiniert mit einer Preisunterbietung einhergeht, einen Rückgriff auf § 4 Nr. 10 UWG für denkbar hält (*Ohly*, a.a.O., Fn. 138). Anders etwa *Peukert*, Güterzuordnung als Rechtsprinzip, 2008, S. 381 f., der in der „gezielten Behinderung der Entfaltungsmöglichkeit“ eines Mitbewerbers ein besonderes subjektives Unlauterkeitsmoment auch in Nachahmungsfällen sehen will.

305 Gleichwohl vermag Nachahmungsschutz unter dem Aspekt unlauteren Behinderungswettbewerbs möglicherweise dann gewährt zu werden, wenn Rechte aus einem nicht eingetra-

### *(3) Zuordnungsschutz – Die Regelung des § 4 Nr. 9 lit. a) UWG*

Nach den *Jeans*-Entscheidungen des BGH soll auch nach Ablauf der Schutzfrist des nicht eingetragenen Gemeinschaftsgeschmacksmusters ein ergänzender wettbewerbsrechtlicher Leistungsschutz nach § 4 Nr. 9 lit. a) UWG möglich sein. Zumindest die Anknüpfung an den Tatbestand des Nachahmungsschutzes nach § 4 Nr. 9 lit. a) UWG erscheint nach der Umsetzung der UGP-Richtlinie mit dem neu geschaffenen, auf Art. 6 Abs. 2 lit. a) UGP-Richtlinie basierenden § 5 Abs. 2 UWG äußerst fraglich.[306]

#### (a) Grundsatz: Vermeidbarkeit als handlungsbezogene Komponente

Sofern das UWG zunächst nach § 4 Nr. 9 lit. a) UWG Zuordnungsschutz gewährt, ist dieser Aspekt durch das nicht eingetragene Gemeinschaftsgeschmacksmuster nicht erschöpfend berücksichtigt.[307] Hier ist das Element der Vermeidbarkeit als handlungsbezogene Komponente zu begreifen, sodass die Wertungen des Gemeinschaftsgeschmacksmusterrechts und seiner erschöpfenden Regelung eines formlosen Immaterialgüterrechtsschutzes im Grundsatz nicht tangiert werden. Dies gilt ebenso für die Fallgruppe der Rufausbeutung durch Erzeugung einer Produkt- oder Dienstleistungsverwechslung, die jedoch neben der Herkunftstäuschung durch Nachahmung regelmäßig keine Rolle spielt.[308] Da der Unlauterkeitsvorwurf über die bloße Nachahmungshandlung hinausgeht und sich somit im Kern nicht als Quasi-Immaterialgüterrecht darstellt, begegnet die Anwendung des § 4 Nr. 9 lit. a) UWG zumindest im Hinblick auf einen möglichen Widerspruch zum sekundären Gemeinschaftsrecht grundsätzlich keinen Bedenken.

#### (b) Neubestimmung des Zuordnungsschutzes im Lichte des europäischen Sekundärrechts

Gleichwohl ist nach hier vertretener Ansicht ein Festhalten an der bisherigen Rechtsprechungspraxis und insbesondere den produktbezogenen Anforderungen höchst problematisch. So würde trotz originär verhaltensbezogener Komponenten nach bisheriger Übung eine erhebliche Verquickung lauterkeitsrechtlicher- und

---

genen Gemeinschaftsgeschmacksmuster (noch) nicht entstanden sind. Siehe dazu unten Kapitel 1.II.4.c).

306 Siehe sogleich Kapitel 1.II.2.c)(3).

307 *Ohly*, GRUR 2007, 731 (739).

308 Siehe Kapitel 1.I.4.b).

eigentlich immaterialgüterrechtlicher Komponenten nach wie vor bestehen.[309] Deutlich wird dies in denjenigen Fällen, in denen die Eignung der Produktgestaltung als Herkunftshinweis gerade mit ihrer Originalität begründet wird beziehungsweise eine vermeidbare Herkunftstäuschung mit dem Umstand, dass eine fast identische Nachahmung vorliegt. Letztlich wäre wiederum zu besorgen, dass wie unter den bisherigen Voraussetzungen der UWG-Nachahmungsschutz zum Quasi-Immaterialgüterrecht mutiert.

(i) Die Regelung zum irreführenden Produktmarketing gemäß § 5 Abs. 2 UWG

Ein solches Verständnis des Zuordnungsschutzes ist nicht (mehr) geboten. Sowohl der europäische als auch der nationale Gesetzgeber sehen den produktbezogenen Zuordnungsschutz nicht als primär den Hersteller des Originals schützendes Institut an, sondern als Regelung zugunsten der das Produkt beziehenden Verkehrskreise, wie § 6 Abs. 2 lit. a) UGP-Richtlinie und dessen Umsetzung in § 5 Abs. 2 UWG belegen. Nach § 5 Abs. 2 UWG ist eine geschäftliche Handlung irreführend, wenn sie im Zusammenhang mit der Vermarktung von Waren (...) eine Verwechslungsgefahr mit einer anderen Ware (...) eines Mitbewerbers hervorruft.[310] Diese Regelung des Zuordnungsschutzes im Zusammenhang mit der irreführenden Vermarktung eines Produkts ist nicht auf die Verfolgung durch den Inhaber des verletzten Musters beschränkt, sondern kann durch alle in § 8 Abs. 3 UWG genannten Anspruchsberechtigten geltend gemacht werden.[311]

Der durch § 4 Nr. 9 lit. a) UWG gewährte Zuordnungsschutz wird jedoch in der bisherigen nationalen Rechtsprechung vorrangig als dem Schutz des nachgeahmten Mitbewerbers dienend angesehen[312], so dass nur im Einzelfall eine Ausweitung der Aktivlegitimation auf die in § 8 Abs. 3 Nrn. 2–4 UWG Berechtigten für möglich gehalten wurde.[313] An dieser Differenzierung hält der nationale

---

309 *Ohly*, GRUR 2007, 731 (740).

310 Zum Irreführungsschutz im Bereich des Gemeinschaftsmarkenrechts siehe unten Kapitel 2.I.2.b)(1). Auf das allgemeine Irreführungsverbot des § 5 Abs. 1 S. 2 UWG kann nach hiesiger Ansicht kein lauterkeitsrechtlicher Produktschutz rekurriert werden. So stellt die Gestaltung eines Produkts keine „Angabe" im Sinne des § 5 Abs. 1 S. 1 UWG dar (zu Recht *Sambuc*, Rn. 81). Diese Annahme wird bestätigt durch die gesonderte Umsetzung des irreführenden Produktmarketings in § 5 Abs. 2 UWG. Diese hätte ansonsten keinen originären Anwendungsbereich, da sich sachlich die Regelung des Art. 6 lit. a) UGP-Richtlinie bereits unter das allgemeine Irreführungsverbot in § 5 Abs. 1 S. 2 UWG subsumieren ließe (siehe dazu Kapitel 2.I.2.b)(1)(d)).

311 Siehe statt vieler *Köhler*, WRP 2009, 109 (115). Zu § 5 Abs. 2 UWG im Zusammenhang mit dem Schutz von Marken, siehe Kapitel 2.I.2.b)(1)(d).

312 Vgl. etwa *Sosnitza*, WRP 2008, 1014 (1030).

313 Siehe dazu bereits Kapitel 1.I.2.b)(1).

Gesetzgeber auch nach Umsetzung der UWG Novelle 2008 fest, indem er die Beibehaltung des § 4 Nr. 9 lit. a) UWG in seiner jetzigen Form damit begründet, dass § 5 Abs. 2 UWG keine leistungsschutzbezogenen Komponenten enthalte[314] und von sämtlichen Berechtigten nach § 8 Abs. 3 Nrn. 2–4 UWG geltend gemacht werden könne.

(ii) Überlagerung des Zuordnungsschutzes von § 5 Abs. 2 UWG im Bereich des Musterschutzes?

Dies kann nach dem hier gefundenen Ergebnis nicht für diejenigen Konstellationen statthaft sein, für die ein dreijähriger formloser Musterschutz nach dem nicht eingetragenen Gemeinschaftsgeschmacksmuster gewährleistet wird. Sofern hier Quasi-Immaterialgüterrechtsschutz etwa durch Überbetonung der wettbewerblichen Eigenart auch in Zukunft gewährleistet werden soll, sollte dies angesichts der Existenz des nicht eingetragenen Gemeinschaftsgeschmacksmusters nicht mehr gelten.[315] Hier gilt selbiges wie beim Schutz vor Rufausbeutung durch Anlehnung[316] beziehungsweise bei der Sanktionierung von Verhalten, das unmittelbar an die Art und Weise der Nachahmung anknüpft[317].

*(a) Lösung: Grundsatz der Sanktionierung von Zuordnungsverwirrungen über § 5 Abs. 2 UWG*

Wird auf diese immaterialgüterrechtliche Komponente verzichtet und sich konsequent an der Herkunftsfunktion orientiert, präsentiert sich der wettbewerbsrechtliche Leistungsschutz über § 4 Nr. 9 lit. a) UWG letztlich nur mehr als Unterfall des irreführenden Produktmarketings nach § 5 Abs. 2 UWG, für dessen Einschlägigkeit keine besonderen produktbezogenen Merkmale, also keine „wettbewerbliche Eigenart“, vorliegen müssen[318] und der überdies nicht das Vorliegen

---

314 BT-Drs. 16/10145, S. 17.

315 Anders jedoch der BGH in seiner jüngst ergangenen Entscheidung *LIKEaBIKE* (GRUR 2010, 80 [81]), wonach die Regelungen über die irreführende Produktvermarktung keinen Einfluss auf den lauterkeitsrechtlichen Nachahmungsschutz haben sollen. Vielmehr hält der BGH an der Trennung zwischen Leistungsschutz einerseits, der durch die Regelungen des § 4 Nr. 9 lit. a) UWG gewährt werden soll, und andererseits den dem Verbraucherschutz dienenden Regelungen der UGP-Richtlinie, die letztendlich ihre Umsetzung in § 5 Abs. 1 S. 2, Abs. 2 sowie § 3 Abs. 3 UWG in Verbindung mit Anhang Nr. 13 gefunden haben, fest. Diese Rechtsprechung ist jedoch abzulehnen, siehe dazu sogleich Kapitel 1.II.2.c)(3)(b)(ii)(a).

316 Siehe oben Kapitel 1.II.2.c)(1).

317 Siehe oben Kapitel 1.II.2.c)(2).

318 So schon vor der Umsetzung der UGP-Richtlinie *Köhler*, GRUR 2007, 548 (552); *Ohly*, GRUR 2007, 731 (738).

einer „Angabe" im Sinne des § 5 Abs. 1 S. 2 Nr. 1 UWG erfordert[319]. Insbesondere kann bei Zugrundelegung des gemeinschaftsrechtlichen Irreführungsbegriffs auch davon ausgegangen werden, dass die zusätzliche verhaltensbezogene Komponente der „Vermeidbarkeit" durch den Irreführungsschutz mit umfasst wird. So kann nach der Rechtsprechung des EuGH einer Irreführungsgefahr regelmäßig durch geeignete Etikettierung begegnet werden[320], was auch nach nationaler Praxis für eine Exkulpation aus dem Tatbestand des § 4 Nr. 9 lit. a) UWG regelmäßig genügen würde[321]. Es bleibt festzuhalten, dass die Sanktionierung des durch Zuordnungsverwirrung mittels Nachahmung erzeugten Unrechts über die Regelungen der irreführenden Produktvermarktung in § 5 Abs. 2 UWG abgedeckt wird. Insofern kann die Begründung des Gesetzgebers nur dahingehend verstanden werden, dass die Regelungen zu § 4 Nr. 9 lit. a) UWG diejenigen Fälle erfassen, in denen die leistungsbezogene Komponente im Vordergrund steht, die nach dem hier gefundenen Ergebnis für den formlosen Schutz durch das nicht eingetragene Gemeinschaftsgeschmacksmuster ausreichend berücksichtigt wird.[322] Da diese leistungsschutzbezogenen Komponenten aber durch das gemeinschaftsweite, nicht eingetragene Gemeinschaftsgeschmacksmuster eben für die Dauer von drei Jahren abgedeckt werden, ist es angesichts seiner faktischen Harmonisierungswirkung nur folgerichtig, dem Inhaber des Originals den Schutz über § 4 Nr. 9 lit. a) UWG zu verwehren und ihn lediglich auf Ansprüche aus dem Irreführungsschutz nach § 5 Abs. 2 UWG zu verweisen.[323] Die ausschließliche

319 Insofern enthält § 5 Abs. 2 UWG im Musterschutzrecht eigenständige Bedeutung.

320 Vgl. etwa EuGH Rs. C-465/98 vom 4.4.2000, Slg. 2000 I-2297 – *Naturrein*, Rn. 22.

321 Vgl. etwa BGH, GRUR 2001, 443 (445) – *Viennetta*; BGH, GRUR 2005, 349 (352) – *Klemmbausteine III*. Im Einzelfall mag jedoch eine Abweichung zwischen den Maßstäben des EuGH und des BGH bei der Frage der Ausräumung einer Irreführungsgefahr durch Etikettierung vorliegen, vgl. *Ohly*, GRUR 2007, 731 bei Fn. 129.

322 Im Ergebnis ebenfalls Fezer/*Götting*, UWG, § 4-9 Rn. 30, 46, der jedoch weitergehend auch eine Sanktionierung über § 5 Abs. 2 UWG ausschließen will, da die Lehre über qualifizierte betriebliche Herkunftsangaben einen Rückgriff auf § 5 UWG nicht zulassen würde. Indes wird die Fortgeltung dieser Lehre nach der Einführung des § 5 Abs. 2 UWG von der herrschenden Ansicht abgelehnt, siehe dazu Fn. 650.

323 Anders jedoch *Scherer* (WRP 2009, 1446 [1452]), die die Sanktionierung von Produktnachahmungen bereits durch die Regelungen über vergleichende Werbung als überwiegend abgedeckt sieht. Dem steht für den Schutz vor Zuordnungsverwirrungen bereits die Vorschrift des § 5 Abs. 2 UWG entgegen, die jedenfalls für den B2C-Bereich die speziellere Regelung darstellt. Darüber hinaus vermag die prinzipielle Einschlägigkeit vergleichender Werbung noch keine Sperrwirkung für den lauterkeitsrechtlichen Nachahmungsschutz nach § 4 Nr. 9 UWG zu entfalten, sodass hier keine vertiefte Erörterung erfolgen soll (insoweit auch *Scherer*, a.a.O., 1446 (1450). Vielmehr ist bei unlauterer vergleichender Werbung etwa in den Fällen von § 6 Abs. 2 Nr. 4 UWG regelmäßig auch der Tatbestand des § 4 Nr. 9 lit. b) UWG verwirklicht; umgekehrt sind, soweit eine zulässige vergleichende Werbung bei einer Produktnachahmung zu bejahen ist, Ansprüche aus §§ 4 Nr. 9 lit. a) und b) UWG zu verneinen (Teplitzky/

Sanktionierung über den Irreführungsschutz hat für den Inhaber des Originals als aktivlegitimiertem Mitbewerber dann in letzter Konsequenz zur Folge, dass er zwar zur Geltendmachung von Zuordnungsverwirrungen, ausgelöst durch Nachahmungen, nach wie vor befugt ist, ihm aber die Berufung auf Modalitäten, die den wettbewerbsrechtlichen Leistungsschutz als Quasi-Immaterialgüterrecht kennzeichnen, zukünftig verwehrt werden muss. Dies betrifft insbesondere die Möglichkeit der dreifachen Schadensberechnung[324], da ihre Berechtigung mit der ausschließlichen Zuweisung der Nutzungsmöglichkeit eines Immaterialgüterrechts steht und fällt[325].

#### *(b) Ausnahme: Schutzfähigkeit als Warenformmarke nach § 4 Nr. 2 MarkenG*

Ein solches Vorrangverständnis zugunsten des Irreführungsschutzes, das gewissermaßen diametral zum bisherigen nationalen Verständnis des Verhältnisses von Immaterialgüterrechtsschutz und Irreführungsschutz steht[326], mag ausnahmsweise dann nicht gelten, wenn formloser Immaterialgüterrechtsschutz für Produktgestaltungen durch eine Warenformmarke als Benutzungsmarke nach § 4 Nr. 2 MarkenG angenommen werden kann.[327] Ein Schutz durch das Markenrecht ist im Gegensatz zum Schutz durch das Lauterkeitsrecht nach § 4 Nr. 9

---

Peifer/*Leistner*, § 4 Nr. 9 Rn. 106 mit weiteren Nachweisen). Diskrepanzen vermag einzig die Einschlägigkeit eines lauterkeitsrechtlichen Nachahmungsschutzes nach § 4 Nr. 9 lit. c) UWG oder § 4 Nr. 10 UWG zu begründen. Hier geht, entgegen der Ansicht von *Scherer* (a.a.O., 1446 [1450]), eine Sperrwirkung von zulässiger vergleichender Werbung nicht aus, da hier Handlungsweisen pönalisiert werden, die im Recht der vergleichenden Werbung keine Berücksichtigung gefunden haben.

324 Siehe dazu bereits Kapitel 1.I.2.b)(2). In dieser Möglichkeit der Anspruchsdurchsetzung läge für den Inhaber des Musters der eigentliche „Mehrwert" eines Vorgehens über § 4 Nr. 9 lit. a) UWG gegenüber § 5 Abs. 2 UWG, vgl. *Köhler*, WRP 2009, 109 (115); Teplitzky/Peifer/*Leistner*, § 4 Nr. 9 Rn. 241.

325 Vgl. *Köhler*, GRUR 2007, 548 (554); *Ohly*, GRUR 2007, 731 (739); *Sosnitza*, WRP 2008, 1014 (1030).

326 Siehe dazu vertieft im Abschnitt zum Gemeinschaftsmarkenrecht Kapitel 2.I.2.b)(1)(c). Dieses Vorrangverhältnis wurde auch im Verhältnis von § 4 Nr. 9 UWG zu § 5 UWG bisher mit der gleichen Begründung wie zur Vorrangwirkung des Markenrechts angenommen, jedenfalls wenn das Produkt mit einem eigenartbegründenden Kennzeichen versehen wurde. Für Fälle des „reinen" Produktnachahmungsschutzes, in denen Herkunftsvorstellungen nicht über ein mit dem Produkt verbundenes Kennzeichen vermittelt wurden, spielte der Irreführungsschutz mangels einer Beschaffenheitsangabe keine Rolle.

327 Die Auseinandersetzung mit diesem weiteren formlosen Schutzinstitut wurde in den *Jeans*-Urteilen des BGH nicht vorgenommen, wobei ein Markenschutz als Formmarke durchaus dem Grunde nach in Betracht kam (entsprechend kritisch zur fehlenden Prüfung etwa *Ohly*, GRUR 2007, 731 [738]). Diese Vorgehensweise ist nach dem Verständnis des BGH zwar konsequent, der von einer Vorrangwirkung des Markenrechts im Bereich des Formmarkenschutzes gerade

UWG aus zweierlei Gründen zuzulassen. Für das Marken- und Geschmacksmusterrecht ist eine Kumulierung von Schutzrechten, im Gegensatz zum lauterkeitsrechtlichen Quasi-Immaterialgüterrechtschutz, bereits im europäischen Sekundärrecht selbst angelegt. So thematisiert die Markenrechtsrichtlinie die durch Benutzung erworbenen Marken in Erwägungsgrund 4 und belässt den Mitgliedstaaten ausdrücklich das Recht, bloß durch Benutzung, also nicht durch Eintragung begründete Markenrechte zu gewähren. Auch die Gemeinschaftsgeschmacksmusterverordnung sperrt die Anwendung des Markenschutzes nach Art. 96 Abs. 1 GGV nicht. Ein dem lauterkeitsrechtlichen Nachahmungsschutz vergleichbares Schutzinstitut erkennt der Gemeinschaftsgesetzgeber jedoch gerade nicht ausdrücklich an. Aus dieser bereits im Sekundärrecht anerkannten Möglichkeit des Schutzes einer Warenform als Benutzungsmarke folgt damit auch die Zulässigkeit der Berücksichtigung leistungsimmanenter Aspekte. In Anbetracht der restriktiven Rechtsprechung des BGH zur Schutzgewährung als (eingetragene) Warenformmarke[328] bietet sich hier ein, nunmehr zulässigerweise zu berücksichtigender, qualitativer „Sprung" gegenüber einem abzulehnenden Schutz über § 4 Nr. 9 lit. a) UWG an.[329] Dieser manifestiert sich zum einen in der notwendigen Überwindung der für Warenformmarken geltenden Schutzausschlussgründe in § 3 Abs. 2 MarkenG[330], zum anderen in der Notwendigkeit einer Verkehrsgeltung, an die hohe Anforderungen zu stellen sind[331]. Um einen Schutz als Benutzungsmarke zu erlangen, muss die Warenform daher Anforderungen erfüllen, deren Vorliegen im Gegensatz zum UWG-Nachahmungsschutz tatsächlich eine honorierbare leistungsimmanente Hürde darstellen. In diesen Fällen scheint, gerade weil der Gemeinschaftsgesetzgeber den Schutz der Benutzungsmarke den Mitgliedstaaten freistellt, eine nachgeschaltete Geltendmachung von Rechten aus einer Warenformmarke als Benutzungsmarke nach Ablauf der Schutzfrist des nicht eingetragenen Gemeinschaftsgeschmacksmusters möglich.

---

nicht ausgeht (siehe Kapitel 2.I.2.b)(3)(a)), letztlich jedoch problematisch und mit dem hier vertretenen Ergebnis nicht vereinbar.

328 Siehe dazu Derclaye/*Leistner*, Intellectual Property Overlaps: A European Perspective, 2010, S. 257.

329 Zu weitgehend jedoch *Heep*, S. 110, der im Bereich formmarkenfähiger Produktgestaltungen § 4 Nr. 9 lit. a) UWG präkludiert sieht und nur mehr einen Schutz über § 4 Nr. 2 MarkenG vornimmt.

330 Diese gelten nach ganz herrschender Meinung auch für Benutzungsmarken (vgl. etwa *Ingerl/Rohnke*, Markengesetz, 3. Auflage 2010, § 3 Rn. 5; *Fezer*, Markenrecht, 4. Auflage 2009, § 4 Rn. 98), siehe im Detail *Zenner*, Designschutz ohne Registereintragung in Deutschland, 2008, S. 118 ff. Zur (analogen) Anwendung der Eintragungshindernisse des § 8 Abs. 2 MarkenG auf Benutzungsmarken siehe *Fezer*, § 4 Rn. 100 ff.

331 Vgl. *Ohly*, GRUR 2007, 731 (738). Zu den Anforderungen an die Verkehrsgeltung einer Marke siehe etwa *Fezer*, § 4 Rn. 103 ff.; Ströbele/*Hacker*, Markengesetz, 10. Auflage 2011, § 4 Rn. 23 ff.

Dieser Schutz steht dem Inhaber der Warenformmarke neben dem Irreführungsschutz über § 5 Nr. 2 UWG zu, erweitert jedoch das Schutzinstrumentarium zum einen um das markenrechtliche Sanktionensystem, also beispielsweise um Ansprüche auf Vernichtung oder Rückruf nach § 18 Abs. 1 und 2 MarkenG, zum anderen um das dem Immaterialgüterrecht immanente Privileg der dreifachen Schadensberechnung[332].

### *(4) Grenze der Sanktionierung von über die Nachahmungshandlung hinausgehendem Verhaltensunrecht – Zwingende Erfordernisse des lauteren Handelsverkehrs*

Von der Sanktionierung von Zuordnungsverwirrungen zu unterscheiden ist die Konstellation der Rufbeeinträchtigung durch Nachahmung. Hier liegt die Bewertung des Verhaltensunrechts ein stückweit anders als bei der oftmals damit einhergehenden Rufausbeutung. Neben der Nachahmung eines Produkts muss dessen Ruf einen Schaden nehmen. Dieser Schaden kann in Nachahmungsfällen insbesondere durch qualitative Minderwertigkeit des Plagiats begründet werden.[333] Über die Ausnutzungskomponente hinaus erleidet der gute Ruf eines Originalprodukts in diesen Konstellationen einen positiven Schaden.[334] Diese Komponente stellt eine über die Nachahmungshandlung hinausgehende Unrechtskomponente dar, die sich zwar auf einen produktimmanenten Faktor, nämlich einen guten Ruf des Produkts, stützt, gleichwohl jedoch das aufgestellte Kriterium eines besonderen Verhaltensunrechts erfüllt: Durch – möglicherweise massenhaften – Vertrieb minderwertiger Kopien werden gegebenenfalls negative Vorstellungen mit dem Originalprodukt verbunden, das heißt die Herstellung minderwertiger Nachahmungen stellt hier das geforderte besondere Verhaltensmoment dar, das sich originär vom gewährleisteten Schutzumfang des europäischen Sekundärrechts abhebt. Insofern liegt ein Widerspruch zum sekundären Gemeinschaftsrecht jedenfalls nicht vor. Gleichwohl muss, da der Nachahmungsschutz nach § 4 Nr. 9 lit. b) UWG eine den innerstaatlichen Handel beeinträchtigende Maßnahme darstellt, ein solcher Schutz durch zwingende Erfordernisse des lauteren Handelsverkehrs begründet sein. Zumindest nach hiesiger Auffassung sollte dies bejaht werden, da jedenfalls im Hinblick auf marktethische Bedenken die Zulassung entsprechender Nachahmungshandlungen unter dem Gesichtspunkt der Sicherung des lauteren Handelsverkehrs auch nach den weit-

332 Zur dreifachen Schadensberechnung im Markenrecht *Fezer*, § 14 Rn. 1022 ff.

333 Siehe Kapitel 1.I.1.b)(2)(b).

334 Konsequenterweise wird die Rufbeeinträchtigung durch Nachahmung von Teilen der Literatur als gesetzlich geregelter Fall der Mitbewerberbehinderung angesehen, vgl. Gloy/Loschelder/Erdmann/*Eck*, § 56 Rn. 91.

reichenden Harmonisierungsmaßnahmen im Bereich des Geschmacksmuster- und Markenrechts abzulehnen ist.[335]

### d) Zwischenergebnis: Begrenzter Anwendungsbereich des UWG-Nachahmungsschutzes nach Ablauf der Schutzfrist des nicht eingetragenen Gemeinschaftsgeschmacksmusters

Eine Berufung auf den Nachahmungsschutz gemäß § 4 Nr. 9 UWG beziehungsweise § 4 Nr. 10 UWG ist nach Ablauf eines gewährten dreijährigen Schutzes für das formlose Gemeinschaftsgeschmacksmuster nach der hier vertretenen Ansicht nur noch in sehr begrenztem Umfang zulässig. Ein Rückgriff sollte zunächst immer dann ausscheiden, wenn über die bloße Nachahmung hinaus keine verhaltensbezogene Komponente ersichtlich ist. Dies betrifft zum einen diejenigen Fälle, in denen aufgrund besonderer produktimmanenter Faktoren Schutz gewährleistet wurde, insbesondere also im Falle der Rufausbeutung durch Anlehnung nach § 4 Nr. 9 lit. b) UWG.[336] Zum anderen gilt dies für solche Konstellationen, in denen bislang ein Schutz aufgrund der Art und Weise der Nachahmung zuerkannt wurde. Aber auch im wichtigsten Fall des lauterkeitsrechtlichen Nachahmungsschutzes, des Schutzes vor vermeidbarer Herkunftstäuschung nach § 4 Nr. 9 lit. a) UWG, bei dem zweifellos eine verhaltensbezogene Komponente in dem Element der „Vermeidbarkeit“ zu sehen ist, sollte nur mehr auf den gemeinschaftsrechtlich geprägten Tatbestand der irreführenden Produktvermarktung nach § 5 Abs. 2 UWG zurückgegriffen werden, mit der Konsequenz, dass immaterialgüterrechtlich anerkannte Privilegien, wie der Rückgriff auf die Methode der dreifachen Schadensberechnung, dem Hersteller des Originals verwehrt werden. Die Möglichkeit der Schutzgewährung über eine Warenformmarke nach § 4 Abs. 2 MarkenG bleibt von der „Verdrängungswirkung“ des § 5 Abs. 2 UWG unberührt.

Ein Schutz vor Rufbeeinträchtigung durch Nachahmung gemäß § 4 Nr. 9 lit. b) UWG begründet wegen des Unlauterkeitsmoments der positiven Schädigung des Rufes ein im Geschmacksmusterrecht bisher nicht berücksichtigtes Element, was dem Grunde nach die Gewährung eines formlosen lauterkeitsrechtlichen Produktschutzes im Hinblick auf die Vereinbarkeit mit sekundärem Lauterkeitsrecht erlaubt und zumindest nach hiesiger Ansicht auch den zwingenden Erfordernissen eines lauteren

335 Zur möglicherweise divergierenden Beurteilung durch den EuGH vgl. *Kur*, FS Ullmann, 717 (731). Für den Bereich der Rufausbeutung durch anlehnende Werbung zu Recht anders *Hösch*, WRP 1994, 796 (801).

336 So im Ergebnis auch *Heep* (S. 245 f.) der einen Nachahmungsschutz über § 4 Nr. 9 lit. b) 1. Alt. UWG bei Einschlägigkeit eines formlosen geschmacksmusterrechtlichen Schutzes vollends ablehnt und nurmehr einen Schutz vor Rufausbeutung über § 6 Abs. 2 UWG gewähren will.

Handelsverkehrs genügt. Im Übrigen verbleibt darüber hinaus als anzuerkennendes Anwendungsfeld des tradierten UWG-Nachahmungsschutzes die Sanktionierung der Nachahmung durch unredliche Kenntniserlangung nach § 4 Nr. 9 lit. c) UWG, die jedoch bei einem vorangegangenen dreijährigen Musterschutz nur mehr theoretische Bedeutung hat.

## 3. Exkurs: Parallele Anwendbarkeit des UWG-Nachahmungsschutzes während der Schutzdauer des nicht eingetragenen Gemeinschaftsgeschmacksmusters?

Die Erwägungen zur Notwendigkeit besonderer verhaltensbezogener Unlauterkeitsmomente lassen sich auch auf die – zumindest theoretisch denkbare[337] – Möglichkeit des Rückgriffs auf das nationale Lauterkeitsrecht während der Schutzdauer übertragen. So sieht der BGH in seinen *Jeans*-Entscheidungen den Nachahmungsschutz aufgrund vermeidbarer Herkunftstäuschung gemäß § 4 Nr. 9 lit. a) UWG auch während der Schutzdauer durch das nicht eingetragene Gemeinschaftsgeschmacksmuster als gegeben an. Nach dem hier gefundenen Ergebnis ist dies für den Nachahmungsschutz bei vermeidbarer Herkunftstäuschung auch nur folgerichtig, da dies als originäres handlungsbezogenes Unlauterkeitsmoment nicht im Geschmacksmusterrecht berücksichtigt wird. Ein Rückgriff auf den lauterkeitsrechtsrechtlichen Nachahmungsschutz wäre daher nicht präkludiert. Lediglich bei einer Verletzung nach Ablauf der dreijährigen Schutzfrist soll ein Schutz nach hiesiger Auffassung lediglich durch die Regelungen zur irreführenden Produktvermarktung gemäß § 5 Abs. 2 UWG sanktioniert werden können. Sofern jedoch produktimmanente Faktoren beziehungsweise die Art und Weise der Nachahmung die Unlauterkeit begründen, ist wegen der diesbezüglichen Regelung im Gemeinschaftsgeschmacksmusterrecht ein Rückgriff auf den Nachahmungsschutz per se präkludiert.[338]

337 Notwendig ist dieser Rückgriff jedoch nicht, da die Anspruchsberechtigung im Geschmacksmusterschutz und im UWG-Nachahmungsschutz in beiden Fällen den berechtigten Hersteller umfasst. Insofern geht die Annahme von Nordemann/Nordemann/*Nordemann*, Wettbewerbs- und Markenrecht, 10. Auflage 2004, Rn. 1645, fehl, dass die Gewährleistung eines UWG-Nachahmungsschutzes schon deshalb neben den formlosen Geschmacksmusterschutz treten müsse, da letzterer nur den Entwerfer, nicht aber den Unternehmer schütze.

338 Insofern gilt eine dem Markenrecht vergleichbare Vorrangwirkung des Geschmacksmusterschutzes vor dem UWG-Nachahmungsschutz, vgl. *Gottschalk*, S. 257; *Ohly*, ZEuP 2004, 296 (311 f.) *Rahlf/Gottschalk*, GRURInt 2004, 821 (825 f.).

## 4. Begrenzungswirkung im Hinblick auf den sachlichen Schutzumfang

Im Hinblick auf die Anwendbarkeit des UWG-Nachahmungsschutzes stellen sich vor dem Hintergrund des formlosen Geschmacksmusterschutzes weitere problematische Konstellationen. Dabei drängt sich neben den bereits erörterten Möglichkeiten einer Prolongierung eines formlosen Musterschutzes durch das Lauterkeitsrecht die Frage auf, inwiefern das Nichtbestehen eines Schutzes durch das nicht eingetragene Gemeinschaftsgeschmacksmuster eine Präklusion des lauterkeitsrechtlichen Nachahmungsschutzes bewirken kann. Diese Frage stellt sich zum einen in Konstellationen, in denen der schutzbegründende Realakt der Veröffentlichung gemäß Art. 11 GGV fehlt, zum anderen, wenn ein mangels Neuheit (Art. 5 GGV) oder Eigenart (Art. 6 GGV) geschmacksmusterrechtlich nicht schutzfähiges Leistungsergebnis vorliegt.

### a) Fehlen eines geschmacksmusterfähigen Gegenstands

Keine Begrenzungsfunktion erwächst aus der grundsätzlichen Möglichkeit des formlosen Geschmacksmusterschutzes dann, wenn es an einem geschmacksmusterfähigen Gegenstand nach Art. 3 lit. a) GGV fehlt.[339] Die eingetretene Harmonisierungswirkung geht nur so weit, wie der sachliche Schutz des formlosen Geschmacksmusterschutzes reicht. Darüber hinaus kommt der Gemeinschaftsgeschmacksmusterverordnung jedoch keine Begrenzungswirkung zu. Geschützt wird nach der Gemeinschaftsgeschmacksmusterverordnung gemäß Art. 3 lit. a) GGV die Erscheinungsform eines Erzeugnisses, wobei „Erzeugnis“ nach Art. 3 lit. b) GGV jeder industrielle oder handwerkliche Gegenstand ist. Der Gegenstand des wettbewerbsrechtlichen Nachahmungsschutzes wird nach dem Wortlaut des § 4 Nr. 9 UWG mit der Formulierung „Waren und Dienstleistungen“ umschrieben. Dieser Wortlaut ist nach herrschender Meinung im Einklang mit der Rechtsprechung zu § 1 UWG a.F. extensiv zu verstehen, so dass auch nach der UWG Novelle 2004 grundsätzlich Arbeitsergebnisse jeder Art erfasst werden.[340] Sofern einem Arbeitsergebnis kein Musterschutz zuteil werden kann, ist es demnach nach den bisherigen Grundsätzen zu § 4 Nr. 9 UWG schutzfähig.[341]

---

339 *Ohly*, ZEuP 2004, 296 (312).

340 Vgl. *Köhler*/Bornkamm, § 4 Rn. 9.21; *Lettl*, Wettbewerbsrecht, 2. Auflage 2013, § 4 Rn. 151. Zur problematischen Erfassung von Kennzeichen, die nicht Formmarken sind, siehe Kapitel 2.I.2.b)(3)(b).

341 Mangels Festlegung einer Schutzobergrenze in nicht harmonisierten Bereichen wäre wiederum das Verhältnis des zumindest in den Fällen des § 4 Nr. 9 lit. a) UWG zeitlich nicht begrenzten (siehe Kapitel 1.I.3) Nachahmungsschutzes zum Schutz vor irreführender Pro-

### b) Vorliegen von Schutzausschlussgründen nach Art. 8, 9 GGV

Selbiges gilt richtigerweise auch dann, wenn zwar ein grundsätzlich musterfähiges Erzeugnis vorliegt, jedoch gleichzeitig einer der negativen Schutzausschlussgründe der Art. 8 GGV oder Art. 9 GGV erfüllt wird. Der Gemeinschaftsgesetzgeber setzt diese Erzeugnisse mit nicht musterfähigen Erzeugnissen gleich. Dies ergibt sich bereits aus dem Wortlaut der Schutzausschlussgründe, wonach ein Gemeinschaftsgeschmacksmuster an äußeren Produktmerkmalen, die den Art. 8 und 9 GGV unterliegen, nicht *besteht*. Speziell dem Schutzausschlussgrund des Art. 8 GGV, welchem im Einklang mit Erwägungsgrund 10 der Gemeinschaftsgeschmacksmusterverordnung, die Intention des Verordnungsgebers zugrunde liegt, die Monopolisierung der genannten technischen Merkmale zu verhindern, kann nicht die weitergehende Wertung entnommen werden, dass diesen Produktgestaltungen gänzlich ein Schutz versagt bleiben solle. Ihnen fehlt eben lediglich die Muster*fähigkeit* nach dem Gemeinschaftsgeschmacksmusterrecht.

Es bleibt somit in diesen Fällen über das nationale Lauterkeitsrecht eine Sanktionierung von Nachahmungen denkbar.[342] Diese grundsätzliche Zulässigkeit des UWG-Nachahmungsschutzes für technisch bedingte Gestaltungen birgt trotz fehlender Präklusionswirkung des Art. 8 GGV kein besonderes Spannungsverhältnis zwischen Lauterkeitsrecht und Gemeinschaftsgeschmacksmusterrecht. So gelten im Anwendungsbereich des § 4 Nr. 9 UWG besondere Maßstäbe, die in der Regel eine Schutzgewährung für rein technisch bedingte Gestaltungen nicht zulassen. Auf diese maßgeblich von der Rechtsprechung entwickelten Grundsätze soll im Rahmen der hiesigen Abhandlung nicht eingegangen werden.[343]

---

duktvermarktung zu klären. Ob daneben einem nicht musterfähigen Leistungsergebnis ein unmittelbarer Leistungsschutz über § 3 Abs. 1 UWG prinzipiell zukommen kann, war jüngst Gegenstand der Entscheidung des BGH im Falle *hartplatzhelden.de* (GRUR 2011, 436). Der BGH entschied im Einklang mit der herrschenden Literatur (etwa *Ohly*, GRUR 2010, 487 [494]; *Peukert*, WRP 2010, 316 [320]; anders dagegen *Nemeczek*, WRP 2010, 1204 [1214]), dass grundsätzlich im Falle einer drohenden Marktstörung ein solcher unmittelbarer Leistungsschutz in Betracht kommen könnte (im Ergebnis zustimmend *Leistner*, FS Pfeiffer, 41 [54]). *Peifer* merkt indes zu Recht an, dass durch die hohe Hürde einer drohenden Marktstörung künftig wenig Raum für den unmittelbaren Leistungsschutz auf Grundlage des § 3 Abs. 1 UWG bestünde (GRURPrax 2011, 181 f.).

342 *Ruhl*, Art. 8 Rn. 3.

343 Vgl. zur Bemessung der wettbewerblichen Eigenart in diesen Fällen *Köhler*/Bornkamm, § 4 Rn. 9.28 sowie zur Zumutbarkeit abweichender Gestaltungen zum Original, § 4 Rn. 9.49.

## c) Fehlen schutzbegründender Veröffentlichung

Beim Fehlen einer schutzbegründenden Veröffentlichung könnte der Anwendung des Lauterkeitsrechts mit der Argumentation begegnet werden[344], dass der Schutzsuchende sich mit seinem Unterlassen einem Musterschutz bewusst entzieht. Die Annahme einer entsprechenden Präklusionswirkung ist jedoch problematisch und im Ergebnis abzulehnen. Dies lässt sich zunächst mit der Erwägung begründen, dass keine grundsätzliche Verpflichtung existiert, einen vom Gesetzgeber zur Verfügung gestellten Sonderrechtsschutz in Anspruch zu nehmen. Dem Ersthersteller beziehungsweise dem Entwerfer kann ein Schutzrecht nicht aufgedrängt werden. Vielmehr kann dieser selbst entscheiden, ob und inwiefern er Schutz für ein von ihm geschaffenes Leistungsergebnis in Anspruch nimmt. Es besteht weder eine Verpflichtung zur Geltendmachung noch zur Begründung von Schutzrechten, das heißt im Falle des formlosen Geschmacksmusterschutzes also zur Ausübung eines schutzbegründenden Realakts.[345] Überdies würde ein strenges Vorrangverhältnis, das bei Nichtinanspruchnahme formlosen geschmacksmusterrechtlichen Schutzes einen lauterkeitsrechtlichen Schutz ausschließt, eine nicht nachvollziehbare Privilegierung nicht musterfähiger Erzeugnisse darstellen, bei denen ein entsprechendes Schutzrecht nicht besteht.[346] Somit ist für diejenigen Fälle, in denen der schutzbegründende Realakt der Veröffentlichung gemäß Art. 11 GGV (noch) nicht vorgenommen wurde, die Anwendbarkeit des lauterkeitsrechtlichen Nachahmungsschutzes zuzulassen. Dies betrifft insbesondere die Fälle der Nachahmung durch unlauteren Behinderungswettbewerb, etwa durch systematisches Nachahmen von Produkten.

## d) Fehlende Neuheit (Art. 5 GGV) beziehungsweise Eigenart (Art. 6 GGV)

### *(1) Grundkonflikt*

Ist ein Schutz durch ein nicht eingetragenes Geschmacksmuster deshalb nicht gegeben, weil es am Neuheits- und beziehungsweise oder am Eigenartserfordernis fehlt, könnte man zunächst ebenfalls davon ausgehen, dass ein Rekurrieren auf den ergänzenden Leistungsschutz vorbehaltlos möglich ist, da es sich zunächst um einen – jedenfalls in den konkreten Fällen fehlender Neuheit oder Eigenart – nicht geschmacksmusterrechtlich schutzfähigen Gegenstand

344 Vgl. *Reinisch*, S. 153 ff.

345 *Reinisch*, S. 153.

346 *Reinisch*, S. 155. Für das Markenrecht ebenso *Bornkamm*, GRUR 2005, 97 (101).

handelt.[347] Dies belegt auch die Verschiedenheit der qualitativen Schutzhürden, also insbesondere der unterschiedlich zu bemessenden „Eigenarten“, die in den wichtigsten Fällen des Nachahmungsschutzes faktisch einen abgestuften Schutz begründen würden.[348] Dennoch ist auch hier wiederum die durch die Schaffung des formlosen Geschmacksmusterschutzes erreichte Harmonisierungswirkung mittelbar zu berücksichtigen. So hätte eine vorbehaltlose Anwendung des UWG-Nachahmungsschutzes bei „Ausfall“ des formlosen Geschmacksmusterschutzes zur Folge, dass ein zwar prinzipiell musterfähiges Erzeugnis, was jedoch nicht den geschmacksmusterrechtlichen Schutzanforderungen genügt, über die Hintertür des Lauterkeitsrechts wiederum formlosen Immaterialgüterrechtsschutz genießen könnte.

### *(2) Lösungsansatz: Anwendung des § 4 Nr. 9 UWG unter Orientierung an der Schutzdauer des formlosen Geschmacksmusterschutzes*

Dies mag bei konsequenter Orientierung an den Vorgaben des § 4 Nr. 9 UWG jedoch keinen Widerspruch darstellen, sofern sich die Anwendung des Lauterkeitsrechts an den zeitlichen Vorgaben des formlosen Produktschutzes durch das Geschmacksmusterrecht orientiert. In diesen Fällen kann der UWG-Nachahmungsschutz eine Schutzlücke schließen, die aus dem starren „Alles oder Nichts“-Schutz des formlosen Geschmacksmusterschutzes resultiert. Illustrativ mag dies am Beispiel der neuheitsschädlichen Vorveröffentlichung belegt werden: Sofern ein musterfähiges Erzeugnis außerhalb der Gemeinschaft veröffentlicht wird, ist diese Veröffentlichung nach Art. 110a Abs. 5 S. 2 GGV neuheitsschädlich und damit nicht geschmacksmusterrechtlich schutzfähig.[349] Gleichwohl wäre es verfehlt, davon auszugehen, dass damit auch praktisch ein nicht schutzwürdiges Ergebnis vorläge. Ein solches Erzeugnis kann im Verkehr durchaus Herkunftsvorstellungen generieren beziehungsweise einen schutzwürdigen Ruf erlangen, so dass ein lauterkeitsrechtlicher Produktschutz gerechtfertigt erscheint. Praktisch ließe sich dies in einer zeitlich begrenzt möglichen Geltendmachung des Nachahmungsschutzes nach § 4 Nr. 9 UWG realisieren, mit der Konsequenz eines zumindest abgeschwächten Produktschutzes. Sofern es das Produkt innerhalb einer – nunmehr fiktiv anzusetzenden – dreijährigen Frist ab Veröffentlichung schafft, die Voraussetzungen des § 4 Nr. 9 lit. a) oder b) UWG zu erfüllen, vermag der anspruchsberechtigte Hersteller des Originals auch darauf gestützte Ansprüche realisieren. Nach Ablauf dieser dreijährigen Frist verbleibt jedoch nur

347 In diesem Sinne *Reinisch*, S. 162, die jedoch die Anwendbarkeit auf den mittelbaren UWG-Nachahmungsschutz des § 4 Nr. 9 UWG beschränkt.

348 Siehe oben Kapitel 1.I.1.c).

349 Siehe bereits Fn. 27.

noch, wie in den bereits dargestellten Konstellationen einer Schutzgewährung nach Ablauf der dreijährigen Schutzfrist[350], die Geltendmachung von Ansprüchen aus irreführender Produktvermarktung nach § 5 Abs. 2 UWG beziehungsweise aus einer Warenformmarke durch Benutzung nach § 4 Nr. 2 MarkenG.

#### *(3) Kein unmittelbarer Leistungsschutz*

In diesen Konstellationen sollte jedoch der Rückgriff auf den unmittelbaren Leistungsschutz präkludiert bleiben. Insofern sind die sachlichen Voraussetzungen des formlosen geschmacksmusterrechtlichen Schutzes zu respektieren. Die Gewährung eines unmittelbaren Leistungsschutzes innerhalb der hypothetischen dreijährigen Schutzfrist begründet – wie eine prinzipielle Gewährung von lauterkeitsrechtlichem Nachahmungsschutz nach der Schutzfrist – grundsätzlich einen sachlichen Widerspruch zum sekundären Gemeinschaftsrecht. Mit dem formlosen Schutz durch das Gemeinschaftsgeschmacksmuster stellt der Gemeinschaftsgesetzgeber Mindestmaßstäbe an ein musterfähiges Leistungsergebnis. Gewährt ein Mitgliedstaat nunmehr unterhalb dieser Schwelle weiterhin Schutz aufgrund eines vermeintlich schutzwürdigen Musters, unterminiert er diese Hürde. Entsprechend sollte ein unmittelbarer Leistungsschutz bei Nichtvorlage der materiellen geschmacksmusterrechtlichen Voraussetzungen ausscheiden. Als Korrektiv für ein „schutzwürdiges Wiederentdecken“ vorbekannter Formen vermag dabei eine großzügigere Handhabung des dem Gemeinschaftsgeschmacksmusterrecht zugrunde liegenden objektiv-relativen Neuheitsbegriffs dienen.[351]

### e) Nichtbestehen formlosen Geschmacksmusterschutzes wegen Nichtigkeitserklärung

Ebenfalls diskussionswürdig ist die Problematik der Anwendung des lauterkeitsrechtlichen Nachahmungsschutzes im Hinblick auf die in Art. 24 Abs. 3 GGV vorgesehene Möglichkeit der Nichtigkeitserklärung des nicht eingetragenen Gemeinschaftsgeschmacksmusters durch die Gemeinschaftsgeschmacksmustergerichte auf Antrag oder im Widerklageverfahren. Die Wirkungen einer solchen Nichtigkeitserklärung richten sich nach Art. 87 GGV, Art. 26 GGV. Art. 26 Abs. 1 GGV legt fest, dass die in der Verordnung vorgesehenen Wirkungen eines Gemeinschaftsgeschmacksmusters in dem Umfang, in dem das Gemeinschaftsgeschmacksmuster gemäß Art. 87 GGV von einem Gemeinschaftsgeschmacksmustergericht für alle Mitgliedstaaten für nichtig erklärt wurde, von Anfang an als

350 Siehe oben Kapitel 1.II.2.c).

351 Vgl. dazu die Ausführungen bei Fn. 200.

nicht eingetreten gelten. Die dabei durch das Wort „gelten" vorgesehene gesetzliche Fiktion hat nach Art. 26 Abs. 1 GGV demnach Rückwirkung im Sinne einer *ex tunc*-Wirkung.[352] Die Wirkungen des Gemeinschaftsgeschmacksmusters sind dabei im 4. Abschnitt der Gemeinschaftsgeschmacksmusterverordnung (Art. 19ff. GGV) geregelt. Bei einer Nichtigkeitserklärung wird für den davor bestehenden Zeitraum demnach ein Zustand fingiert, in dem das Gemeinschaftsgeschmacksmuster keine Wirkungen im Sinne der Art. 19 ff. GGV begründet, so dass auch das dem nicht eingetragenen Gemeinschaftsgeschmacksmuster zukommende Verbietungsrecht des Art. 19 Abs. 2 GGV rückwirkend als nicht bestehend anzusehen ist.[353]

Für die Frage der Anwendbarkeit des UWG-Nachahmungsschutzes bei Nichtigkeitserklärung mögen sowohl sachliche als auch zeitliche Aspekte heranzuziehen sein: So stellt sich in sachlicher Hinsicht zunächst die Frage, inwiefern der Grund der Nichtigkeitserklärung maßgeblich für die Bestimmung des Konkurrenzverhältnisses ist.[354] Bezüglich einer zu berücksichtigenden zeitlichen Komponente ist zu fragen, inwiefern es für die Bewertung eines möglichen UWG-Nachahmungsschutzes einen Unterschied macht, wann die Verletzungshandlung erfolgte.[355]

#### *(1) Grund der Nichtigkeitserklärung*

Erfolgt eine Nichtigkeitserklärung aufgrund mangelnder ursprünglicher Musterfähigkeit des Erzeugnisses gemäß Art. 25 Abs. 1 lit. a) GGV, sind der Anwendung des UWG-Nachahmungsschutzes grundsätzlich keine Grenzen gesetzt.[356] Weitestgehende Kongruenz des formlosen Geschmacksmusterschutzes und des lauterkeitsrechtlichen Produktschutzes besteht hingegen bei erfolgten Nichtigkeitserklärungen nach Art. 25 Abs. 1 lit. d – g) GGV. Sofern die Nichtigkeit aufgrund dieser Tatbestände festgestellt wird, kann regelmäßig auch auf der Grundlage des lauterkeitsrechtlichen Nachahmungsschutzes keine Sanktionierung von Verletzungshandlungen vorgenommen werden.[357]

---

352 *Reinisch*, S. 164.

353 *Reinisch*, S. 164.

354 Gegen eine Differenzierung aufgrund der Art des Nichtigkeitsgrundes, *Reinisch*, S. 165 f.

355 *Reinisch*, S. 164.

356 Vgl. dazu bereits Kapitel 1.II.4.a).

357 So ist der Inhaber des nicht eingetragenen Gemeinschaftsgeschmacksmusters in den Konstellationen des Art. 25 Abs. 1 lit. d) – f) GGV selbst Ansprüchen aus gewerblichen Schutzrechten oder dem Urheberrecht ausgesetzt, beziehungsweise wird im Falle des Art. 25 Abs. 1 lit. g) GGV keine Rechte aus dem lauterkeitsrechtlichen Nachahmungsschutz geltend machen können. Der Nichtigkeitsgrund des Art. 25 Abs. 1 lit. c) GGV spielt beim nicht eingetragenen Gemeinschaftsgeschmacksmuster keine Rolle, da beim nicht eingetrage-

### *(2) Zeitliche Komponente*

Die Bestimmung der zeitlichen Komponente hat für die Frage der Möglichkeit der Anwendung des UWG-Nachahmungsschutzes daher nur mehr praktische Relevanz in den Fällen des Art. 25 Abs. 1 lit. b) GGV, wenn eine Nichtigkeitserklärung aufgrund der Nichterfüllung der positiven Schutzvoraussetzungen der Neuheit und Eigenart erfolgt. Hier bietet sich an, zwischen Nichtigkeitserklärung vor und nach einer Verletzungshandlung zu differenzieren.

#### (a) Nichtigkeitserklärung vor Verletzungshandlung

Diese Konstellation ist grundsätzlich vergleichbar mit denjenigen Fällen, in denen ein zunächst gegebener, formloser Geschmacksmusterschutz abgelaufen ist.[358] Dabei muss jedoch einschränkend gelten, dass Ansprüche aus UWG-Nachahmungsschutz gemäß § 4 Nr. 9 UWG dann geltend gemacht werden können, wenn die Verletzungshandlung noch innerhalb der dreijährigen, wiederum fiktiv zu bemessenden, Schutzfrist nach schutzbegründender Veröffentlichung gemäß Art. 7 GGV vorgenommen wurde.[359] Es kann keinen Unterschied machen, ob ein Schutz durch das Gemeinschaftsgeschmacksmuster von Anfang an nicht gewährt wurde oder ob die Wirkungen des Gemeinschaftsgeschmacksmusters durch die Nichtigkeitsentscheidung rückwirkend entfallen sind. Wird die Verletzungshandlung indes nach Ablauf der ursprünglichen geschmacksmusterrechtlichen Schutzdauer unternommen, ändert die Tatsache, dass der formlose Geschmacksmusterschutz nicht aufgrund Zeitablaufs sondern wegen auf Art. 25 lit. b) GGV basierender Nichtigkeit entfällt, nichts an der Bewertung, dass ein Nachahmungsschutz durch das Lauterkeitsrecht nur eingeschränkt möglich sein soll.[360]

#### (b) Nichtigkeitserklärung nach Verletzungshandlung

Bei Nichtigkeitserklärung nach Verletzungshandlung ist zumindest eine abweichende Beurteilung dann vorzunehmen, wenn eine Ausnahme von der Rückwirkung nach Art. 26 Abs. 2 GGV vorgenommen wird. Im Falle rechtskräftiger und vollstreckter Entscheidungen in Verletzungsverfahren (Art. 26 Abs. 2 lit. a) GGV) sowie abgeschlossener, bereits erfüllter Verträge (Art. 26 Abs. 2 lit. b) GGV) berührt die Rückwirkung im Interesse des Rechtsfriedens nicht den Bestand des

---

nen Gemeinschaftsgeschmacksmuster der materiell-rechtliche Inhaber stets auch der ist, der das Recht an dem Gemeinschaftsgeschmacksmuster innehat, siehe *Ruhl*, Art. 25 Rn. 7.

358 Bezüglich der daraus resultierenden Rechtsfolgen anders jedoch *Reinisch*, S. 164. f.

359 Siehe Kapitel 1.II.4.d)(2).

360 Siehe dazu Kapitel 1.II.2.

nicht eingetragenen Gemeinschaftsgeschmacksmusters.[361] In diesen Fällen gilt das zur Parallelität des UWG-Nachahmungsschutzes Gesagte.[362] Diese Parallelität lässt sich jedoch trotz tatsächlichem Bestand des nicht eingetragenen Gemeinschaftsgeschmacksmusters zum Zeitpunkt der Verletzungshandlung dann nicht annehmen, wenn die Gemeinschaftsgeschmacksmusterverordnung ein rückwirkendes Entfallen der Wirkungen des Geschmacksmusters anordnet. Hier scheint es kaum vertretbar, trotz eines „faktisch" bestehenden Sonderschutzes vor Nichtigkeitserklärung diese Fälle denjenigen gleichzustellen, in denen ein sondergesetzlicher Schutz durch das nicht eingetragene Gemeinschaftsgeschmacksmuster besteht, da nach der Nichtigkeitserklärung durch das Gemeinschaftsgeschmacksmustergericht die Wirkungen des Geschmacksmusters – bis auf die genannten Ausnahmekonstellationen – rückwirkend entfallen sollen.[363] Vielmehr sind diese Konstellation ebenfalls wie diejenigen Fälle zu behandeln, in denen ein zunächst bestehender Schutz durch das nicht eingetragene Gemeinschaftsgeschmacksmuster abgelaufen ist, mit der Modalität, dass ein Rückgriff auf Schutz nach § 4 Nr. 9 UWG bei Verletzungshandlungen, die bis zu drei Jahren nach Veröffentlichung begangen wurden, möglich bleibt.

### f) Zwischenergebnis

Die Existenz des nicht eingetragenen Gemeinschaftsgeschmacksmusterrechts begründet im Hinblick auf den sachlichen Schutzumfang des lauterkeitsrechtlichen Nachahmungsschutzes nach hier vertretener Ansicht jedenfalls insofern eine Beschränkungswirkung, als die originären sachlichen Schutzvoraussetzungen Neuheit oder Eigenart betroffen wären. Keine Begrenzungswirkung entfaltet das nicht eingetragene Gemeinschaftsgeschmacksmuster, wenn ein nicht musterfähiger Gegenstand vorliegt, eine schutzbegründende Veröffentlichung nach Art. 11 GGV fehlt oder die Musterfähigkeit aufgrund der Schutzausschlussgründe der Art. 8, 9 GGV ausscheidet. Scheidet ein Schutz aufgrund fehlender Neuheit oder Eigenart aus, ist bis zu einer Dauer von drei Jahren nach Veröffentlichung durch den Hersteller ein Schutz nach § 4 Nr. 9 UWG möglich, wobei dabei ein spezielles Augenmerk auf die besonderen Umstände des § 4 Nr. 9 lit. a) – c) UWG zu legen ist. Ein unmittelbarer Produktschutz im Sinne der *Modeneuheiten*-Rechtsprechung sollte hingegen im Falle fehlender Neuheit oder Eigenart nicht gewährt werden. Im Übrigen steht jedenfalls das Gemeinschaftsrecht einer Gewährung unmittelbaren Leistungsschutzes im Falle eines nicht musterfähigen

361 Dazu ausführlich *Ruhl*, Art. 26 Rn. 4 ff.

362 Siehe Kapitel 1.II.3.

363 Gegen eine Gleichstellung ebenfalls *Reinisch*, S. 165.

Erzeugnisses nicht entgegen. Bei erfolgter Nichtigkeitserklärung ist ebenfalls ein Schutz über § 4 Nr. 9 UWG zu gewähren, falls die streitgegenständliche Verletzungshandlung noch innerhalb von drei Jahren nach Veröffentlichung des (nichtigen) Geschmacksmusters durch den Hersteller des für nichtig erklärten Musters erfolgte. Eine parallele Anwendung des UWG-Nachahmungsschutzes während der Laufzeit des formlosen Geschmacksmusterschutzes ist wegen des weitergehenden Schutzumfangs aus dem Geschmacksmuster nicht vonnöten, theoretisch jedoch zumindest für die Sanktionierung der vermeidbaren Herkunftstäuschung über § 4 Nr. 9 lit. a) UWG denkbar.

## *III. Ergebnis*

Die Einführung des nicht eingetragenen Gemeinschaftsgeschmacksmusters hat auf die Gewährung von lauterkeitsrechtlichem Nachahmungsschutz sowohl in zeitlicher wie auch in sachlicher Hinsicht Einfluss. Der für eine parallele Anwendung angeführten Begründung, dass formloser Geschmacksmusterschutz sowie lauterkeitsrechtlicher Nachahmungsschutz sich in ihren Schutzvoraussetzungen, ihrem Schutzumfang, ihren Schutzrichtungen sowie ihren Rechtsfolgen unterscheiden, kann in dieser Allgemeinheit nicht zugestimmt werden. Vielmehr zeigt ein Vergleich der Schutzinstitute, dass je nach Fallgruppe mehr oder minder große Überschneidungen in den Schutzvoraussetzungen beziehungsweise bei der intendierten Schutzrichtung bestehen.

Maßgebend sind diese Feststellungen der Überschneidungsbereiche vor dem Hintergrund der gemeinschaftsrechtlichen Natur des nicht eingetragenen Gemeinschaftsgeschmacksmusters. Trotz seines komplementären Charakters bewirkt die Einführung des nicht eingetragenen Gemeinschaftsgeschmacksmusters eine „faktische Harmonisierungswirkung" auf dem Gebiet des formlosen Produktschutzes. Musterfähige Produkte genießen gemeinschaftsweit einen formlosen dreijährigen Schutz gegen Nachahmungen.

Diese Harmonisierungswirkung darf nicht unterlaufen werden durch die zeitlich längere oder sachlich umfassendere Gewährung nationalen lauterkeitsrechtlichen Nachahmungsschutzes. Vielmehr begründet die Einführung des nicht eingetragenen Gemeinschaftsgeschmacksmusters, dass nationales Lauterkeitsrecht für den formlosen Nachahmungsschutz nur noch herangezogen werden darf, wenn er an ein verhaltens- oder produktbezogenes Element anknüpft, das im Recht des nicht eingetragenen Gemeinschaftsgeschmacksmusters nicht berücksichtigt wird.

Eine Ausnahme gilt nur mehr für den Schutz vor Herkunftstäuschungen, der im UWG-Nachahmungsschutz bislang über § 4 Nr. 9 lit. a) UWG gewährt wurde. Hier bewirkt die Umsetzung der UGP-Richtlinie eine „Vergemeinschaftung" des Schutzes vor Herkunftstäuschung. Der Rückgriff des Musterinhabers auf § 4 Nr. 9 lit. a) UWG ist präkludiert, sofern die Schutzdauer nach dem Gemeinschaftsgeschmacksmusterrecht abgelaufen ist. Schutz ist in diesem Falle lediglich über § 5 Abs. 2 UWG zu gewähren, sofern nicht eine Schutzfähigkeit als Warenformmarke nach § 4 Abs. 2 MarkenG erreicht werden kann.

# Kapitel 2. Gemeinschaftsmarkenrecht und lauterkeitsrechtlicher Kennzeichenschutz

Neben der Bestimmung des Verhältnisses des formlosen Gemeinschaftsgeschmacksmusterschutzes zum lauterkeitsrechtlichen Produktschutz widmet sich die vorliegende Abhandlung auch der Frage, wie sich das Recht der Gemeinschaftsmarke zum Recht des unlauteren Wettbewerbs verhält. Wie im vorangegangenen Kapitel soll zunächst eine grundlagenorientierte Darstellung erfolgen. Dabei soll zunächst auf den Schutzumfang einer bestehenden Gemeinschaftsmarke eingegangen werden. Fragliche Einzelfälle hinsichtlich des Schutzumfangs sollen im Anschluss an diese Darstellung im Detail erläutert werden. Sodann werden Anwendungsbereiche des lauterkeitsrechtlichen Kennzeichenschutzes erörtert, und zwar losgelöst von der Frage, ob damit eine personelle beziehungsweise materielle Schutzerweiterung gegenüber dem Gemeinschaftsmarkenrecht vorliegt. Bereits an dieser Stelle sei jedoch kurz an die praktische Relevanz der Bestimmung des Konkurrenzverhältnisses erinnert:

Im Bereich des Zuordnungsschutzes hat eine Parallelität der Schutzregime eine mögliche Ausweitung der Aktivlegitimation bei der Verfolgung von Zuordnungsverwirrungen zur Folge. Prinzipiell markenrechtlich erfasste Fälle könnten über das Lauterkeitsrecht von Dritten verfolgt werden.

Hingegen dient der Schutz vor sonstigen Beeinträchtigungen einer Marke (vergleiche Art. 9 Abs. 1 lit. c) GMV) schwerpunktmäßig den Individualinteressen des jeweiligen Markeninhabers. Dementsprechend fokussiert sich die Betrachtung des Konkurrenzverhältnisses außerhalb des Zuordnungsschutzes weniger auf die Möglichkeit einer parallelen oder nachgeordneten Anwendbarkeit lauterkeitsrechtlicher Tatbestände, sondern vielmehr auf die Frage, inwiefern Schutzlücken des Gemeinschaftsmarkenrechts mittels des UWG geschlossen werden können.[364] Nicht zuletzt wegen des potentiell ewigen Schutzes einer Marke durch das Markenrecht ist diese Frage für den Markenrechtsinhaber von hoher praktischer Relevanz.[365]

Im zweiten Abschnitt soll sodann erörtert werden, inwiefern die skizzierten Anwendungsbereiche für einen lauterkeitsrechtlichen Markenschutz zum Schutze

---

364 So schon *Fezer* (GRUR 1986, 485) zum alten Warenzeichengesetz.

365 Im Gemeinschaftsmarkenrecht sieht Art. 46 GMV zunächst eine zehnjährige Schutzdauer beginnend vom Anmeldungstag vor. Diese Zeitspanne kann nach Art. 47 GMV gegen Zahlung einer Gebühr um jeweils weitere 10 Jahre verlängert werden. Im nationalen Markenrecht finden sich entsprechende Regelungen in § 47 MarkenG.

der Gemeinschaftsmarke vor dem Hintergrund des europäischen Sekundärrechts tatsächlich Anwendung finden können.

## *I. Vergleich der Schutzinstitute und Feststellung möglicher Anwendungsbereiche eines lauterkeitsrechtlichen Schutzes der Gemeinschaftsmarke*

### 1. Schutz der Gemeinschaftsmarke durch das Gemeinschaftsmarkenrecht

Die Gemeinschaftsmarkenverordnung ist als autonomes gemeinschaftsrechtliches Schutzsystem konzipiert; das heißt, dass sich die aus der Gemeinschaftsmarke ergebenden Rechte grundsätzlich nur nach der Gemeinschaftsmarkenverordnung bestimmen sollen. Einzelstaatliche Vorschriften finden nur dann Anwendung, wenn dies von der Gemeinschaftsmarkenverordnung ausdrücklich vorgesehen ist.[366] Dieser Autonomiegrundsatz findet seine gesetzliche Anknüpfung in Art. 14 Abs. 1 GMV. Zunächst ist daher festzustellen, welcher Schutzumfang der Gemeinschaftsmarke durch Regelungen der Gemeinschaftsmarkenverordnung zuteil wird[367], da insofern die Anwendung nationalen Rechts möglicherweise durch Art. 14 Abs. 1 GMV bereits präkludiert sein könnte.[368]

---

366 *Knaak*, GRUR 2001, 21.

367 Zur Schutzentstehung siehe *v. Mühlendahl/Ohlgart*, Die Gemeinschaftsmarke, 1998, 1. Kapitel § 1 – § 5. Es sei an dieser Stelle angefügt, dass der Gemeinschaftsmarke das Eintragungsprinzip zugrunde liegt; das heißt, die Gemeinschaftsmarke kann nur durch Eintragung erworben werden, so dass sich manche Fragestellungen in Bezug auf die Anwendbarkeit ergänzenden wettbewerbsrechtlichen Leistungsschutzes gar nicht stellen. Beispielhaft sei die Diskussion einer möglichen Anwendung des ergänzenden Leistungsschutzes bei so genannten „Verkehrsgeltungsanwartschaften" erwähnt, das heißt inwiefern ein wettbewerbsrechtlicher Anspruch in Betracht kommt, wenn eine Marke unmittelbar vor der Verkehrsgeltung steht; siehe dazu unter Berücksichtigung der Neuregelungen der UGP-Richtlinie Ströbele/*Hacker*, § 2 Rn. 45 ff.

368 Siehe Kapitel 2.II.2.b).

## a) Schutzumfang der Gemeinschaftsmarke – Die markenrechtlich relevante Benutzungshandlung

Der Schutzumfang der Gemeinschaftsmarke bestimmt sich in erster Linie nach Art. 9 GMV.[369] Art. 9 Abs. 1 GMV gibt dem Inhaber der Gemeinschaftsmarke das Recht, sich gegen Nutzungen des gleichen oder eines ähnlichen Zeichens durch Dritte zu wehren, wobei die Reichweite dieses Ausschlussrechts durch die aufgeführten Kollisionstatbestände des Art. 9 Abs. 1 GMV konkretisiert wird.[370] Gemein ist den in Art. 9 Abs. 1 GMV geregelten Kollisionstatbeständen, dass sie sämtlich eine „Benutzung" verlangen. Eine Definition der rechtsverletzenden „Benutzung" sucht man in der Gemeinschaftsmarkenverordnung vergebens. Einzig die Konkretisierung, dass die Benutzung eines Zeichens eben im „geschäftlichen Verkehr" und für „Waren und Dienstleistungen" erfolgen muss, wird im Rahmen des Art. 9 Abs. 1 GMV vorgenommen. Darüber hinaus muss der Benutzungsbegriff die exemplarisch in Art. 9 Abs. 2 GMV genannten Handlungsformen umfassen.[371] Auch die Markenrechtsrichtlinie, die auf der gleichen Konzeption wie die Gemeinschaftsmarkenverordnung beruht und deren Art. 5 Abs. 1 und 2 MRRL fast wortgleich Art. 9 Abs. 1 GMV entspricht, definiert den Begriff nicht näher. Wie schon der weitgehend identische Wortlaut der Regelungen zur rechtsverletzenden Benutzung nahelegt, entspricht es indes allgemeiner Ansicht, dass bei der Feststellung markenrechtlich relevanter Benutzungshandlungen einheitliche Maßstäbe anzulegen sind, was bedeutet, dass die Begriffe zur Benutzung und der Kollisionstatbestände in der Markenrechtsrichtlinie und der Gemeinschaftsmarkenverordnung inhaltlich übereinstimmen.[372] Dieser „Gleichlauf" der Regelungen lässt zumindest im materiellen Markenrecht Entscheidungen des EuGH zu spiegelbildlichen Regelungen der Markenrechtsrichtlinie auch für den Schutzumfang der Gemeinschaftsmarke relevant werden.[373]

---

369 Zum Sonderfall der Wiedergabe von Gemeinschaftsmarken in Nachschlagewerken gemäß Art. 10 GMV vgl. *Eisenführ*/Schennen, Gemeinschaftsmarkenverordnung, 3. Auflage 2010, Art. 10 Rn. 1 ff. sowie unten Kapitel 2.I.2.c)(4)(b)(iv)(a).

370 *v. Mühlendahl/Ohlgart*, 1. Kapitel § 6 Rn. 1.

371 Zu Art. 5 Abs. 3 MRRL vgl. *Ingerl/Rohnke*, § 14 Rn. 101.

372 EuGH, Rs. C-62/08 vom 16.2.2009, Slg. 2009 I-1279 – *UDV North America*, Rn. 42; BGH, WRP 2008, 236 (238) – *The Home Store*; Aus der Literatur etwa *Eisenführ*/Schennen, Art. 9 Rn. 19; *Henning-Bodewig*, GRURInt 2008, 301 (307); *Ingerl/Rohnke*, Art. 14 Rn. 100; *Keller*, GRUR 1996, 607 (610) *Kur*, GRUR 1994, 330 (334); *Sack*, GRUR 1995, 81 (84); *ders.*, WRP 1998, 1127.

373 *Kur* (GRUR 1994, 330 (334)) weist jedoch darauf hin, dass ein völliger „Gleichlauf" zwischen Gemeinschaftsmarkenverordnung und dem nach Maßgabe der Richtlinie novellierten Markenrecht nicht kommen wird. Dies beweist schon eine Gegenüberstellung der Schutzregelungen über

Mangels näherer Anhaltspunkte im Gesetz war und ist der markenrechtliche Benutzungsbegriff der Markenrechtsrichtlinie und der Gemeinschaftsmarkenverordnung Gegenstand mannigfaltiger Diskussionen in Rechtsprechung und Literatur.[374] Zentraler Diskussionspunkt ist die Frage, ob der (gemeinschafts-)markenrechtliche Benutzungsbegriff nur markenmäßige Benutzungen umfasst[375] oder ob dieser im Sinne einer weiten Auslegung grundsätzlich auch nicht markenmäßige Benutzungshandlungen umfassen soll. Sofern nur markenmäßige Benutzungen als vom Regelungsbereich des Markenrechts erfasst anzusehen sind, würden sich die gewährten markenrechtlichen Sanktionsmechanismen auf diejenigen Fälle beschränken, in denen das in Frage stehende Zeichen zur Unterscheidung von Waren und Dienstleistungen eines Unternehmens dient.[376] Unterwirft man den Benutzungsbegriff hingegen keinerlei Restriktionen, wäre dennoch die Feststellung einer Benutzung zumindest „allgemeiner Art" vorzunehmen, das heißt es müsste eine Handlung vorliegen, durch die das Zeichen in irgendeiner Art und Weise den Verkehrskreisen entgegentritt, mithin irgendeine kognitive Reaktion beim Publikum auslöst.[377]

Bevor eine Skizzierung der einschlägigen (mittlerweile doch recht umfassenden) Rechtsprechung des EuGH erfolgt, soll zunächst auf die wesentlichen Literaturstimmen zum markenrechtlichen Benutzungsbegriff eingegangen werden. Dabei soll auch ein kurzer Blick auf die einschlägige Praxis des BGH unter der Geltung des alten Warenzeichengesetzes (WZG) erfolgen[378], da bereits zu dieser

---

die bekannte Marke, die in der Richtlinie lediglich als fakultatives Schutzmoment einzelstaatlicher Umsetzung vorbehalten bleibt. Sofern sich ein Mitgliedsstaat entscheidet, die fakultative Regelung des Art. 5 Abs. 2 MRRL umzusetzen, ist er auch an deren Vorgaben gebunden (so EuGH Rs. C-480/01 vom 23.10.2003, Slg. 2003, I-12537 – *Adidas/Fitnessworld*, Rn. 18). Für diesen Fall ist auch ein „Gleichlauf" des materiellem Schutzes bekannter Marken in Markenrechtsrichtlinie und Gemeinschaftsmarkenverordnung gegeben (ausdrücklich mit Bezug auf den Schutz der bekannten Marke *Kur*, a.a.O., 330 (334). Zu den Unterschieden vgl. *Kur*, a.a.O., 330 (334).

374 Siehe dazu detailliert die Monographien von *Danger*, Die rechtsverletzende Benutzungshandlung im Markenrecht – Abschied von der Herkunftsbezogenheit, 2007; *Eichhammer*, Die markenmäßige Benutzung, 2008.

375 Der Begriff „markenmäßig" ist eine rein nationale Terminologie und wird beispielsweise in der Rechtsprechung des EuGH nicht verwendet. Gleichwohl soll er im Rahmen dieser Abhandlung stellenweise zu Abgrenzungszwecken insbesondere zum Anwendungsbereich des Art. 5 Abs. 5 MRRL herangezogen werden.

376 Diese Beschränkung auf herkunftshinweisende Verwendungen entspricht dem tradierten Verständnis der markenmäßigen Benutzung in der Rechtsprechung des BGH und wird nachfolgend auch in diesem Sinne benutzt, vgl. *Ingerl/Rohnke*, § 14 Rn. 112. Zur Definition der markenmäßigen Benutzung siehe näher *Eichhammer*, S. 5 ff.

377 *Eichhammer*, S. 6.

378 Das Warenzeichengesetz vom 5.5.1936 (RGBl. II 1936, S. 134) wurde mit dem Inkrafttreten des maßgeblich auf der Markenrechtsrichtlinie basierenden Markengesetzes am 1.1.1995 abgelöst.

Zeit umstritten war, ob sich der Anwendungsbereich der fraglichen Regelungen nur auf (waren)zeichenmäßige Benutzungen beschränkt.[379]

### *(1) Rechtslage zur Zeit des Warenzeichengesetzes*

Im Geltungsbereich des Warenzeichengesetzes war nach ständiger Praxis des BGH für die Geltendmachung von Ansprüchen aus einer Marke Voraussetzung, dass ein zeichenmäßiger Gebrauch stattfindet.[380] Nach der gängigen Definition, die das Reichsgericht in der *Lysol*-Entscheidung prägte[381], lag ein warenzeichenmäßiger Gebrauch eines Kennzeichens vor, wenn das Zeichen im geschäftlichen Verkehr zur Bezeichnung einer Ware oder in Bezug auf diese so verwendet wurde, dass der unbefangene Durchschnittsverbraucher annehmen konnte, das Zeichen diene zur Unterscheidung der Waren von gleichen oder gleichartigen Waren anderer Herkunft, weise also auf ihren Ursprung aus einem bestimmten Geschäft hin.[382] Diese Beschränkung auf zeichenmäßige Benutzungshandlungen wurde in der Literatur größtenteils begrüßt[383], zur Begründung wurde insbesondere der Gesetzeswortlaut des Warenzeichengesetzes angeführt.[384] Überdies ging diese Ansicht davon aus, dass die primäre Funktion einer Marke in der Unterscheidung von Produkten nach dem betrieblichen Ursprung liege, mithin also eine Herkunftsfunktion erfülle. Diese Funktion sei die allein rechtlich geschützte Funktion, andere tatsächliche oder wirtschaftliche Funktionen von Marken[385] seien hingegen nur mittelbar geschützt, soweit zugleich eine Verletzung der Her-

---

379 Vgl. die kurze Darstellung des Meinungsstandes bei *Danger*, S. 31 ff.

380 Vgl. die Nachweise bei *Althammer*, Warenzeichengesetz, 4. Auflage 1989, § 16 Rn. 7; Baumbach/*Hefermehl*, Warenzeichenrecht, 12. Auflage 1985, § 15 WZG Rn. 23; Busse/*Starck*, Warenzeichengesetz, 6. Auflage 1990, § 15 Rn. 15.

381 RGZ 117, 408 (410 f.) – *Lysol*.

382 *Eichhammer*, S. 35.

383 Vgl. dazu ausführlich *Eichhammer*, S. 37.

384 So klammerte § 16 WZG bestimmte Verwendungshandlungen wie etwa die Firmennennung aus dem Schutzbereich des § 15 WZG aus, sofern der „Gebrauch nicht warenzeichenmäßig" erfolgte. Darüber hinaus setzte ein Unterlassungsanspruch wegen Marken- und Ausstattungsverletzung nach §§ 24, 25 WZG voraus, dass ein nicht unerheblicher Teil der Verkehrskreise annehmen konnte, dass das verwendete Zeichen als Hinweis auf die betriebliche Herkunft des gekennzeichneten Produkts diene, vgl. *Ingerl//Rohnke*, § 14 Rn. 136 m.w.N. Siehe dazu aus der Literatur zum WZG etwa *Althammer*, § 16 Rn. 7 ff.; Baumbach/*Hefermehl*, Warenzeichenrecht, § 15 Rn. 22 ff.

385 Üblicherweise werden zu den Funktionen einer Marke die Unterscheidungs-, Herkunfts-, Sorten-, Qualitäts- und Werbefunktion gezählt. Vgl. dazu *Eichhammer*, S. 48. Im Hinblick auf die jüngst ergangene Entscheidung des EuGH *L'Oréal/Bellure* (Rs. C-487/07 vom 18.6.2009, Slg. 2009, I-5185, siehe auch Kapitel 2.I.1.a)(2)(b)(ii)(h)) vertiefend *Völker/Elskamp*, WRP 2010, 64.

kunftsfunktion in Betracht komme.[386] Jedoch fanden sich auch Literaturstimmen, die auf das Erfordernis warenzeichenmäßigen Gebrauchs verzichten wollten und somit jedwede Handlungen dem Regelungsbereich des Markenrechts unterwarfen, so dass auch nicht-warenzeichenmäßige Handlungen Markenverletzungen darstellen konnten. Diese Gegenposition[387] wurde unter der Geltung des Warenzeichengesetzes insbesondere von *Heydt* vertreten, vermochte sich aber nicht durchzusetzen.[388]

Das Warenzeichengesetz stellte jedoch keine abschließende Regelung für den Schutz von Warenzeichen dar. Vielmehr wurden auch Normen außerhalb des Warenzeichengesetzes zur Schutzgewährung herangezogen, da dieses keinen adäquaten Kennzeichenschutz vor Rufausbeutung, Rufschädigung und Verwässerung gewährleistete. Dabei wurde von der Rechtsprechung etwa ein Schutz der bekannten Marke vor Rufausbeutung und Rufschädigung auf Grundlage des UWG basierend auf § 1 UWG a.F. etabliert[389] sowie ein Verwässerungsschutz berühmter Marken aus § 1 UWG a.F. beziehungsweise alternativ § 823 BGB anerkannt[390]. Innerhalb dieser Regelungsregime verzichtete die ganz herrschende Meinung im Falle des Schutzes der bekannten Marke gegen Rufausbeutung und Rufschädigung auf Grundlage des UWG auf das Erfordernis einer warenzeichen-

386 *Beier/Krieger*, GRURInt 1976, 125 ff.; Baumbach/*Hefermehl*, Warenzeichenrecht, Einl. Rn. 22 ff.; *Klippel*, GRUR 1986, 697 (711). Nicht in die Herkunftsfunktion inkorporiert oder gar aus ihr resultierende Funktion der Marke ist die Verbraucherschutzfunktion, wie insbesondere *Bärenfänger* jüngst zu vermitteln versucht (WRP 2011, 17 [22]) und für eine parallele Anwendbarkeit des lauterkeitsrechtlichen Irreführungsschutzes anführt. Insbesondere lässt sich eine solche nicht aus der Rechtsprechung des EuGH begründen, die bei der Herleitung der Herkunftsfunktion den Verbraucher als Bezugsgröße heranzieht, dem mithin die Ursprungsidentität des gekennzeichneten Erzeugnisses durch die Marke garantiert wird (vgl. die Rechtsprechungsnachweise bei *Bärenfänger*, a.a.O.). Dabei wird verkannt, dass auch bei Bezug auf den Verbraucher bzw. Endabnehmer der Markenschutz ein Immaterialgüterrecht bleibt und somit nur eine Aktivlegitimation durch den Inhaber vorsieht. Dieser hat es in der Hand, Markenschutz in Anspruch zu nehmen, unabhängig davon, ob Verbraucherinteressen tangiert sind. Somit gestaltet sich der vom Markenrecht gewährleistete Verbraucherschutz nur mehr als Rechtsreflex, der jedoch keine eigene Markenfunktion begründet. Dementsprechend wurde die Anerkennung einer Verbraucherschutzfunktion in der Literatur folgerichtig auch nicht anerkannt, vgl. *Bärenfänger*, WRP 2011, 17 bei Fn. 56. Auch in jüngeren Literaturbeiträgen um die Reichweite der Funktionenlehre infolge der *L'Oréal/Bellure* Entscheidung aus dem Jahre 2009 (siehe dazu Kapitel 2.I.1.a)(2)(b)(ii)(h)) findet die Verbraucherschutzfunktion der Marke folgerichtig keine Erwähnung, vgl. *Sack*, WRP 2010, 198 (206 ff.); *Völker/Elskamp*, WRP 2010, 64 ff.

387 *Heydt*, Mitt. 1969, 319 ff.; *ders.*, GRUR 1976, 7 ff.

388 Vgl. *Eichhammer*, S. 36.

389 Siehe dazu im Detail *Eichhammer*, S. 67 ff.

390 *Eichhammer*, S. 59 ff.

mäßigen Benutzung, während sie hingegen beim Verwässerungsschutz überwiegend gefordert wurde.[391]

#### *(2) Rechtslage nach Erlass der Markenrechtsrichtlinie und der Gemeinschaftsmarkenverordnung*

Mit Erlass der Markenrechtsrichtlinie im Jahre 1994 sowie der Gemeinschaftsmarkenverordnung 1993 erfolgte im bis dato rein nationalen Markenrecht eine inhaltliche Neuausrichtung, sodass an die alte Rechtslage unter Geltung des Warenzeichengesetzes nicht mehr angeknüpft werden konnte.[392] Angesichts ihrer Rechtsnatur als europäisches Sekundärrecht ist im Anwendungsbereich der Markenrechtsrichtlinie wie auch bei der Gemeinschaftsmarkenverordnung nicht der BGH die letztinstanzliche Auslegungsgewalt, sondern gemäß Art. 267 Abs. 1 lit. b) AEUV (= Art. 234 Abs. 1 lit. b) EGV a.F) der EuGH. Bereits deshalb konnte nicht vorbehaltlos an alten Begrifflichkeiten festgehalten werden; vielmehr entwickelte sich bereits kurze Zeit nach Erlass von Markenrechtsrichtlinie und Gemeinschaftsmarkenverordnung ein reges Meinungsbild in der Literatur zur Systematik der Art. 5 MRRL – die als maßgebliche Norm den Schutzbereich des umzusetzenden nationalen Markenschutzes bezeichnete – beziehungsweise zu ihrem Pendant im Gemeinschaftsmarkenrecht, dem Art. 9 GMV.[393]

#### (a) Kollisionsfälle des Art. 9 Abs. 1 GMV

Als wesentliche Neuregelung im Vergleich zur Rechtslage des Warenzeichengesetzes im Bereich des zu hier zu skizzierenden Schutzumfangs ist die Schaffung des dreigliedrigen Verletzungstatbestands in Art. 5 Abs. 1 und 2 MRRL (Art. 9 Abs. 1 lit. a) – c) GMV) zu nennen, die zusätzlich zu einer markenrechtlich relevanten Benutzungshandlung das Vorliegen einer der dort genannten Kollisionsfälle voraussetzt. Der nach der Markenrechtsrichtlinie fakultativ umzusetzende Schutz bekannter Marken gemäß Art. 5 Abs. 2 MRRL wurde für die Gemeinschaftsmarke in Art. 9 Abs. 1 lit. c) GMV normiert, sodass der Sanktionierung rechtsverletzender Benutzungshandlungen im Gemeinschaftsmarkenrecht ebenfalls ein dreigliedriger Verletzungstatbestand zugrunde liegt.

Nachfolgend sollen diese Kollisionstatbestände in der Gemeinschaftsmarkenverordnung skizziert werden, da nicht unerhebliche Teile der Literatur zumin-

391 Dazu kritisch *Eichhammer*, S. 59 ff.

392 Vgl. *Eichhammer*, S. 86 ff.

393 Siehe dazu unten Kapitel 2.I.1.a)(2)(b)(i).

dest zwischen den Benutzungsbegriffen in Art. 9 Abs. 1 lit. a) bzw. lit. b) GMV sowie dem Schutz der bekannten Marke in Art. 9 Abs. 1 lit. c) GMV differenzieren wollen. Auch der EuGH erörtert die jeweiligen Verletzungstatbestände oftmals nicht einheitlich, was nicht zuletzt auf eng begrenzte Vorlagefragen der nationalen Gerichte der Mitgliedsstaaten in Vorabentscheidungsverfahren nach Art. 267 Abs. 2 AEUV zurückzuführen ist. Unter Berücksichtigung der erfolgten Skizzierung der Kollisionstatbestände soll sodann kurz auf die Rechtsprechung des BGH sowie einschlägige Literaturansichten zur Reichweite des markenrechtlichen Benutzungsbegriffs eingegangen werden[394], bevor eine vertiefte Erörterung der maßgeblichen Urteile des EuGH erfolgt.[395]

(i) Art. 9 Abs. 1 lit. a) GMV

Art. 9 Abs. 1 lit. a) GMV umfasst Fälle so genannter „Doppelidentität", also der Identität zwischen den gekennzeichneten Produkten und Identität der jeweiligen rechtsbegründenden und rechtsverletzenden Marke. Eine Produktidentität der einander gegenüberstehenden Waren beziehungsweise Dienstleistungen ist gegeben, wenn diese ihrer Art nach übereinstimmen.[396] Hingegen liegt diese nicht mehr vor, wenn die vom jüngeren Zeichen erfassten Produkte über die von der Marke erfassten Produkte hinausgehen, also wenn weitere Produkte von der Marke gekennzeichnet werden, die in ihrer Art nicht von dem jüngeren Zeichen erfasst werden. In diesen Fällen liegt keine Produktidentität sondern gegebenenfalls Produktähnlichkeit vor.[397] Darüber hinaus muss zwischen dem jüngeren Zeichen und der in Frage stehenden Marke Zeichenidentität vorliegen. Nach der Rechtsprechung des EuGH[398] ist dieser Begriff restriktiv auszulegen, um eine ungerechtfertigte Erweiterung des Tatbestandes der Doppelidentität zulasten der von Art. 9 Abs. 1 lit. b) GMV erfassten Fälle, in denen gerade die Feststellung einer Verwechslungsgefahr erforderlich ist, zu vermeiden.[399] Daher liegt eine Zeichenidentität grundsätzlich nur dann vor, wenn ein Zeichen ohne Änderung alle Elemente wiedergibt, die das angegriffene Kennzeichen aufweist beziehungsweise wenn in einer Gesamtbetrachtung zwar

394 Siehe Kapitel 2.I.1.a)(2)(b)(i).

395 Siehe Kapitel 2.I.1.a)(2)(b)(ii).

396 *Eisenführ*/Schennen, Art. 8 Rn. 34. Im nationalen Recht erfolgt die Bestimmung der Art durch eine Subsumtion der Ware oder Dienstleistung, für die das angegriffene Kennzeichen benutzt worden ist, unter dem Verzeichnis der Waren und Dienstleistungen der Klagemarke, vgl. Ströbele/*Hacker*, § 14 Rn. 247.

397 *Eisenführ*/Schennen, Art. 8 Rn. 34

398 EuGH Rs. C-291/00 vom 20.3.2003, Slg. 2003, I-2799 – *Arthur*; EuGH Rs. C-278/08 vom 25.3. 2010, Slg. 2010 I-2517 – *Bergspechte*; EuGH Rs. C-558/08 vom 8.7.2010, Slg. 2010, I-6959 – *Portakabin/Primakabin*.

399 EuGH Rs. C-291/00, Slg. 2003, I-2799 – *Arthur*, Rn. 50.

Unterschiede vorliegen, diese aber so geringfügig sind, dass sie einem Durchschnittsverbraucher entgehen können.[400]

Handlungen die somit vom Wortlaut des Art. 9 Abs. 1 lit. a) GMV grundsätzlich unter den Tatbestand der Doppelidentität fallen können, sind etwa referierende Benutzungen (*ergo* Markennennungen), wie etwa Fälle vergleichender Werbung.[401]

(ii) Art. 9 Abs. 1 lit. b) GMV

Eine Verletzung nach Art. 9 Abs. 1 lit. b) GMV ist zu bejahen, wenn ein identisches oder ähnliches Zeichen im Warenidentitäts- oder Warenähnlichkeitsbereich verwendet wird, wobei für die Geltendmachung des Ausschließlichkeitsrechts eine Verwechslungsgefahr bestehen muss. Nicht erfasst von Art. 9 Abs. 1 lit. b) GMV sind daher Konstellationen, in denen im Warenähnlichkeitsbereich keine Verwechslungsgefahr vorliegt. Insbesondere kommt nach der Rechtsprechung des EuGH der Tatbestandsalternative des gedanklichen Inverbindungbringens nach Art. 9 Abs. 1 lit. b) 2. HS GMV keine eigenständige Bedeutung zu.[402]

---

400 EuGH Rs. C-291/00, Slg. 2003, I-2799 – *Arthur*, Rn. 51–53; EuGH Rs. 278/08, Slg. 2010 I-2517 – *Bergspechte*, Rn. 25; EuGH Rs. C-558/08, Slg. 2010, I-6959 – *Portakabin/Primakabin*, Rn. 90. Die dogmatische Einordnung des von Art. 9 Abs. 1 lit. a) GMV bzw. von Art. 5 Abs. 1 lit. a) MRRL gewährleisteten Identitätsschutzes ist in der Literatur umstritten, scheint jedoch mit der 2009 ergangenen Entscheidung *L'Oréal/Bellure* (EuGH, Rs. C-487/07, Slg. 2009, I-5185) entschieden. Der Wortlaut lässt grundsätzlich zwei verschiedene Auslegungsarten zu (vgl. *Ohly*, GRUR 2008, 701). Zum einen könnte dem Zeichen in diesen Fällen ein absoluter Schutz zukommen, wie dies Erwägungsgrund 10 der MRRL nahelegt, mit anderen Worten einer Monopolisierung des Zeichens zugunsten seines Inhabers eben in Fällen der Doppelidentität. Dies hätte Auswirkungen auf Fälle der referierenden Benutzung, etwa im Falle vergleichender Werbung (siehe dazu unten), die dann prima facie als Markenverletzung zu begreifen wäre, vorbehaltlich des Eingreifens besonderer Schrankenregelungen (in diese Richtung *Fezer*, Markenrecht, 3. Auflage 2001, § 14 Rn. 496, *Kur*, GRURInt 2008, 1 [11 f.]) beziehungsweise einer nach dem EuGH zu fordernden Funktionsbeeinträchtigung. Nach anderer Ansicht handelt es sich bei diesem Identitätsschutz lediglich um einen besonderen Fall des Verwechslungsschutzes, bei dem eine Verwechslungsgefahr nicht mehr festgestellt werden muss, sondern unwiderlegbar vermutet wird (vgl. die Schlussanträge des Generalanwalts *Ruiz-Jarabo Colomer* vom 13.6.2002 in der Rs. C-206/01, Rn. 51 – *Arsenal*). Der EuGH hat sich entgegen der Regelung des Art. 16 Abs. 1 Satz 2 TRIPS, die in den Fällen der Doppelidentität nicht von einem absoluten Schutz, sondern nur von unwiderlegbaren Vermutung der Verwechslungsgefahr ausgeht (vgl. *Ohly*, GRUR 2008, 701), unter Verweis auf Erwägungsgrund 10 MRRL der erstgenannten Auffassung angeschlossen, siehe dazu Kapitel 2.I.1.a)(2)(b)(ii)(h).

401 Siehe dazu detailliert Kapitel 2.I.1.a)(2)(c)(i).

402 EuGH Rs. C-251/95 vom 11.11.1997, Slg. 1997, I-6191, – *Puma/Sabel*. Die Einbeziehung des Elements des "gedanklichen Inverbindungbringens" erfolgte auf besonderen Wunsch der Benelux-Staaten, vor dem Hintergrund einer bis dato extensiven nationalen Rechtsprechung

Eine nähere Darstellung des Begriffs der Verwechslungsgefahr im Sinne des Art. 9 Abs. 1 lit. b) GMV soll hier nicht erfolgen.[403] Allgemein sei nur angeführt, dass die Verwechslungsgefahr nach ganz herrschender Auffassung in der Literatur[404] und gefestigter Rechtsprechung in Deutschland[405] seit jeher als Rechtsfrage begriffen wird und dies auch durch den EuGH bei der Auslegung der Markenrechtsrichtlinie bestätigt wurde[406]. Für den gemeinschaftsmarkenrechtlichen Begriff der Verwechslungsgefahr gilt nichts anderes.[407] Trotz der Einordnung als Rechtsfrage, die als solche nicht dem Beweise zugänglich ist, ist bei der richterlichen Beurteilung der Verwechslungsgefahr in vielfältiger Weise an Tatsachen anzuknüpfen, deren Gewichtung sich nicht nach starren Kriterien bestimmen lässt, sondern die vielmehr in einer Wechselbeziehung zueinander stehen. Zuvorderst ist eine Gesamtschau mit dem Grad der Ähnlichkeit des verletzenden Zeichens und der damit gekennzeichneten Waren zur älteren Marke und den damit gekennzeichneten Waren vorzunehmen.[408] Daneben ist die Kennzeichnungskraft der älteren Marke zu berücksichtigen. Diese ist umso höher, je eher die ältere Marke sich eignet, Waren oder Dienstleistungen, für die sie eingetragenen ist, als von einem bestimmten Unternehmen stammend zu kennzeichnen.[409] Diese Eigenschaft wird nicht zuletzt auch durch den Bekanntheitsgrad der Marke mitgeprägt[410], mag aber auch durch andere Faktoren,

---

zum Markenschutz bei bloßer Assoziationsgefahr. Dieser Rechtsprechung ist der EuGH in *Puma/Sabel* entgegengetreten und hat die „rein assoziative gedankliche Verbindung, die der Verkehr über die Übereinstimmung des Sinngehalts zweier Marken zwischen diesen herstellen könnte“ für sich alleine genommen nicht als Verwechslungsgefahr im Sinne des Markenrechts anerkannt (Rn. 26; siehe ausführlich *Ingerl/Rohnke* § 14 Rn. 1161 ff.).

403 Vgl. etwa zum Begriff der Verwechslungsgefahr *Berlit*, Markenrecht, 9. Auflage 2012, Rn. 134 ff.; *Berneke*, WRP 2007, 1417 ff.; *Eisenführ*/Schennen, Art. 8 Rn. 36 ff.; *Ingerl/Rohnke* § 14 Rn. 361 ff.; *Sack*, WRP 1998, 1127 (1129 ff.); *Starck*, MarkenR 2000, 233.

404 Vgl. etwa *Beier*, GRUR 1974, 514 (517 ff.); Ströbele/*Hacker*, § 9 Rn. 16; *Ingerl/Rohnke* § 14 Rn. 405; *Kur*, GRUR 1989, 240 (240). Kritisch dagegen etwa *Kiethe/Groeschke*, WRP 2001, 230 (236); *Schweizer*, GRUR 2000, 923 (930).

405 Etwa BGH, GRUR 2005, 61 f. – *Compunet/ComNet II*; Vgl. im Übrigen die Rechtsprechungsübersicht bei Ströbele/*Hacker*, § 9 Rn. 10 (Fn. 22).

406 EuGH Rs. C-342//97 vom 22.6.1999, Slg. 1999, I-3819 – *Lloyd*, Rn. 28.

407 Ausdrücklich *Rohnke*, GRURInt 2002, 979 (984).

408 Zur näheren Erläuterung der Marken- und Produktähnlichkeit etwa die Darstellung bei *Eisenführ*/Schennen, Art. 8 Rn. 55 ff., 79 ff.

409 So führt der EuGH in der Entscheidung *Lloyd* aus, dass eine Verwechslungsgefahr um so eher anzunehmen sei, „je größer die Ähnlichkeit der erfassten Waren und Dienstleistungen und je höher die Kennzeichnungskraft der älteren Marke ist“ (EuGH Rs. C-342/97, Slg. 1999, I-3819 – *Lloyd*, Rn. 28).

410 Vgl. EuGH Rs. C-39/97 vom 29.9.1998, Slg. 1995, I-5507 – *Canon*, Rn. 18. Zum Begriff der „Bekanntheit“ beim Schutz bekannter Marken im Sinne von Art. 9 Abs. 1 lit. c) GMV siehe sogleich Kapitel 2.I.1.a)(2)(a)(iii)(a).

etwa eine erhöhte Einprägsamkeit der älteren Marke, beeinflusst werden.[411] Aus der Wechselbeziehung dieser genannten Faktoren ergibt sich die zur Begründung der Markenverletzung erforderliche Verwechslungsgefahr.[412] Bei der Bestimmung der Verwechslungsgefahr im konkreten Fall sind die in Frage stehenden Zeichen unter Berücksichtigung der genannten Bemessungsfaktoren einander gegenüberzustellen und jeweils als Ganzes miteinander zu vergleichen, wobei nicht ausgeschlossen ist, dass auch einzelne Bestandteile einer Marke prägend sein können.[413] Zugrundezulegender Maßstab ist dabei, im Einklang mit dem europäischen Verbraucherleitbild, die Sicht eines „durchschnittlichen informierten, aufmerksamen und verständigen" Durchschnittsverbrauchers.[414]

Durch variierende Unterscheidungskraft eines Zeichens, bedingt etwa durch unterschiedliche Aussprache, vermag es in den verschiedenen Regionen der Gemeinschaft dazu kommen, dass die Benutzung eines Drittzeichens nur in Teilgebieten der Gemeinschaft eine Verwechslungsgefahr mit einer anderen Gemeinschaftsmarke erzeugt.[415] In diesen Fällen ist ein Schutz aufgrund Art. 9 Abs. 1 lit. b) GMV nicht etwa deshalb zu versagen, weil nicht im gesamten Gemeinschaftsgebiet eine Verwechslungsgefahr bejaht werden kann.[416] Vielmehr reicht es aus, wenn in einem wesentlichen Teilgebiet der Gemeinschaft eine Verwechslungsgefahr im Sinne des Art. 9 Abs. 1 lit. b) GMV vorliegt.[417] Zur

---

411 Vgl. *Eisenführ*/Schennen, Art. 8 Rn. 141. So kann bei der Feststellung einer Verwechslungsgefahr auch berücksichtigt werden, ob im Allgemeinen eine „gedankliche assoziative Verbindung" des jüngeren Kennzeichens zur älteren Marke gezogen werden kann. Lediglich die alleinige gedankliche assoziative Verbindung ohne Erzeugung einer Verwechslungsgefahr (siehe dazu die Erläuterungen etwa bei *Eisenführ*/Schennen, Art. 8 Rn. 147 ff.) für sich genommen genügt nicht; ihr Heranziehen als Faktor bei der Bejahung einer Verwechslungsgefahr bleibt jedoch nach wie vor möglich (vgl. *Ingerl/Rohnke* § 14 Rn. 1162).

412 *Berlit*, Markenrecht, 8. Auflage 2010, Rn. 140.

413 EuGH Rs. C-334/05 vom 12.6.2007, Slg. 2007, I-4529 – *Shaker*, Rn. 41.

414 Grundlegend EuGH Rs. C-210/96, Slg. 1998, I-4657 – *Gut Springenheide*, Rn. 31; erstmals für das Markenrecht EuGH Rs. C-342/97, Slg. 1999, I-3189 – *Lloyd*, Rn. 28. Zum europäischen Verbraucherleitbild und seinen Auswirkungen auf die markenrechtliche Verwechslungsgefahr vgl. näher *Seibt*, GRUR 2002, 465.

415 Vgl. etwa den Sachverhalt in EuGH Rs. C-488/06 vom 17.7.2008, Slg. 2008, I-5725 – *Aire Limpio*.

416 Vgl. *Hye-Knudsen/Schafft*, MarkenR 2004, 209 (210); *Knaak*, GRUR 2001, 21 (22), die zu Recht anmerken, dass bei einer Ansetzung des gesamten Gemeinschaftsgebiets für die Bestimmung der Verwechslungsgefahr ein Schutz der Gemeinschaftsmarke über Art. 9 Abs. 1 lit. b) GMV nur selten gegeben sein wird.

417 Andere Ansicht *Knaak*, GRUR 2001, 21 (22), der die Verwechslungsgefahr in einem Mitgliedstaat ausreichen lässt. Auch wenn der EuGH, zumindest für die parallel gelagerte Problematik der territorial erforderlichen Bekanntheit gemäß Art. 9 Abs. 1 lit. c) GMV, es ausreichen lässt, dass die Bekanntheit in nur einem Mitgliedsstaat vorliegt, verbietet sich wegen des gemeinschaftsweit einheitlichen Markenschutz durch die Gemeinschaftsmarkenverordnung

Bestimmung dieses wesentlichen Teilgebiets mag an die Grundsätze des EuGH in den Entscheidungen zum territorialen Maßstab bei Feststellung der Bekanntheit einer Marke im Kollisionstatbestand des Art. 9 Abs. 1 lit. c) GMV angeknüpft werden, die an anderer Stelle noch erörtert werden sollen.[418] Der so dann zu gewährende Unterlassungsanspruch nach Art. 9 Abs. 1 GMV gilt dabei, trotz der Heranziehung eines (nur) wesentlichen Teilgebiets der Gemeinschaft, grundsätzlich gemeinschaftsweit.[419] Dies ergibt sich aus dem ausdrücklichen Wortlaut des Art. 1 Abs. 2 S. 2 GMV, nach dem die „...Benutzung... nur für die gesamte Gemeinschaft untersagt werden“ kann, sowie aus dem Umkehrschluss zu Art. 97 Abs. 5 GMV in Verbindung mit Art. 98 Abs. 2 GMV, der ausnahmsweise eine regionale Beschränkung des Unterlassungsanspruchs auf den Ort der unerlaubten Handlung vorsieht und damit die territoriale Wirksamkeit der in einem solchen Verfahren ergangenen Entscheidungen beschränkt[420].

(iii) Art. 9 Abs. 1 lit. c) GMV

Außerhalb des Identitätsbereichs und des Verwechslungsschutzes im Ähnlichkeitsbereich kommt ein Verbietungsrecht lediglich aufgrund von Art. 9 Abs. 1 lit. c) GMV in Betracht. Danach kommt bekannten Gemeinschaftsmarken außerhalb des Warenähnlichkeitsbereichs eine Schutzerweiterung insofern zugute, als sie auch gegen Beeinträchtigung sowie Ausnutzung der Unterscheidungskraft beziehungs-

---

zumindest dogmatisch die Anknüpfung an einzelne Mitgliedsstaaten. Vgl. zu diesem Ansatz im Übrigen die Kritik bei *Hye-Knudsen/Schafft*, MarkenR 2004, 209 (211). Bedenkenswert, jedoch für die Gemeinschaftsmarkengerichte praktisch kaum durchführbar, ist der Vorschlag von *Rohnke* (GRURInt 2002, 979 [985 f.]), wonach eine Verwechslungsgefahr aufgrund saldierter Verkehrsauffassungen in den einzelnen Mitgliedstaaten bestimmt werden soll. Angesichts der Bestimmung der „Bekanntheit“ im Anwendungsbereich des Art. 9 Abs. 1 lit. c) GMV wird dieser Ansatz in der Rechtsprechung wohl nicht verfolgt werden.

418 Siehe dazu unten Kapitel 2.I.1.a)(2)(a)(iii)(b).

419 Anders *Hye-Knudsen/Schafft* (MarkenR 2004, 209 [211]), die einen regional begrenzten Unterlassungsanspruch als gesetzlichen Regelfall bei Gemeinschaftsmarkenverletzungen zulassen wollen.

420 Vgl. *Eisenführ*/Schennen, Art. 97, Rn. 8. In diesen Fällen muss die festgestellte Verwechslungsgefahr natürlich am Ort der unerlaubten Handlung bestehen. Trotz dieser Erwägungen ist es dem Inhaber der Gemeinschaftsmarke natürlich unbenommen, den Antrag auf ein Verbot der Verwendung eines missliebigen Drittzeichens auf ein bestimmtes Teilgebiet zu beschränken, etwa in denjenigen Regionen, wo mit Sicherheit von einer Verwechslungsgefahr auszugehen ist. Diese Möglichkeit eines räumlich beschränkten Antrags ergibt sich bereits aus dem zivilprozessualen Grundsatz der Dispositionsfreiheit (vgl. *v. Mühlendahl/Ohlgart*, S. 9; *v.Gamm/Schaper*, GRURInt 2001, 965 [967]). Dies hat für den Inhaber der Gemeinschaftsmarke den Vorteil, dass im Falle eines abweisenden Urteils dieses einer späteren Klage wegen einer gleichartigen Handlung in einem anderen Mitgliedstaat nicht entgegensteht.

weise der Wertschätzung geschützt werden[421]. Der EuGH hat mit seinem Urteil *Davidoff*[422] über den Wortlaut der Vorschrift hinaus diesen Schutz bekannten Marken auch im Warenähnlichkeitsbereich zukommen lassen.[423]

### *(a) Bekanntheit*

Zur Schutzgewährung nach Art. 9 Abs. 1 lit. c) GMV muss die Marke bekannt sein. Die Beurteilungskriterien zur Bestimmung der „Bekanntheit" einer Marke sind in der Gemeinschaftsmarkenverordnung nicht näher konkretisiert. Der EuGH geht seit der zur Markenrechtsrichtlinie ergangenen Entscheidung *Chevy* davon aus, dass sich die Beurteilung, ob eine Marke als „bekannt" im Sinne von Art. 9 Abs. 1 GMV gelte, nach quantitativ messbaren Kriterien richte, ohne dafür jedoch konkrete Anhaltspunkte, wie etwa eine prozentuale Bekanntheitsquote, vorzugeben.[424] Vielmehr müsse als Mindestvoraussetzung die Marke lediglich einem bedeutenden Teil des maßgeblichen Publikums bekannt sein.[425] Im Übrigen hat das nationale Gemeinschaftsmarkengericht zur Bestimmung der Bekanntheit einer Gemeinschaftsmarke im Rahmen einer Gesamtwürdigung sämtliche Umstände des jeweiligen Einzelfalls zu berücksichtigen, also insbesondere den Marktanteil einer Marke, die Intensität und Dauer ihrer Nutzung, ihre geographische Ausdehnung sowie den Umfang der zu ihrer Vermarktung verwendeten Investitionen.[426]

---

421 Der Begriff der „Wertschätzung" ist nach hiesiger Ansicht mit dem in der deutschen Rechtspraxis oftmals verwendeten Begriff des „Rufs" einer Marke gleichzusetzen, umfasst diesen aber jedenfalls, vgl. *Ingerl/Rohnke*, § 14 Rn. 1366. Auch der EuGH verwendet die Begriffe weitgehend synonym, vgl. etwa jüngst EuGH Rs. C-323/09 vom 22.9.2011, EuZW 2011, 834 – *Interflora*, Rn. 89. Eine Differenzierung zwischen diesen Begriffen ist der in der Rechtspraxis jedenfalls nicht erkennbar, auch wenn die Ausführungen des EuGH vermuten lassen, dass der Begriff der „Wertschätzung" weiter gehen soll, vgl. EuGH, a.a.O.

422 EuGH Rs. C-292/00 vom 9.1.2003, Slg. 2003, I-389 – *Davidoff.* Für eine Implementierung der *Davidoff*-Rechtsprechung de lege ferenda *Sack,* WRP 2010, 1000 (1001).

423 Zwar erging diese Entscheidung zu Art. 5 Abs. 2 MRRL, jedoch gilt auch für den Schutz der bekannten Marke die Notwendigkeit einer gleichlaufenden Interpretation. Die von Art. 5 Abs. 2 MRRL eröffnete fakultative Möglichkeit ist in Art. 9 Abs. 1 lit. c) GMV für Gemeinschaftsmarken auch umgesetzt worden, vgl. *Sack,* WRP 2010, 1000. Eine andere Auslegung des Art. 9 Abs. 1 lit. c) GMV würde diesem Prinzip widersprechen. Zu den diskutierten Lösungen eines ergänzenden Schutzes von bekannten Marken im Warenähnlichkeitsbereich vor dem Urteil des EuGH siehe *Sack*, WRP 1998, 1127.

424 EuGH Rs. C-375/97 vom 14.9.1999, Slg. 1999, I-5421 – *Chevy*, Rn. 25; Jüngst bestätigend EuGH Rs. C-301/07 vom 6.10.2009, Slg. 2009, I-9429 – *PAGO/Tirolmilch*, Rn. 23.

425 EuGH Rs. C-375/97, Slg. 1999, I-5421 – *Chevy*, Rn. 26.

426 EuGH Rs. C-375/97, Slg. 1999, I-5421 – *Chevy*, Rn. 27. In der Literatur wird teilweise vertreten, dass im Rahmen der Beurteilungskriterien für die Voraussetzung der Bekanntheit auch qualitative Aspekte, die einer Marke anhaften, wie etwa ein guter Ruf, miteinbezogen werden

##### *(b) Maßgebliches Gebiet zur Bestimmung der Bekanntheit*

Die Bestimmung des zur Bemessung der Bekanntheit maßgeblichen Gebiets ist durch die jüngst ergangene Entscheidung *PAGO/Tirolmilch* zumindest im Grundsatz geklärt: Demnach ist, um eine Bekanntheit nach Art. 9 Abs. 1 lit. c) GMV zu bejahen, eine ebensolche in einem wesentlichen Teilgebiet zu fordern. Ein solch wesentliches Teilgebiet liegt nach der Rechtsprechung des EuGH jedenfalls dann vor, wenn die Gemeinschaftsmarke in Österreich die gestellten materiellen Anforderungen an die Bekanntheit erfüllt.[427] Aber auch unterhalb dieses territorialen Maßstabs schließt der EuGH das Vorliegen einer Bekanntheit im Sinne des Art. 9 Abs. 1 lit. c) GMV nicht aus.[428]

##### *(c) Eingriffstatbestände des Art. 9 Abs. 1 lit. c) GMV*

Der EuGH geht in ständiger Rechtsprechung von drei in Art. 9 Abs. 1 lit. c) GMV geregelten Eingriffstatbeständen aus, bei deren Einschlägigkeit der bekannten Marke ein erweiterter Schutz zu kommen soll.[429] So ist die bekannte Gemeinschaftsmarke gegen Beeinträchtigungen der Unterscheidungskraft („Verwässerung"), Beeinträchtigung der Wertschätzung („Verunglimpfung") sowie gegen

---

sollen; so etwa *v. Mühlendahl/Ohlgart*, § 5 Rn. 36; *Piper*, GRUR 1996, 657 (659); vgl. auch Amtliche Begründung zum MarkenG, BT-Drs. 12/6581, S. 72, 11 Abs. zu § 9 MarkenG: „Hinsichtlich der qualitativen Elemente wird der Schutz von dem guten Ruf der Marke abhängig sein". Zu Recht anders hingegen *Boes/Deutsch*, GRUR 1996, 168 (169 f.), die darauf hinweisen, dass der Gesetzgeber zwischen „Bekanntheit" einerseits und dem qualitativen Aspekt der „Wertschätzung" andererseits in der GMV sowie der MRRL unterschieden habe (dem im Ergebnis folgend *Ingerl/Rohnke*, § 14 Rn. 1338 f.). Unklar hingegen EuGH, a.a.O. – *Chevy*, der für die Bejahung der Bekanntheit aber keinesfalls einen „guten Ruf" der Marke voraussetzt. Praktisch wird die Frage der Heranziehung qualitativer Eigenschaften einer Marke nur selten relevant (vgl. *Ingerl/Rohnke*, § 14 Rn. 1340).

427 EuGH Rs. C-301/07, Slg. 2009, I-9429 – *PAGO/Tirolmilch*, Rn. 29. Zu den materiellen Anforderungen an die Bekanntheit siehe soeben Kapitel 2.I.1.a)(2)(a)(iii)(a).

428 So stützt der EuGH in *PAGO/Tirolmilch* (Rn. 29) die Erfüllung der territorialen Voraussetzungen des Art. 9 Abs. 1 lit. c) GMV darauf, dass die Gemeinschaftsmarke im gesamten Gebiet eines Mitgliedsstaates, nämlich Österreich, bekannt wäre. Es ist somit, trotz des in Art. 1 Abs. 2 GMV niedergelegten Grundsatzes der Einheitlichkeit der Gemeinschaftsmarke, zumindest hiernach nicht auszuschließen, dass auch eine Bekanntheit in kleineren Mitgliedstaaten zur Bejahung der Voraussetzungen des Art. 9 Abs. 1 lit. c) GMV ausreicht. Hier wird die weitere Rechtsprechungsentwicklung abzuwarten sein.

429 Zum gleichlaufenden Art. 5 Abs. 2 MRRL EuGH Rs. C-252/07 vom 27.11.2008, Slg. 2008, I-8823 – *Intel*, Rn. 26; EuGH Rs. C-487/07, Slg. 2009, I-5185 – *L'Oréal/Bellure*, Rn. 38; EuGH Rs. C-323/09, EuZW 2011, 834 – *Interflora*, Rn. 72.

Ausnutzung der Unterscheidungskraft oder der Wertschätzung („Trittbrettfahren") geschützt.[430]

### (i) Beeinträchtigung der Unterscheidungskraft

Die Unterscheidungskraft einer bekannten Marke wird nach der Rechtsprechung des EuGH dann beeinträchtigt, wenn durch die Benutzung eines mit ihr identischen oder ähnlichen Zeichens ihre Fähigkeit, die Waren und Dienstleistungen des Markeninhabers von denen anderer Herkunft zu unterscheiden, verringert wird.[431] Am Ende eines solchen Verwässerungsprozesses ist die Marke nicht mehr in der Lage, bei den Verbrauchern eine unmittelbare gedankliche Verbindung mit einer bestimmten gewerblichen Herkunft hervorzurufen.[432] Inhaltlich wurde zum Verwässerungsschutz der bekannten Marke seitens des EuGH erstmals in der jüngst ergangenen Entscheidung *Interflora* im Zusammenhang mit dem Phänomen des *Keyword-Advertisings* Stellung genommen, im konkreten Fall jedoch eine selbstständige Relevanz neben dem Identitätsschutz des Art. 5 Abs. 1 lit. a) MRRL verneint.[433] Sachlich entspricht der markenrechtliche Schutz vor Beeinträchtigung der Unterscheidungskraft dem vormals auf Grundlage des § 1 UWG a.F. gewährten lauterkeitsrechtlichen Verwässerungsschutz, den das alte Warenzeichengesetz aufgrund seines beschränkten Anwendungsfeldes nicht gewähren konnte.[434]

### (ii) Beeinträchtigung der Wertschätzung

Eine Beeinträchtigung der Wertschätzung ist nach Ansicht des EuGH dann gegeben, wenn die Waren und Dienstleistungen, für die das identische oder ähnliche Zeichen von Dritten benutzt wird, auf die Öffentlichkeit in einer solchen Weise wirken kann, dass die Anziehungskraft der Marke geschmälert wird.[435] Dieser Schutz vor Verunglimpfungen der Marke, der im Lauterkeitsrecht als Schutz vor

430 Die in Klammern gesetzten Begriffe entsprechen der vom EuGH in seiner Entscheidung *Interflora* (EuGH Rs. C-323/09, EuZW 2011, 834 – *Interflora*, Rn. 72 ff.) verwendeten Diktion. Kritisch zur Unterteilung des EuGH in drei Eingriffstatbestände *Ingerl/Rohnke*, § 14 Rn. 1271, die eine Aufspaltung des Ausnutzungstatbestands im Hinblick auf Wertschätzung und Unterscheidungskraft vornehmen wollen.

431 So EuGH Rs. C-323/09, EuZW 2011, 834 – *Interflora*, Rn. 76; vgl. auch EuGH Rs. C-252/07, Slg. 2008, I-8823 – *Intel*, Rn. 29; EuGH Rs. C-487/07, Slg. 2009, I-5185 – *L'Oréal/Bellure*, Rn. 39.

432 EuGH Rs. C-323/09, EuZW 2011, 834 – *Interflora*, Rn. 76.

433 EuGH Rs. C-323/09, EuZW 2011, 834 – *Interflora*, Rn. 81 ff.

434 Siehe bereits Kapitel 2.I.1.a)(1).

435 EuGH Rs. C-323/09, EuZW 2011, 834 – *Interflora*, Rn. 76.

Rufbeeinträchtigungen insbesondere über die Vorschriften des lauterkeitsrechtlichen Nachahmungsschutzes in § 4 Nr. 9 lit. b) 2. Alt UWG sowie – im Bereich vergleichender Werbung – über § 6 Abs. 2 Nr. 4 UWG gewährleistet wird[436], war bislang nicht Gegenstand einer inhaltlichen Auseinandersetzung in der Rechtsprechung des EuGH.

#### (iii) Ausnutzung der Unterscheidungskraft oder der Wertschätzung

Der Tatbestand des Ausnutzens der Unterscheidungskraft oder der Wertschätzung wird vom EuGH als eine Fallgruppe angesehen und regelt sachlich diejenigen Fälle, die im lauterkeitsrechtlichen Nachahmungsschutz unter dem Tatbestand der unlauteren Rufausbeutung nach § 4 Nr. 9 lit. b) UWG beziehungsweise im Bereich der vergleichenden Werbung unter § 6 Abs. 2 Nr. 4 UWG subsumiert würden. Der Tatbestand ist grundsätzlich dann erfüllt, wenn auf Grund der Übertragung einer Marke oder durch sie vermittelte Merkmale auf ein mit einem identischen oder ähnlichen Zeichen gekennzeichneten Produkt die Sogwirkung der bekannten Marke des Dritten ausgenutzt wird.[437] Bemüht wurde der Tatbestand des „Trittbrettfahrens“ in jüngster Zeit in der Entscheidung des EuGH in der Sache *Interflora.* Mit dieser Entscheidung bejahte der EuGH in Bezug auf die markenrechtliche Zulässigkeit des *Keyword-Advertisings* die tatbestandsmäßige Einschlägigkeit des markenrechtlichen Bekanntheitsschutzes unter dem Gesichtspunkt des „Trittbrettfahrens“[438], wobei in der Sache eine Markenverletzung nach Art. 5 Abs. 2 MRRL (= Art. 9 Abs. 1 lit. c) GMV) ausscheiden sollte[439].

#### *(d) Unlauterkeitsvorbehalt des Art. 9 Abs. 1 lit. c) GMV*

Art. 9 Abs. 1 lit. c) GMV setzt in allen Fällen des markenrechtlichen Bekanntheitsschutzes voraus, dass die „Ausnutzung“ oder die „Beeinträchtigung“ in „unlauterer Weise“ erfolgen muss.[440] Hinsichtlich der Anforderungen an die Unlauterkeit der Verletzungshandlung gilt dabei nicht etwa der Maßstab des jeweiligen nationalen Lauterkeitsrechts, sondern vielmehr der spezifisch europäi-

---

436 Siehe Kapitel 2.I.2.c)(4).

437 EuGH Rs. C-252/07, Slg. 2008, I-8823 – *Intel*, Rn. 41; EuGH Rs. C-323/09, EuZW 2011, 834 – *Interflora*, Rn. 74; *Ingerl/Rohnke*, § 14 Rn. 1277.

438 EuGH Rs. C-323/09, EuZW 2011, 834 – *Interflora*, Rn. 89. Zur Rechtsprechung des EuGH in Bezug auf die markenrechtliche Zulässigkeit des *Keyword-Advertisings* siehe näher Fn. 551.

439 Dazu sogleichKapitel 2.I.1.a)(2)(a)(iii)(d).

440 *Ingerl/Rohnke*, § 14 Rn. 1359.

sche Lauterkeitsmaßstab des Markenrechts.[441] Dieser ist dadurch gekennzeichnet, dass Ausgangspunkt für die Beurteilung der Unlauterkeit die „berechtigten Interessen“ des Inhabers sind.[442] Dabei wird insbesondere auf subjektive Elemente abgestellt[443], denen im sonstigen Lauterkeitsrecht, gerade durch die Neuregelungen im Zuge der Umsetzung der UGP-Richtlinie, nur wenig Bedeutung beigemessen wird[444]. In Bezug auf den Bekanntheitsschutz hat der EuGH bis zum heutigen Zeitpunkt jedoch keine positive Definition des in Art. 5 Abs. 2 MRRL (Art. 9 Abs. 1 lit. c) GMV) inkorporierten Lauterkeitsvorbehalts gegeben. Ohnehin scheint der EuGH diesem Vorbehalt bis dato keine besondere Bedeutung zuzumessen. So hat er bis zur *Interflora*-Entscheidung keine Verletzungshandlung im Bekanntheitsschutz an den Voraussetzungen fehlender Unlauterkeit scheitern lassen.[445] Erstmals in dieser Entscheidung soll nach Ansicht des EuGH ein tatbestandsmäßiges Verhalten im Sinne des Art. 5 Abs. 2 MRRL – *Keyword-Advertising* durch einen werbenden Dritten – unter einen „gesunden und lauteren Wettbewerb“ fallen und damit ein rechtfertigender Grund im Sinne des Art. 5 Abs. 2 MRRL beziehungsweise Art. 9 Abs. 1 lit. c) GMV gegeben sein.[446] Damit verneint der EuGH im Bereich des Bekanntheitsschutzes die markenrechtliche Relevanz dieses Verhaltens, worin jedoch keine zwingende „Aufwertung“

441 Zu Art. 5 Abs. 5 MRRL, der einen gleichlautenden Unlauterkeitsvorbehalt für die fakultative Sanktionierung nicht-markenmäßiger Verletzungshandlungen vorschreibt *Henning-Bodewig*, GRURInt 2008, 301 (307f.).

442 *Henning-Bodewig*, GRURInt 2008, 301 (307f.).

443 *Henning-Bodewig* (GRURInt 2008, 301 [308]) verweist zur Begründung hinsichtlich des Abstellens auf subjektive Elemente auf die noch zu diskutierende *Céline*-Entscheidung des EuGH (Rs. C-17/06 vom 11.9.2007, Slg. 2007, I-7041 – *Céline*). Dem ist in der Sache beizupflichten, indes erfolgte die Beurteilung subjektiver Elemente im Fall *Céline* im Zusammenhang mit der markenrechtlichen Schrankenregelung des Art. 6 Abs. 1 lit. a) MRRL und dem Vorbehalt, dass eine Benutzung nicht „anständigen Geflogenheiten“ zuwider laufen dürfe. Demnach sei es von Belang für die Einschlägigkeit der Schrankenregelung des Art. 6 Abs. 1 lit. a) MRRL, ob bei Verwendung eines Handelsnamens Kenntnis oder fahrlässige Unkenntnis des Bestehens der älteren Marke bei erstmaliger Verwendung auf Seiten des Verletzers vorlag, siehe EuGH, a.a.O., Rn. 34. Der EuGH betonte jedoch, dass eine den „anständigen Gepflogenheiten“ entsprechende Benutzung in der Sache die Pflicht entspricht, den berechtigten Interessen des Markeninhabers nicht in unlauterer Weise zuwider zu handeln, EuGH a.a.O., Rn. 33.

444 *Henning-Bodewig*, GRURInt 2008, 301 (308). So beispielsweise der Begriff der geschäftlichen Handlung, der im Gegensatz zur Wettbewerbshandlung keine (in der Regel indizierte) Wettbewerbsabsicht fordert, sondern auf den objektiven Zusammenhang abstellt, siehe statt vieler *Lettl*, GRUR-RR 2009, 41 (42).

445 Auch in der Diskussion um die markenrechtliche Beurteilung der (zulässigen) vergleichenden Werbung, hat der Lauterkeitsvorbehalt des Bekanntheitsschutzes bislang nicht als dogmatische Grundlage gedient, vgl. *Ingerl/Rohnke*, § 14 Rn. 1361.

446 EuGH Rs. C-323/09, EuZW 2011, 834 – *Interflora*, Rn. 91.

des markenrechtlichen Lauterkeitsvorbehalts gesehen werden kann. Vielmehr muss diese Entscheidung vor dem Hintergrund der zahlreichen Entscheidungen des EuGH zum *Keyword-Advertising* gesehen werden, in denen der EuGH eine Beeinträchtigung durch den Werbenden in der Regel nur in denjenigen Fällen erfüllt sieht, in denen eine Zuordnungsverwirrung droht. Insofern ist die Verneinung eines Bekanntheitsschutzes vor dem Hintergrund der Rechtsprechung zum Identitätsschutz nach Art. 5 Abs. 1 lit. a) MRRL (=Art. 9 Abs. 1 lit. a) GMV) konsequent, die Heranziehung des Lauterkeitsvorbehalts im konkreten Fall jedoch wohl nur mehr dem Umstand geschuldet, dass eine Tatbestandsmäßigkeit des *Keyword-Advertisings* sachlich nicht verneint werden konnte.[447] Nur auf diesem „neuen" Weg über die Verneinung der Unlauterkeit konnte hier ein Gleichklang mit der vormaligen Rechtsprechung zum *Keyword-Advertising* erreicht werden.

Es bleibt daher abzuwarten, ob der EuGH für den Bekanntheitsschutz dem Lauterkeitsvorbehalt neben dem *Keyword-Advertising* in weiteren Konstellationen konkrete Relevanz zumisst, oder ob dieser – wie vormals im Falle vergleichender Werbung – als lauter erachtetes Verhalten auf Tatbestandsebene ausschließt.[448]

### (b) Rechtsverletzende Benutzung gemäß Art. 9 Abs. 1 GMV in der Literatur, der nationalen Rechtsprechung und in der Rechtsprechung des EuGH

#### (i) Literatur und nationale Rechtsprechung

Wie bereits beschrieben, rissen auch nach dem Erlass der Markenrechtsrichtlinie und der Gemeinschaftsmarkenverordnung die Diskussionen um den Begriff der rechtsverletzenden Benutzung im Markenrecht nicht ab.

So mehrten sich mit der Verabschiedung der Markenrechtsrichtlinie und der Gemeinschaftsmarkenverordnung die Anzahl derjenigen Literaturstimmen, die auf eine Unterscheidung zwischen markenmäßigen und nicht-markenmäßigen Benutzungen verzichten wollten.[449] Zur Begründung wurde der Zweck des

---

447 Vgl. EuGH Rs. C-323/09, EuZW 2011, 834 – *Interflora*, Rn. 86 f.

448 Relevanz erlangte das Merkmal der Unlauterkeit im markenrechtlichen Bekanntheitsschutz in jüngster Zeit durch die von *Bärenfänger* aufgestellte These, dass das Markenrecht einem allgemeinen Lauterkeitsvorbehalt unterfiele (WRP 2011, 16 [23]). Dazu wird als Argument angeführt, dass u.a. der Bekanntheitsschutz einen solchen Vorbehalt kenne. Indes ist ein solcher, das Markenrecht überlagernder „Vorrang des Lauterkeitsrechts" (Begriff bereits bei *Glöckner*, WRP 2004, 936 [945]) nicht mit dem Wesen des Markenrechts als Ausschließlichkeitsrechts vereinbar. Dies wird eben besonders deutlich im Gemeinschaftsmarkenrecht, welches der Anwendung (nationalen) Lauterkeitsrechts Grenzen setzt. Siehe dazu Kapitel 2.II.

449 Etwa *Ahrens*, GRUR 1994, 637; *Berlit*, GRUR 1998, 423 ff., 426; *Eichmann*, GRUR 1998, 201 (202 f.); *Fezer*, Markenrecht, 2. Auflage 1999, § 14 Rn. 29.

europäischen Markenrechts nach möglichst umfassender Regelung angeführt.[450] Überdies bestünden oftmals Abgrenzungsschwierigkeiten von markenmäßiger und nicht markenmäßiger Benutzung, sodass im Sinne der Rechtssicherheit zunächst einmal die Sanktionierung sämtlicher Handlungen durch das Markenrecht grundsätzlich möglich sein sollte.[451]

Andere wiederum differenzieren zwischen dem „klassischen" Markenschutz der Art. 5 Abs. 1 MRRL beziehungsweise Art. 9 Abs. 1 lit. a) und b) GMV und dem weitergehenden Schutz bekannter Marken, wie ihn Art. 5 Abs. 2 MRRL fakultativ vorsieht[452] und Art. 9 Abs. 1 lit. c) GMV für die Gemeinschaftsmarke verbindlich anordnet und verneinen im Anwendungsbereich des Letzteren das Erfordernis einer markenmäßigen Benutzung.[453] Dies wird zunächst mit einer Wettbewerbsrechtsähnlichkeit des weitergehenden Schutzes bekannter Marken begründet; es ginge bei den Tatbeständen tatsächlich um die Unterbindung wettbewerbswidriger Handlungen im Gewande des Markenrechts.[454] Zudem hätten bekannte Marken über ihre ursprüngliche Herkunftsfunktion hinaus weitere Funktionen erworben, die über ihre bloße Verwendung als Individualisierungszeichen eine weitergehende wirtschaftliche Verwendung zuließen.[455] Diese hinzugewonnenen Funktionen werden durch Art. 9 Abs. 1 lit. c) GMV über die Grenzen der traditionellen Herkunftsfunktion hinaus selbstständig rechtlich geschützt. Dem sei dadurch Rechnung zu tragen, dass im Schutzbereich der bekannten Marke ein erweiterter Benutzungsbegriff gelten müsse, wonach grundsätzlich jegliche Verwendung eine Benutzung darstelle, sofern der Regelungsbereich des erweiterten Schutzes bekannter Marken eröffnet ist.[456]

Der BGH[457] und die herrschende Literatur[458] halten indes am Erfordernis einer grundsätzlichen markenmäßigen Benutzung fest und begründen dies neben systematischen Argumenten zuvorderst mit der Regelung des Art. 5 Abs. 5 MRRL,

---

450 Vgl. *Sack*, WRP 2004, 1405 (1407).

451 Vgl. *Fezer*, Markenrecht, 2. Auflage 1999, § 14 Rn. 29.

452 In Deutschland wurde dieser fakultative Schutz in Art. 14 Abs. 2 Nr. 3 MarkenG umgesetzt.

453 *Sosnitza*, WRP 2003, 1186 (1189); *Hacker*, GRURInt 2002, 502 (506).

454 Ströbele/*Hacker*, § 14 Rn. 96, die nunmehr von einem dreigeteilten Benutzungsbegriff ausgehen.

455 *Hacker*, GRURInt 2002, 502 (506).

456 *Hacker*, GRURInt 2002, 502 (506).

457 In jüngerer Zeit etwa BGH, GRUR 2003, 332 – *Abschlußstück*; BGH, GRUR 2005, 414 (415) – *Russisches Schaumgebäck*; BGH, GRUR 2006, 329 – *Gewinnfahrzeug mit Fremdemblem*; BGH, GRUR 2007, 780 (782) – *Pralinenform*; BGH, GRUR 2009, 1167 (1169) – *Partnerprogramm*; unklar hingegen BGH, GRUR 2005, 583 – *Lila-Postkarte*; Vgl. im Übrigen die Rechtsprechungsnachweise bei *Sack*, WRP 2010, 198 bei Fn. 1.

458 Etwa *Berlit*, Vergleichende Werbung, 2002, Rn. 132; *Deutsch*, GRUR 1995, 319 (321); *Ekey*, MarkenR 2009, 475 (476); *v. Gamm*, GRUR 1994, 775 (780); *Ingerl*, WRP 2002, 861 (864); *Keller*, GRUR 1996, 607 (609); *Piper*, GRUR 1996, 429 (434); *Starck*, MarkenR 2000, 73.

wonach dem einzelnen Mitgliedstaat offenstehe, „Schutz gegenüber der Verwendung eines Zeichens zu *anderen* Zwecken als der Unterscheidung von Waren und Dienstleistungen“ zu gewähren.[459]

(ii) Rechtsprechung des EuGH

Mittlerweile gibt es von Seiten des EuGH zehn auf Vorlagefragen zurückgehende Urteile, die sich mehr oder minder direkt mit dem Benutzungsbegriff des Art. 5 MRRL beschäftigen.[460] Dabei herrscht insbesondere seit dem jüngst ergangenen *L'Oréal/Bellure*-Urteil vom 18. Juni 2009 weitestgehend Klarheit über die zu erfolgende Auslegung des Benutzungsbegriffs, was gleichwohl nicht von der Notwendigkeit entbindet, problematische Einzelfälle besonders zu erörtern, sowie eine kurze Entwicklung einschlägiger Entscheidungen des EuGH nachzuzeichnen.[461]

---

459 Zweifelnd an der Interpretation des BGH äußert sich *Eichhammer* (S. 128), der dessen Rechtsprechung insbesondere angesichts der fehlenden Problematisierung des fraglichen Kennzeichens als Herkunftshinweis in der *Lila-Postkarte*-Entscheidung (BGH, GRUR 2005, 583) eher im Sinne eines „gespaltenen Benutzungsbegriffs“ interpretiert, der zwischen Schutz der bekannten Marke und Markenschutz nach Art. 5 Abs. 1 MRRL (Art. 9 Abs. 1 lit. a) und b) GMV) unterscheidet. Trotz formalem Festhalten am Erfordernis der markenmäßigen Benutzung für sämtliche Kollisionstatbestände des § 14 Abs. 2 MarkenG (vgl. etwa BGH, GRUR 2007, 780 (782) – *Pralinenform*) ist dem im Grundsatz zuzustimmen. Siehe ebenso Fn. 549.

460 EuGH Rs. C-063/97 vom 23.2.1999, Slg. 1999, I-905 – *BMW/Deenik*; EuGH Rs. C-002/00 vom 14.5.2002, Slg. 2002, I-4187 – *Hölterhoff*; EuGH Rs. C-206/01 vom 2.11.2002, Slg. 2002, I-10273 – *Arsenal*; EuGH Rs. 23/01 vom 21.11.2002, Slg 2002, I-10913 – *Robelco/Robeco*; EuGH Rs. C-480/01, Slg. 2003, I-12537 – *Adidas/Fitnessworld*; EuGH Rs. C-245/02 vom 16.11.2004, Slg. 2004, I-10989 – *Anheuser-Busch*; EuGH Rs. C-48/05 vom 25.1.2007, Slg. 2007, I-1017 – *Opel/Autec*; EuGH Rs. C-17/06, Slg. 2007, I-7041 – *Céline*; EuGH Rs. C-533/06 vom 12.6.2008, Slg. 2008, I-4231 – *O2*; EuGH Rs. C-487/07, Slg. 2009, I-5185 – *L'Oréal/Bellure*.

461 Bei der folgenden Erörterung des markenrechtlichen Benutzungsbegriffs in der Rechtsprechung des EuGH soll die sich mit dem Benutzungsbegriff des Art. 5 Abs. 5 MRRL befassende Entscheidung *Robelco/Robeco* (EuGH Rs. 23/01, Slg 2002, I-10913) ausgeklammert werden. Art. 5 Abs. 5 MRRL erlaubt eine fakultative Sanktionierung von Benutzungshandlungen, die sich außerhalb des markenrechtlichen Regelungsregimes befinden. Eine unmittelbar entsprechende Regelung findet sich im Gemeinschaftsmarkenrecht nicht, dennoch ist eine Erörterung an anderer Stelle in wertender Gegenüberstellung zu Art. 5 Abs. 1 und Abs. 2 MRRL auch für die Erfassung des Schutzumfangs der Gemeinschaftsmarke unverzichtbar. Ebenso wird an späterer Stelle die im Jahre 2008 ergangene Entscheidung *O2* (EuGH Rs. C-533/06, Slg. 2008, I-4231) analysiert, die sich schwertpunktmäßig mit dem Verhältnis von Markenrecht zu vergleichender Werbung befasst (siehe dazu Kapitel 2.I.1.a)(2)(c)(i)(d)).

### *(a) Entwicklung der EuGH-Rechtsprechung*

Die zu erläuternden Urteile lassen sich sachlich in drei verschiedene Fallgruppen einteilen.[462] Die Entscheidungen *Robelco/Robeco*, *Anheuser-Busch* und *Celine* behandeln Fälle, in denen es um die Benutzung von Handelsnamen im Zusammenhang mit dem Vertrieb von Waren geht. Die zweite Fallgruppe betrifft Konstellationen, in denen die Marken als Elemente der Produktgestaltung fungieren, mithin um dekorative Markenbenutzung[463]; hierzu zählen die Entscheidungen *Arsenal*, *Anheuser-Busch*, *Opel/Autec* sowie *O2*. Die dritte Fallgruppe schließlich umfasst Fälle „referierender" Benutzung von Marken, das heißt ihre Verwendung erfolgt im Zusammenhang mit Aussagen, die sich auf die vom Markeninhaber angebotenen Waren oder Dienstleistungen beziehen (zum Beispiel in Fällen vergleichender Werbung). Entsprechende Konstellationen lagen den frühen Entscheidungen zum Benutzungsbegriff *BMW/Deenik* und *Hölterhoff* sowie der jüngeren Entscheidung *L'Oréal/Bellure* zugrunde. Gleichwohl soll hier an einer weitgehend chronologischen Darstellung festgehalten werden, da sich die Aussagen des EuGH im Sinne einer „Fortentwicklung" verallgemeinern lassen und so für eine abstrakte Konturierung des markenrechtlichen Benutzungsbegriffs aus der Sicht des EuGH nutzbar gemacht werden können.

### *(b) BMW/Deenik*

Erstmals äußerte sich der EuGH 1999 in seiner Entscheidung *BMW/Deenik*[464] zum Problemkreis der Interpretation des markenrechtlichen Benutzungsbegriffs. In jenem Fall ging es um einen von BMW nicht autorisierten Gebrauchtwagenhändler mit angeschlossenem Reparaturbetrieb, der seine Dienstleistungen als speziell auf die vom Markeninhaber produzierten Fahrzeuge ausgerichtet anpries. Konkret verwendete der nicht von BMW autorisierte Händler in seinen Werbeanzeigen die Äußerung „Instandsetzung und Wartung von BMW-Fahrzeugen". Überdies hatte sich der beklagte Gebrauchtwagenhändler als „Fachmann für BMW" bezeichnet. Es handelt sich somit um zwei unterschiedliche Sachverhalte, wobei es sich in beiden Fällen um „referierende Benutzungen" handelte, also um Verwendungen der Marke durch einen Dritten, um eine Aussage über die Produkte des Markeninhabers zu machen.[465] Durch eine solche referierende Benutzung wird die Marke grundsätzlich nicht im Widerspruch, sondern im Einklang mit ihrer primären Funktion, die betreffenden Produkte herkunftsmäßig

462 Vgl. zu dieser Einordnung *Kur*, GRURInt 2008, 1 (2).
463 Siehe dazu ausführlich Kapitel 2.I.1.a)(2)(c)(iii).
464 EuGH Rs. C-063/97, Slg. 1999, I-905 – *BMW/Deenik*.
465 *Kur*, GRURInt 2008, 1 (8).

einem Hersteller zuzuordnen, benutzt.[466] Die Vorlagefragen des niederländischen *Hoge Raad* betrafen die Abgrenzung der Benutzungsbegriffe in Art. 5 Abs. 1 und 2 MRRL vom Benutzungsbegriff des Art. 5 Abs. 5 MRRL, also der Öffnung zugunsten nationaler Regelungen, sofern das Kennzeichen „zu anderen Zwecken als der Unterscheidung von Waren oder Dienstleistungen" verwendet wird.

Zunächst leitet der EuGH aus einer Gegenüberstellung von Art. 5 Abs. 1 und 2 MRRL mit Art. 5 Abs. 5 MRRL das Erfordernis ab, dass Art. 5 Abs. 1 und 2 MRRL eine Benutzung des in Frage stehenden Zeichens zur Unterscheidung von Waren und Dienstleistungen voraussetzt.[467] Der EuGH befand im vorliegenden Fall, dass die referierende Nutzung des Zeichens BMW zur Identifizierung und Unterscheidung von Fahrzeugen benutzt wurde und somit prinzipiell in den Anwendungsbereich der Art. 5 Abs. 1 und 2 MRRL fiele. Der EuGH verfolgte somit ein sehr weitgehendes Verständnis des Benutzungsbegriffs, da im vorliegenden Fall der Beklagte die Zeichen nicht zur Kennzeichnung eigener Waren und Dienstleistungen verwendete, sondern damit auf Waren Dritter hinwies.[468] Ein Herkunftshinweis auf die eigene Dienstleistung oder das eigene Produkt war nach dieser Entscheidung für den Begriff der (rechtsverletzenden) Benutzung als Marke im Sinne des Art. 5 Abs. 1 und Abs. 2 MRRL nicht erforderlich.[469] Vielmehr wurde der Anknüpfungspunkt für den betrieblichen Herkunftshinweis im *Gegenstand* der Dienstleistung, also, bezogen auf den Sachverhaltsabschnitt, der das Reparaturangebot betrifft, die Anpreisung der Reparatur von *BMW*-Fahrzeugen und nicht in der Dienstleistung selbst gesehen.[470] Der EuGH ordnete konsequenterweise die beiden zu beurteilenden Sachverhalte dem Anwendungsbereich des Art. 5 Abs. 1 lit. a) MRRL zu, verneinte jedoch eine jeweilige Markenverletzung aufgrund der Schrankenregelungen des Art. 6 Abs. 1 lit. c) MRRL[471] beziehungsweise der Schranke der Erschöpfung gemäß Art. 7 Abs. 1 MRRL[472].

---

466 *Kur*, GRURInt 2008, 1 (8).

467 EuGH Rs. C-063/97, Slg. 1999, I-905 – *BMW/Deenik*, Rn. 38.

468 In diesem Sinne die Rechtsprechung und herrschende Literatur, vgl. etwa OLG Dresden, NJW 2001, 615 (616) – *Johann Sebastian Bach*; *Hotz*, GRUR 2003, 993 (994); *Kur*, JZ 1999, 838 (840); *Starck*, MarkenR 2005, 169 (170).

469 *Hertz-Eichenrode*, WRP 2008, 1499 (1500).

470 Vgl. *Eichhammer*, S. 93; *Kur*, JZ 1999, 838 (839).

471 Auf diese Schranke, die die Benutzung eines Zeichens zur Angabe der Zweckbestimmung einer Ware oder Dienstleistung gestattet, griff der EuGH für den die Angaben über die Spezialisierung in Reparaturdienstleistungen betreffenden Sachverhalt zurück (EuGH Rs. C-063/97, Slg. 1999, I-905 – *BMW/Deenik*, Rn. 59 f.).

472 Betreffend die Anzeigen über den Vertrieb von BMW-Gebrauchtfahrzeugen (Rn. 50 f.).

### (c) *Hölterhoff*

Die nachfolgende Entscheidung *Hölterhoff*[473], die auf eine Vorlage des OLG Düsseldorf zurückgeht, befasste sich ebenfalls mit einem Fall der referierenden Markenverwendung: Im zu beurteilenden Sachverhalt wurden im Rahmen eines Verkaufsgesprächs von Seiten eines Edelsteinhändlers gegenüber einem Juwelier zur Umschreibung der Beschaffenheit seiner vertriebenen Edelsteine zwei Bezeichnungen verwendet, die der Kläger im Ausgangsverfahren als Marken hatte eintragen lassen. Das OLG kam im Rahmen der Prüfung der Zulässigkeit einer solchen Verwendungshandlung zu der tatsächlichen Feststellung, dass die angegriffene Handlung, also der mündliche Hinweis, nicht als Verweis auf die Herkunft aus dem Betrieb des Klägers verstanden werden könne.[474] Die Vorlagefrage an den EuGH von Seiten des OLG lautete in der Folge, ob, auch wenn eine Benutzung der Marke als betriebliches Herkunftskennzeichen nicht in Betracht komme, gleichwohl von einer Markenverletzung im Sinne des Art. 5 Abs. 1 lit. a) und lit. b) MRRL auszugehen sei.[475]

Der EuGH lehnte es im vorliegenden Fall ab, den Anwendungsbereich des Markenrechts überhaupt als eröffnet anzusehen und beließ es in seinen knappen Ausführungen dazu bei der Feststellung, dass die beschriebene Benutzung der Marke „keines der Interessen beeinträchtigt, deren Schutz Art. 5 Abs. 1 MRRL bezweckt".[476] Wertet man diese Interessen als Teil der Bestimmung der rechtsverletzenden „Benutzung", wie dies teilweise in der Literatur gemacht wird[477], verabschiedet sich der EuGH somit (vermeintlich) von der abstrakt-formalen Betrachtungsweise des Benutzungsbegriffs in der *BMW*-Entscheidung, indem er die Notwendigkeit einer Interessensbeeinträchtigung zur Voraussetzung einer Benutzung von Art. 5 Abs. 1 MRRL macht. Ob diese Interessensbeeinträchtigung indes tatsächlich als notwendige Voraussetzung einer rechtsverletzenden Benutzung angesehen kann, erschien angesichts der wenig konkreten Ausführungen des EuGH vorerst noch unklar.

473 EuGH Rs. C-002/00, Slg. 2002, I-4187 – *Hölterhoff.*
474 EuGH Rs. C-002/00, Slg. 2002, I-4187 – *Hölterhoff*, Rn. 10.
475 EuGH Rs. C-002/00, Slg. 2002, I-4187 – *Hölterhoff*, Rn. 11.
476 EuGH Rs. C-002/00, Slg. 2002, I-4187 – *Hölterhoff*, Rn. 16.
477 Vgl. *Eichhammer*, S. 101.

### *(d) Etablierung einer funktionsorientierten Betrachtung des Benutzungsbegriffs – Die Entscheidungen Arsenal und Anheuser-Busch*

Die am 12.11.2002 ergangene Entscheidung *Arsenal*[478] trug im Gegensatz zur *Hölterhoff*-Entscheidung zur Konturierung des Benutzungsbegriffs zumindest im Anwendungsbereich des Art. 5 Abs. 1 MRRL bei und etablierte dabei erstmals eine funktionsorientierte Betrachtungsweise des Benutzungsbegriffs.[479] Das Urteil betrifft die Benutzung des unter anderem für Bekleidung als Marke geschützten „Arsenal“-Emblems des gleichnamigen Londoner Fußballklubs auf Schals, die von einem nicht autorisierten Hersteller produziert und von einem britischen Händler vertrieben wurden. Dieser Händler wies an seinem Verkaufsstand darauf hin, dass die verwendeten Zeichen ausschließlich Dekorationszwecken dienten und im Übrigen keinerlei Geschäftsbeziehungen mit Herstellern oder autorisierten Vertriebshändlern bestehen würden. Gegen dieses Verhalten erhob der Fußballklub Arsenal London, für den die entsprechenden Zeichen als Marke eingetragen waren, Klage beim englischen *High Court of Justice*. Das Gericht war im Ausgangsverfahren zu der Überzeugung gelangt, dass die verwendeten Zeichen von den beteiligten Verkehrskreisen nicht als Hinweis auf die Herkunft der Waren aufgefasst würden (*badge of origin*), sondern als Ausdruck von Sympathie zum Fußballverein (*badge of support*).[480] Es legte dem EuGH daraufhin die Frage vor, ob sich Dritte gegenüber einer geltend gemachten Markenverletzung nach Art. 5 Abs. 1 lit. a) MRRL damit verteidigen können, dass die angegriffene Benutzung nicht auf die kommerzielle Herkunft hinweise und inwiefern die Wirkungsweise des Zeichens als Ausdruck von Sympathie zum Klub in der Beurteilung zu berücksichtigen ist. Der EuGH stellte zunächst fest, dass dieser Fall dekorativer Zeichenverwendung auf den vom beklagten Händler angeboten Artikeln unter Art. 5 Abs. 1 lit. a) MRRL zu fassen ist, das heißt, dass es sich um eine Benutzung eines mit der Marke identischen Zeichens für Waren handelt, die mit denjenigen identisch sind, für die sie eingetragen sind.[481] Sodann identifizierte der EuGH die Hauptfunktion einer Marke darin, dem Verbraucher die Ursprungsidentität der durch sie gekennzeichneten Waren zu garantieren.[482] Der Marke käme somit zuvorderst die Funktion einer Herkunftsgarantie zu, die der Gemeinschaftsgesetzgeber dadurch anerkannt hätte, dass er in Art. 2 MRRL grafischen Zeichen nur dann Markenfähigkeit zukommen lassen wolle, sofern diese geeignet sind, Waren und Dienstleistungen eines Unternehmens von denen

478 EuGH Rs. C-206/01, Slg. 2002, I-10273 – *Arsenal*.
479 *Knaak*, GRURInt 2008, 91 (92 f.).
480 EuGH Rs. C-206/01, Slg. 2002, I-10273 – *Arsenal*, Rn. 22.
481 EuGH Rs. C-206/01, Slg. 2002, I-10273 – *Arsenal*, Rn. 40.
482 EuGH Rs. C-206/01, Slg. 2002, I-10273 – *Arsenal*, Rn. 48.

eines anderen Unternehmens zu unterscheiden.[483] Aufbauend auf dieser Hervorhebung der Herkunftsgarantie betonte der EuGH, dass von einer Benutzung gemäß Art. 5 Abs. 1 lit. a) MRRL (und, ohne dies ausdrücklich zu betonen, wohl auch von einer Benutzung im Sinne des Art. 5 Abs. 1 lit. b) MRRL) auszugehen sei, wenn diese Benutzung die Funktionen der Marke beeinträchtigen kann, insbesondere diejenige der Gewährleistung der Herkunft der Ware. Insofern sollen bestimmte Handlungen, die ein solch geschütztes Interesse nicht betreffen, vom Anwendungsbereich des Art. 5 Abs. 1 MRRL ausgeklammert werden. Der EuGH bezieht seine Äußerungen dabei explizit auf die im *Hölterhoff*-Fall vorliegende Konstellation einer rein beschreibenden Verwendung eines Zeichens und sieht entsprechende Fälle als nicht unter den Begriff der Benutzung fallend.[484] Die Äußerungen des EuGH können aber nicht dahingehend aufgefasst werden, dass nur solche Fälle vom Benutzungsbegriff des Art. 5 Abs. 1 MRRL auszuklammern sind, auch wenn der EuGH die grundlegende Abweichung der Sachverhaltskonstellationen in *Hölterhoff* und *Arsenal* betont.[485] Vielmehr ist im Anwendungsbereich des Art. 5 Abs. 1 MRRL als Voraussetzung für eine „Benutzung" stets die Berührung von Interessen des Markeninhabers zu fordern. Die Ausführungen des EuGH betreffen dabei, wie schon die Ausführungen in den Fällen *BMW* und *Hölterhoff*, nur den Anwendungsbereich des Art. 5 Abs. 1 MRRL, sodass aus dieser Entscheidung (noch) nicht hervorgeht[486], inwiefern entsprechende „Interessen" auch im Anwendungsbereich des Schutzes der bekannten Marke im Sinne des Art. 5 Abs. 2 MRRL (beziehungsweise Art. 9 Abs. 1 lit. c) GMV) zu berücksichtigen sind.[487]

Im konkreten Falle bejahte der EuGH indes ein berührtes Interesse auf Seiten des Markeninhabers, da angesichts der Aufmachung der mit dem Arsenal-Zeichen bestickten Waren der Eindruck entstehen könnte, dass eine Verbindung im geschäftlichen Verkehr zwischen den betroffenen Waren und dem Markeninhaber bestünde.[488] Die Feststellung des *High Court*, dass die Wirkungsweise des Zeichens vorrangig als Ausdrucksmittel der Sympathie zum Verein (*badge of*

483 EuGH Rs. C-206/01, Slg. 2002, I-10273 – *Arsenal*, Rn. 49.
484 EuGH Rs. C-206/01, Slg. 2002, I-10273 – *Arsenal*, Rn. 54.
485 EuGH Rs. C-206/01, Slg. 2002, I-10273 – *Arsenal*, Rn. 55.
486 Vgl. dazu die nachfolgende Entscheidung *Adidas/Fitnessworld* (siehe sogleich Kapitel 2.I.1.a)(2)(b)(ii)(e).
487 Vgl. *Eichhammer*, S. 110.
488 EuGH Rs. C-206/01, Slg. 2002, I-10273 – *Arsenal*, Rn. 56.

*support)* aufzufassen sei, wurde dabei vom EuGH ebenso als unbeachtlich eingestuft[489] wie die Aufstellung des Hinweisplakats am Verkaufsstand[490].

In der Bewertung der Arsenal-Entscheidung ist *Eichhammer* dahingehend zuzustimmen, dass die Forderung eines notwendig tangierten Interesses vordergründig eine Einschränkung des Markenschutzes zumindest im Bereich des Art. 5 Abs. 1 lit. a) MRRL beziehungsweise Art. 9 Abs. 1 lit. a) GMV bedeutet, indem nunmehr eine Funktionsbeeinträchtigung als zusätzliches Tatbestandsmerkmal zwingend zu fordern ist. Im Anwendungsbereich des Art. 5 Abs. 1 lit. b) MRRL fällt dies wegen der vorausgesetzten Verwechslungsgefahr mit der Prüfung dieses Tatbestandsmerkmals zusammen und bedarf deshalb keiner gesonderten Erwähnung. Im Anwendungsbereich des Art. 5 Abs. 1 lit. a) MRRL vermag dies jedoch sehr wohl Bedeutung erlangen, da im Gegensatz zu Art. 5 Abs. 1 lit. b) MRRL eine Prüfung der Verwechslungsgefahr nicht stattfindet.[491] Insofern bestätigt *Arsenal* die in der Entscheidung *Hölterhoff* bloß angedeutete Einschränkung des Benutzungsbegriffs durch Schaffung des zusätzlichen Merkmals der Interessenbeeinträchtigung durch Ausklammerungen von Handlungen, die Markenfunktionen, insbesondere die Herkunftsfunktion, nicht tangieren. Andeutungsweise enthalten die Ausführungen des EuGH jedoch möglicherweise auch eine gewisse Ausweitung des Markenschutzes im Anwendungsbereich des Art. 5 Abs. 1 lit. a) MRRL, indem die Hauptfunktion der Marke „insbesondere" in der Garantie der Herkunft gesehen wird, in dieser Formulierung daneben aber auch eine Berücksichtigung anderer Markenfunktionen (Qualitätsfunktion, Werbefunktion etc.[492]) außerhalb des Schutzbereichs des Art. 5 Abs. 2 MRRL, dem Schutz der bekannten Marke, nahegelegt wird.[493] Zwar deuten die Ausführungen in der noch zu erörternden *Céline*-Entscheidung dahin, dass eine Tangierung von Nebenfunktionen alleine nicht zu einer Markenverletzung führen kann, was aber wiederum in der *L'Oréal/ Bellure*-Entscheidung revidiert wurde.[494] Dennoch ließen auch bereits die Ausfüh-

---

489 Vielmehr stellte sich der EuGH entgegen den Beobachtungen des *High Court*, welche dem Arsenal-Zeichen auf Fanartikeln die Wirkungsweise als Ursprungshinweis („*badge of origin*") absprach, auf den Standpunkt, dass eine Verwechslungsgefahr im weiteren Sinne, eben durch die mögliche Annahme Dritter über das Bestehen einer geschäftlichen Verbindung, bei der vorliegenden Zeichenverwendung bestünde. Zur Kritik am EuGH wegen vermeintlicher Überschreitung seiner Kompetenzen angesichts dieser entgegenstehenden Feststellung vgl. *Eichhammer*, S. 104, 108 f.

490 EuGH Rs. C-206/01, Slg. 2002, I-10273 – *Arsenal*, Rn. 56.

491 Vgl. dazu die Ausführungen zur Entscheidung des EuGH *L'Oréal/Bellure* (siehe sogleich Kapitel 2.I.1.a)(2)(b)(ii)(h)).

492 Dazu detailliert *Eichhammer*, S. 47 ff.

493 Vgl. Rn. 51 sowie die Schlussanträge des Generalanwalts *Ruiz-Jarabo Colomer* vom 13.6.2002 in der Rs. C-206/01, Slg. 2002, I-10273 – *Arsenal*, Rn. 43.

494 Siehe dazu sogleich Kapitel 2.I.1.a)(2)(b)(ii)(h).

rungen in *Arsenal* den Schluss zu, dass zumindest eine kumulative, akzessorische Berücksichtigung berührter „Nebenfunktionen" neben der Herkunftsfunktion im Identitätsbereich des Art. 5 Abs. 1 lit. a) MRRL möglich ist.[495] Im nachfolgenden *Anheuser-Busch*-Urteil[496] vom 16.11.2004 setzte der EuGH diese Rechtsprechung zum funktionalen, das heißt an den Interessen des Markeninhabers orientierten, Benutzungsbegriff im Wesentlichen fort, ohne jedoch den eigentlichen Benutzungsbegriff inhaltlich weiter zu konturieren[497].

### *(e) Adidas/Fitnessworld*

Die *Adidas/Fitnessworld*-Entscheidung[498] vom 23.10.2003 ging als erste Entscheidung ausdrücklich auf den Anwendungsbereich des Art. 5 Abs. 2 MRRL ein und trug so zur weiteren Klärung des markenrechtlichen Benutzungsbegriffs bei. Das sich in den Niederlanden zutragende Ausgangsverfahren betraf Sportkleidung, die seitlich mit zwei parallelen Streifen versehen war, die von der Firma Adidas im Hinblick auf die für sie eingetragene Bildmarke, das typische, die Bekleidung von Adidas zierende Drei-Streifen-Muster, als rechtsverletzend angesehen wurden. Das nationale Gericht hatte die Gefahr einer Verwechslungsgefahr ausgeschlossen, ein Fall der Doppelidentität gemäß Art. 5 Abs. 1 lit. a) MRRL lag wegen der Verschiedenheit der Zeichen ohnehin nicht vor. Insofern kam ein Verbot der Benutzung auf Grundlage des Art. 5 Abs. 2 MRRL, dem Schutz der bekannten Marke, in Betracht. Der *Hoge Raad* legte dem EuGH Auslegungsfragen vor, die zum einen das Verhältnis von Art. 5 Abs. 1 lit. b) MRRL zu Art. 5 Abs. 2 MRRL betrafen, zum anderen zum

495 Auswirkungen könnte eine Berücksichtigung kumulativ tangierter Funktionen im Anwendungsbereich des Art. 5 Abs. 1 lit. a) MRRL etwa in der Form haben, dass in solchen Fällen hinsichtlich des Rückgriffs auf die Schrankenregelungen des Art. 6 Abs. 1 MRRL, etwa in Fällen unbotmäßiger Zweitverwendung, eine Sperrwirkung erzeugt wird.

496 EuGH Rs. C-245/02, Slg. 2004, I-10989 – *Anheuser/Busch.*

497 Im konkreten Fall ging es um die Verwendung des Handelsnamens „Budweiser" der gleichnamigen tschechischen Brauerei auf den Bierflaschenetiketten ihrer Erzeugnisse. Auf den Etiketten dominierte das Zeichen „Budejovicky Budvar". Unter diesem Zeichen befand sich in kleinerer Schrift der Hinweis „Brewed and Bottled by the brewery Budweiser Budvar national enterprise" Die amerikanische Brauerei sah darin eine Verletzung ihrer eingetragenen Marke „Budweiser". Der vorlegende finnische *Korkein oikeus* (*Oberste Gerichtshof*) legte dem EuGH unter anderem die Frage vor, ob ein Handelsname ein Zeichen „für Waren" im Sinne von Art. 16 Abs. 1 des TRIPS-Übereinkommens sein kann. Der EuGH ist auf diese Frage im Lichte des Art. 5 Abs. 1 MRRL und des in seinem Anwendungsbereich verwendeten Benutzungsbegriffs eingegangen und wiederholt bei der Beantwortung die wesentlichen Aussagen der *Arsenal*-Entscheidung zu den Funktionen einer Marke (Rn. 59). Zu den Aussagen der *Anheuser-Busch* Entscheidung bei der Verwendung von Handelsnamen beziehungsweise Unternehmenskennzeichen vgl. *Henning-Bodewig*, GRURInt 2008, 301 (307).

498 EuGH Rs. C-480/01, Slg. 2003, I-12537 – *Adidas/Fitnessworld.*

Inhalt hatten, welche Bedeutung dem Umstand zukomme, dass das beanstandete Zeichen von den beteiligten Verkehrskreisen nur als Verzierung aufgefasst wird.[499]

Direkt zum Benutzungsbegriff äußerte sich der EuGH in seiner Stellungnahme nicht; gleichwohl macht die Entscheidung deutlich, dass der EuGH andere Maßstäbe an eine rechtsverletzende Benutzung im Bereich des fakultativen (beziehungsweise im Bereich des Gemeinschaftsmarkenrechts obligatorischen) Schutzes bekannter Marken ansetzen will als im Anwendungsfeld des Art. 5 Abs. 1 MRRL. So setzt der EuGH für einen Markenschutz im Rahmen des Art. 5 Abs. 2 MRRL nicht voraus, dass zwischen der angegriffenen bekannten Marke und dem Zeichen ein Ähnlichkeitsgrad besteht, der eine Verwechslungsgefahr und damit eine mögliche Sanktionierung nach Art. 5 Abs. 1 lit. b) MRRL begründe. Vielmehr soll ein solcher Grad an Zeichenähnlichkeit genügen, der bewirke, dass die beteiligten Verkehrskreise das Zeichen und die Marke gedanklich miteinander verknüpfen.[500] Die Wirkungsweise als Verzierung schließt dabei die gedankliche Verknüpfung und den Schutz des Art. 5 Abs. 2 MRRL nicht aus.[501]

### *(f) Opel/Autec*

Das *Opel/Autec*-Urteil[502] vom 25.1.2007 behandelte einen Fall dekorativer Markenverwendung. Ein mit dem Automobilhersteller Opel nicht in geschäftlicher Verbindung stehender Hersteller ferngesteuerter Spielzeugautos hatte das Opel-Logo auf dem Kühlergrill eines seiner Modelle angebracht, um das Originalfahrzeug möglichst naturgetreu nachzubilden. Die Adam Opel AG klagte daraufhin vor dem zuständigen Landgericht Nürnberg-Fürth wegen Verletzung ihres Markenlogos, das nicht nur für Kraftfahrzeuge, sondern auch für Spielzeug eingetragen war.

Das Landgericht Nürnberg-Fürth wollte unter anderem wissen, ob in der Anbringung dieses Logos auf Spielzeugen eine Benutzung im Sinne des Art. 5 Abs. 1 lit. a) MRRL zu sehen sei beziehungsweise ob gegebenenfalls eine Schranke des Art. 6 Abs. 1 MRRL (Art. 12 GMV) eingreife. Selbst tendierte das Landgericht unter Berücksichtigung des *BMW*-Urteils zur Annahme einer relevanten Nutzungshandlung[503], da die Beklagte das Opel-Zeichen als „Marke“ verwende, weil das Zeichen auf den Hersteller des Originals hinweise.[504]

---

499 EuGH Rs. C-480/01, Slg. 2003, I-12537 – *Adidas/Fitnessworld*, Rn. 12.
500 EuGH Rs. C-480/01, Slg. 2003, I-12537 – *Adidas/Fitnessworld*, Rn. 31.
501 Siehe dazu vertieft Kapitel 2.I.1.a)(2)(c)(iii).
502 EuGH Rs. C 48/05, Slg. 2007, I-1023 – *Opel/Autec*.
503 EuGH Rs. C 48/05, Slg. 2007, I-1023 – *Opel/Autec*, Rn. 13.
504 EuGH Rs. C 48/05, Slg. 2007, I-1023 – *Opel/Autec*, Rn. 12.

Einführend knüpfte der EuGH an seine *Arsenal*-Rechtsprechung an und stellte klar, dass eine Markenverletzung im Anwendungsbereich des Art. 5 Abs. 1 lit. a) MRRL nur in Betracht kommt, sofern die Benutzung des Zeichens die Funktion der Marke und insbesondere ihre Hauptfunktion, die Gewährleistung der Herkunft gegenüber den Verbrauchern, beeinträchtigen könnte.[505] Eine solche Beeinträchtigung der Herkunftsgarantie wäre nach Auffassung des EuGH in einem Fall wie dem vorliegenden nicht gegeben, wenn, wie im Ausgangsstreit vom LG Nürnberg-Fürth angedeutet, eine Verwechslungsgefahr nicht besteht.[506] Sodann widmet sich der EuGH der Frage, ob und inwiefern der Spielzeughersteller das Opel-Logo als für Kraftfahrzeuge eingetragene Marken im Anwendungsbereich des Art. 5 Abs. 1 lit. a) MRRL benutze, da im Fall *BMW/Deenik* Gegenstand der Reparaturdienstleistungen Fahrzeuge der Marke BMW waren und der EuGH diesen *Gegenstand* als maßgeblich für die Bestimmung der geforderten Waren- und Dienstleistungsidentität erachtet. Dies wird für den vorliegenden Fall verneint[507] und damit wohl im Ergebnis eine teilweise Abkehr vom weiten Verständnis des Benutzungsbegriffs des *BMW*-Urteils vorgenommen.[508] Der EuGH sieht die Einschlägigkeit des Art. 5 Abs. 1 lit. a) MRRL im *BMW*-Urteil den „spezifischen Umständen der Rechtssache" geschuldet[509], um sodann festzustellen, dass abgesehen von dieser spezifischen (Ausnahme-)Konstellation die Benutzung einer Marke nur dann unter Art. 5 Abs. 1 lit. a) MRRL (beziehungsweise Art. 9 Abs. 1 lit. a) GMV) fällt, wenn die Benutzung eines mit der Marke identischen Zeichens für von Dritten *vertriebene* Waren oder *erbrachte* Dienstleistungen in

505 EuGH Rs. C 48/05, Slg. 2007, I-1023 – *Opel/Autec*, Rn. 21.

506 Die Stellungnahme des EuGH zur möglichen Benutzung im Sinne des Art. 5 Abs. 1 lit. a) MRRL widerspricht den Ausführungen des Generalanwalts *Colomer*, der einem nach dem Vorbild der Marke angebrachten Logo die markenmäßige Funktion absprechen wollte, weil das Merchandising mittels originalgetreuen Modellen eine automatische Assoziation des Verkehrs zwischen Hersteller und verwendetem Zeichen ausschlösse. Diese Ausführungen sind im Schrifttum teilweise kritisiert worden, weil mit einer solchen Auslegung im konkreten Fall verkannt würde, dass auch der Inhaber einer Originalmarke ein schützenswertes Recht innehat, da auch dieser die Marke (als Marke für Spielzeuge) unter Umständen nutzt, so *Eisenführ/Schennen*, Art. 12 Rn. 58. Andere wiederum verwiesen darauf, dass der Inhaber eines für den Primärmarkt geschützten Zeichens je nach Entwicklung eines Folgemarkts (zum Beispiel eben Spielzeugautos), für den die Marke dann auch eingetragen ist, weitgehenden Kennzeichenschutz auf Folgemärkten erreichen könnte, ohne dass das Kennzeichen auf dem Folgemarkt sich diesen Schutz durch Etablierung einer (eigenen) Herkunftsfunktion, das heißt durch Leistung, erworben habe (so *Karl*, EuZW 2007, 181).

507 EuGH Rs. C 48/05, Slg. 2007, I-1023 – *Opel/Autec*, Rn. 30.

508 So *Hertz-Eichenrode*, WRP 2008, 1499 (1501).

509 EuGH Rs. C 48/05, Slg. 2007, I-1023 – *Opel/Autec*, Rn. 27.

Frage steht, die mit denjenigen identisch sind, für die die Marke eingetragen ist.[510] Diese einschränkende Auslegung leitet der EuGH zum einen dem Wortlaut des Art. 5 Abs. 1 lit. a) MRRL ab, der untersagt, das in Frage stehende Zeichen „*für* Waren oder Dienstleistungen zu benutzen", was bezeuge, dass nur die von Dritten vertriebenen Waren von der Vorschrift umfasst sein können. Zum anderen führt er die Systematik der Art. 5 und Art. 6 MRRL als Beleg für ein restriktives Verständnis des Art. 5 Abs. 1 lit. a) MRRL an. So würde die Annahme eines weit verstandenen Benutzungsbegriffs, der auch die vom klagenden Markeninhaber angebotenen Waren und Dienstleistungen umfasst, letztlich von der Auslegung des Benutzungsbegriffs innerhalb der Schrankenregelungen der Art. 6 Abs. 1 lit. b) und c) MRRL divergieren, die zwangsläufig nur von Dritten angebotene Waren und Dienstleistungen umfassen. Eine solche unterschiedliche Auslegung der Benutzungsbegriffe in Art. 5 MRRL beziehungsweise Art. 6 MRRL widerspräche jedoch nach Ansicht des EuGH der Systematik der Markenrechtsrichtlinie.[511] Zwar scheint der EuGH seine *BMW*-Rechtsprechung nicht vollkommen aufgeben zu wollen, indem er an der Fallgruppe der Markennennung durch einen außenstehenden Dienstleistungsanbieter, dessen Dienste sich gegenständlich auf Waren des Markeninhabers beziehen, festzuhalten gedenkt[512]; gleichwohl erfolgt durch die getroffenen Ausführungen eine verstärkte Konkretisierung des Benutzungsbegriffs zumindest im Anwendungsbereich des Art. 5 Abs. 1 MRRL. Abseits des genannten Ausnahmefalles, der eine Markennennung für Waren lediglich im Bereich der Dienstleistungserbringung im Anwendungsfeld des Art. 5 Abs. 1 lit. a) MRRL als relevante Benutzungshandlung vorsieht, reicht es für eine rechtsverletzende Benutzung als Marke nicht mehr aus, wenn die Marke als Hinweis auf die Waren oder Dienstleistungen eines Dritten benutzt wird. Das Zeichen muss vielmehr für die vom Verletzer hergestellten Waren oder Dienstleistungen verwendet werden.[513]

In einem zweiten Abschnitt äußert sich der EuGH – über die eigentlichen Vorlagefragen hinaus – auch zum Schutz der bekannten Marke nach

---

510 EuGH Rs. C 48/05, Slg. 2007, I-1023 – *Opel/Autec*, Rn. 28. In konsequenter Umsetzung der *Opel/*Autec-Entscheidung urteilte der BGH als letzte Instanz des nationalen Gerichtsprozesses, dass es „im Rahmen des Identitätsschutzes der Marke nach § 14 Abs. 2 Nr. 1 MarkenG (…) nur auf Beeinträchtigungen der Funktionen der Marke an(kommt), soweit sie für Waren oder Dienstleistungen eingetragen und benutzt wird, die mit denjenigen identisch sind, für die das angegriffene Zeichen benutzt wird" (GRUR 2010, 726 – *Opel-Blitz II*). Auch kam der Marke im konkreten Fall kein Bekanntheitsschutz zu, da weder von einer Rufbeeinträchtigung noch von einer Rufausbeutung der für Kraftfahrzeuge bekannten Marke ausgegangen werden konnte. Zur Entscheidung des BGH *Fezer*, GRUR 2010, 953 (959 f.).

511 EuGH Rs. C 48/05, Slg. 2007, I-1023 – *Opel/Autec*, Rn. 29.

512 EuGH Rs. C 48/05, Slg. 2007, I-1023 – *Opel/Autec*, Rn. 27. Siehe auch den Begründungsansatz bei *Eichhammer*, S. 95 ff., 121.

513 *Hertz-Eichenrode*, WRP 2008, 1499 (1501).

Art. 5 Abs. 2 MRRL. Dabei wird seitens des EuGH bei den Ausführungen zu Art. 5 Abs. 2 MRRL, wie bereits im *Adidas/Fitnessworld*-Urteil, weder auf den Benutzungsbegriff eingegangen noch die Notwendigkeit einer Funktionsbeeinträchtigung angesprochen. Vielmehr wird auf die Notwendigkeit einer Funktionsbeeinträchtigung nur im Rahmen der abschließenden Antwort zu Art. 5 Abs. 1 lit. a) MRRL eingegangen, nicht jedoch bei den Erläuterungen zu Art. 5 Abs. 2 MRRL.[514] Im Bereich des Schutzes bekannter Marken läge eine relevante Benutzungshandlung nur dann vor, wenn sich eine Benutzung feststellen ließe, die zu einer der drei in Art. 5 Abs. 2 MRRL genannten Eingriffsfolgen führe.[515] Darüber hinaus scheint der EuGH jedoch keine ungeschriebenen Tatbestandsmerkmale wie im Anwendungsbereich des Art. 5 Abs. 1 MRRL vorauszusetzen. Auch der Begriff der notwendigen gedanklichen Verknüpfung taucht in der Argumentation des EuGH nicht mehr auf. Diese voneinander divergierenden Antworten zur Einschlägigkeit einer Verletzungshandlung lassen auf eine gewollte unterschiedliche Auslegung des Begriffs der Benutzung aus der Warte des EuGH schließen.[516]

#### *(g) Céline*

In der *Céline*-Entscheidung vom 11.9.2007[517] bot sich dem EuGH eine erneute Gelegenheit zur Konkretisierung des Benutzungsbegriffs. Im Ausgangsstreit klagte ein Bekleidungsunternehmen (Céline SA) wegen Verletzung seiner (älteren) eingetragenen Marke „Céline" gegen ein anderes Bekleidungsunternehmen, das dieses Zeichen als Unternehmenskennzeichen führte. Die Beklagte verteidigte sich mit dem Argument, dass die Verwendung als Unternehmenskennzeichen keine Markenverletzung darstelle, da ein Unternehmenskennzeichen nicht die Funktion hätte, Waren und Dienstleistungen zu kennzeichnen.[518] Der vorlegende *Cour d'appel de Nancy* stellte dem EuGH daher die Frage, ob die Übernahme einer eingetragenen Wortmarke als Unternehmenskennzeichen im Anwendungsbereich des Art. 5 Abs. 1 MRRL eine rechtsverletzende Benutzung darstellen könne.[519]

Der EuGH beginnt seine Ausführungen mit den Voraussetzungen für eine Erfüllung des Art. 5 Abs. 1 lit. a) MRRL und verweist insofern auf die Ausfüh-

514 EuGH Rs. C 48/05, Slg. 2007, I-1023 – *Opel/Autec*, Rn. 29.
515 EuGH Rs. C 48/05, Slg. 2007, I-1023 – *Opel/Autec*, Rn. 36.
516 So auch *Knaak*, GRURInt 2008, 91 (94); *Kur*, GRURInt 2008, 1 (5).
517 EuGH Rs. C-17/06, Slg. 2007, I-7041 – *Céline*.
518 EuGH Rs. C-17/06, Slg. 2007 I-7041 – *Céline*, Rn. 11.
519 EuGH Rs. C-17/06, Slg. 2007, I-7041 – *Céline*, Rn. 12.

rungen in den Entscheidungen *Arsenal*[520], *Anheuser-Busch*[521] und *Opel/Autec*[522]. Sofern ein identisches Zeichen von einem Dritten verwendet werde, muss die Benutzung im geschäftlichen Verkehr erfolgen, und zwar ohne Zustimmung des Markeninhabers. Darüber hinaus muss eine Verwendung *für* identische Waren oder Dienstleistungen vorliegen sowie eine Funktionsbeeinträchtigung möglich erscheinen.[523] Nach der Subsumtion des Sachverhalts unter die beiden erstgenannten Tatbestandsmerkmale[524] widmet sich der EuGH der Frage, inwiefern die Verwendung als Unternehmensbezeichnung eine Benutzung „für Waren und Dienstleistungen" darstellt. Allgemein stellt der EuGH klar, dass, sofern ein Unternehmenskennzeichen *nur* für die nähere Bezeichnung eines Unternehmens verwendet wird, dies nicht als Benutzung „für Waren oder Dienstleistungen" im Sinne des Art. 5 Abs. 1 MRRL angesehen werden kann, sondern in den Anwendungsbereich des Art. 5 Abs. 5 MRRL fällt.[525] Hingegen läge eine Benutzung „für Waren" im Sinne von Art. 5 Abs. 1 MRRL zum einen dann vor, wenn ein Dritter das in Frage stehende Zeichen, das er als Unternehmenskennzeichen verwendet, auf seinen vertriebenen Waren anbringt, zum anderen dann, wenn eine Benutzung durch einen Dritten in der Weise erfolgt, dass eine Verbindung zwischen dem Zeichen, das die Unternehmenskennzeichnung bildet, sowie den vom Markeninhaber vertriebenen Waren oder erbrachten Dienstleistungen hergestellt wird.[526] Entscheidend für den Benutzungsbegriff sind jedoch die anschließenden Erörterungen zur notwendigen Funktionsbeeinträchtigung. Im Gegensatz zu seinen Ausführungen in der *Opel/Autec*-Entscheidung beschränkt sich der EuGH nicht nur auf eine Wiedergabe der bekannten Formel aus der *Arsenal*-Entscheidung, der zufolge die in Frage stehende Benutzung des Zeichens die Funktionen der Marke und insbesondere ihre Hauptfunktion, die Gewährleistung der Herkunft von Waren und Dienstleistungen gegenüber Verbrauchern, beeinträchtigen können muss[527], sondern konkretisiert diese sodann. So soll eine Funktionsbeeinträchtigung im Anwendungsbereich des Art. 5 Abs. 1 lit. a) MRRL dann vorliegen, wenn das Zeichen von dem Dritten für seine Waren oder Dienstleistungen in der Weise benutzt wird, dass die Verbraucher es als Bezeichnung des Ursprungs der betreffenden Waren oder Dienstleistungen auffassen.[528] Die Ausführungen des

---

520 Siehe Kapitel 2.I.1.a)(2)(b)(ii)(d).
521 Siehe Fn. 497.
522 Siehe Kapitel 2.I.1.a)(2)(b)(ii)(f).
523 EuGH Rs. C-17/06, Slg. 2007, I-7041 – *Céline*, Rn. 16.
524 EuGH Rs. C-17/06, Slg. 2007, I-7041 – *Céline*, Rn. 17 f.
525 EuGH Rs. C-17/06, Slg. 2007, I-7041 – *Céline*, Rn. 20 f.
526 EuGH Rs. C-17/06, Slg. 2007, I-7041 – *Céline*, Rn. 22 f.
527 EuGH Rs. C-17/06, Slg. 2007, I-7041 – *Céline*, Rn. 26.
528 EuGH Rs. C-17/06, Slg. 2007, I-7041 – *Céline*, Rn. 27.

EuGH lassen darauf schließen, dass einzig die Beeinträchtigung der Herkunftsfunktion eine Rechtsverletzung begründen kann.[529] In Bezug auf Art. 5 Abs. 2 MRRL scheint der EuGH wieder zu einer einheitlichen Auslegung der Benutzung tendieren zu wollen. So sieht er es in Abgrenzung zu Art. 5 Abs. 5 MRRL sowohl für Art. 5 Abs. 1 als auch für Abs. 2 MRRL als maßgeblich an, ob eine Benutzung zur *Unterscheidung* von Waren und Dienstleistungen vorliegt oder ob Verwendungen betreffend anderer Zwecke als zur Unterscheidung von Waren und Dienstleistungen erfolgen.[530]

###### *(h) L'Oréal/Bellure*

Die am 18. Juni 2009 ergangene *L'Oréal/Bellure* Entscheidung[531] erweitert in expliziter Weise den Identitätsschutz des Art. 5 Abs. 1 lit. a) MRRL und befindet sich damit endgültig auf der bereits in der Entscheidung *Arsenal* anklingenden Richtlinie eines umfassenden, über die Herkunftsfunktion hinausgehenden Markenschutzes im Anwendungsbereich des Art. 5 Abs. 1 lit. a) MRRL. Damit wird auch der einschränkenden Auslegung in der Entscheidung *Céline* ein stückweit widersprochen, die den Anwendungsbereich des Identitätsschutzes wohl auf eine zwingende Verletzung der Herkunftsfunktion bezog. Im Ausgangsstreitverfahren wehrten sich mehrere bekannte Parfumhersteller, allesamt zur Gruppe L'Oréal gehörig, gegen den Vertrieb von Flakons und Verpackungen, die Imitationen bekannter Parfums beinhalten und ihrerseits den Verpackungen und Flakons der bekannten Parfummarken ähnlich waren. Außerdem verwenden die beklagten Gesellschaften Vergleichslisten, die Einzelhändlern übermittelt werden und die die Wortmarke des Luxusparfums aufweisen, die das vertriebene Parfum imitiert. L'Oréal erhob beim *High Court of London* Klage wegen Markenverletzung.

Dieser legte dem EuGH unter anderem die Frage vor, ob die Benutzung einer (notorisch) bekannten eingetragenen Marke als Verletzung gemäß Art. 5 Abs. 1 lit. a) MRRL (= Art. 9 Abs. 1 lit. a) GMV) anzusehen ist, wenn weder eine Verwechslungsgefahr vorliegt, noch der Verkauf der Produkte beeinträchtigt wird, nicht die Herkunftsfunktion beeinträchtigt beziehungsweise rufschädigend oder verwässernd gehandelt wird, jedoch die Verwendung für die Vermarktung des Imitationsprodukts eine bedeutende Rolle spielt. Ebenso stellte der *High Court* dem Gerichtshof die Frage, ob im Anwendungsbereich des Art. 5 Abs. 2 MRRL die bloße Ausnutzung des Rufs der eingetragenen Marke eine Benutzung in „unlauterer Weise“ begründe, wenn eine Gefährdung der Herkunftsfunktion,

529 Diesem Eindruck wurde jedoch in der jüngst ergangenen Entscheidung *L'Oréal/Bellure* ausdrücklich entgegengewirkt, siehe dazu sogleich Kapitel 2.I.1.a)(2)(b)(ii)(h).

530 EuGH Rs. C-17/06, Slg. 2007, I-7041 – *Céline*, Rn. 20.

531 EuGH Rs. C-487/07, Slg. 2009, I-5185 – *L'Oréal/Bellure*.

eine Rufbeeinträchtigung *et cetera* nicht zu besorgen sind. Bezüglich der ersten Frage stellte der EuGH zunächst fest, dass die Verwendung der streitgegenständlichen Marken in Vergleichslisten eine Handlung darstelle, die in den Anwendungsbereich des Art. 5 Abs. 1 lit. a) MRRL falle, da sie auch für Waren verwendet wurden, die mit denjenigen identisch sind, die unter den streitigen Marken von L'Oréal vertrieben werden. Sodann knüpfte der EuGH an seine bisherige Rechtsprechung an und stellte fest, „dass das in Art. 5 Abs. 1 lit. a) MRRL niedergelegte ausschließliche Recht gewährt wurde, um dem Markeninhaber den Schutz seiner spezifischen Interessen als Inhaber der Marke zu erfüllen, das heißt um sicherzustellen, dass diese Marke ihre Funktionen erfüllen kann, und dass die Ausübung dieses Rechts daher auf Fälle beschränkt bleiben muss, in denen die Benutzung des Zeichens durch einen Dritten die Funktionen der Marke und insbesondere ihre Hauptfunktion, das heißt die Gewährleistung der Herkunft der Ware gegenüber den Verbrauchern, beeinträchtigt oder beeinträchtigen könnte".[532] Sodann hebt der EuGH jedoch explizit hervor, dass neben der Herkunftsfunktion als Hauptfunktion der Marke unter anderem die Gewährleistung der Qualität der Ware oder Dienstleistung, also eine Qualitätsfunktion, sowie eine Kommunikations-, Investitions- und Werbefunktion zum Schutzumfang des Art. 5 Abs. 1 lit. a) MRRL gehörten.[533] Der so gewährleistete absolute Schutz sei demnach weiter als der Schutz nach Art. 5 Abs. 1 lit. b) MRRL, dessen Anwendung das Vorliegen einer Verwechslungsgefahr und demnach die Möglichkeit der Beeinträchtigung einer Hauptfunktion, also der Herkunftsfunktion, voraussetzt.[534] Werden jedoch keine Funktionen der Marke durch die Verwendung eines identischen Zeichens für identische Waren oder Dienstleistungen beeinträchtigt, kann auf Grundlage des Art. 5 Abs. 1 lit. a) MRRL einer Benutzung nicht widersprochen werden.[535]

Dieses Urteil stellt somit erstmals klar, dass auch ohne Beeinträchtigung der Herkunftsfunktion eine Markenverletzung nach Art. 5 Abs. 1 lit. a) MRRL bejaht werden kann, sofern nur eine andere Funktion der Marke durch die Verwendung beeinträchtigt werden könnte.

Der EuGH äußert sich ebenfalls zur Auslegung des Art. 5 Abs. 2 MRRL, dem Sonderschutz der bekannten Marke, ohne dabei für dessen Reichweite wesentlich neues vorzubringen. Festgestellt wird nur, dass das Vorliegen unlauterer Ausnutzung der Unterscheidungskraft oder der Wertschätzung einer Marke im

532 EuGH Rs. C-487/07, Slg. 2009, I-5185 – *L'Oréal/Bellure*, Rn. 58 unter Verweis auf die Urteile *Arsenal*, *Anheuser-Busch* sowie *Opel/Autec*.

533 EuGH Rs. C-487/07, Slg. 2009, I-5185 – *L'Oréal/Bellure*, Rn. 58.

534 EuGH Rs. C-487/07, Slg. 2009, I-5185 – *L'Oréal/Bellure*, Rn. 59.

535 EuGH Rs. C-487/07, Slg. 2009, I-5185 – *L'Oréal/Bellure*, Rn. 60f. unter Verweis auf die Situation in der Entscheidung *Hölterhoff*.

Sinne von Art. 5 Abs. 2 MRRL weder das Bestehen einer Verwechslungsgefahr noch die Gefahr einer Beeinträchtigung dieser Unterscheidungskraft oder Wertschätzung oder allgemein des Inhabers der Marke voraussetzt. Damit wird letztlich nur festgestellt, dass die Rufausbeutung als eigenständige Fallgruppe des Art. 5 Abs. 2 MRRL auch ohne die weiteren Voraussetzungen einer Rufbeeinträchtigung zur Markenverletzung über den Sonderschutz bekannter Marken führen kann.[536]

(iii) Zwischenergebnis

Der EuGH hat sich von seiner ursprünglich abstrakt-formalen Betrachtungsweise im *BMW/Deenik*-Urteil, in der für die Bejahung einer Benutzung im Sinne der Art. 5 Abs. 1 und 2 MRRL in negativer Abgrenzung zu Art. 5 Abs. 5 MRRL als entscheidend angesehen wurde, „ob die Marke zur Unterscheidung von Waren oder Dienstleistungen als solche eines bestimmten Unternehmens, also als *Marke*, benutzt werde, oder ob die Benutzung zu anderen Zwecken erfolge“[537], hin zu einem weitaus differenzierteren, auf die materiellen Interessen des Markeninhabers abstellenden Benutzungsbegriff, zumindest im Anwendungsbereich des Art. 5 Abs. 1 MRRL, hingewandt. Zusätzlich zu einer Benutzung „für Waren und Dienstleistungen“ muss für eine markenverletzende Benutzung im Identitätsbereich des Art. 5 Abs. 1 lit. a) MRRL eine Beeinträchtigung markenrechtlicher Funktionen, im Anwendungsbereich des Art. 5 Abs. 1 lit. b) MRRL speziell der Herkunftsfunktion vorliegen. Eine Beeinträchtigung der Herkunftsfunktion kommt nach dem in *Opel/Autec* nunmehr revidierten „engen“ Verständnis des Art. 5 Abs. 1 MRRL nur in Betracht, sofern der Verletzer das Zeichen zur Kennzeichnung eigener Produkte verwendet. Dies hat etwa im Bereich der Verwendung von Handelsnamen und Unternehmensbezeichnungen zur Folge, dass ein Rückgriff auf markenrechtliche Schrankenregelungen wie Art. 6 Abs. 1 MRRL mangels einschlägiger Benutzungshandlung nicht mehr erfolgen muss.

Für den Schutz der bekannten Marke scheint der EuGH trotz gewisser Unklarheit einen anderen Weg gehen zu wollen: Zwar bezieht der EuGH im *BMW/Deenik*-

---

536 Die Ausführungen des EuGH führen jedoch zur begrifflichen Konturierung des Tatbestands der Rufausbeutung. So führt der EuGH in Rn. 50 der Entscheidung aus, dass „(...) eine unlautere Ausnutzung der Unterscheidungskraft oder der Wertschätzung der Marke durch den Dritten (vorliegt), wenn dieser durch die Verwendung versucht, sich in den Bereich der Sogwirkung dieser Marke zu begeben, um von ihrer Anziehungskraft, ihrem Ruf und ihrem Ansehen zu profitieren und um ohne finanzielle Gegenleistung die wirtschaftlichen Anstrengungen des Markeninhabers zur Schaffung und Aufrechterhaltung des Images dieser Marke auszunutzen.

537 EuGH Rs. C-063/97, Slg. 1999, I-905 – *BMW/Deenik*, Rn. 38. Kritisch dazu *Sack* (WRP 2010, 198 [205 f.]), wobei nach hiesiger Ansicht eine solch abstrakt-formale Betrachtungsweise durch den EuGH nicht mehr angenommen werden kann.

Urteil über den konkreten Vorlagefall hinaus die herkunftsbezogene Definition des Benutzungsbegriffs auch ausdrücklich auf den erweiterten (im nationalen Recht fakultativen) Schutz der bekannten Marke. Im späteren Urteil *Opel/Autec* verzichtet er im Anwendungsbereich des Art. 5 Abs. 2 MRRL jedoch auf das Vorliegen einer Funktionsbeeinträchtigung und macht damit deutlich, dass insbesondere die Herkunftsbezogenheit im Anwendungsbereich des Schutzes bekannter Marken nicht im Vordergrund steht. Vielmehr orientiert sich der EuGH wortlautgetreu an den in Art. 5 Abs. 2 MRRL geregelten Eingriffsfolgen. Einzig die Einschränkung, dass auch hier eine Verwendung „für Waren oder Dienstleistungen" erfolgen muss, gilt auch im Schutzbereich der bekannten Marke, nicht jedoch, dass das Zeichen etwa zur Unterscheidung von Waren und Dienstleistungen verwendet wird.[538] Dagegen lässt sich auch nicht die Argumentation des EuGH im *Céline*-Urteil anführen. Die Erwähnung des Art. 5 Abs. 2 MRRL erfolgte wohl weniger zur Konturierung des markenrechtlichen Schutzbereichs der bekannten Marke, als vielmehr zur Abgrenzung von den Regelungen, die nach Art. 5 Abs. 5 MRRL gerade nicht vom Markenrecht erfasst werden sollen. Dies wird insbesondere daran deutlich, dass die Entscheidung zu Art. 5 Abs. 1 lit. a) MRRL erging. Eine konkrete Aussage zu Art. 5 Abs. 1 lit. b) MRRL oder zu Art. 5 Abs. 2 MRRL wird gerade nicht getroffen.[539]

Dennoch können diesbezüglich letzte Zweifel nicht ausgeräumt werden; hier bleibt eine klärende Aussage des EuGH abzuwarten. Die Tatsache, dass der EuGH in *L'Oréal/Bellure* der Marke über den Schutz der Herkunftsfunktion hinaus einen originären Schutz bei der Beeinträchtigung sonstiger Funktionen gewährte[540], spricht gegen eine solch verengende Auslegung. Ob der EuGH hingegen am Erfordernis der „gedanklichen Verknüpfung" aus dem *Adidas/Fitnessworld*-Urteil festhält, erscheint nach den (fehlenden) Aussagen im *Opel/Autec*-Urteil ebenso fraglich, wird jedoch in den meisten Konstellationen praktisch keine Relevanz haben.[541] Auf die jeweiligen Unterschiede in der Auslegung wird bei der Konkretisierung der Möglichkeiten eines ergänzenden Kennzeichenschutzes eingegangen.

---

538 Kritisch zu dieser, von der Herkunftsfunktion losgelösten, weiten Auslegung *Leistner* (CMLR 2008, 69 [86]), der darauf hinweist, dass ein solch weites Verständnis die Gefahr der Monopolisierung von Kennzeichen auf Sekundärmärkten begründet.

539 *Eichhammer*, S. 124; Andere Ansicht *Knaak* (GRURInt 2008, 91 [95]), der in dieser Passage einen Beleg für die Rückkehr des EuGH zu einem einheitlichen Benutzungsbegriff für Art. 5 Abs. 1 MRRL und Art. 5 Abs. 2 MRRL sieht. Ebenso *Sack*, WRP 2010, 198 (202).

540 Dazu kritisch *Ohly*, IIC 2010, 514 (519); *ders.*, GRUR 2010, 776 (782).

541 Einzig in Fällen, wo ein Markenschutz mangels Warenähnlichkeit nicht auf der Grundlage von Art. 5 Abs. 1 MRRL (= Art. 9 Abs. 1 lit. a) und b) GMV) gewährleistet werden kann, mag die gedankliche Verknüpfung im Einzelfall tatbestandsbegrenzende Funktion entfalten. Siehe dazu näher unten Kapitel 2.I.2.c)(4)(b)(iv).

Im hiesigen Verständnis ist im Ergebnis von einem „gespaltenen Benutzungsbegriff" auszugehen: Während der EuGH im Anwendungsbereich des Art. 5 Abs. 1 MRRL (beziehungsweise Art. 9 Abs. 1 lit. a) – b) GMV) ein Verständnis der rechtsverletzenden Benutzungshandlung in Richtung einer notwendigen Funktionsbeeinträchtigung voraussetzt[542], setzt der Schutz der bekannten Marke nur eine Verwendung „für Waren oder Dienstleistungen" voraus. Diese Spaltung der Anforderungen an eine rechtsverletzende Benutzung erscheint zwar einigen Bedenken ausgesetzt[543], ist aber in letzter Konsequenz nachvollziehbar und begrüßenswert. Ein Schutz bekannter Marken über ihre eigentliche Funktion als Ursprungskennzeichen, wie ihn die Markenrechtsrichtlinie und die Gemeinschaftsmarkenverordnung vorsehen, war unter Geltung des alten Warenzeichengesetzes nicht geregelt und wurde lediglich in Bereichen außerhalb des Markenrechts rudimentär durch die Rechtsprechung auf Grundlage des UWG oder subsidiär auch des BGB gewährleistet. Insofern verbietet sich bereits mangels entsprechender Vorregelung ein Festhalten an tradierten Begrifflichkeiten. Schon die Erwägungsgründe zur Markenrechtsrichtlinie und der Gemeinschaftsmarkenverordnung beziehen den Schutz der Herkunftsfunktion nur auf Fälle der Doppelidentität sowie auf Fälle bestehender Verwechslungsgefahr[544]; der weitergehende Schutz bekannter Marken bleibt hingegen in diesem Zusammenhang unerwähnt. Vielmehr ist mit *Hacker* davon auszugehen, dass der Schutz der bekannten Marke gerade diejenigen (Neben-)Funktionen einer Marke betreffen soll, die diese über ihren Status als bloßes Herkunftskennzeichen erlangt haben können, wie etwa eine mit dem Kennzeichen verbundene besondere Qualitätsvorstellung.[545] Dass für den Identitätsbereich nach der jüngsten Rechtsprechung des EuGH ein absoluter, von der Beeinträchtigung der Herkunftsfunktion unabhängiger Schutz gelten soll, tut diesem Verständnis keinen Abbruch. Ein Festhalten am tradierten Erfordernis der markenmäßigen Benutzung, also der Verwendung als Ursprungsbezeichnung, ist angesichts dieser Schutzrichtung weder sachlogisch noch normativ begründbar.[546]

542 Konkret der EuGH in *Céline* (Rn. 27) bezogen auf die (zumindest im Anwendungsbereich des § 5 Abs. 1 lit. b) MRRL notwendige) Beeinträchtigung der Herkunftsfunktion, wo das erste Mal von einer Benutzung als *Ursprungsbezeichnung* für Waren und Dienstleistungen des Dritten (Verletzer) gesprochen wird.

543 So bleibt die Kritik von *Ingerl/Rohnke* (Markenrecht, 2. Auflage 2003, § 14, Rn. 883) nicht unberechtigt, die die einheitliche Wortwahl („ein Zeichen zu benutzen") in Art. 5 Abs. 1 MRRL sowie Art. 5 Abs. 2 MRRL und die einheitlichen Konkretisierungen des Art. 5 Abs. 3 MRRL gegen eine differenzierende Auslegung der Benutzung anführen.

544 Erwägungsgrund 10 der Markenrechtsrichtlinie sowie Erwägungsgrund 7 der Gemeinschaftsmarkenverordnung.

545 *Hacker*, GRURInt 2002, 502 (506).

546 *Eichhammer*, S. 195.

Zusammenfassend lässt sich für den Anwendungsbereich des klassischen Markenschutzes gemäß Art. 9 Abs. 1 lit. a) und b) GMV ein zweistufiges Prüfungsschema ausmachen.[547] Auf der „Eingangsstufe" muss für eine Benutzung ermittelt werden, ob das verletzende Zeichen überhaupt für Waren und Dienstleistungen verwendet wird. Sodann muss die Benutzung geeignet sein, die Funktionen einer Marke zu beeinträchtigen.[548]

Für den Bereich des Identitätsschutzes nach Art. 5 Abs. 1 lit. a) MRRL genügt es dabei, wenn nicht die Hauptfunktion der Marke, also die Herkunftsfunktion, tangiert ist, sondern die Gefahr einer Beeinträchtigung sonstiger Funktionen, die einer Marke zukommen können, besteht. Hier ist also entgegen der bisherigen Rechtsprechung mit der Entscheidung *L'Oréal/Bellure* nicht mehr vom zwingenden Erfordernis markenmäßiger Benutzung, sondern von einem absoluten, nicht auf die Beeinträchtigung der Herkunftsfunktion ausgerichteten Schutz auszugehen. Der Schutz nach Art. 5 Abs. 1 lit. b) MRRL setzt hingegen das Vorliegen einer Verwechslungsgefahr voraus und demnach eben die Beeinträchtigung der Herkunftsfunktion als Hauptfunktion der Marke. Für den Anwendungsbereich des Schutzes bekannter Marken sind die Mindestvoraussetzungen für eine relevante Benutzungshandlung niedriger zu setzen; es reicht aus, wenn das Zeichen „für Waren und Dienstleistungen" verwendet wird. Ob eine Sanktionierung der Benutzung erfolgt, ist dann abhängig von der Einschlägigkeit der (enumerativ) geregelten Eingriffsfolgen sowie dem Vorliegen einer „gedanklichen Verknüpfung".

### (c) Einzelfälle

Trotz der zunehmenden Konturierung des markenrechtlichen Benutzungsbegriffs bleibt die Kategorisierung typischer Verwendungshandlungen im Einzelfall schwierig und ist kaum pauschal zu treffen. Nachfolgende Ausführungen sollen sich daher noch einmal im Detail mit besonderen Konstellationen der den EuGH-Vorlagen zugrundeliegenden Fallgruppen (referierende Benutzung, dekorativer Markengebrauch sowie die Verwendung von Handelsnamen) befassen.[549]

547 *Kur*, GRURInt 2008, 1, (5); *Ohly*, GRUR 2008, 701.

548 *Ohly*, GRUR 2008, 701.

549 Mangels einschlägiger EuGH-Rechtsprechung sollen einige markenrechtlich relevante Nutzungshandlungen hier nicht näher beleuchtet werden. So ist die markenrechtliche Relevanz, über die hier diskutierten Anwendungsfälle hinaus, in manch anderen Konstellationen nicht unumstritten, wobei auch hier die Rechtsprechung des EuGH weitgehend zur Klärung beigetragen hat. Als solch problematische Fallkonstellationen kommen etwa die Verwendung einer Marke als Werktitel, Weitervertriebsfälle sowie Markenparodien (vgl. dazu im Detail die Übersicht bei *Eichhammer*, S. 8 ff.) in Betracht. In jüngerer Zeit erging in dem letztgenannten Teilbereich der Markenparodie die Entscheidung *Lila-Postkarte* (GRUR 2005, 583), in

So soll verdeutlicht werden, wo das Gemeinschaftsmarkenrecht einerseits Schutz gebietet, andererseits jedoch auch Lücken aufweist, die ein lauterkeitsrechtlicher Markenschutz schließen könnte.

(i) Referierende Benutzung

Für die Fallgruppe der referierenden Benutzung bringt die Entscheidung *L'Oréal/ Bellure* weitestgehende Klarheit, da es sich in diesen Fällen in der Regel um Konstellationen im Identitätsbereich handelt.[550] Hier wird in Zukunft bloß zu überprüfen sein, ob eine anerkannte Funktion der Marke durch die referierende Benutzung beeinträchtigt wird[551], beziehungsweise ob diese Benutzung durch die

---

der die wesentlichen Grundlagen zum Schutz der bekannten Marke der *Adidas/Fitnessworld*-Entscheidung übertragen wurden. Ausreichend für eine Benutzungshandlung sei es demnach, dass die beteiligten Verkehrskreise das Kollisionszeichen zwar als Verzierung auffassen, es wegen der hochgradigen Ähnlichkeit jedoch gedanklich mit der bekannten Marke verknüpfen. Vgl. dazu etwa *Born*, GRUR 2006, 192 sowie *Teplitzky*, LMK 2005, 149923, die zu Recht feststellen, dass der BGH damit die Voraussetzung der „markenmäßigen Benutzung" innerhalb des § 14 Abs. 2 Nr. 3 MarkenG (entspricht der deutschen Umsetzung des fakultativen Schutzes bekannter Marken) entsprechend der hier festgestellten Auslegung des EuGH nicht fordert. Im Rahmen internetspezifischer Verwendungen wurde vom BGH erstmals 2006 das Integrieren von Marken innerhalb von *Metatags* als markenrechtlich relevante Benutzungshandlung angesehen (BGH, GRUR 2007, 65 – *Impuls III*; ebenso BGH, GRUR 2007, 784 – *AIDOL)*. Vgl. näher zu dieser Problematik etwa *Danger*, S. 23 ff., 221 ff. mit weiteren Nachweisen. Zur umstrittenen Frage der markenrechtlichen Relevanz des *Keyword-Advertisings* siehe sogleich Fn. 551.

550 Gleichwohl wurde auch der Bekanntheitsschutz des Art. 9 Abs. 1 lit. c) GMV in der Vergangenheit zur möglichen Begründung einer Markenverletzung bei referierenden Benutzungen herangezogen, siehe die Entscheidung des EuGH in dem Vorlageverfahren *Interflora* (Rs. C-323/09, EuZW 2011, 834). Dazu vertieft bereits Kapitel 2.I.1.a)(2)(a)(iii)(c).

551 Virulent wurde die durch die Entscheidung *L'Oréal/Bellure* begründete Funktionenlehre jüngst in einer Vielzahl von Vorlagefragen bezüglich der markenrechtlichen Zulässigkeit des *Keyword-Advertising* (siehe im Einzelnen zu dem deutschen Vorlageverfahren *Bananabay* (BGH, GRUR 2009, 498) etwa *Ohly*, GRUR 2009, 709; zu dem Phänomen des Keyword-Advertisings vgl. umfassend *Hühner*, Domain-Parking – Vertrags- und Haftungsfragen unter zusätzlicher Berücksichtigung suchwortabhängiger Werbung, 2012). So übertrug der EuGH in der Entscheidung *Google France* (Verb. Rs.C-236/08 – 238/08 vom 23.3.2010, Slg. 2010, I-2417) die Funktionenlehre im Bereich des Identitätsschutzes nach Art. 5 Abs. 1 lit. a) MRRL auf das Keyword-Advertising. Während der EuGH eine Haftung des Suchmaschinenbetreibers mangels Benutzung ausschloss, erörterte er für den Werbenden eine Verletzung der Herkunfts- und Werbefunktion. Eine Beeinträchtigung ersterer ist dann zu besorgen, wenn aus der Werbung nicht oder nur schwer zu erkennen sei, ob die beworbenen Produkte vom Markeninhaber oder von einem Dritten stammten. Hingegen scheidet eine Beeinträchtigung der Werbefunktion beim *Keyword-Advertising* regelmäßig aus, da bei den normalen Suchanzeigen auch ein Link auf die Seite des Markeninhabers erscheine, siehe dazu kritisch *Ohly*, GRUR 2010, 776 (782). Ebenso in der Folge EuGH Rs. C-91/09 vom 26.3.2010, GRUR

Schrankenregelungen der Art. 6 Abs. 1 oder Art. 7 MRRL gerechtfertigt werden kann.[552] Angesichts der Breite möglicher referierender Benutzungen kann dazu keine allgemeine Aussage getroffen werden.

*(a) Nennung im Bereich vergleichender Werbung*

Trotz dieser grundsätzlichen Einordnung der referierenden Benutzung im System von Art. 5 Abs. 1 lit. a) MRRL soll die gerade in der deutschen Literatur sehr umstrittene dogmatische Einordnung des wohl typischsten Falls referierender Benutzung, der Nennung von (Konkurrenz-)Marken im Rahmen vergleichender Werbung, in das markenrechtliche Regelungssystem näher betrachtet werden, da hier die gemeinschaftsrechtlichen Regelungen des Markenrechts und der vergleichenden Werbung in einem Spannungsverhältnis stehen.[553]

Mit der Änderungsrichtlinie 97/95/EG[554] wurde die grundsätzliche Zulässigkeit vergleichender Werbung manifestiert; deren nationale Ausgestaltung findet sich heute in § 6 UWG. Nach Art. 2 lit. b) der Richtlinie 2006/114/EG[555] ist vergleichende Werbung jede Werbung, die unmittelbar oder mittelbar einen Mitbewerber oder die Erzeugnisse oder Dienstleistungen, die von einem Mitbewerber angeboten werden, erkennbar macht. Diese ohnehin bereits weit gefasste Definition fand durch den EuGH im Urteil *Toshiba/Katun* dahingehend Bestätigung, dass vergleichende Werbung im Sinne der Richtlinie auch

---

2010, 641 – *Eis.de/BBY*. Die in *Google France* erörterten Kriterien zur Beeinträchtigung der Herkunftsfunktion gelten auch im Anwendungsbereich des Verwechslungsschutzes nach Art. 5 Abs. 1 lit. b) MRRL, siehe EuGH Rs. C-278/0, Slg. 2010, I-2517 – *Bergspechte*. Zusammenfassend *Ohly*, GRUR 2010, 776.

552 Zur (regelmäßig nicht möglichen) Anwendung der Schrankenregelungen im Bereich des *Keyword-Advertisings* instruktiv EuGH Rs. C-558/08, Slg. 2010, I-6959 – *Portakabin/Primakabin*, Leitsätze 2 und 3. Siehe auch *Ohly*, GRUR 2010, 776 (783 f.).

553 Dazu im Überblick *Sack*, WRP 2011, 288 (289 ff.).

554 Richtlinie 97/95/EG des Europäischen Parlaments und des Rates zur Änderung der Richtlinie 84/450 EWG über irreführende Werbung zwecks Einbeziehung der vergleichenden Werbung, ABl EG 1997 Nr. L 290 vom 23.10.1997, S. 18-3.

555 Richtlinie des Europäischen Parlaments und des Rates vom 12.12.2006 über irreführende und vergleichende Werbung (2006/114/EG), ABl. EG Nr. L 376/21 v. 27.12.2006. Diese Richtlinie kodifiziert die bisherige Richtlinie des Rates vom 10.9.1984 über irreführende und vergleichende Werbung (84/450/EWG), ABl. EG Nr. L 250 vom 19.9.1984 S. 17-20, in der Fassung der Änderungen durch die Richtlinie 97/95/EG des Europäischen Parlaments und des Rates vom 6.10.1997 zur Änderung der Richtlinie 84/450/EWG über irreführende Werbung zwecks Einbeziehung der vergleichenden Werbung, ABl. EG Nr. L 290 vom 23.10.1997, S. 18-3 und Art. 14 der Richtlinie 2005/29/EG des Europäischen Parlaments und des Rates über unlautere Geschäftspraktiken, ABl. der EU Nr. L 149 vom 11.6.2005, S. 22 ff (nachfolgend Irreführungsrichtlinie).

dann vorliegt, wenn der Werbende vergleichsfreie Bezugnahmen vornimmt[556], etwa in Fällen der Werbebehauptung, die nicht zwingend eine Gleichwertigkeit implizieren[557].

Anlässlich dieser, auf europäischem Recht fußenden grundsätzlichen Zulässigkeit vergleichender Werbung bestand in der deutschen Literatur zumindest ein dahingehender Konsens, dass bei zulässiger vergleichender Werbung eine Kennzeichenverletzung ausscheidet.[558] Weniger das Ergebnis als vielmehr die dogmatische und begriffliche Konstruktion war somit Gegenstand wissenschaftlicher Diskussion, die erst mit der jüngsten Entscheidung *O2* des EuGH vom 12.6.2008 vorerst geklärt zu sein scheint.[559] Trotzdem ist ein kurzer Blick auf die Entwicklung dieser Diskussion zum Verständnis der Problematik notwendig.

#### *(b) Zulässige vergleichende Werbung tatbestandlich keine rechtsverletzende Benutzung*

Die wohl herrschende Meinung in Literatur[560] und Rechtsprechung[561] sah in zulässiger vergleichender Werbung bereits keinen Fall einer markenrechtlich relevanten Benutzung, so dass eine Markenrechtsverletzung, wie sie die Gemeinschaftsmarkenverordnung erfasst, bereits gar nicht vorliegt. Dies wird teilweise mit einer generellen Bereichsausnahme für Fälle der Markennennung, die im Grundsatz auch die Bezugnahme in vergleichender Werbung umfasst, begründet[562], andere beziehen die Ausklammerung nur auf die Fallgruppe der

---

556 EuGH Rs. C-112/99 vom 25. 10. 2001, Slg. 2001, I-7945 – *Toshiba/Katun*, Rn. 31. Abweichend – insoweit in Abkehr von seiner früheren Rechtsprechung – zuletzt BGH, GRUR 2012, 74 – *Coaching Newsletter*, welcher nunmehr einen genuinen Vergleich der beworbenen Produkte voraussetzt. Vgl. detailliert *Scherer*, GRUR 2012, 545 ff.

557 *Danger*, S. 172; *Sack*, WRP 2002, 363 (364).

558 MünchKommUWG/*Menke*, Band 1 2006, § 6 UWG, Rn. 30; Vgl. auch *Danger*, S. 171. Zur früheren Rechtslage im Benelux-Markenrecht, die mitunter grundsätzlich zulässige vergleichende Werbung aufgrund Markenrechts unterband, vgl. *Henning-Bodewig*, GRURInt 2008, 301 (Fn. 25).

559 EuGH Rs. C-533/06, Slg. 2008, I-4231 – *O2*. Siehe dazu näher unten Kapitel 2.I.1.a)(2)(c)(i)(d).

560 Vgl. statt vieler *Ingerl*, WRP 2002, 861 (864); *Keller*, GRUR 1996, 607 (610). So auch nach der *O2*-Entscheidung des EuGH, *Sack*, WRP 2011, 288 (290 f.).

561 OLG Frankfurt, GRUR 2004, 1043 f. – *Cartier-Stil.*

562 So sind nach Meinung *Ingerls* [WRP 2002, 861 (864)] Fälle bloßer Markennennung bereits aus den Verbotstatbeständen des Markenrechts per se auszuklammern. Diese Ansicht entspricht der herrschenden Meinung zu Zeiten des Warenzeichengesetzes und setzt voraus, dass der Verwender des fremden Zeichens mit diesem seine eigenen Produkte kennzeichnet, mithin als Hinweis auf die betriebliche Herkunft des Verwenders benutzt. Insbesondere drohe bei einer Ausdehnung des Benutzungsbegriffs auf sämtliche Fälle der Markennennung eine Einbeziehung von Handlungsformen in den markenrechtlichen Verletzungstatbestand, die im Ergebnis

vergleichenden Werbung[563]. Letztgenannte Ansicht stützt sich zunächst – wenig überzeugend – auf die Begründung des nationalen Gesetzgebers zum Markengesetz[564], die in diesem Punkt jedoch keine eindeutige Ausklammerung der vergleichenden Werbung aus dem Bereich markenrechtlicher Benutzung vornimmt (und dies angesichts der europäischen Vorprägung auch nicht vorbehaltlos könnte), wie bereits die Formulierung „in aller Regel keine Markenverletzung" verdeutlicht. Überdies wird für die Ausklammerung der vergleichenden Werbung aus dem Benutzungsbegriff die gemeinsame Protokollerklärung von Rat und Kommission vom 20.12.1993[565] als Argument vorgebracht, die die Bezugnahme innerhalb vergleichender Werbung gerade nicht als Benutzung einer Gemeinschaftsmarke ansieht.[566]

*(c) Vergleichende Werbung als grundsätzlich rechtsverletzende Benutzung*

Nach anderer Ansicht begründet die vergleichende Werbung dem Grunde nach an sich eine rechtsverletzende Benutzung im Sinne des § 14 Abs. 2 MarkenG (Art. 9 Abs. 1 GMV), trete jedoch als subsidiär hinter dem die vergleichende Werbung regelnden § 6 UWG zurück.[567]

Dafür werden zunächst die Regelungen des § 14 Abs. 3 Nr. 5 MarkenG und insbesondere Art. 9 Abs. 2 lit. d) GMV angeführt, die die Verwendung eines fremden Zeichens in der Werbung als Beispielsfall für eine Zeichenrechtsverletzung hervorheben[568], weshalb die Erwägung naheliegt, dass der Gesetzgeber die Verwendung eines fremden Zeichens in der Werbung grundsätzlich als rechtsverletzende Benutzung ansieht. Überdies wird mit der Vorschrift des § 6 Abs. 2 Nr. 4

---

keine Kennzeichenrechtsverletzungen darstellen sollen, für deren „Kompensierung" jedoch kein adäquater Schrankentatbestand vorliege.

563 *Eck/Ikas*, WRP 1999, 251 (270); *Keller*, GRUR 1996, 607 (610).

564 Der Gesetzgeber führt in der *Begründung zum Markengesetz* zum Verhältnis zur vergleichenden Werbung aus: „Die Verwendung der Marke eines Konkurrenten in vergleichender Werbung stellt *in aller Regel* keine Markenverletzung dar, weil – soweit vergleichende Werbung zulässig ist – üblicherweise die Marke nicht für die eigenen Waren oder Dienstleistungen, sondern für die des Konkurrenten (dem die Marke gehört) benutzt wird.", BT-Drs. 12/6581, S. 75.

565 ABl. HABM 1996, 606.

566 *Ingerl*, WRP 2002, 861 (866).

567 Für eine solche Konkurrenzlösung jüngst *Henning-Bodewig*, GRURInt 2008, 301 (305); in diese Richtung bereits *Sack*, WRP 2004, 1405 (1408), der (jedoch vor der EuGH-Entscheidung *O2*) für den gänzlichen Ausschluss konkurrierender markenrechtlicher Ansprüche bei vergleichender Werbung votierte, GRUR 2008, 201 (205); ebenso *Engeländer*, Der ergänzende Schutz von Marken durch das Wettbewerbsrecht, 2004, S. 94f.; *Henn*, Markenschutz und UWG, 2009 S. 105.

568 *Danger*, S. 173.

UWG argumentiert, wonach ein wettbewerbsrechtlicher Verstoß dann vorliegt, wenn der Werbungsvergleich die Wertschätzung des von einem Mitbewerber verwendeten Kennzeichens in unlauterer Weise ausnutzt oder beeinträchtigt. Dieser expliziten Nennung hätte es angesichts der Reichweite der markenrechtlichen Vorschriften nicht bedurft, so dass der Gesetzgeber mit dieser Regelung wohl zum Ausdruck bringen wollte, dass auch diese Fälle unter dem insoweit abschließenden § 6 UWG zu begreifen sind.[569]

#### *(d) O2-Entscheidung des EuGH*

Ausgehend vom bereits beschriebenen zweistufigen Prüfungsverfahren neigte der EuGH deutlich letztgenannter Auffassung zu. Dies deutete die bisherige Rechtsprechung des Gerichtshofs zumindest an[570] und wird letztlich durch die jüngst ergangene Entscheidung *O2* eindrucksvoll belegt[571]. Auf der Eingangsstufe wird von Seiten des EuGH festgestellt, dass die Benutzung eines mit der Marke eines Mitbewerbers identischen oder ihm ähnlichen Zeichens durch einen Werbenden in einer vergleichenden Werbung geeignet ist, eine Benutzung im Sinne des Art. 5 Abs. 1 und 2 MRRL zu bilden.[572] Das Zeichen muss zunächst für Waren und Dienstleistungen verwendet werden, was stets der Fall ist, wenn es zur Unterscheidung von Produkten dient. Im Rahmen von Werbevergleichen wird die Marke bewusst zur Identifikation von Konkurrenzprodukten verwendet. Dies genügt, um dem bereits beschriebenen Benutzungsbegriff des EuGH sowohl im Anwendungsbereich des Art. 5 Abs. 1 MRRL, als auch im Bereich des Art. 5 Abs. 2 MRRL zu entsprechen.[573]

569 *Engeländer*, S. 95. Diese Argumentation erscheint jedoch nicht zwingend. So könnte die Regelung des § 6 Abs. 2 Nr. 4 UWG auch so gedeutet werden, dass es einer expliziten Regelung eben schlichtweg bedurft hatte, da vom Markenrecht mangels einer kennzeichenmäßigen Benutzung bisherige Fälle vergleichender Werbung nach Auffassung des Gesetzgebers nicht erfasst wurden. Insofern bestünde kein Subsidiaritätsverhältnis, sondern schlichtweg eine Regelung für Fälle nicht-kennzeichenmäßiger Benutzung.

570 Unklar und in der Lehre nicht eindeutig geklärt ist, wann der EuGH erstmals die Tendenz aufzeigte, vergleichende Werbung als im Grundsatz markenmäßige Benutzung zu erfassen. Während manche diese Tendenz bereits in der *BMW/Deenik*-Entscheidung sehen wollen (etwa *v. Linstow*, WRP 2000, 955 [956 f.]), interpretierten insbesondere *Ingerl/Rohnke* in der Vorauflage ihres Kommentars zum Markengesetz (Markenrecht, 2. Auflage 2003, § 14 Rn. 154) die EuGH-Rechtsprechung unter Berücksichtigung der Urteile *Toshiba/Katun* sowie *Hölterhoff* in die entgegengesetzte Richtung, also gerade gegen eine markenrechtliche Relevanz vergleichender Werbung, wobei diese Auffassung in der Neufassung aufgegeben wurde, § 14 Rn. 335. Vgl. näher dazu MünchKommUWG/*Menke*, § 6 Rn. 29.

571 EuGH Rs. C-533/06, Slg. 2008, I-4231 – *O2*.

572 EuGH Rs. C-533/06, Slg. 2008, I-4231 – *O2*, Rn. 33.

573 *Ohly*, GRUR 2008, 701.

Auf der zweiten Ebene muss diese Benutzung geeignet sein, die Hauptfunktion der Marke, im Bereich des Art. 5 Abs. 1 MRRL beziehungsweise Art. 9 Abs. 1 lit. a) und b) GMV also die Sicherung der Herkunft[574], zu beeinträchtigen[575]. Dies wird in Fällen des Werbevergleichs nur dann der Fall sein, wenn der Werbevergleich ausnahmsweise eine Verwechslungsgefahr zwischen den verglichenen Produkten hervorruft oder eine wirtschaftliche Verbindung zwischen den beiden Unternehmen suggeriert.[576] Für diese Sonderfälle räumt auch die andere Ansicht die Möglichkeit einer Markenverletzung ein, will also ausnahmsweise die Markennennung als markenrechtlich relevante Handlung deklarieren.[577] Indes sind solche Fälle der Verwechslungsgefahr im Bereich vergleichender Werbung äußerst selten, da es gerade Zweck des Werbevergleichs sein soll, die verglichenen Produkte voneinander abzugrenzen.[578] Liegt ein solcher Fall dennoch einmal vor, geht der EuGH von einem Gleichlauf der entsprechenden Richtlinienvorschriften in der Markenrechtsrichtlinie beziehungsweise der Richtlinie 84/450/EWG aus. So vermag vergleichende Werbung die in Art. 3a Abs. 1 der Richtlinie 84/450/EWG (= Art. 4 Irreführungsrichtlinie) genannten Bedingungen nicht zu erfüllen, wenn die in Art. 5 Abs. 1 lit. b) MRRL verlangten Voraussetzungen für das Verbot der Benutzung eines mit einer eingetragenen Marke identischen oder ähnlichen Zeichens vorliegen.[579] Gleichzeitig kann jedoch selbst bei Unzulässigkeit der vergleichenden Werbung nicht auf Art. 5 Abs. 1 lit. b) MRRL rekurriert werden, sofern keine Verwechslungsgefahr hervorgerufen wird; im Falle zulässiger Werbung scheidet der Rückgriff auf markenrechtliche Verletzungstatbestände aus.[580] Zu einem möglichen Identitätsschutz nach Art. 5 Abs. 1 lit. a) MRRL im Falle vergleichender Werbung äußert sich der EuGH in der Entscheidung *O2* jedoch explizit (noch) nicht.

#### *(e) Fortführung in L'Oréal/Bellure*

Dies tat er erst in der jüngst ergangenen und hier bereits näher skizzierten Entscheidung *L'Oréal/Bellure*[581], wo er zunächst wie in der Entscheidung *O2* darlegt, dass der Inhaber einer eingetragenen Marke nicht berechtigt ist, einem Dritten

574 Für den Identitätsbereich erweiternd EuGH Rs. C-487/07, Slg. 2009, I-5185 – *L'Oréal/Bellure*. Dazu bereits Kapitel 2.I.1.a)(2)(b)(ii)(h) sowie sogleich Kapitel 2.I.1.a)(2)(c)(i)(e).

575 EuGH Rs. C-206/01, Slg. 2002, I-10273 – *Arsenal*.

576 *Ohly*, GRUR 2008, 701.

577 *Ingerl*, WRP 2002, 861 (866).

578 So bezeichnet *Ohly* (GRUR 2008, 701) vergleichende Werbung, die über die Herkunft eines Produkts täuscht, treffend als „kariertes Maiglöckchen“.

579 EuGH, Rs. C-533/06, Slg. 2008, I-4231 – *O2*.

580 EuGH, Rs. C-533/06, Slg. 2008, I-4231 – *O2*.

581 Siehe Kapitel 2.I.1.a)(2)(b)(ii)(h).

die Benutzung eines mit seiner Marke identischen oder ihr ähnlichen Zeichens in vergleichbarer Werbung zu verbieten, sofern diese in zulässiger vergleichender Werbung erfolgt.[582] Sodann stellte der EuGH jedoch fest, dass die Verwendung der bekannten Marke in Vergleichslisten eine Verwendung im Anwendungsbereich des Identitätsschutzes nach Art. 5 Abs. 1 lit. a) MRRL darstellt.[583] Sofern diese Verwendung in Vergleichslisten nicht die Zulässigkeitskriterien des Art. 3a Abs. 1 der Richtlinie 84/450/EWG (= Art. 4 Irreführungsrichtlinie) erfülle, kann die vergleichende Werbung auch aufgrund des Identitätsschutzes untersagt werden, wenn allgemein eine Funktionsbeeinträchtigung der Marke durch diese Verwendung zu besorgen ist.[584] Dies wird bei unzulässiger vergleichender Werbung wohl regelmäßig der Fall sein.

### *(f) Zwischenergebnis*

Nach diesen Entscheidungen erscheint zumindest die dogmatische Einordnung der vergleichenden Werbung endgültig dahingehend geklärt, dass diese grundsätzlich markenrechtliche Relevanz beinhaltet. Aus der Freistellung der Markennutzung im Rahmen lauterer Vergleiche folgt somit keineswegs eine Privilegierung unlauterer Werbevergleiche.[585]

Aus den geschilderten Urteilen lässt sich die Tendenz entnehmen, dass der EuGH im Bereich der vergleichenden Werbung implizit zu einem Vorrang der Wertungen der Irreführungsrichtlinie im bestehenden Spannungsverhältnis zur Markenrechtsrichtlinie tendiert. Erfüllt die Marke sämtliche Zulässigkeitsvoraussetzungen des Art. 4 der Irreführungsrichtlinie, kann sich der Markeninhaber nicht gegen die Verwendung im Bereich vergleichender Werbung wehren. Handelt es sich hingegen um unzulässige vergleichende Werbung, beinhaltet die Feststellung, dass es sich um einen unlauteren Werbevergleich handelt,

582 EuGH Rs. C-487/07, Slg. 2009, I-5185 – *L'Oréal/Bellure*, Rn. 54.

583 EuGH Rs. C-487/07, Slg. 2009, I-5185 – *L'Oréal/Bellure*, Rn. 56.

584 Vgl. EuGH Rs. C-487/07, Slg. 2009, I-5185 – *L'Oréal/Bellure*, Rn. 58.

585 Insofern bestätigt sich die von *Menke* (MünchKommUWG, § 6 UWG Rn. 30) geäußerte, berechtigte Befürchtung nicht, wonach eine lex specialis Auslegung der Irreführungsrichtlinie, sei es als faktische „Ausklammerung" durch Nichterfassung von Markennennung durch das Markenrecht (wie in der 2. Auflage ihrer Kommentierung *Ingerl/Rohnke)* bzw. auf Konkurrenzebene (in diese Richtung insbesondere *Sack* (WRP 2004, 1405 [1418]) sowie *Henning-Bodewig*, GRURInt 2008, 301 [307]) ohne rechtfertigenden Grund den Rechtsschutz des Markeninhabers verkürzen würde. Zum Rechtsschutz des Markeninhabers sei an dieser Stelle nur kurz angeführt, dass markenrechtliche Ansprüche gegenüber wettbewerbsrechtlichen verschiedene Vorteile haben. So kann der Markeninhaber markenrechtlich nicht nur gegen Wettbewerbshandlungen, das heißt den Vertrieb und die Bewerbung von Waren, sondern nach Art. 9 Abs. 2 lit. b) GMV bereits gegen den Besitz zum Zwecke des Betriebs vorgehen. Vgl. dazu im Einzelnen *Sack* (WRP 2004, 1405 [1425]).

keine Präklusionswirkung gegenüber der Anwendbarkeit des markenrechtlichen Sanktionssystems. Somit wird es im Falle unlauterer Werbevergleiche und der Entkoppelung von der zwingenden Beeinträchtigung der Herkunftsfunktion oftmals zu einer Anspruchskumulierung zwischen den lauterkeitsrechtlichen Regelungen des § 6 Abs. 2 Nr. 1-6 UWG, die im nationalen Lauterkeitsrecht die Vorgaben des Art. 4 der Irreführungsrichtlinie umsetzt, und § 14 Abs. 2 Nr. 1 MarkenG kommen.[586] Für das Gemeinschaftsmarkenrecht hat der EuGH das Verhältnis zu den Vorschriften der Irreführungsrichtlinie noch nicht endgültig geklärt, die Ausführungen des EuGH in den Urteilen *O2* und *L'Oréal/Bellure* lassen jedoch eine dahingehende Tendenz vermuten, dass der EuGH das Spannungsverhältnis nicht anders lösen würde. Ob und inwiefern dies möglich erscheint, wird noch zu vertiefen sein.[587]

(ii) Verwendung als Unternehmenskennzeichen

Auch bei der Verwendung einer Marke als Unternehmenskennzeichen ist, wie bereits angedeutet wurde, zu differenzieren. Dies macht ein Blick auf die jüngste EuGH-Rechtsprechung deutlich, die einen gewissen Wandel in der Betrachtung der markenrechtlichen Relevanz von Unternehmenskennzeichen im Vergleich zur früheren Kategorisierung erkennen lässt.

Leitentscheidungen zur näheren Konkretisierung des Gebrauchs von Unternehmenskennzeichen beziehungsweise Handelsnamen sind die Entscheidungen *Robelco/Robeco*[588] und *Céline*[589]. Im erstgenannten Urteil klassifizierte der EuGH die Benutzung als Handelsname als einen Fall nicht vom Markenrecht erfasster Benutzung nach Art. 5 Abs. 5 MRRL, was bis dato im Widerspruch zur bisherigen deutschen Rechtsprechung stand, die die Verwendung als Handelsnamen in ständiger Rechtsprechung als einen Fall markenmäßiger Benutzung ansah[590]. Dies wurde damit begründet, dass nur der erweiterte (fakultative) Schutz durch Art. 5 Abs. 5 MRRL eingreife, wenn ein Zeichen nicht zum Zwecke der Unterscheidung von Waren und Dienstleitungen verwendet würde; der EuGH sah dies beim Gebrauch als Firmenname beziehungsweise

586 Die von *Ohly* vorgeschlagene Lösung über den Schutz der bekannten Marke unter besonderer Berücksichtigung der Wertungen der Irreführungsrichtlinie für diejenigen Fälle, in denen eine Beeinträchtigung der Herkunftsfunktion nicht zu besorgen ist (also sofern keine Verwechslungsgefahr generiert wird), hat nach der „Ausweitung" des Identitätsschutzes kaum noch praktische Relevanz (vgl. *Ohly*, GRUR 2008, 701 [702]).

587 Siehe unten Kapitel 2.II.4.

588 EuGH Rs. C-23/01, Slg 2002, I-10913 – *Robelco/Robeco.*

589 EuGH Rs. C-17/06, Slg. 2007, I-7041 – *Céline.* Siehe in Bezug auf die Ausführungen zum Benutzungsbegriff bereits oben Kapitel 2.I.1.a)(2)(b)(ii)(g).

590 Siehe BGH, GRUR 2004, 512 (514) – *Leysieffer* mit weiteren Nachweisen.

Gesellschaftsbezeichnung als gegeben an, sodass der Markeninhaber auf die Geltendmachung außermarkenrechtlicher Ansprüche nach den nationalen Rechtsordnungen verwiesen wird.[591] Diese Entscheidung ist insbesondere im deutschen Schrifttum kritisiert worden[592], wobei als tragendes Argument angeführt wurde, dass die firmenmäßige Verwendung zugleich die Produkte des Unternehmens mittelbar ihrer betrieblichen Herkunft nach kennzeichnet[593]. Die vom EuGH in der *Robelco/Robeco*-Entscheidung vorgenommene abstrakt-formale Betrachtung bei Verwendungen von Geschäftsbezeichnungen wurde in der *Céline*-Entscheidung ein stückweit relativiert: Ein Unternehmenskennzeichen werde für sich genommen nicht zur Unterscheidung von Waren oder Dienstleistungen im Sinne von Art. 5 Abs. 1 MRRL benutzt.[594] Eine Benutzung „für Waren oder Dienstleistungen", die die Marke in ihrer Herkunftsfunktion tangiere, läge aber dann vor, wenn das in Frage stehende Zeichen auf Waren aufgebracht oder so benutzt werde, dass der Eindruck entstehe, zwischen den vertriebenen Waren und der identischen oder ähnlichen Marke bestehe eine Verbindung.[595]

Nach dieser differenzierten Lösung sind nachgeordnete Formen der Benutzung, außerhalb der bloßen Übernahme der Gesellschaftsbezeichnung oder des Handelsnamens, einer Klassifizierung als Benutzung gemäß Art. 9 Abs. 1 GMV zugänglich; das umfasst insbesondere solche Verwendungen, die den Eindruck aufkommen lassen, dass eine Verbindung zwischen Markeninhaber und den Waren und Dienstleistungen besteht, die im Geschäft des Führenden der Geschäftsbezeichnung verkauft beziehungsweise in dessen Unternehmen her-

591 EuGH Rs. C-23/01, Slg 2002, I-10913 – *Robelco/Robeco*, Rn. 36. Auch in der späteren Entscheidung *Anheuser Busch* wurde die Benutzung als Handelsname als typischer Fall einer nicht kennzeichenmäßigen Benutzung angesehen, vgl. dazu *Henning-Bodewig*, GRURInt 2008, 301 (307).

592 Vgl. insbesondere *Ingerl/Rohnke*, § 14 Rn. 122.

593 *Ingerl/Rohnke*, § 14 Rn. 124, die vorschlagen, den Benutzungsbegriff des § 14 Abs. 2 beziehungsweise Abs. 3 MarkenG auf nationaler Ebene dahingehend auszudehnen, dass auch mittelbare Produktbeschreibungen durch Firmengebrauch als markenmäßige Benutzungen zu begreifen sind (in diese Richtung tendierend auch BGH, GRUR 2004, 512 (514) – *Leysieffer)*.

594 EuGH Rs. C-17/06, Slg. 2007, I-7041 – *Céline*, Rn.21.

595 EuGH Rs. C-17/06, Slg. 2007, I-7041 – *Céline*, Rn. 22 f.

gestellt werden.[596] Das bloße Führen einer Unternehmensbezeichnung ist an sich jedoch nicht markenrechtlich relevant.[597]

(iii) Produktgestaltender Gebrauch

Ferner sind die Fälle dekorativen Zeichengebrauchs nicht immer als eindeutig markenrechtlich zu qualifizieren. Die typischen Fallgestaltungen, in denen ein Zeichen produktgestaltend verwendet wird, sind zum einen der ornamentale Zeichengebrauch („Dekor“), wie im Fall *Adidas/Fitnessworld*[598], zum anderen die Verwendung – meist als identisches Zeichen zur angegriffenen Marke – auf Modellen, etwa bei Spielzeugautos wie im Fall *Opel/Autec*[599]. Oftmals wird bei ornamentalem Zeichengebrauch im Warenidentitätsbereich bereits der Identitätsschutz des Art. 9 Abs. 1 lit. a) GMV beziehungsweise bei ähnlichen Zeichen der Schutz vor Verwechslungsgefahr gemäß Art. 9 Abs. 1 lit. b) GMV eingreifen.[600]

Die Beispiele des EuGH machen jedoch auch deutlich, dass innerhalb dieser Fallgruppe in mancherlei Konstellation nicht der von Art. 9 Abs. 1 lit. a) – b) GMV gewährleistete absolute Identitätsschutz beziehungsweise der Marken-

596 *Henning-Bodewig*, GRURInt 2008, 301 (307). Hier ergibt sich sodann die Folgeproblematik, ob der mittelbar auch Waren und Dienstleistungen kennzeichnende Kennzeichenverwender auch auf die Wohltat des Art. 12 lit. a) GMV (= Art. 6 Abs. 1 lit. a MRRL), die Freistellung zur Verwendung des Namens im geschäftlichen Verkehr, rekurrieren kann. Nach der Rechtsprechung des EuGH schützt die Schranke des Art. 6 Abs. 1 lit. a) MRRL nicht nur den bürgerlichen Namen, sondern auch den Handelsnamen eines Unternehmens (EuGH Rs. C-245/02, Slg. 2004, I-10989 – *Anheuser/Busch*, Rn. 78 ff.; dazu kritisch Ekey/Klippel/Bender/*von Hellfeld*, Markenrecht, 2. Auflage Band 1, 2009, § 23, Rn. 23). Hier wird die Anwendung jedoch regelmäßig am Sittenwidrigkeitsvorbehalt des Art. 12 letzter HS GMV scheitern, wenn erhebliche Teile des Verkehr aus dieser Verwendung auf eine Verbindung zwischen dem Markeninhaber und dem Führer des Handelsnamens schließen beziehungsweise wenn der Firmenname selbst als Marke verwendet wird (so *Bott u.a.*, GRURInt 2007, 509 (511); *Hacker*, Markenrecht – Das deutsche Markensystem, 2. Auflage 2010, Rn. 519; in diese Richtung ebenfalls Ekey/Klippel/Bender/*von Hellfeld*, § 23 Rn. 29). Zum lauterkeitsrechtlichen Vorgehen gegen markenrechtlich freigestellte Benutzung siehe unten Kapitel 2.I.2.i).

597 Für diese Fälle wurde im nationalen Recht eine analoge Anwendbarkeit des Schutzes der bekannten Marke beziehungsweise ein Rückgriff auf das nationale Lauterkeitsrecht befürwortet, vgl. *Büscher*, FS Ullmann, 129 (151 f.). Vgl. jedoch hier für das Gemeinschaftsmarkenrecht, BGH in seiner Entscheidung *The Home Store* (WRP 2008, 236, [238]), wonach die Gemeinschaftsmarke infolge einer fehlenden rechtsverletzenden Benutzungshandlung nicht gegen rein firmenmäßigen Gebrauch eines Zeichens geschützt ist. Dazu vertieft Kapitel 2.I.2.b)(3)(c)(ii).

598 Siehe Kapitel 2.I.1.a)(2)(b)(ii)(e).

599 Siehe Kapitel 2.I.1.a)(2)(b)(ii)(f).

600 Beispielhaft etwa OLG Hamburg (MarkenR 2005, 332 [334 ff.] – *Junge Pioniere*), wonach der großformatige Aufdruck einer fremden Bekleidungsmarke auf ein T-Shirt einen markenmäßigen Gebrauch darstellt.

schutz vor Herkunftsverwechslungen weiterhilft[601], sondern der ergänzende Schutz bekannter Marken gemäß Art. 9 Abs. 1 lit. c) GMV bemüht werden muss. Dieser ergänzende Schutz besitzt im Bereich dekorativer Markenverwendung ohnehin ein großes Anwendungspotential, da gerade bekannte Marken Gefahr laufen, in identischer oder ähnlicher Form auf Produkten abgebildet zu werden, wenngleich eine Verwechslungsgefahr wegen ihres hohen Wiedererkennungswerts möglicherweise ausscheidet.

So betraf auch der vom EuGH entschiedene Fall *Adidas/Fitnessworld* die Reichweite des (fakultativen) Schutzes der bekannten Marke im Sinne von Art. 5 Abs. 2 MRRL. Wie bereits ausgeführt, steht dem Charakter des Zeichens als Verzierung die Annahme einer relevanten Benutzungshandlung nicht entgegen, sofern die Verkehrskreise eine gedankliche Verknüpfung herstellen, das heißt einen Zusammenhang zwischen dem verwendeten Zeichen und der möglicherweise verletzten Marke sehen.[602] Fassen die beteiligten Verkehrskreise das Zeichen nach der Tatsachenwürdigung durch das nationale Gericht hingegen ausschließlich als Verzierung auf, könne naturgemäß keine gedankliche Verknüpfung mit der eingetragenen Marke entstehen.[603] Entsprechende Fälle werden in der Praxis eher selten auftreten, gleichwohl veranschaulicht der dem bekannten *Pulloverbeschriftung*-Urteil des BGH zugrunde liegende Sachverhalt, dass es durchaus Fälle geben kann, in denen Markennamen bloß dekorative Wirkung entfalten.[604]

Im Ergebnis lassen sich Fälle dekorativer Benutzung treffend mit der Einordnung von *Danger* umschreiben. Wenn ein Kollisionszeichen als Name eines Produkts oder einer Gesamtheit von Produkten verstanden wird, liegt eine grundsätzlich rechtsverletzende Benutzung vor. Während sodann im Warenidentitätsbereich eine Verletzung nach Art. 9 Abs. 1 lit. a) GMV regelmäßig zu bejahen sein wird, muss außerhalb des Warenidentitätsbereichs unterschieden werden, ob die Gefahr einer Herkunftstäuschung vorliegt oder lediglich auf den Schutz der bekannten Marke zurückgegriffen werden kann. Geht hingegen die Zeichenwiedergabe im Gesamtdekor unter, wie ansatzweise in der *Pulloverbe-*

601 So wurde eine Verwechslungsgefahr im Fall *Adidas/Fitnessworld* im Warenidentitätsbereich (Sportbekleidung) vom nationalen Gericht verneint, siehe Kapitel 2.I.1.a)(2)(b)(ii)(e).

602 Siehe Kapitel 2.I.1.a)(2)(b)(ii)(e).

603 EuGH Rs. C-480/01, Slg. 2003, I-12537 – *Adidas/Fitnessworld*, Rn. 31.

604 BGH GRUR 1994, 635 (636). In dem Fall vertrieb ein Textilunternehmen Pullover, die auf der Vorderseite neben zwei Uhren mehrere, in typischer Schriftweise gezeichnete, Marken bekannter Uhrenhersteller darstellten. Gegen die Verwendung des Schriftzugs wehrte sich einer der inhabenden Hersteller. Der BGH verneinte eine markenrechtlich relevante Benutzungshandlung, da nach seiner Ansicht der Verkehr die Zeichen nicht als Individualisierung der Waren, sondern als deren dekorative Verzierung ansieht. Kritisch zur Begründung *Danger*, S. 203 f.

*schriftung*-Entscheidung, und fasst der Verkehr dieses Zeichen in der Folge nicht mehr als Produktnamen auf, liegt eine relevante Benutzungshandlung weder nach Art. 5 Abs. 1 MRRL noch nach Art. 5 Abs. 2 MRRL vor.[605] In diesen Fällen gänzlich schwindender Individualisierung ist insbesondere auch eine signifikante Beeinträchtigung sonstiger anerkannter Markenfunktionen, wie nach der Entscheidung *L'Oréal/Bellure* für Konstellationen der Doppelidentität als ausreichend für eine rechtsverletzende Benutzung anerkannt, nicht auszumachen.

### b) Exkurs: Rechtsfolgen einer Gemeinschaftsmarkenverletzung

Auch wenn im Gegensatz zum Gemeinschaftsgeschmacksmusterrecht in der Diskussion zum Konkurrenzverhältnis von Marken- und Lauterkeitsrecht unterschiedliche Rechtsfolgen keine Rolle spielen[606], soll in gebotener Kürze auf die Rechtsfolgen einer Gemeinschaftsmarkenverletzung eingegangen werden. Diese gehen in Art und Umfang weiter, als die durch das Lauterkeitsrecht in Betracht kommenden Unterlassungs- und Schadensersatzansprüche (§§ 8, 9 UWG).[607] Sofern die in Frage stehende Verwendungshandlung eine rechtsverletzende Benutzung darstellt und keine der Schrankenregelungen des Art. 12 GMV eingreift, steht dem Inhaber der eingetragenen Gemeinschaftsmarke aus der Gemeinschaftsmarkenverordnung selbst nur ein Unterlassungsanspruch gemäß Art. 9 Abs. 1 GMV zu. Dieser kann erst nach Veröffentlichung der Eintragung der Gemeinschaftsmarke geltend gemacht werden; für die Zeit zwischen Veröffentlichung der Anmeldung und Veröffentlichung der Eintragung normiert Art. 9 Abs. 3 S. 2 GMV einen Entschädigungsanspruch für Handlungen, die aufgrund des Rechts aus der Gemeinschaftsmarke verboten wären.[608] Entsprechend ist die Unterlassungssanktion im Verfahren vor den zuständigen nationalen Gerichten, den Gemeinschaftsmarkengerichten[609], unmittelbar auf Art. 102 Abs. 1 S. 1 GMV zu stützen.[610] Sonstige

605 *Danger*, S. 203.

606 Zu den Rechtsfolgen im Recht des nicht eingetragenen Gemeinschaftsgeschmacksmusters und dem UWG-Nachahmungsschutz siehe Kapitel 1.I.2.

607 Siehe zu den in Betracht kommenden Ansprüchen bereits Ausführungen zum lauterkeitsrechtlichen Produktschutz, Kapitel 1.I.2.b)(2).

608 Zu dem aus Art. 10 GMV resultierenden Hinweisanspruch sowie dem Übertragungsanspruch der Agentenmarke vgl. *Eisenführ/Schennen*, Art. 10 Rn. 3 sowie Art. 18 Rn. 1 ff. Zur Frage eines möglichen Anwartschaftsschutzes der Gemeinschaftsmarke siehe Kapitel 2.I.2.d)(1).

609 Zu den Zuständigkeiten der Gemeinschaftsmarkengerichte vgl. *Eisenführ/Schennen*, bei Art. 95 sowie Art. 105.

610 So richtigerweise Schricker/Bastian/*Knaak*, Gemeinschaftsmarke und Recht der EU-Mitgliedstaaten, 2006, S. 244. Anders dagegen der BGH (GRURInt 2005, 719 – *Lila-Schokolade)*, der den Unterlassungsanspruch unter Hinweis auf Art. 14 Abs. 1 S. 2 GMV auf nationales Recht stützt. Dies erscheint bereits deshalb bedenklich, weil der Unterlassungsanspruch im nationalen Recht von weiteren Voraussetzungen außer der Feststellung einer Verletzungs-

Ansprüche richten sich gemäß der Vorschrift des Art. 102 Abs. 2 GMV nach dem Recht des Mitgliedsstaates in dem die Verletzungshandlungen begangen worden sind oder drohen. Diese Vorschrift ist richtigerweise als Rechtsfolgenverweisung aufzufassen.[611] Die in der Gemeinschaftsmarkenverordnung geregelten Ansprüche werden im deutschen Recht gemäß § 125b Nr. 2 MarkenG durch Ansprüche auf Schadensersatz (§ 14 Abs. 6 und 7 MarkenG), Vernichtung (§ 18 MarkenG) sowie Auskunftserteilung (§ 19 MarkenG) ergänzt.

## 2. (Gemeinschafts-)Markenschutz durch nationales Lauterkeitsrecht

### a) Ausgangspunkt

Trotz des Autonomiegrundsatzes in Art. 14 Abs. 1 GMV sperrt das Gemeinschaftsmarkenrecht grundsätzlich nicht die Anwendung nationalen Rechts. Dies verdeutlichen bereits die gemeinschaftsrechtlichen Öffnungsklauseln in Art. 14 Abs. 2 GMV sowie Art. 101 f. GMV. Damit erscheint auch ein lauterkeitsrechtlicher Schutz der Gemeinschaftsmarke zunächst einmal vorbehaltlos denkbar, unabhängig von einer näheren Betrachtung existierender „Sperr-

---

gefahr abhängig ist, die Gemeinschaftsmarkenverordnung eine solche Voraussetzung indes nicht normiert. Inwiefern eine solche Wiederholungsgefahr auch beim autonomen, gemeinschaftsmarkenrechtlichen Unterlassungsanspruch vorauszusetzen ist, fällt in die Auslegungskompetenz des EuGH (vgl. *Knaak*, FS Tillmann, 373 [374]).

611 *Knaak*, FS Tillmann, 373 (375). Bedenkenswert, jedoch im Ergebnis trotz beachtlicher Argumente abzulehnen, ist hingegen die Ansicht von *Rohnke*, der in Art. 98 Abs. 2 GMV a.F. (Art. 102 Abs. 2 GMV) eine Rechtsgrundverweisung auf das anzuwendende Sachrecht sieht, so dass sich der Verletzungstatbestand bei einer Gemeinschaftsmarke für nicht geregelte Sanktionen (z.B. eventuelle Schadensersatzansprüche) nicht nach dem Gemeinschaftsmarkenrecht, sondern nach nationalem Recht (GRURInt 2002, 979 [980]) ergeben würde. Trotz der weitgehenden materiellen Übereinstimmungen zwischen GMV und nationalem Markenrecht hätte diese Auslegung wegen der unterschiedlich zu bemessenden Schutzterritorien im nationalen Markenrecht und der Gemeinschaftsmarkenverordnung möglicherweise erhebliche praktische Konsequenzen.
Eine solche Auslegung scheitert jedoch an dem dadurch hervorgerufenen Wertungswiderspruch: So scheint es nur schwer verständlich und mit dem in Art. 14 Abs. 1 GMV verankerten Grundsatz der Autonomie kaum vereinbar, je nach gewählter Sanktion (wenn auch größtenteils gleichlaufende) materiell verschiedene Regelungsregime zum Schutz heranzuziehen, was im Ergebnis zu einem Auseinanderfallen des gewährleisteten Schutzumfangs führen könnte. Gleichwohl räumt *Knaak* (FS Tillmann, 373 [375]) ein, dass diese Fragestellung den sachlichen Anwendungsbereich der Vorschrift betrifft und somit eine Qualifikationsfrage darstellt, für deren Klärung allein der EuGH zuständig ist.

klauseln".[612] Nachfolgend sollen daher zunächst die grundlegenden nationalen Schutzmechanismen, die für den Schutz der Gemeinschaftsmarke im UWG in Betracht kommen, überblickartig skizziert werden. Wie dem Geschmacksmusterrecht liegen auch dem Verhältnis Markenrecht – Lauterkeitsrecht prinzipiell unterschiedliche Schutzrichtungen zugrunde.[613] Durch enumerativ geregelte Kollisionstatbestände dient das Markenrecht grundsätzlich dem Schutz des Rechtsinhabers vor Verletzungen seines Rechts durch Dritte, schützt also die Leistung. Das Lauterkeitsrecht schützt hingegen, entsprechend der Vorgaben des § 1 UWG, Verbraucher, Mitbewerber und sonstige Marktteilnehmer vor unlauteren Wettbewerbshandlungen.

Trotz der grundsätzlich unterschiedlichen Schutzrichtungen von Marken- und Lauterkeitsrecht lassen sich gleichwohl Parallelen in den intendierten Schutzzwecken ausmachen. An diesen parallelen Schutzzwecken soll sich die nachfolgende Darstellung des lauterkeitsrechtlich vermittelten Markenschutzes orientieren.

So finden sich im Lauterkeitsrecht Vorschriften, die einen Schutz vor Herkunftstäuschungen vorsehen, somit also Parallelen zum „klassischen" Markenschutz des Art. 9 Abs. 1 lit. a) und b) GMV aufweisen. Diese Vorschriften sollen nachfolgend zunächst betrachtet werden (Kapitel 2.I.2.b)), wobei hier bewusst

---

612 Siehe dazu näher unten Kapitel 2.II.2.b).

613 Vgl. etwa *Schreiber*, GRUR 2009, 113 (116). Nach zumindest vereinzelt vertretener Ansicht muss jedoch zwischen dem Markenschutz des Art. 9 Abs. 1 lit. a) bzw. lit. b) GMV und dem ergänzenden Schutz bekannter Marken im Sinne des Art. 9 Abs. 1 lit. c) GMV unterschieden werden. So wird teilweise der ursprünglich aus dem Lauterkeitsrecht auf Grundlage des § 1 UWG a.F. von der Rechtsprechung gewährte Schutz bekannter Marken vor Rufausbeutung als Beleg für eine Parallelität der Schutzrichtungen zumindest beim Schutz bekannter Marken angeführt (etwa *Helm*, GRUR 2001, 219). Dem ist im Grundsatz zuzustimmen, gleichwohl ist abstrakt an der Unterschiedlichkeit der Schutzrichtungen von Immaterialgüterrecht und Lauterkeitsrecht festzuhalten. Der auf Grundlage des § 1 UWG a.F. gewährleistete Kennzeichenschutz bekannter Marken vor Rufausbeutung ist, wie der auf § 1 UWG a.F. beziehungsweise seit 2004 auf § 4 Nr. 9 lit. b) UWG basierende Schutz von rufausbeutenden Produktnachahmungen, im Wesentlichen als Leistungsschutz im Gewand des Lauterkeitsrechts anzusehen (vgl. bereits oben Kapitel 1.I.4.b)). Dieser Leistungsschutz hat jedoch seinen legitimen Anknüpfungspunkt im Normenkomplex des Sonderschutzrechts, also hier dem (Gemeinschafts-)Markenrecht, wo er dann mit der Neuregelung des Markengesetzes beziehungsweise der Gemeinschaftsmarkenverordnung auch Einzug gefunden hat. Zwar entsprang der Leistungsschutz aus dem Lauterkeitsrecht; dies bedeutet jedoch keine Abweichung vom Hauptzweck des Lauterkeitsrechts, dem Schutz vor unlauteren Wettbewerbshandlungen. Dies untermauert schon eine Betrachtung der möglichen Anspruchsberechtigten im Markenrecht und Lauterkeitsrecht: Wird im Rahmen des Markenrechts die Möglichkeit der Geltendmachung von Markenverletzungen auf den Markeninhaber reduziert, erlaubt das Lauterkeitsrecht in seiner Funktion als Schutzregime vor unlauteren Wettbewerbshandlungen auch in vielen Fällen eine mögliche Anspruchsgeltendmachung durch sonstige Mitbewerber bzw. durch Verbraucherverbände.

Regelungen des UWG-Kennzeichenschutzes erörtert werden sollen, die sowohl sachlich neben einem einschlägigen Markenschutz Anwendung finden, wie auch komplementär Schutzlücken im Bereich des Zuordnungsschutzes schließen könnten. Dies gilt vor dem Hintergrund, dass im Bereich des Zuordnungsschutzes die Funktion des UWG nicht nur im Schließen von Lücken des Gemeinschaftsmarkenrechts besteht, sondern eine Ausweitung der Aktivlegitimation auf sämtliche Anspruchsberechtigte nach § 8 Abs. 3 Nr. 1 UWG in Betracht kommt.

Dem lauterkeitsrechtlichen Kennzeichenschutz vor Zuordnungsverwirrungen schließt sich eine nähere Untersuchung derjenigen Regelungen im UWG an, die einen Schutz der Marke vor ausbeuterischen oder verunglimpfenden Handlungen gewährleisten, also thematisch dem Schutz der bekannten Marke vor Rufausbeutung oder -beeinträchtigung im Sinne des Art. 9 Abs. 1 lit. c) GMV zuzuordnen sind (Kapitel 2.I.2.c)). Dabei wird bei der Erörterung dieses Anwendungsfelds eines lauterkeitsrechtlichen Kennzeichenschutzes der Schwerpunkt auf die Identifizierung von Schutz*lücken* des „erweiterten" Markenschutzes nach Art. 9 Abs. 1 lit. c) gelegt und dargestellt, wie diesen Lücken mittels des Lauterkeitsrechts begegnet werden könnte.

Des Weiteren vermag das Lauterkeitsrecht vor Handlungen zu schützen, die nicht unter die Verletzungstatbestände des Art. 9 Abs. 1 GMV zu fassen sind. Diese sollen ebenfalls einer näheren Betrachtung unterzogen werden (Kapitel 2.I.2.d) ff.), da sich eine eventuelle Präklusionswirkung von Vorschriften des Gemeinschaftsmarkenrechts ebenfalls auf Handlungen beziehen kann, die im Gemeinschaftsmarkenrecht nicht über Art. 9 GMV sanktioniert werden.

### b) Schutz vor Herkunftstäuschung

Der Schutz vor Herkunftstäuschungen wurde mit der Umsetzung der UGP-Richtlinie in das nationale Lauterkeitsrecht deutlich erweitert und findet seine zentrale Anknüpfung heute im von § 5 UWG gewährten Schutz vor irreführenden Handlungen. Auch vermag der UWG-Nachahmungsschutz nach § 4 Nr. 9 lit. a) UWG Schutz vor Herkunftstäuschungen zu bieten, wobei die Anspruchsberechtigung im Rahmen des § 4 Nr. 9 lit. a) UWG in der Praxis vorwiegend auf den Inhaber des Immaterialgüterrechts beschränkt war.[614] Im Bereich vergleichender Werbung bietet überdies die Vorschrift des § 6 Abs. 2 Nr. 3 UWG Schutz vor Zuordnungsverwirrungen. Danach ist ein Werbevergleich unzulässig, wenn er „im geschäftlichen Verkehr zu einer Gefahr von Verwechslungen zwischen dem Werbenden und einem Mitbewerber oder zwischen den von diesen angebotenen Waren oder Dienstleistungen oder den von ihnen verwendeten *Kennzeichen*" führt.

614 Zur Aktivlegitimation im Bereich des § 4 Nr. 9 UWG siehe bereits Kapitel 1.I.2.b)(1).

### *(1) § 5 UWG – Verbot der Irreführung*

Das Irreführungsverbot findet sich in § 5 UWG und wurde im Zuge der Umsetzung der UGP-Richtlinie neu gefasst und in seinem Anwendungsbereich deutlich erweitert. So wird nicht mehr das Vorliegen „irreführender Werbung" verlangt, sondern an den Begriff der „irreführenden geschäftlichen Handlung" angeknüpft, was für den hier zu definierenden lauterkeitsrechtlichen Kennzeichenschutz jedoch sachlich keine große Änderung mit sich bringt.[615] Von höherer Bedeutung ist vielmehr die auf Grundlage des Art. 6 Abs. 1 lit. b) UGP-Richtlinie und damit auf sekundärem Gemeinschaftsrecht basierende Anpassung des klassischen „Irreführungsschutzes", wie ihn § 5 Abs. 1 S. 2 Nr. 1 UWG näher definiert sowie insbesondere der aufgrund Art. 6 Abs. 2 lit. a) UGP-Richtlinie neu eingefügte § 5 Abs. 2 UWG, der als besondere Fallgruppe das Herbeiführen einer Verwechslungsgefahr mit Konkurrenzprodukten erwähnt.[616] Im Zuge der Umsetzung der UGP-Richtlinie wird der Begriff der Irreführung nunmehr in § 5 Abs. 1 S. 2 UWG definiert. Danach ist eine geschäftliche Handlung irreführend und damit unlauter, „wenn sie unwahre Angaben (...) oder sonstige zur Täuschung geeignete Angaben" über bestimmte, in § 5 Abs. 1 S. 2 Nr. 1 bis 7 UWG im Einzelnen benannte Umstände enthält.[617]

Im Gegensatz zum Nachahmungsschutz von Produkten lässt sich das Irreführungsverbot in § 5 Abs. 1 S. 2 Nr. 1 UWG damit sachlich für einen ergänzenden Kennzeichenschutz bemühen.[618] So umfasst das Irreführungsverbot unter anderem die Unlauterkeit solcher „Angaben", die über die „betriebliche Herkunft" einer Ware oder Dienstleistung täuschen können, was für Kennzeichen allgemein und Marken im Besonderen zutrifft. Gleichwohl muss bei der näheren Betrach-

---

615 Zur (nunmehr entfallenden) tatbestandsbegrenzenden Funktion des Begriffs der Werbung vgl. Köhler/*Bornkamm*, § 5 Rn. 2.25 ff.

616 Siehe dazu bereits Kapitel 1.II.2.c)(3)(b)(i).

617 Strittig und noch nicht abschließend geklärt ist die Frage, ob der in § 5 Abs. 1 S. 2 Nr. 1–7 UWG enthaltene Katalog relevanter „Umstände" als abschließend zu begreifen ist. Dafür spricht zunächst die intendierte Vollharmonisierung verbraucherschützender lauterkeitsrechtlicher Regelungen zumindest im Verhältnis Unternehmer – Verbraucher (siehe dazu sogleich Kapitel 2.I.2.b)(1)(b)). Auch der ursprüngliche Referentenentwurf schlug einen abschließenden Katalog vor (vgl. Begründung zum Referentenentwurf, S. 41). Andererseits sind die beiden wichtigsten Bezugspunkte der UWG-Richtlinie, die produktbezogene irreführende Angaben (Art. 6 Abs. 1 lit. b) UGP-Richtlinie) und die unternehmensbezogene Irreführung (Art. 6 Abs. 1 lit. f) UGP-Richtlinie) betreffen, als offene Tatbestände formuliert, vgl. Köhler/*Bornkamm*, § 5 Rn. 1.25 b; *Hoeren*, BB 2008, 1182 (1185). Eine, im Übrigen kaum wünschenswerte Ausschlusswirkung, wie *Steinbeck* (WRP 2006, 632 [634]) in der Sache zutreffend betont, geht somit zumindest von den genannten Angaben in Art. 6 Abs. 1 lit. b) und f) UGP-Richtlinie gerade nicht aus.

618 Siehe oben Fn. 310.

tung des Irreführungsverbots angesichts der europäischen Vorgaben durch die Irreführungsrichtlinie sowie die UGP-Richtlinie dogmatisch, trotz der einheitlichen Verortung in § 5 UWG, zwischen den Verhältnissen B2C und B2B unterschieden werden.

### (a) Schutzzweck des Irreführungsverbots im nationalen Recht

Das UWG allgemein, aber insbesondere auch das Irreführungsverbot, das bis zur UWG-Novelle 2004 nahezu unverändert als „kleine Generalklausel" in § 3 UWG 1909 fortbestand[619], diente nach der frühen Rechtsprechung des Reichsgerichts[620] und der ganz herrschenden Meinung in der Literatur[621] zunächst allein dem Konkurrentenschutz. Das Irreführungsverbot bezweckte einen Schutz der Mitbewerber, deren Absatzchancen nicht dadurch geschmälert werden sollten, dass einzelne Anbieter durch Täuschung den Absatz oder Bezug von Waren oder Dienstleistungen auf sich ziehen. Ein mit dem Irreführungsverbot einhergehender Schutz der Marktgegenseite, das heißt insbesondere der privaten Letztverbraucher, wurde als erwünschter Reflex, nicht jedoch als eigenständiges Ziel der Regelung erachtet.[622] Die Infragestellung des Konzepts eines reinen Mitbewerberschutzes wurde in den späten dreißiger Jahren erstmals von Seiten der reichsgerichtlichen Rechtsprechung betrieben[623], war jedoch spätestens mit der Erstreckung der Klagebefugnis auf Verbraucherverbände durch die UWG-Novelle 1965 vollends vollzogen.[624] Nach heutigem Verständnis sollen vor allem die Marktgegenseite und insbesondere der private Letztverbraucher, aber auch der gewerblich Handelnde[625], als Abnehmer durch das Irreführungsverbot geschützt werden.[626] Gleichwohl erfüllt das Irreführungsverbot auch bis dato noch die Funktion, Mitbewerber zu schützen. Dies äußert sich insbesondere darin, dass

619 Zu den (marginalen) Änderungen durch die UWG Novelle 1969 und zu Modifikationen durch das Gesetz zur vergleichenden Werbung und zur Änderung wettbewerbsrechtlicher Vorschriften vom 1.9.2000 vgl. Köhler/*Bornkamm*, § 5 Rn. 1.3 f.

620 Vgl. etwa RGZ 93, 189 (192).

621 Siehe aus der älteren Literatur etwa *Callmann*, Der unlautere Wettbewerb, 2. Auflage 1932, S. 43; Vgl. *Schricker*, GRURInt 1970, 32 f.

622 Köhler/*Bornkamm*, § 5 Rn. 1.7.; Jacobs/*Lindacher*/Teplitzky, Großkommentar zum UWG, 1. Auflage 2006 (Stand Juli 1992), § 3 Rn. 4.

623 Siehe die Entscheidungsnachweise bei *Schricker*, ZHR 139 (1975), 208 (213) bei Fn. 20. Zustimmend zu diesem Ansatz insbesondere *Nerreter*, Allgemeine Grundlagen eines deutschen Wettbewerbsrechts, 1936, S. 61 ff. sowie *Ulmer*, GRUR 1937, 769 (772 f.). Überblick bei *Glöckner*, IIC 2010, 570 (571).

624 Jacobs/*Lindacher*/Teplitzky, § 3 Rn. 6.

625 Siehe die Rechtsprechungsnachweise bei Köhler/*Bornkamm*, § 5 Rn. 1.8.

626 Vgl. *Bärenfänger*, WRP 2011, 16 (17); Köhler/*Bornkamm*, § 5 Rn. 1.8; Zu beachten ist allerdings, dass der Schutz der Marktgegenseite anerkanntermaßen lediglich auf einen Kollektiv-

betroffene Mitbewerber, also solche, die zum Verletzer in einem konkreten Wettbewerbsverhältnis stehen[627], gemäß § 8 Abs. 3 Nr. 1 UWG zuvorderst dazu berufen sind, eventuelle Ansprüche gegen den Verletzer geltend zu machen.[628]

#### (b) Beeinflussung durch Gemeinschaftsrecht

Im europäischen Recht dient das Irreführungsverbot hauptsächlich dem Schutz der Marktgegenseite, also insbesondere dem Schutz von Verbrauchern[629] und von Gewerbetreibenden. Seit dem Erlass der UGP-Richtlinie 2005 gelten indes zwei verschiedene Richtlinien, je nachdem, ob das Schutzsubjekt auf der Marktgegenseite ein Verbraucher oder ein Gewerbetreibender ist.

Der Schutz vor der Irreführung gewerblicher Abnehmer ergibt sich seit dem Erlass der UGP-Richtlinie nur mehr aus der Richtlinie über irreführende und vergleichende Werbung 84/450/EWG beziehungsweise in der nunmehr konsolidierten Fassung RL 2006/114/EG vom 12.12.2006 über irreführende und vergleichende Werbung (Irreführungsrichtlinie).[630] Dabei sind nicht nur Gewerbetreibende als Marktgegenseite von deren Schutz umfasst, vielmehr fallen sämtliche gewerbliche Marktteilnehmer in den Schutzbereich der Richtlinie.[631] Die entsprechenden Bestimmungen setzen für den Bereich irreführender Werbung bloße Mindeststandards; gemäß Art. 8 Abs. 1 der Irreführungsrichtlinie sind die Mitgliedstaaten nicht daran gehindert, weitergehende Vorschriften zum Schutz Gewerbetreibender vor Irreführung zu erlassen oder aufrechtzuerhalten.

Der gemeinschaftsweite Irreführungsschutz der Verbraucher ergibt sich dagegen ausschließlich aus der UGP-Richtlinie, die abschließend verbraucherschützende lauterkeitsrechtliche Regelungen im Verhältnis zwischen Unternehmern und Verbrauchern schafft, insofern also eine Vollharmonisierung in diesem Bereich intendiert.[632] Trotz dieser im Anwendungsbereich der Irreführungsricht-

---

schutz beschränkt ist; individuelle Ansprüche werden hingegen nicht vermittelt (siehe *Köhler*/Bornkamm, § 8 Rn. 3.4; kritisch *Sack*, GRUR 2004, 625 [630]).

627 Zum Begriff des Wettbewerbsverhältnisses siehe bereits Kapitel 1.I.2.b)(1)(b).

628 Vgl. Köhler/*Bornkamm*, § 5 Rn. 1.10. Dort auch näher zur Frage, inwiefern das Irreführungsverbot das Interesse der Allgemeinheit an einem unverfälschten Wettbewerb (im Sinne des § 1 UWG) schützt.

629 Vgl. insbesondere aus rechtspolitischer Sicht Köhler/*Bornkamm*, § 5 Rn. 1.22a.

630 Vgl. Erwägungsgrund 6 UGP-Richtlinie sowie Art. 1 Irreführungsrichtlinie.

631 Köhler/*Bornkamm*, § 5 Rn. 1.14.

632 Dies ergibt sich aus den Regelungen in den Artikeln 3 Abs. 5 sowie 4 UGP-Richtlinie und besonders deutlich aus Erwägungsgrund 13 zur UGP-Richtlinie. Diese vom Richtliniengeber angestrebte Vollharmonisierung wurde in den Entscheidungen des EuGH *VTB* (Rs. C-261/07 vom 23.4.2009, Slg. 2009, I-2949, Rn. 55) sowie *Plus Warenhandelsgesellschaft mbH* (Rs. C-304/08 vom 14.1.2010, Slg. 2010, I-217, Rn. 44) bestätigt. Zu diesen Entscheidungen

linie nur sekundär auf das Horizontalverhältnis und im Anwendungsbereich der UGP-Richtlinie nur auf das Vertikalverhältnis gerichteten Schutzrichtung lässt sich das Irreführungsverbot im Grundsatz auch vom Inhaber der Marke zum lauterkeitsrechtlichen Schutz bemühen. Im Falle des Irreführungsschutzes von Gewerbetreibenden ergibt sich dies aus Art. 5 Abs. 1 Irreführungsrichtlinie. Aber auch im Anwendungsfeld der UGP-Richtlinie, also im B2C-Bereich, normiert Art. 11 Abs. 1 S. 2 UGP-Richtlinie explizit, dass auch Mitbewerber dazu berufen sind, gegen unlautere Geschäftspraktiken vorzugehen und insofern gemäß § 8 Abs. 3 Nr. 1 UWG in jedem Fall auch aktivlegitimiert sind.[633] Trotz dieser theoretischen Möglichkeiten für den Markeninhaber besteht die praktische Relevanz des Irreführungsverbots natürlich in der – im Vergleich zum Individualschutz durch das Markenrecht – erweiterten Aktivlegitimation des § 8 Abs. 3 UWG. Die Brisanz des Verhältnisses von Markenrecht zum Irreführungsverbot liegt also weniger in der möglichen Rechteerweiterung des Gemeinschaftsmarkeninhabers, als vielmehr in der Präkludierung möglicher lauterkeitsrechtlicher Ansprüche sonstiger Mitbewerber beziehungsweise aktivlegitimierter Verbände.[634]

#### (c) Spannungsfeld von lauterkeitsrechtlichem Irreführungsschutz und ausschließlichem Markenrecht bei der Verwendung von Kennzeichen

Das Verhältnis von lauterkeitsrechtlichem Irreführungsschutz und Markenschutz ist sowohl nach nationalem Markenrecht, wie auch nach dem Gemeinschaftsmarkenrecht nicht unproblematisch. Zweifellos sind Kennzeichen zwar eines lauterkeitsrechtlichen Schutzes vor Irreführung grundsätzlich zugänglich, da auch die Verwendung von Marken oder sonstigen Kennzeichen, die den Verkehr irreführen, stets auch eine irreführende geschäftliche Handlung im Sinne des § 5 Abs. 1 S. 1 UWG darstellen kann.[635] Dennoch besteht angesichts der erweiterten Aktivlegitimation im Lauterkeitsrecht erhebliches Konfliktpotential. Drei Konstellationen sind dabei besonders zu erwähnen[636]:

---

sowie zur Bindungswirkung von Irreführungsrichtlinie und UGP-Richtlinie siehe zusammenfassend *Fezer*, WRP 2010, 677 (680; 686).

633 Zum Einfluss gemeinschaftsrechtlicher Wertungen auf einen eventuellen Vorrang des Gemeinschaftsmarkenrechts, siehe Kapitel 2.II.4.

634 Die Möglichkeit der dreifachen Schadensberechnung wäre dem Markeninhaber als aktivlegitimiertem Mitbewerber zweifellos verschlossen, da § 5 Abs. 2 UWG nach nationalem Verständnis keine leistungsschutzbezogenen Komponenten enthält, siehe dazu bereits Kapitel 1.II.2.c)(3)(b)(i).

635 Köhler/*Bornkamm*, § 5 Rn. 1.74a.

636 Siehe zu diesen Konfliktbereichen für das nationale Markenrecht im Detail *Bornkamm*, FS Mühlendahl, 2005, 9 (17 ff.). Grundlegend zum Verhältnis von Markenrecht und Irreführungs-

Liegt eine Verletzung der Gemeinschaftsmarke aufgrund eines Falles der Doppelidentität nach Art. 9 Abs. 1 lit. a) GMV vor oder wird durch ein Drittkennzeichen eine Verwechslungsgefahr mit der älteren Gemeinschaftsmarke begründet, ist mit einer solchen Benutzung häufig auch die Gefahr einer Irreführung gegeben. Dieser Konflikt wäre bei paralleler Anwendbarkeit von Lauterkeitsrecht und Kennzeichenrecht dahingehend zu lösen, dass nicht nur der Kennzeicheninhaber gegen die irreführende Verwendung aus Art. 9 Abs. 1 GMV vorgehen kann, sondern auch sonstige Mitbewerber oder aktivlegitimierte Verbände gemäß § 8 Abs. 3 UWG aufgrund eines Verstoßes gegen § 5 UWG. Hier würde ein Einschreiten sonstiger Mitbewerber beziehungsweise aktivlegitimierter Verbände möglicherweise eine gütliche Einigung zwischen Verletzer und Markeninhaber konterkarieren.[637]

Der Konflikt wird noch deutlicher, betrachtet man nur die Konstellationen, in denen ein Lizenznehmer eine Marke verwendet. Sofern die unter dieser Marke vertriebenen Waren bisher eindeutig dem Markeninhaber zugeteilt waren, rechnet der Verkehr – sofern die Lizenzinhaberschaft noch nicht lange bekannt ist – bisweilen damit, dass das mit der Marke versehene Produkt aus dem Betrieb des Markeninhabers beziehungsweise von einem anderen älteren Lizenznehmer stammt. Hier könnten bestehende Vertragsbeziehungen zwischen Markeninhaber und Lizenznehmer durch das Eingreifen Dritter empfindlich gestört werden, sofern man lauterkeitsrechtliche Ansprüche wegen Irreführung zulässt. Geradezu diametral zu dem Wesen der Marke als immateriellem, verkehrsfähigem Vermögensgut erscheint die dritte mögliche Konfliktsituation, die dann eintritt, wenn der Markeninhaber ein verändertes (etwa qualitativ weniger hochwertiges Produkt) unter einer Marke anpreist, die bisher mit einem anderen Produkt in der Vorstellung der maßgeblichen Verkehrskreise verknüpft war.[638] Hier scheint es zunächst nicht undenkbar, aufgrund der Irreführungsvorschriften gegen den Markeninhaber selbst vorzugehen, da dieser mit der neuen Markenverwendung unter Umständen über die Beschaffenheit des Produkts im Sinne des § 5 Abs. 1 S. 2 Nr. 1 UWG täuscht.[639]

---

schutz bereits *Kur*, GRUR 1989, 240.

637 So beschreiben *Bornkamm* (FS Mühlendahl, 9 [20]) und *Münker* (FS Ullmann, 781 [791]) die Konstellation, dass durch ein Angreifen Dritter mögliche Lizenzverhandlungen zwischen Markeninhaber und dem Verletzer als möglichem Lizenznehmer gestört werden könnten.

638 Wobei hier bereits einschränkend anzumerken ist, dass der Markeninhaber grundsätzlich nicht dazu gezwungen ist, die Qualität der einmal unter einer Marke beworbenen Produkte immer auf vergleichbaren Standard zu halten, vgl. die Nachweise bei *Bornkamm*, FS Mühlendahl, 9 (17 f.).

639 Vgl. etwa die Konstellation bei *Bornkamm*, FS Mühlendahl, 9 (18).

(i) Bisherige Praxis: Weitgehender Vorrang des Kennzeichenrechts

Die Rechtsprechung[640] und die herrschende Literatur[641] lösten bisher auf Grundlage des UWG 1909 wie auch des UWG 2004 dieses Spannungsfeld zwischen Markenschutz und lauterkeitsrechtlichem Irreführungsschutz durch die Annahme eines weitgehenden Vorrangs kennzeichenrechtlicher Regelungen gegenüber § 5 UWG. Zur Begründung wurde ausgeführt, dass es allein Sache des Markeninhabers sei, darüber zu entscheiden, ob und wie eine Verletzung seines Kennzeichens zu verfolgen ist. Die möglicherweise mit der Verletzung einhergehende Irreführung des Publikums über die Herkunft des Produkts sollte deswegen in der Regel hingenommen werden.[642] Bereits unter dem Warenzeichengesetz sei anerkannt gewesen, dass der Verkehr nicht in der Vorstellung geschützt werde, dass eine bestimmte Marke stets aus demselben Betrieb kommt.[643] Mit der Entkopplung der Marke von dem gekennzeichneten Geschäftsbetrieb unter dem Markengesetz und der damit möglichen selbstständigen Veräußerung der Marke solle dies in noch stärkerem Umfang gelten.[644] Insbesondere in Fällen der nunmehr ausdrücklich in § 30 MarkenG geregelten Markenlizenzen kann der Verkehr oftmals nicht darauf vertrauen, dass das vertriebene Produkt aus dem Betrieb stammt, den man mit der Marke assoziiert. Von einem solchen Vorrang des Kennzeichenrechts ging im Übrigen auch der Gesetzgeber bei der Schaffung des Markengesetzes aus: Gerade die Rechtszersplitterung im bis dato geltenden Kennzeichenrecht sollte durch das neue Markengesetz beseitigt werden.[645] § 2 MarkenG, der von Teilen der Literatur unter anderem zur Begründung einer vollständigen Normenkonkurrenz herangezogen wird[646], verdeutliche hingegen nur, dass andere Vorschriften ergänzend herangezogen werden können, wo markenrechtlicher Schutz nicht bereits durch das Markengesetz gewährleistet werde.[647]

Eine parallele Anwendung des Irreführungsverbots neben kennzeichenrechtlichen Ansprüchen kam nach der Rechtsprechung auch nach der Verabschiedung

---

640 Für das Verhältnis zu §§ 3, 5 UWG, BGH, GRUR 2002, 622 (623) – *shell.de*. Für den Vorrang der Regelungen zum Schutz bekannter Marken (§ 14 Abs. 2 Nr. 3 MarkenG), BGH, GRUR 1999, 161 (162) – *MAC Dog*. Siehe dazu vertieft Kapitel 2.I.2.c)(2).

641 Vgl. speziell für das Vorrang des Markenrechts vor der irreführenden Kennzeichenbenutzung *Bornkamm*, FS Mühlendahl, 9 (21). Für den Vorrang des Kennzeichenrechts vor dem Lauterkeitsrecht allgemein vgl. die Nachweise bei *Büscher*, GRUR 2009, 230 in Fn. 2.

642 *Bornkamm*, FS Mühlendahl, 9 (19 ff.).

643 Vgl. Baumbach/*Hefermehl*, Warenzeichenrecht, Anhang zu § 8, Rn. 2.

644 *Bornkamm*, FS Mühlendahl, 9 (19).

645 Begründung zum MarkenG, BT-Drs. 12/6581, S. 55.

646 Vgl. etwa *Fezer*, § 2 Rn. 2. Dazu sogleich Kapitel 2.I.2.b)(1)(c)(ii) sowie Kapitel 2.I.2.c)(3).

647 Siehe die Begründung zum MarkenG, BT-Drs. 12/6581, S. 64.

des Markengesetzes jedoch immer noch dann in Betracht, wenn es sich bei dem betroffenen Kennzeichen um eine qualifizierte Angabe über die betriebliche Herkunft handelte. Eine solche qualifizierte Angabe liegt immer dann vor, wenn der Verkehr aufgrund der Bekanntheit des Zeichens besondere Gütevorstellungen mit dem mit dem Zeichen versehenen Produkt verbindet, die im konkreten Fall enttäuscht werden.[648] In diesen Fällen ist dann nach der Rechtsprechung eine Berührung von Allgemeininteressen gegeben, die das Eingreifen des Irreführungsschutzes nach § 3 UWG a.F. (§ 5 UWG) rechtfertige, der von allen in § 8 Abs. 3 UWG genannten Anspruchsberechtigten geltend gemacht werden könnte.[649] Liegen diese Voraussetzungen hingegen nicht vor, soll es bei dem Grundsatz bleiben, dass das Vertrauen des Verkehrs in die Vorstellung, dass sich unter einem bestimmten Kennzeichen Waren eines bestimmten Herstellers befinden, nicht geschützt werde.[650]

(ii) Abkehr von Vorrangthese durch UWG Novelle 2009 ?

Zahlreiche Stimmen in der Literatur fordern nicht zuletzt angesichts der Vorgaben der UGP-Richtlinie in Art. 6 Abs. 2 lit. a) UGP-Richtlinie sowie Nr. 13 Anhang I UGP-Richtlinie[651] und deren Umsetzung in das UWG eine Abkehr

---

648 So schon das Reichsgericht, vgl. etwa RGZ 55, 34 (35f.) – *Germania*; RGZ 101, 25 (28f.) – *Bärenmarke* (zu § 9 WZG); RG, GRUR 1935, 962 (966) – *Lignose*. Rechtsprechung fortgeführt vom BGH, vgl. etwa BGH, GRUR 1952, 577 (581) – *Fischermännchen-Zwilling-Iling*; BGH, GRUR 1965, 676 (677f.) – *Nevada*. Siehe aus jüngerer Zeit zudem BGH, GRUR 2002, 703 (705) – *VOSSIUS & PARTNER*.

649 BGH, GRUR 2002, 703 (705) – *VOSSIUS & PARTNER*.

650 Diese bereits unter der Rechtsprechung des Reichsgerichts entwickelte Lehre fand zunächst auch in der Literatur rege Zustimmung (vgl. die Nachweise bei *Kur*, GRUR 1989, 240 [246f.]). Auch im neu geordneten Kennzeichenrecht fand die „Lehre von den qualifizierten Herkunftsangaben" weiterhin Anwendung, zuletzt in der bereits aufgezeigten Entscheidung *VOSSIUS & PARTNER* im Jahre 2002. Unter Geltung des neuen Kennzeichenrechts mehren sich jedoch diejenigen Stimmen, die dieser „Kompromisslösung" weitestgehend kritisch gegenüberstehen. Insbesondere *Bornkamm* (FS Mühlendahl, 9ff.) spricht sich für einen konsequenten Vorrang des Kennzeichenrechts gegenüber dem Irreführungsverbot aus und begründet dies, neben den bekannten Argumenten für die Vorrangthese, mit bestehenden Abgrenzungsschwierigkeiten zwischen bloß einfachen und qualifizierten Herkunftsangaben. Kritisch angesichts der neuen Regelung des § 5 Abs. 2 UWG ebenfalls *Bärenfänger*, WRP 2011, 160 (162); *Jonas/Hamacher*, WRP 2009, 535; *Köhler*, GRUR 2009, 445 (448).

651 Dieser Tatbestand des irreführenden Produktmarketings wurde im nationalen Lauterkeitsrecht in § 3 Abs. 3 UWG i.V.m. Anhang I Nr. 13 UWG umgesetzt, und setzt voraus, dass ein Gewerbetreibender für ein Produkt, das demjenigen eines anderes Herstellers ähnlich ist, wirbt und dabei den Verbraucher absichtlich dazu verleitet, zu glauben, das Produkt stamme von ebendiesem Händler. In der nationalen Rechtspraxis spielte diese Fallgruppe eines für besonders verwerflich erachteten irreführenden Produktmarketings jedoch bislang keine Rolle. Insbe-

von der Annahme eines „Vorrangs des Markenrechts“ hin zu einer vollkommenen Normenkonkurrenz zwischen Kennzeichenrecht und Lauterkeitsrecht im Allgemeinen[652] und dem Irreführungsschutz im Speziellen.[653] Der Gesetzgeber enthält sich in seiner Begründung zur UWG-Novelle einer Stellungnahme und überlässt Rechtsprechung und Literatur die Bestimmung des Verhältnisses der neuen Irreführungstatbestände zu den Regelungen des Markenrechts.[654]

Auch im Gemeinschaftsmarkenrecht stellt sich die Frage, inwiefern die UGP-Richtlinie Einfluss auf einen möglichen Vorrang des Gemeinschaftsmarkenrechts haben kann. Auf diese Fragestellung wird im Detail noch zurückzukommen sein.[655] Festhalten lässt sich jedoch im Grundsatz, dass die normativen Wertungen, die Literatur und Rechtsprechung für einen Vorrang des (nationalen) Kennzeichenrechts anführen, auch im Gemeinschaftmarkenrecht prinzipiell Geltung beanspruchen können.[656] Insbesondere der Gedanke der Rechtsvereinheitlichung scheint angesichts der einheitlichen Geltung der Gemeinschaftsmarke in der

---

sondere erweist sich – neben der ohnehin restriktiven Auslegung der lauterkeitsrechtlichen per-se Tatbestände durch die Rechtsprechung (vgl. dazu *Scherer*, WRP 2011, 393 ff.) – die vom Verletzten nachzuweisende Täuschungsabsicht als hohe Hürde, die die Relevanz des Tatbestands in der Praxis negiert, siehe *Büllesbach,* Auslegung der irreführenden Geschäftspraktiken des Anhangs I der Richtlinie 2005/29/EG über unlautere Geschäftspraktiken, 2008, S. 97; *Köhler/Lettl*, WRP 2003, 1019 (1046). Eine nähere Erörterung soll dementsprechend hier nicht vorgenommen werden.

652 Vgl. etwa *Bärenfänger*, Das Spannungsfeld von Lauterkeitsrecht und Markenrecht unter dem neuen UWG – Symbiotische Theorie zum Kennzeichen- und Lauterkeitsrecht, 2010, S. 176 ff.; *ders.*, WRP 2011, 17 (20 ff); *Büscher*, GRUR 2009, 230 (236); *Dorndorf*, Der Schutz vor Herkunftstäuschung und Rufausbeutung, 2005, Rn. 463; *Heep*, S. 84 ff; *Henning-Bodewig*, GRURInt 2007, 986 (990); *Köhler*, GRUR 2007, 548 (550 ff); *Lettl*, GRUR-RR 2009, 41 (43); *Schreiber*, GRUR 2009, 113 (116 f.); *Sosnitza*, WRP 2008, 1014 (1030); Zur früheren Rechtslage bereits *Fezer*, Markengesetz, 3. Auflage 2001, § 2 Rn. 1 ff.; *ders.* WRP 2008, 1 (7 ff.); dagegen *Bunnenberg*, MarkenR 2008, 148 (157). Differenzierend Teplitzky/Peifer/*Leistner*, § 4 Nr. 9 Rn. 91; ebenso auch *Böxler*, ZGE 2009, 357 (383), der im Verhältnis zum Grundtatbestand der Irreführung gemäß § 5 Abs. 1 S. 2 UWG am Vorrang des Kennzeichenrechts festhalten will, dagegen im Anwendungsbereich des § 5 Abs. 2 UWG von einer Parallelität des markenrechtlichen Schutzes und des markenrechtlichen Irreführungsschutzes ausgeht. Diese Differenzierung scheint jedoch angesichts des im Ergebnis fehlenden *originären* Anwendungsbereichs des § 5 Abs. 2 UWG beim durch Kennzeichen begründeten Verwechslungsschutz nicht gangbar, siehe dazu sogleich Kapitel 2.I.2.b)(1)(d).

653 Köhler/*Bornkamm*, § 5 Rn. 1.85 f.; *Kiethe/Groeschke*, WRP 2009, 1343 (1345).

654 BT-Drs. 16/10145, S. 37, kritisch *Bärenfänger*, WRP 2011, 17 (20). In einer ersten Entscheidung zum neuen § 5 Abs. 2 UWG und seinem Verhältnis zum nationalen Markenrecht hielt das OLG Köln in einem Urteil vom 13.2.2009 an der tradierten Rechtsprechung fest und bejahte den Vorrang markenrechtlichen Schutzes, der den Irreführungsschutz des § 5 UWG verdränge (OLG Köln, LMuR 2009, 120 (123) – *Amarula*).

655 Siehe unten Kapitel 2.II.4.b)(2).

656 Siehe dazu oben Kapitel 2.I.2.b)(1)(c).

Gemeinschaft noch eher einen Rückgriff auf nationales Lauterkeitsrecht innerhalb des Schutzsystems der Gemeinschaftsmarke zu verbieten als im nationalen Markenrecht.[657]

Gleichwohl sind die Wertungen der UGP-Richtlinie vorbehaltlich besonderer Konkurrenzregeln erst einmal grundsätzlich auch bei der irreführenden Verwendung von Gemeinschaftsmarken zu berücksichtigen. So beschränkt sich die UGP-Richtlinie etwa in Art. 6 Abs. 2 unzweifelhaft nicht auf die Sanktionierung der irreführenden Verwendung nationaler Waren- oder sonstiger Kennzeichen, sondern findet auch auf die irreführende Verwendung von Gemeinschaftsmarken Anwendung.[658]

#### (d) Irreführende Kennzeichenbenutzung – Die Regelungen in § 5 Abs. 1 S. 2 Nr. 1 sowie § 5 Abs. 2 UWG

Die irreführende Kennzeichenbenutzung findet sich nach der Neuregelung UWG-Novelle 2008 insbesondere in den Vorschriften des § 5 Abs. 1 S. 2 Nr. 1 UWG sowie § 5 Abs. 2 UWG. Nach § 5 Abs. 1 S. 2 Nr. 1 UWG liegt eine irreführende geschäftliche Handlung dann vor, wenn sie unwahre oder sonstige zur Täuschung geeignete Angaben über die betriebliche Herkunft einer Ware enthält. Angaben über die betriebliche Herkunft sind Bezeichnungen, die nach der Verkehrsauffassung auf ein bestimmtes Unternehmen hinweisen, typischerweise eben Marken[659]. Durch die Verwendung fremder Herkunftsangaben für identische Waren (also Fälle markenrechtlicher Doppelidentität nach Art. 9 Abs. 1 lit. c) GMV) beziehungsweise ähnlicher Herkunftsangaben (im Sinne einer markenrechtlichen Verwechslungsgefahr nach Art. 9 Abs. 1 lit. b) GMV) mag eine sanktionswürdige Irreführung gemäß § 5 Abs. 1 S. 2 Nr. 1 UWG oftmals vorliegen.[660] Dies war allerdings auch schon vor der Novellierung des UWG 2008 anerkannt; inhaltlich brachte die Umsetzung der UGP-Richtlinie somit keine Neuerung.

Überdies findet sich im neu eingefügten § 5 Abs. 2 UWG, der die Bestimmung des Art. 6 Abs. 2 lit. a) UGP-Richtlinie umsetzt, eine weitere Regelung zur irreführenden Kennzeichenbenutzung, sofern die Benutzung des Kennzeichens im Rahmen einer Produktvermarktung, also insbesondere im Bereich der Werbung, erfolgt. Demnach ist eine geschäftliche Handlung im Zusammenhang mit der Vermarktung von Waren oder Dienstleistungen als irreführend zu begrei-

---

657 Siehe dazu unten Kapitel 2.II.1.

658 In der Literatur wird dieser Umstand noch nicht einmal diskutiert, sondern als selbstverständlich erachtet, siehe etwa *Fezer*, WRP 2008, 1 (6).

659 Köhler/*Bornkamm*, § 5 Rn. 4.209.

660 Zum Wandel der Herkunftsangabe zur Beschaffenheitsangabe vgl. Köhler/*Bornkamm*, § 5 Rn. 4.228.

fen, wenn dadurch eine Verwechslungsgefahr mit der Marke eines Mitbewerbers hervorgerufen wird. Während § 5 Abs. 2 UWG bei der Vermarktung von Nachahmungsprodukten – folgt man jedenfalls der bisher herrschenden Ansicht in Rechtsprechung und Lehre – die Anspruchsberechtigung im Rahmen des Nachahmungsschutzes nach § 4 Nr. 9 lit. a) UWG auf den Hersteller des Produkts beschränkt[661], sachlich durchaus eine Erweiterung bringt, liegt eine solche Tatbestandsausweitung im Bereich des lauterkeitsrechtlichen Markenschutzes nicht vor. So stellt *Bornkamm* zu Recht fest, dass trotz des Rückgriffs auf markenrechtliche Terminologie, § 5 Abs. 2 UWG nichts anderes erfasst, als durch das allgemeine Irreführungsverbot in § 5 Abs. 1 S. 1 in Verbindung mit S. 2 Nr. 1 UWG ohnehin bereits erfasst ist.[662] Der Rückgriff auf das allgemeine Irreführungsverbot musste jedoch, wie geschildert, in der Regel im Bereich des Marken- und Kennzeichenschutzes zurückstehen, sofern nicht eine Ausnahme aufgrund einer qualifizierten Angabe über die betriebliche Herkunft vorlag.[663] Inwiefern ein Rückgriff nach der UWG-Novelle 2008 auf diese Vorschriften in Bezug auf die Verwendung der Gemeinschaftsmarke tatsächlich erfolgen kann, bleibt späterer Erörterung vorbehalten.[664]

#### *(2) § 6 Abs. 2 Nr. 3 UWG – Herkunftstäuschung im Bereich der vergleichenden Werbung*

Neben dem Irreführungsschutz bietet im Rahmen vergleichender Werbung die Regelung des § 6 Abs. 2 Nr. 3 UWG lauterkeitsrechtlichen Kennzeichenschutz. Hier stellen sich zunächst Abgrenzungsfragen zu § 5 Abs. 2 UWG, wobei letztgenannte Regelung angesichts der expliziten Bezugnahme auf die Verwendung im Rahmen vergleichender Werbung zumindest im Verhältnis zu Verbrauchern die spezielle Regelung darstellt. Im B2B-Verhältnis bleibt § 6 Abs. 2 Nr. 3 UWG

---

661 Siehe dazu oben Kapitel 1.I.2.b)(1).

662 Köhler/*Bornkamm*, § 5 Rn. 4.215; Koos/*Menke*/Ring, Praxis des Wettbewerbsrechts, 2009, § 5 Rn. 185; *Scherer*, WRP 2009, 1446 (1453). Wenig schlüssig hingegen *Fezer*, GRUR 2009, 451 (454), der zunächst vom originären Anwendungsbereich der irreführenden Produktvermarktung spricht, dann aber nicht darlegt, inwiefern diese Fälle nicht bereits über § 5 Abs. 1 S. 2 UWG erfasst werden könnten. Für ein Spezialitätsverhältnis des § 5 Abs. 2 UWG vor § 5 Abs. 1 S. 2 Nr. 1 UWG hingegen *Bärenfänger*, WRP 2011, 160 (163) sowie *Thress*, Die irreführende Produktvermarktung – Zur Auslegung des Art. 6 Abs. 2 lit. a der Richtlinie 2005/29/EG über unlautere Geschäftspraktiken und des § 5 Abs. 2 UWG, 2011, Rn. 275. Zur Problematik, inwiefern die gesonderte Normierung der irreführenden Produktvermarktung Einfluss auf eine parallele Anwendbarkeit des Lauterkeitsrechts neben kennzeichenrechtlichen Bestimmungen, also eine Revidierung der Vorrangwirkung, zur Folge hat, siehe Kapitel 2.II.4.b)(2).

663 Siehe dazu oben Kapitel 2.I.2.b)(1)(c)(i).

664 Siehe dazu unten Kapitel 2.II.4.b)(2).

jedoch weiterhin anwendbar. Praktische Bedeutung wird dieser Anspruch nur selten erlangen, da der Markeninhaber im Falle einer Gefahr von Verwechslungen im Sinne des § 6 Abs. 2 Nr. 3 UWG regelmäßig auch markenrechtliche Ansprüche nach Art. 9 Abs. 1 lit. a) oder b) GMV geltend machen kann.[665] Jedoch auch tatsächlich werden Fälle des § 6 Abs. 2 Nr. 3 UWG selten vorkommen. So setzt vergleichende Werbung ihrem Wesen nach bereits voraus, dass der Mitbewerber beziehungsweise seine Produkte in Bezug zum Werbenden gesetzt werden, um sich vom Konkurrenten und seinen Produkten gerade zu unterscheiden, sodass in der Regel eine Gefahr von Verwechslungen bei vergleichender Werbung nicht bestehen wird.[666] Ist der Ausnahmefall des § 6 Abs. 2 Nr. 3 UWG einschlägig, obliegt die Geltendmachung der Abwehransprüche sämtlichen, in § 8 Abs. 3 UWG genannten Anspruchsberechtigten.[667]

#### *(3) § 4 Nr. 9 UWG – Kennzeichen im Rahmen des lauterkeitsrechtlichen Nachahmungsschutzes*

Auch im Rahmen des Nachahmungsschutzes nach § 4 Nr. 9 UWG vermögen Kennzeichen lauterkeitsrechtlichen Schutz zu genießen. Dabei muss zwischen Formmarkenschutz und dem mittelbaren Schutz sonstiger Gemeinschaftsmarken unterschieden werden Ein genuiner lauterkeitsrechtlicher Nachahmungsschutz bei Kennzeichen kommt dabei insbesondere bei Gemeinschaftsformmarken in Betracht. Aber auch im Falle sonstiger Kennzeichnungen ist zumindest ein mittelbarer Schutz der Kennzeichnung über die Vorschrift des § 4 Nr. 9 UWG denkbar.

#### (a) Formmarkenschutz

Wie bereits erläutert, gewährt § 4 Nr. 9 UWG Waren und Dienstleistungen Schutz vor unlauteren Nachahmungen. Sofern diese Produktform auch als Marke eingetragen ist, was Art. 4 GMV ausdrücklich zulässt[668], ist neben dem durch

665 *Köhler*/Bornkamm, § 6 Rn. 143. So sind die verwendeten Begriffe der Verwechslungsgefahr in Art. 5 Abs. 1 lit. b) MRRL (= Art. 9 Abs. 1 lit. b) GMV) und Art. 4 lit. h) RL 2006/114/EG nach der Rechtsprechung des EuGH in gleicher Weise auszulegen (EuGH Rs. C-533/06, Slg. 2008, I-4231 – *O2*, Rn. 49; zustimmend etwa *Sack*, WRP 2013, 8 [14]). Kritisch zur einheitlichen Auslegung des Begriffs der Verwechslungsgefahr *Thress*, Rn. 179 sowie 347; ebenso *Goldmann*, GRUR 2012, 857 (860 f.). Siehe dazu bereits Kapitel 2.I.1.a)(2)(c)(i)(d).

666 *Ohly*, GRUR 2008, 701. Zu den (seltenen) Ausnahmen siehe *Köhler*/Bornkamm, § 6 Rn. 145.

667 Vgl. *Köhler*/Bornkamm, § 6 Rn. 194.

668 Auch im nationalen Markenrecht normiert § 3 Abs. 1 MarkenG die grundsätzliche Schutzfähigkeit der dreidimensionalen Marke und setzt damit die verbindliche Vorgabe des Art. 2 MRRL um. Zur früheren deutschen Spruchpraxis, die eine Markeneintragung für dreidimen-

§ 4 Nr. 9 UWG gewährleisteten Nachahmungsschutz sowie eventuellen Musterrechten auch ein Gemeinschaftsmarkenschutz über Art. 9 Abs. 1 GMV denkbar. Falls ein Produkt als Formmarke eingetragen ist, gelten im Rahmen des § 4 Nr. 9 UWG keine besonderen Anforderungen an die Schutzfähigkeit des Produkts vor Nachahmung. Voraussetzung für die Gewährung des lauterkeitsrechtlichen Produktschutzes ist neben der Nachahmung das Vorliegen wettbewerblicher Eigenart sowie ein in § 4 Nr. 9 lit. a – c) UWG genanntes oder ein sonstiges nach der Rechtsprechung anerkanntes besonderes Unlauterkeitsmoment.[669]

Für das nationale Markenrecht hat der BGH in seiner Entscheidung *Abschlußstück* ein Nebeneinander kennzeichenrechtlichen Schutzes nach § 14 Abs. 2 Nr. 2 MarkenG und lauterkeitsrechtlichen Nachahmungsschutzes nach § 1 UWG a.F. bestehen lassen. Begründet wurde dies mit den jeweilig zugrundeliegenden unterschiedlichen Schutzgegenständen. Während der Formmarkenschutz eine abstrakte Raumform betreffe, gehe es beim Nachahmungsschutz nach § 4 Nr. 9 UWG um die Nachahmung einer konkreten Produktgestaltung.[670]

### (b) Sonstige Kennzeichenformen

Auch bei sonstigen Kennzeichenformen wurde in der Vergangenheit regelmäßig ein lauterkeitsrechtlicher Nachahmungsschutz gewährt. Dabei sind zwei Konstellationen zu unterscheiden: Zum einen kann nach der Rechtsprechung des BGH die Kennzeichnung als eigenartbegründendes Element bei der Nachahmung von Waren zu berücksichtigen und darüber mittelbar ein Kennzeichenschutz über den Produktschutz zu erlangen sein. Zum anderen vermag ein Kennzeichen an sich wettbewerbliche Eigenart inne zu haben, sodass die Nachahmung bei Hinzutreten besonderer Umstände möglicherweise unter § 4 Nr. 9 UWG sanktionierbar ist. Dieser ursprünglich auf § 1 UWG a.F. gestützte (unmittelbare) Nachahmungsschutz spielte vor dem Inkrafttreten des Markengesetzes insbesondere bei der Rufausbeutung, etwa durch Anlehnung, und bei der Rufbeeinträchtigung bekannter Marken eine gewichtige Rolle.[671]

---

sionale Gestaltungen stets abgelehnt hatte, vgl. die Nachweise bei Ströbele/*Hacker*, Markengesetz, 9. Auflage 2009, § 3 Rn. 27 bei Fn. 77. Zu den „Umwegen" eines entsprechenden dreidimensionalen Schutzes unter Geltung des Warenzeichengesetzes siehe *Sambuc*, GRUR 2009, 333.

669 Dazu bereits Kapitel 1.I.1.b)(2).

670 BGH, GRUR 2003, 332 (336) – *Abschlußstück*. Kritisch dazu Ströbele/*Hacker*, § 2 Rn. 69; *Ingerl*, WRP 2004, 809 (812). Diese Entscheidungspraxis wurde in der Literatur in jüngster Zeit als Beleg dafür genommen, dass der BGH sich faktisch von seiner These der „Vorrangwirkung des Markenrechts" verabschiedet habe, siehe dazu näher Kapitel 2.I.2.c)(3).

671 Siehe unten Kapitel 2.I.2.c)(1).

(i) Marken als eigenartbegründende Elemente bei Produktnachahmung

Stützt man eventuelle Unterlassungsansprüche nur auf die Produktform und nicht auf kennzeichenrechtliche Normen, kann nach der Rechtsprechung des BGH gleichwohl die Produktkennzeichnung als eigenartbegründender Faktor in die Prüfung der wettbewerblichen Eigenart mit einbezogen und so (mittelbar) ein lauterkeitsrechtlicher (Kennzeichen-)Nachahmungsschutz erreicht werden.[672] Mit anderen Worten: Die Produktmarke vermag das gekennzeichnete Produkt über die lauterkeitsrechtliche Schutzschwelle zu heben, im Einzelfall sogar gänzlich die erforderliche Eigenart zu begründen.[673] Dies gelte insbesondere dann, wenn das markenfähige Kennzeichen selbst ungeschützt ist[674], was unter Umständen zur Folge hat, dass eine markenrechtlich zulässige, verwechslungsfähige Nachahmung des Kennzeichens auf entsprechenden Erzeugnissen und eine damit verbundene vermeidbare Herkunftstäuschung gemäß § 4 Nr. 9 lit. a) UWG lauterkeitsrechtlich untersagt werden könnte.[675] Ob im Rahmen einer in Frage stehenden betrieblichen Herkunftstäuschung nach § 4 Nr. 9 lit. a) UWG eine verwechslungsfähige Nachahmung vorliegt, soll sich wiederum nach kennzeichenrechtlichen Grundsätzen beurteilen[676]. Wie schon im reinen Produktschutz, soll auch bei vermittelter Eigenart durch das Kennzeichen die Aktivlegitimation grundsätzlich auf den Kennzeicheninhaber beschränkt bleiben.[677]

(ii) Kritik

Diese „Fortwirkung“ der Marke auf das Produkt ist nach der Neuregelung des ergänzenden Leistungsschutzes im UWG 2004 nicht unproblematisch. So sieht § 4 Nr. 9 UWG vom Wortlaut her einen Kennzeichenschutz – außerhalb des Bereiches der für Produktgestaltungen in Betracht kommenden dreidimensionalen Marke, die aus der Form der Ware selbst besteht – schlichtweg nicht vor. Die Einbeziehung des Kennzeichens in den wettbewerbsrechtlichen Leistungsschutz sieht etwa *Hacker* als Verstoß gegen die gebotene Trennung zwischen dem gekennzeichneten Erzeugnis als dem eigentlichen Gegenstand des wettbe-

---

672 Vgl. BGH, GRUR 2001, 251 (253) – *Messerkennzeichnung*; BGH, GRUR 2003, 973 (974) – *Tupperwareparty*.

673 So wie im Fall *Messerkennzeichnung* (BGH, GRUR 2001, 251 [253]).

674 Vgl. BGH, GRUR 2001, 251 (253) – *Messerkennzeichnung*.

675 Diese Konsequenz aufzeigend Ströbele/*Hacker*, § 2 Rn. 52.

676 BGH, GRUR 2001, 251 (253) – *Messerkennzeichnung*. Siehe allgemein zur Bestimmung der Verwechslungsgefahr im Markenrecht oben Kapitel 2.I.1.a)(2)(a)(ii).

677 Siehe dazu oben Kapitel 1.I.2.b)(1). Zur eventuell notwendigen Ausweitung der Aktivlegitimation im Rahmen des § 4 Nr. 9 UWG durch die Regelungen der UGP-Richtlinie siehe unten Kapitel 2.II.4.b)(2).

werblichen Leistungsschutzes und der Kennzeichnung selbst.[678] Im Extremfall könnten so unter dem Deckmantel des ergänzenden Leistungsschutzes Kennzeichenschutz gewährleistet und markenrechtliche Wertungen unterlaufen werden.[679] Auch *Stieper* stellt zu Recht fest, dass der Wortlaut des § 4 Nr. 9 UWG ausdrücklich nur das Anbieten von Nachahmungen von Waren und Dienstleistungen erfasst, nicht aber das Anbieten von Waren und Dienstleistungen unter einer bestimmten Kennzeichnung.[680] Die Berücksichtigung des Kennzeichens im Rahmen der wettbewerblichen Eigenart eines Produkts führt indes häufig zur Anspruchsbegründung und schafft damit im Ergebnis sogar einen faktisch losgelösten, produktunabhängigen lauterkeitsrechtlichen Markenschutz.[681] Dies birgt, abgesehen von der expliziten Herausnahme von Kennzeichen aus dem Schutzbereich des Leistungsschutzes, reges Konfliktpotential mit der vom BGH und der herrschenden Literatur vertretenen These vom grundsätzlichen Vorrang des Markenrechts. Es bleibt abzuwarten, wie der BGH diese Problematik eines „produktvermittelten" beziehungsweise „losgelösten" lauterkeitsrechtlichen Kennzeichenschutzes über § 4 Nr. 9 lit. a) UWG künftig löst.

#### (c) Produktunabhängiger (Nachahmungs-)Schutz von Kennzeichen zur Erfassung markenrechtlich nicht erfasster Konstellationen?

Dieser Konflikt stellt sich jedenfalls nicht in denjenigen Konstellationen, die bereits sachlich nicht vom Markenrecht erfasst werden. Ein legitimer Anwendungsbereich für einen produktunabhängigen lauterkeitsrechtlichen Nachahmungsschutz für Kennzeichen könnte sich daher für solche Konstellationen ergeben, die nach der Rechtsprechung des EuGH nicht in den Anwendungsbereich der Art. 9 Abs. 1 lit. a) und b) GMV fallen würden, gleichfalls jedoch unter einen – soeben dargestellten, weit gefassten – Kennzeichenschutz nach § 4 Nr. 9 lit. a) UWG gefasst werden könnten.

678 Ströbele/*Hacker*, § 2 Rn. 53.

679 Teplitzky/Peifer/*Leistner*, § 4 Nr. 9 Rn. 96.

680 *Stieper*, WRP 2006, 291 (302).

681 So spricht auch *Stieper* (WRP 2006, 291 [302]) ausdrücklich von einem „losgelösten Kennzeichenschutz". Die Bedenken gegen einen solchen „losgelösten" Kennzeichenschutz teilt im Ergebnis auch *Leistner* (Teplitzky/Peifer/*Leistner*, § 4 Nr. 9 Rn. 144 mit weiteren Nachweisen zum Meinungsstand), der jedoch darauf hinweist, dass nach dem weit verstandenen Begriff der „Waren und Dienstleistungen" Marken jedenfalls nicht begrifflich aus dem Schutzbereich des § 4 Nr. 9 UWG rausfallen.

(i) Allgemeines

Wie beschrieben, gewährleistet Art. 9 Abs. 1 lit. a) GMV absoluten Schutz nur im Bereich der Doppelidentität, während Art. 9 Abs. 1 lit. b) GMV nur solche Benutzungshandlungen erfasst, in denen eine Beeinträchtigung der Herkunftsfunktion durch Erzeugen einer Verwechslungsgefahr besteht.[682] Begrenzt durch das enge Korsett einer notwendigen Doppelidentität (Art. 9 Abs. 1 lit. a) GMV) fallen oftmals Nutzungshandlungen aus dem Anwendungsbereich des Markenschutzes, deren Vornahme im Einzelfall als unlauter erscheinen mag. Hierher gehört insbesondere der Schutz gegen den rein firmenmäßigen Gebrauch einer Kennzeichnung, der nach der Entscheidung des EuGH im Fall *Céline*[683] – entgegen langjähriger nationaler Rechtsprechungstradition[684] – markenrechtlich nicht erfasst wird, da es an einer Verwendung *für* Waren und Dienstleistungen fehle.

(ii) Keine Anwendung von Art. 5 Abs. 5 MRRL im Gemeinschaftsmarkenrecht – Die The Home Store-Entscheidung des BGH

Der Möglichkeit eines solchen ergänzenden Lauterkeitsschutzes für nichtmarkenmäßige Benutzungen hat der BGH für das Gemeinschaftsmarkenrecht in der Entscheidung *The Home Store* vom 13.9.2007 jedoch eine Absage erteilt. Hier wendete sich die Inhaberin einer Gemeinschaftswortmarke gegen die Verwendung eines ihrer Marke ähnlichen Drittzeichens durch die Beklagte, die dieses als Teil der Kennzeichnung ihrer Geschäftsbetriebe verwendete. Für den hier interessierenden Teil des Urteils stellt der BGH fest, dass sich der in Frage stehende Unterlassungsanspruch der Klägerin auch gegen den rein firmenmäßigen Gebrauch eines Kennzeichens richtet.[685] Dagegen gewährleiste jedoch die Gemeinschaftsmarkenverordnung, im Einklang mit der EuGH-Rechtsprechung im Fall *Céline*[686], mangels einer Benutzung „für Waren oder Dienstleistungen" keinen Schutz. Darüber hinaus schließt der BGH jedoch, gestützt auf Art. 14 Abs. 1 GMV, auch die Anwendbarkeit außermarkenrechtlicher Vorschriften aus. Demgemäß könnte auch nicht, entsprechend der fakultativen Regelung des Art. 5 Abs. 5 MRRL, die eine Öffnung für den Schutz nicht markenmäßiger Benutzung im nationalen Recht vorsieht, ein Markenschutz zu anderen Zwecken als der Unterscheidung von Waren und Dienstleistungen erfolgen.[687]

682 Siehe oben Kapitel 2.I.1.a)(2)(a).
683 EuGH Rs. C-17/06, Slg. 2007, I-7041 – *Céline*.
684 Siehe die Rechtsprechungsnachweise bei BGH, GRUR 2004, 512 (513 f.) – *Leysieffer*.
685 BGH, WRP 2008, 236 (238) – *The Home Store*.
686 Siehe oben Kapitel 2.I.1.a)(2)(b)(ii)(g).
687 BGH, WRP 2008, 236 (238) – *The Home Store*.

#### (iii) Nichtexistenz einer der Art. 5 Abs. 5 MRRL vergleichbaren Regelung – negative Begrenzungswirkung?

Der BGH scheint der Vorschrift des Art. 14 Abs. 1 GMV eine sehr weitgehende Wirkung zuzubilligen, die auf eine grundsätzliche Präklusion einzelstaatlichen (materiellen) Rechts im Gemeinschaftsmarkenrecht hinzudeuten scheint. Andererseits erfolgt die Nennung des Art. 14 Abs. 1 GMV hier explizit im Zusammenhang mit Art. 5 Abs. 5 MRRL. Wie beschrieben, eröffnet diese Vorschrift dem nationalen Gesetzgeber für das jeweilige Markenrecht des einzelnen Mitgliedsstaates die Möglichkeit, erweiterten Schutz gegen Zwecke zu erlangen, die nicht auf die Unterscheidung von Waren und Dienstleistungen ausgerichtet sind. Diese Vorschrift sieht der BGH im Gemeinschaftsmarkenrecht wegen Art. 14 Abs. 1 GMV als nicht anwendbar an. Die fakultative Möglichkeit des erweiterten Schutzes gegen nicht markenmäßige Benutzung sei deshalb im Gemeinschaftsmarkenrecht nicht gegeben. Ob und inwiefern der BGH somit eine von Art. 14 Abs. 1 GMV ausgehende Präklusion sämtlichen einzelstaatlichen Rechts annimmt, bleibt unklar. Am ehesten scheinen die Ausführungen dahin zu deuten, dass wohl eine mittelbar negative Begrenzungswirkung, die sich aus der Nichtexistenz einer der Art. 5 Abs. 5 MRRL vergleichbaren Regelung im Gemeinschaftsmarkenrecht, angenommen wird. So wird aus der Existenz einer Öffnungsklausel für nicht der Identifikation von Waren oder Dienstleistungen dienenden Verwendungen eines Kennzeichens in der konzeptionell der Gemeinschaftsmarkenverordnung vergleichbaren Markenrechtsrichtlinie letztlich geschlossen, dass mangels einer solchen Klausel in der Gemeinschaftsmarkenverordnung diese Möglichkeit gerade nicht gegeben sein soll. Ob die Annahme einer solchen Begrenzungswirkung, geschweige denn einer weitergehenden Präklusionswirkung, wirklich statthaft ist, soll an späterer Stelle vertieft erörtert werden.[688]

Dennoch wurde mit der *The Home Store*-Entscheidung zumindest klargestellt, dass ein ergänzender Schutz gegen sachlich nicht erfasste Benutzungen zumindest im Anwendungsbereich der Art. 9 Abs. 1 lit. a) und b) GMV durch die Regelung des Art. 14 Abs. 1 GMV präkludiert sein soll. Dies betrifft insbesondere, wie im entschiedenen Fall *The Home Store*, Konstellationen, in denen der rein firmenmäßige Gebrauch einer eingetragenen Gemeinschaftsmarke durch einen Dritten erfolgt. Hier bleibt zukünftig kein Raum für einen Schutz durch das Lauterkeitsrecht. Wegen des Verzichts auf eine notwendige Funktionsbeeinträchtigung im Anwendungsbereich der bekannten Marke nach Art. 9 Abs. 1 lit. c) GMV und der Notwendigkeit einer bloß „gedanklichen Verknüpfung“ lässt sich die Inter-

688 Siehe unten Kapitel 2.II.2.b)(4)(a).

pretation der aus Art. 5 Abs. 5 MRRL hervorgehenden negativen Begrenzungswirkung jedoch nicht vorbehaltlos auf den Sonderschutz bekannter Gemeinschaftsmarken übertragen. Von einer Erörterung derjenigen Fälle, in denen noch nicht einmal eine gedankliche Verknüpfung vorliegt, soll daher nicht abgesehen werden.[689]

### c) Schutz vor Rufausbeutung, Rufbeeinträchtigung und Verunglimpfung

Außerhalb des Schutzes vor Herkunftstäuschungen bestehen im Lauterkeitsrecht weitere markenschützende Regelungen, die eher dem primär individualschützenden Kollisionstatbestand des bekannten Markenschutzes in Art. 9 Abs. 1 lit. c) GMV entsprechen. Im Spannungsfeld dieses primär individualschützenden Markenschutzes zum Lauterkeitsrecht besteht der zentrale Konflikt in der Frage, inwiefern das Lauterkeitsrecht bestehende Schutzlücken des Gemeinschaftsmarkenrechts ausfüllen kann. Nachfolgende Ausführungen sollen zunächst die bisherige Praxis des lauterkeitsrechtlichen Schutzes bekannter Marken in Rechtsprechung und Literatur skizzieren.[690] Im Anschluss wird auf Schutzmöglichkeiten im Lauterkeitsrecht zur Ausfüllung gemeinschaftsmarkenrechtlicher Schutzlücken eingegangen.[691]

#### *(1) Frühere Praxis: Schutz bekannter Marken über das UWG und das allgemeine Zivilrecht*

Der im Gemeinschaftsmarkenrecht bereits ursprünglich inkorporierte Schutz bekannter Marken wurde mit der Verabschiedung des Markengesetzes im Jahre 1995 auch in Deutschland in das neue Markengesetz integriert. Der nationale Gesetzgeber entschied sich im Zuge der Umsetzung der Markenrechtsrichtlinie für eine umfassende Neuregelung des nationalen Markenrechts und machte von der Regelung des Art. 5 Abs. 2 MRRL Gebrauch, der den einzelnen Mitgliedstaaten fakultativ die Möglichkeit gab, im Rahmen der Richtlinienvorgaben[692] einen erweiterten Schutz bekannter Marken zu gewährleisten.

---

689 Siehe unten Kapitel 2.II.2.b)(4)(d).

690 Siehe sogleich Kapitel 2.I.2.c)(1).

691 Siehe Kapitel 2.I.2.c)(4).

692 Sofern der Mitgliedsstaat von diesem fakultativen Schutz Gebrauch macht, ist er an die Vorgaben der Richtlinie gebunden, siehe *Henning-Bodewig*, GRURInt 2008, 301 (307) unter Verweis auf die Ausführungen des EuGH in der Entscheidung *Robelco/Robeco* (Rs. C-23/01, Slg. 2002, I-10913).

Dieser erweiterte Schutz war auch im nationalen Recht vor der Umsetzung der Markenrechtsrichtlinie nicht unbekannt. Bereits das Reichsgericht empfand es als unbillig, dass die Zweitverwendung eines Warenzeichens dann erlaubt sein sollte, wenn keine Warenähnlichkeit vorläge, da bekannte Marken in jeder Hinsicht für ein Produkt würben.[693] So wurden in der Folge Warenzeichen trotz der Nichthervorrufung einer Verwechslungsgefahr und unabhängig von der physischen Verknüpfung mit einem Produkt häufig als schutzwürdig angesehen und Schutz über die lauterkeitsrechtliche Generalklausel des § 1 UWG a.F. beziehungsweise über die Generalklauseln im allgemeinen Zivilrecht in §§ 823, 826 BGB gesucht.[694]

Beispielhaft wären dabei etwa Fälle der Annäherung an fremde Kennzeichen ohne Generierung einer Verwechslungsgefahr[695] beziehungsweise der Übertragung von Sympathie- oder besonderen Gütevorstellungen bekannter Marken[696] als Fallgruppen der Rufausbeutung zu erwähnen beziehungsweise die unbotmäßige Zweitverwendung einer bekannten Marke als unlautere Rufbeeinträchtigung zu nennen[697].

### *(2) Vorrangthese des BGH: Die MAC Dog-Entscheidung 1998*

Nach der Markenrechtsreform im Jahre 1995 wurde von Seiten der Rechtsprechung neben den kennzeichenrechtlichen Verletzungstatbeständen von einer vollständigen Anspruchskonkurrenz, insbesondere zur lauterkeitsrechtlichen Generalklausel ausgegangen.[698] Indes wurde der Rückgriff auf lauterkeitsrechtliche Regelungen in der Literatur alsbald mit der Begründung angegriffen, dass dadurch die gesetzgeberischen Festlegungen umgangen werden könnten. Insbesondere die markenrechtlichen Kollisionstatbestände könnten ihre Begrenzungsfunktion kaum erfüllen, ließe man einen Schutz durch die lauterkeitsrechtliche Generalklausel oder §§ 823, 826 BGB zu.[699] Der BGH hat sich dieser Auffassung beginnend mit der Entscheidung *MAC Dog*[700] angeschlossen und hält grundsätz-

693 Vgl. dazu *Sambuc*, Rn. 661.

694 Umfassend zur Rechtsprechung unter Geltung des Warenzeichengesetzes, *Sambuc*, Rn. 629 ff.

695 Vgl. BGH, GRUR 1957, 281 – *karo-as.*

696 Vgl. etwa BGH, GRUR 1981, 142 – *Kräutermeister.*

697 In diese Richtung BGH, GRUR 1991, 609 – *SL.*

698 Etwa BGH, GRUR 1998, 934 (937) – *Wunderbaum.* Vgl. darüber hinaus die weiteren Rechtsprechungsnachweise bei *Ingerl/Rohnke*, § 14 Rn. 1293. Aus der Literatur vor der *MAC Dog*-Entscheidung des BGH bereits frühzeitig *Ulmer*, Warenzeichenrecht und unlauterer Wettbewerb und ihre Fortentwicklung durch die Rechtsprechung, 1929, S. 16 f.; ebenso *Beier/Kur*, FS Fikentscher, 1998, 477 (493).

699 *Ingerl/Rohnke*, Markenrecht 1. Auflage, 1998, § 14 Rn. 523. Ähnlich *Piper*, GRUR 1996, 429; *Sack*, GRUR 1995, 81 (93); *ders.*, WRP 1995, 887 (888).

700 BGH, GRUR 1999, 161 – *MAC Dog.*

lich bis zum heutigen Tage an ihr fest[701]. Danach stellen die Vorschriften zum Schutz der bekannten Marke im Markengesetz spezialgesetzliche Regelungen dar, mit der der bislang in der Rechtsprechung entwickelte Schutz fixiert und ausgebaut werden sollte. Diese Regelungen seien an die Stelle des bisherigen von der Rechtsprechung entwickelten Schutzes getreten und lassen in ihrem Anwendungsbereich für eine gleichzeitige Anwendung des § 1 UWG a.F. oder des § 823 BGB grundsätzlich keinen Raum.[702] Diese Vorrangwirkung wurde in nachfolgenden Urteilen konkretisiert: Wurde in der *MAC Dog*-Entscheidung das Anwendungsfeld eines wettbewerbsrechtlichen Kennzeichenschutzes noch dahingehend skizziert, dass dieser nur in Betracht käme, „wenn der Schutz nach dem MarkenG versagt“[703], präzisiert der BGH den Anwendungsbereich in Folgeentscheidungen mit der Formel, dass es um „ein wettbewerbswidriges Verhalten (gehen muss), das als solches nicht Gegenstand der markengesetzlichen Regelung ist“.[704]

### *(3) Rückkehr zum Gleichrangprinzip beim Produktschutz? Die jüngere Rechtsprechung des BGH*

In jüngster Zeit scheint nach der Ansicht einiger Literaturstimmen der BGH im Bereich der Produktnachahmungen, also im Anwendungsfeld des § 4 Nr. 9 UWG, faktisch ein Stück weit Abstand von der angenommen Vorrangwirkung zu nehmen.[705] Diese Annahme wird maßgeblich auf zwei jüngere Urteile des BGH, *Stufenleitern*[706] und *Rillenkoffer*[707], gestützt. Diese bestätigen zunächst die bisherige Rechtsprechung insofern, als auch sie davon ausgehen, dass im Anwendungsbereich des Markenrechts grundsätzlich kein Raum für einen lauterkeitsrechtlichen Schutz besteht. Sodann bejahen sie die Anwendbarkeit des Lauterkeitsrechts mit der Begründung, dass der Kläger keinen Schutz für eine Kennzeichnung begehrt, sondern Schutz für konkrete Leistungsergebnisse ersucht.[708] Damit liefe

701 Etwa BGH, GRUR 2006, 329 (332) – *Gewinnfahrzeug mit Fremdemblem*. Siehe die Rechtsprechungsübersicht bei *Bärenfänger*, WRP 2011, 17 bei Fn. 10. In jüngster Zeit teilweise relativierend jedoch BGH, GRUR 2007, 339 (342) – *Stufenleitern*; BGH, GRUR 2008, 793 (795) – *Rillenkoffer*. Zu letztgenannten Urteilen siehe sogleich unter Kapitel 2.I.2.c)(3).

702 BGH, GRUR 1999, 161 (162) – *MAC Dog*.

703 BGH, GRUR 1999, 161 (162) – *MAC Dog*.

704 BGH, GRUR 2003, 332 (336) – *Abschlußstück*; BGH, GRUR 2007, 795 (797) – *Handtaschen*.

705 Vgl. *Bärenfänger*, WRP 2011, 17 (18); *Köhler*, GRUR 2009, 445 (446).

706 BGH, GRUR 2007, 339 – *Stufenleitern*.

707 BGH, GRUR 2008, 793 – *Rillenkoffer*.

708 BGH, GRUR 2007, 339 (342) – *Stufenleitern*; BGH, GRUR 2008, 793 (795) – *Rillenkoffer*. Kritisch zum Begründungsansatz der Rechtsprechung Teplitzky/Peifer/*Leistner*, § 4 Nr. 9 Rn. 95.

die neuere Rechtsprechung darauf hinaus, dass marken- und lauterkeitsrechtliche Tatbestände selbstständig nebeneinander stünden.[709]

Zumindest im Bereich des Formmarkenschutzes wird dies wohl kaum mehr zu bezweifeln sein. Der BGH scheint, aus seiner Sicht konsequent und im Einklang mit seiner bisherigen Rechtsprechung[710], im abstrakten Formenschutz durch das Kennzeichenrecht einerseits, im konkreten Schutz des Leistungsergebnisses andererseits unterschiedliche Schutzgegenstände zu sehen[711]. Damit wären markengesetzlich nicht erfasste Umstände gegeben, die einen Rückgriff auf lauterkeitsrechtlichen Nachahmungsschutz zuließen. Für die dreidimensionale Gemeinschaftsmarke ist diese Anknüpfung an markenrechtlich nicht erfasste Umstände vor dem Hintergrund prinzipiell originärer Autonomie indes kein automatisierter Anwendungsbefehl, wie noch zu zeigen sein wird.[712]

Aber auch bei sonstigen Markenformen scheint die Vorrangthese oftmals als bloßer formaler Begründungstopos angeführt zu werden, um in der Sache dann doch wieder lauterkeitsrechtlichen Schutz zu gewährleisten. Einzige Trennlinie, die sich dabei erkennen lässt, ist, dass bei einem in Betracht kommenden Schutz des Markenrechts, beim lauterkeitsrechtlichen Schutz nicht mehr explizit an eine eventuell vermittelte Eigenart *durch* die Kennzeichnung angeknüpft wird. Die Entscheidung *Aluminiumräder* mag als Beleg dienen: Hier warb ein Hersteller für Aluminiumräder mit der Abbildung eines bekannten Sportwagens. Diese Abbildung ließ neben dem eigentlichen Fahrzeug auch die darauf postierte Marke des Herstellers erkennen. Der Automobilhersteller nahm daraufhin den Hersteller der Räder auf Unterlassung und Auskunft in Anspruch und beantragte die Feststellung der Schadensersatzverpflichtung. Bezüglich der auf dem abgebildeten Fahrzeug zu erkennenden Marke verneinte der BGH markenrechtliche Ansprüche aus § 14 Abs. 2 Nr. 2 und 3 MarkenG aufgrund der Schutzschranke des § 23 Nr. 3 MarkenG.[713] Gleichwohl wurde auch hier der Rückgriff aufs Wettbewerbsrecht mit der Begründung zugelassen, „dass die Bekl. Porsche-Fahrzeuge bei der Werbung für ihre Aluminiumräder verwendet“.[714] Dabei wurde explizit auch hervorgehoben, dass diese Form unabhängig von der Erkennbarkeit der Klagemarke einer gesonderten wettbewerbsrechtlichen Beurteilung zugänglich ist[715], und in der Folge die Voraussetzungen des § 4 Nr. 9 lit. a) und b) UWG geprüft (und verneint).

709 *Köhler*, GRUR 2009, 445 (446).
710 Siehe bereits Kapitel 2.I.2.b)(3)(a).
711 *Köhler*, GRUR 2009, 445 (446).
712 Siehe Kapitel 2.II.
713 BGH, GRUR 2005, 163 (164 f.) – *Aluminiumräder*.
714 BGH, GRUR 2005, 163 (165) – *Aluminiumräder*.
715 BGH, GRUR 2005, 163 (165) – *Aluminiumräder*.

Für den Bereich des wettbewerbsrechtlichen Leistungsschutzes, also für den Schutz vor Produktnachahmungen, verneint der BGH somit trotz formellen Festhaltens an der Vorrangwirkung des Markenschutzes einen Ausschluss des Wettbewerbsrechts. Es kristallisiert sich somit eine weitere Einschränkung der Vorrangthese über die in der *Abschlußstück*-Entscheidung begründete Konkretisierung der Vorrangwirkung: Nicht nur wenn ein Verhalten nicht bereits vollends vom Schutzbereich des Markenrechts umfasst ist, soll ein Rückgriff auf lauterkeitsrechtlichen Schutz möglich sein, sondern auch, wenn auf einen unterschiedlichen Schutzgegenstand abgestellt wird.[716] Dies wird überdeutlich im hier beschriebenen Bereich des Produktschutzes: Im Markenrecht geht es um den Schutz des Kennzeichens, im Bereich des Nachahmungsschutzes nach § 4 Nr. 9 UWG um den Schutz von konkreten Leistungsergebnissen.

Trotz dieser Aufweichung ist der BGH jedoch keineswegs vollends von der Vorrangthese abgerückt, wie etwa *Köhler* zu vermitteln versucht[717]: So ergingen die aufgezeigten Entscheidungen zu solchen Fallkonstellation, in denen die Produktgestaltungen per se wettbewerbliche Eigenart innehatten, ohne diese über eine besondere Kennzeichnung beziehungsweise eben eine Marke vermittelt zu bekommen[718]. Auch ging es in diesen Entscheidungen nie um einen originären Markenschutz, das heißt es stand nicht in Frage, ob ein Nachahmungsschutz für Kennzeichen über das Lauterkeitsrecht gewährleistet werden sollte, etwa um vermeintliche „Lücken“ im Schutzbereich des MarkenG (die so auch in der Gemeinschaftsmarkenverordnung bestehen), zu schließen.[719]

---

716 Dieses Anknüpfen an unterschiedliche Schutzgegenstände als mögliche „Umgehung“ der Vorrangwirkung des Markenrechts betont der BGH auch in seiner jüngst ergangenen Entscheidung *Imitationswerbung* (GRUR 2008, 628 (629) – Rn. 14), die das Verhältnis der Regelungen zur vergleichenden Werbung zum Markenrecht konkretisiert, noch einmal ausdrücklich: Demnach besteht ein Vorrang des Markenrechts auch dann nicht, „wenn die wettbewerbsrechtliche Beurteilung zwar nicht an zusätzliche, über die Zeichenbenutzung hinausgehende Umstände anknüpft, das betreffende Geschehen jedoch unter anderen Gesichtspunkten gewürdigt wird als bei der markenrechtlichen Beurteilung“.

717 *Köhler*, GRUR 2009, 445 (446).

718 Nicht aussagekräftig ist insbesondere die Entscheidung *Tupperwareparty* des BGH (GRUR 2003, 973). Hier wurde zwar eine Kennzeichnung als mögliches Leistungsergebnis bezeichnet, welches einen lauterkeitsrechtlichen Schutz in Anspruch nehmen kann. Gleichwohl stellte sich die Frage der Vorrangthese in diesem Fall nicht, da es nicht um eine Kennzeichnung von Waren und Dienstleistungen ging, sondern um eine, von den einschlägigen Verkehrskreisen geprägte, besondere Vertriebsmethode.

719 Siehe dazu sogleich Kapitel 2.I.2.c)(4).

#### *(4) Anknüpfungspunkte im Lauterkeitsrecht*

Innerhalb des Anwendungsfelds des Schutzes der bekannten Marke gemäß § 14 Abs. 2 Nr. 3 MarkenG kann, sofern nicht die beschriebenen Konstellationen im Formmarkenschutz beziehungsweise im Bereich des Produktschutzes vorliegen, davon ausgegangen werden, dass die Vorrangthese der Rechtsprechung noch Bestand hat. Grundsätzlich scheint der BGH an seiner bisherigen Rechtsprechung auch nach der Novellierung des UWG festhalten zu wollen, zumindest was allgemein den Vorrang des Markenrechts betrifft.[720] Wie beschrieben, gelten die gleichen Grundgedanken, die für den Vorrang des nationalen Markenrechts gelten, umso mehr für das Gemeinschaftsmarkenrecht. Der Gedanke der europaweit einheitlichen Geltung widerspricht einer Anwendung nationalen (Lauterkeits-)Rechts noch mehr als im nationalen Markenrecht, welches sich etwa in Art. 5 Abs. 5 MRRL fakultativen Regelungen durch den nationalen Gesetzgeber öffnet. Nicht zuletzt die Regelung des Art. 14 Abs. 1 GMV vermag bei unbefangener Betrachtung geradezu als kodifizierte Vorrangthese anzusehen sein. Vorbehaltlich einer näheren Erörterung zu einem späteren Zeitpunkt, kann demnach davon ausgegangen werden, dass der BGH auch bei Gemeinschaftsmarken von einem grundsätzlichen Vorrang der Vorschriften der Gemeinschaftsmarkenverordnung ausgehen würde.

#### (a) Grundsatz: Individualschützender Charakter des Schutzes der bekannten Marke – Lückenfüllungsfunktion des UWG

Wie beschrieben, überschneiden sich die Regelungen der UGP-Richtlinie, die einen lauterkeitsrechtlichen Schutz der Verbraucher vor irreführenden Geschäftspraktiken vorsehen, in hohem Maße mit dem gewährleisteten Schutz durch das Markenrecht, sehen aber im Gegensatz zum bloßen Schutz des Markenrechtsinhabers eine erweiterte Aktivlegitimation vor.[721] Dem Anwendungsbereich des Schutzes der bekannten Marke in Art. 9 Abs. 1 lit. c) GMV liegt dagegen, im Gegensatz zum Schutz vor Herkunftstäuschungen, ein überwiegend individualschützender Charakter zugrunde. Gerade wenn die Rolle eines Kennzeichens über diejenige eines Unterscheidungszeichens hinausgeht, vermag die Marke über ihren originären Gebrauch ein bestimmtes Image zu transportieren und so einen Vermarktungs- beziehungsweise Werbewert erlangt haben.[722] Diesen zu realisieren ist ausschließlich Sache des Markeninhabers, sodass es beim Schutz

720 Vgl. BGH, GRUR 2009, 502 (505) – *pcb* bei Rn. 28.
721 Siehe oben Kapitel 2.I.2.b)(1)(b).
722 Vgl. *Fezer*, Einl. Rn. 41.

vor Rufausbeutung bzw. -beeinträchtigung sowie Verwässerung oder Vergleichbarem, was den Werbe- und Vermarktungswert einer Marke schmälert, weniger um die Frage geht, ob eine Ausweitung der Aktivlegitimation erfolgen soll, sondern vielmehr darum, ob Lücken im Schutzsystem des Markenrechts mit dem Lauterkeitsrecht geschlossen werden können. Jedoch kommt auch im erweiterten Markenschutz im Einzelfall eine kumulative Anwendung der Schutzregime in Betracht, etwa beim Schutz vor verunglimpfender vergleichender Werbung[723], wobei die Aktivlegitimation im Anwendungsbereich des § 6 Abs. 2 Nr. 4 UWG nach den Vorgaben der Rechtsprechung konsequenterweise auf den betroffenen Mitbewerber (also in der Regel den Markeninhaber) beschränkt sein dürfte.[724] Der in Art. 9 Abs. 1 lit. c) GMV gewährleistete Individualschutz ist laut dieser Regelung auf die bekannten Gemeinschaftsmarken beschränkt und umfasst nach der hier vertretenen Auffassung auch Fälle nicht markenmäßiger Benutzung.[725] Thematisch vom hier behandelten ergänzenden Schutz im sachlichen Anwendungsbereich des Art. 9 Abs. 1 lit. c) GMV sind diejenigen Fälle zu unterscheiden, die sachlich nicht in den Anwendungsbereich des Gemeinschaftsmarkenrechts fallen, denen mithin also kein originärer Schutz durch die Gemeinschaftsmarkenverordnung zukommt.[726] Während im erstgenannten Anwendungsbereich eine negative Begrenzungswirkung aufgrund der Regelungen in Art. 14 Abs. 1 GMV zur Diskussion steht, steht in den Konstellationen außerhalb des gewährleisteten

723 Vgl. EuGH Rs. C-533/06, Slg. 2008, I-4231 – *O2*; BGH, GRUR 2008, 627 – *Imitationswerbung*. Siehe dazu bereits oben Kapitel 2.I.1.a)(2)(c)(i)(f).

724 So im Grundsatz zu Recht Piper/*Ohly*/Sosnitza, UWG, 5. Auflage 2010, § 6 Rn. 73 sowie Hefermehl/*Köhler*/Bornkamm, UWG, 27. Auflage 2009, § 6 Rn. 85, da die Regelung des § 6 Abs. 2 Nr. 4 UWG grundsätzlich nur dem Individualschutz des betroffenen Herstellers diene (Kritisch Harte/Henning/*Sack*, § 6 Rn. 252; dagegen auch *Bärenfänger*, WRP 2011, 17 [24]; offen gelassen in BGH, GRUR 2008, 628 – *Imitationswerbung*, Rn. 12; anders nunmehr auch BGH, WRP 2011, 1593 [1598] – *Creation Lamis*). In diesen Fällen entspricht es seit der Entscheidung *Vespa-Roller* (BGH, GRUR 1988, 620 [621]) gefestigter Rechtsprechung, dass im Falle eines vorrangigen Individualschutzes branchengleiche Mitbewerber beziehungsweise Verbände nicht aktivlegitimiert sein sollen (anders hingegen noch die frühere Rechtsprechung, etwa BGH, GRUR 1985, 550 [553] – *Dimple*). Anders ist dies möglicherweise dann zu beurteilen, wenn ausnahmsweise Verbraucherinteressen tangiert sind, etwa wenn die vergleichende Werbung zugleich irreführend im Sinne des § 5 Abs. 1 S. 2 Nr. 1, Abs. 2 UWG ist. In diesem Falle sind die Regelungen des § 5 UWG jedoch nach der ausdrücklichen Regelung in Art. 6 Abs. 2 lit. a) UGP-Richtlinie (§ 5 Abs. 2 UWG) als lex specialis zu begreifen.

725 Siehe dazu bereits oben Kapitel 2.I.1.a)(2)(b)(iii).

726 Denkbar wäre dabei etwa die mögliche Gewährung eines Anwartschaftsschutzes für Gemeinschaftsmarken über die lauterkeitsrechtliche Generalklausel in § 3 Abs. 1 UWG, die Sanktionierung bösgläubiger Gemeinschaftsmarkenanmeldungen als Behinderungswettbewerb im Sinne von § 4 Nr. 10 UWG oder die Entfernung von Kennzeichen zu Behinderungszwecken ebenfalls als möglicher Behinderungswettbewerb im Sinne von § 4 Nr. 10 UWG. Siehe zu diesen Konstellationen näher unten Kapitel 2.I.2.d) sowie Kapitel 2.I.2.e).

Schutzumfangs der Gemeinschaftsmarkenverordnung im Vordergrund, ob im Einzelfall ein schützenswerter Besitzstand vorliegt. Besonders deutlich wird dies im Falle eines Anwartschaftsschutzes für angemeldete, jedoch noch nicht eingetragene Gemeinschaftsmarken.[727]

### (b) Fallgruppen

Sofern eine Gemeinschaftsmarke eingetragen ist, eine Benutzungshandlung vorgenommen wird, der Kollisionstatbestand des Art. 9 Abs. 1 lit. c) GMV jedoch tatbestandmäßig verneint werden muss, stellt sich die Frage des Rückgriffs auf das nationale Lauterkeitsrecht. Dies wird in den nachfolgend aufgezeigten Konstellationen deutlich.

#### (i) Erweiterter Schutz der bekannten Marke im Warenähnlichkeitsbereich?

Bis zur *Davidoff*-Entscheidung[728] des EuGH rankten sich die Diskussionen um einen möglichen ergänzenden Lauterkeitsschutz vornehmlich um den erweiterten Schutz der bekannten Marke im Warenähnlichkeitsbereich, da Art. 9 Abs. 1 lit. c) GMV ausdrücklich nur einen Markenschutz außerhalb des Warenähnlichkeitsbereichs vorsieht. Hier wurde von Teilen der Literatur ein legitimes Anwendungsfeld eines ergänzenden Kennzeichenschutzes durch das Lauterkeitsrecht gesehen.[729] Die wohl herrschende Meinung versuchte hingegen diese Lücke im Wege eines „Erst-Recht-Schlusses" durch analoge Anwendung des Art. 9 Abs. 1 lit. c) GMV (beziehungsweise § 14 Abs. 2 Nr. 3 MarkenG) zu schließen.[730] Letztgenannter markenrechtlicher Lösung schloss sich im Ergebnis dann auch der EuGH an[731], sodass sich ein Rückgriff auf Normen des UWG erübrigt.

727 Dazu unten Kapitel 2.I.2.d)(1).

728 EuGH Rs. C-292/00, Slg. 2003, I-389 – *Davidoff.*

729 *Piper*, GRUR 1996, 429 (437); *ders.*, GRUR 1996, 657 (662); In diese Richtung wohl auch *Eichmann*, GRUR 1998, 201 (207).

730 *Deutsch*, GRUR 1995, 319 (321); *Krüger*, GRUR 1995, 527 (529); Bejahend für die nationale Marke, jedoch (inkonsequenterweise) kritisch für den Bereich der Gemeinschaftsmarke *Sack*, WRP 1998, 1127 (1139). Andere plädierten wiederum dafür, den Anwendungsbereich des Art. 5 Abs. 1 lit. b) MRRL über den Begriff des gedanklichen Inverbindungbringens auf den Schutz der bekannten Marke im Warenähnlichkeitsbereich auszudehnen. Dieser Möglichkeit wurde jedoch mit der Beschränkung der Verwechslungsgefahr im Hinblick auf die betriebliche Herkunft und der Verneinung einer eigenständigen Bedeutung der „gedanklichen Verbindung" in der Entscheidung des EuGH im Falle *Puma/Sabel* (siehe bereits Kapitel 2.I.1.a)(2)(a)(ii)) eine Absage erteilt, vgl. dazu näher die Ausführungen bei *Kur*, MarkenR 2001, 137 (138 f.).

731 EuGH Rs. C-292/00, Slg. 2003, I-389 – *Davidoff*, Rn. 24 f.

(ii) Markenschutz außerhalb des Markenähnlichkeitsbereichs

Nach dem ausdrücklichen Wortlaut des Art. 9 Abs. 1 lit. c) GMV erscheint zudem die Gewährung von Schutz außerhalb des Markenähnlichkeitsbereichs ein möglicher Anknüpfungspunkt für die Gewährung lauterkeitsrechtlichen Kennzeichenschutzes. Zu nennen wäre hierbei insbesondere ein Schutz vor systematischem Annähern an bekannte Kennzeichen, ohne dass im jeweiligen Einzelfall, mangels notwendiger Zeichenähnlichkeit, eine Verwechslungsgefahr begründet wird[732] beziehungsweise ein Schutz bestimmter Markenbildungsprinzipien[733]. Nach der Rechtsprechung des EuGH im Falle *Adidas/Fitnessworld*[734] sind jedoch für den Anwendungsbereich des Art. 5 Abs. 2 MRRL (= Art. 9 Abs. 1 lit. c) GMV) geringere Anforderungen zu stellen als bei der Feststellung der Verwechslungsgefahr im Anwendungsbereich des Art. 5 Abs. 1 MRRL (= Art. 9 Abs. 1 lit. b) GMV). Demnach reiche aus, dass ein solcher Grad der Ähnlichkeit zwischen den Zeichen besteht, dass eine gedankliche Verknüpfung des Zeichens mit der bekannten Marke bei den maßgeblichen Verkehrskreisen bewirkt wird.[735] Durch diese extensive Auslegung des Ähnlichkeitsbegriffs im Anwendungsbereich des Art. 9 Abs. 1 lit. c) GMV erübrigt sich der Rückgriff auf wettbewerbsrechtlichen Markenschutz zumeist.[736] Dennoch weist *Hacker* zu Recht darauf hin, dass trotz dieses weiten Begriffs der gedanklichen Verknüpfung das systematische Annähern an bekannte Kennzeichen markenrechtlich oftmals auch durch weite Auslegung nicht zu erfassen ist.[737] Das Spezifische dieser Handlungsform liegt darin, dass erst durch die Gesamtheit der Annäherungen eine gedankliche Assoziation hervorgerufen wird und nicht bloß durch eine einzelne Kennzeichnung.[738] Diese untypische Handlungsform ließe sich unter die lauterkeitsrechtliche Generalklausel des § 3 UWG subsumieren.[739]

---

732 Vgl. BGH, GRUR 1981, 142 – *Kräutermeister*.

733 Etwa durch Vorstellen der Silbe „Mac“ wie im Falle *MAC Dog* (BGH, GRUR 1999, 161). Kritisch hierzu *Ingerl*, WRP 2004, 809 (814 f.).

734 Siehe bereits Kapitel 2.I.1.a)(2)(b)(ii)(e).

735 EuGH Rs. C-480/01, Slg. 2003, I-12537 – *Adidas/Fitnessworld*, Rn. 31.

736 Ströbele/*Hacker*, § 2 Rn. 62.

737 Ströbele/*Hacker*, § 2 Rn. 63.

738 Als illustratives Beispiel ließe sich hier die Entscheidung *Kräutermeister* (BGH, GRUR 1981, 142) anführen: Hier ergibt sich die gedankliche Verbindung noch nicht aus der zeichenrechtlich nicht fassbaren Annäherung an die bekannte Marke „Jägermeister“ sondern erst unter Berücksichtigung des ebenfalls bekannten Werbespruchs „Deutschlands meistgetrunkener Kräuterlikör“.

739 Ströbele/*Hacker*, § 2 Rn. 63. Ebenso *Sosnitza*, WRP 2003, 1186 (1190). Anders *Eichelberger*, Der Schutz von Markenfamilien und Markenbildungsprinzipien, 2004, S. 76 f., der entsprechende Konstellationen unter die Verletzungstatbestände des § 14 Abs. 2 MarkenG (= Art. 9 GMV) fassen will.

(iii) Sonderschutz nicht bekannter Kennzeichen?

Eine markenrechtliche Lösung verbietet sich jedoch angesichts der ausdrücklichen Beschränkung des erweiterten Markenschutzes auf bekannte Marken für Fälle der Rufausbeutung oder Rufbeeinträchtigung nicht bekannter Marken.[740] Fälle der Rufausbeutung dürften dabei praktisch nicht vorkommen, da ein erhöhter Bekanntheitsgrad – insbesondere unter Berücksichtigung der aufgezeigten variablen Faktoren, die eine faktische Verbreitung flankieren[741] – überwiegend mit positiven Verkehrsvorstellungen korrelieren wird.[742]

*(a) Rufbeeinträchtigung nicht bekannter Kennzeichen*

Nicht ausgeschlossen sind jedoch Fälle der Rufbeeinträchtigung nicht bekannter Marken, etwa durch rufschädigende oder verunglimpfende Benutzung. Dazu zählen zum Beispiel Fälle der Markenparodie[743], in denen fremde Marken in entstellender Weise wiedergegeben oder in einen sachfremden Zusammenhang, etwa durch inkompatiblen Zweitgebrauch[744], gestellt und dadurch diffamiert werden, um für das eigene Produkt wiederum Aufmerksamkeit zu erregen.[745] Hier böte sich, sofern die fragliche Handlung eine geschäftliche Handlung im Sinne des § 2 Abs. 1 Nr. 1 UWG darstellt, ein Rückgriff auf § 4 Nr. 7 UWG an, der die Herabwürdigung und Verunglimpfung von fremden Kennzeichen verbietet;[746] in Betracht käme auch ein Schutz über § 826 BGB, sofern ein konkretes Wettbe-

740 *Sack*, WRP 2004, 1405 (1422).

741 Siehe oben Kapitel 2.I.1.a)(2)(a)(iii)(a).

742 Die „Beeinträchtigung der Unterscheidungskraft" in Art. 9 Abs. 1 lit. c) GMV entspricht im Wesentlichen dem früheren unter § 1 UWG a.F. und § 823 BGB gewährleisteten Verwässerungsschutz, mit dem eine durch Drittkennzeichen drohende Verwässerung berühmter Kennzeichen abgewendet werden soll, siehe näher *Ingerl/Rohnke*, § 14 Rn. 1288; zum erforderlichen Durchsetzungsgrad der berühmten Marke etwa Ströbele/*Hacker*, § 14 Rn. 261. Darunter fallen nach der Rechtsprechung auch Konstellationen gezielter, planmäßiger Verwendung der Marke als Gattungsbezeichnung, vgl. die Übersicht bei *Ingerl/Rohnke*, § 23 Rn. 93. Für nicht bekannte Marken hat diese Fallgruppe keine Relevanz, da sowohl in der Markenrechtsrichtlinie als auch in der Gemeinschaftsmarkenverordnung Abstand vom Erfordernis der berühmten Marke genommen wurde, wenn auch zumindest Bekanntheit vorausgesetzt wird, vgl. Ströbele/*Hacker*, § 14 Rn. 304.

743 Vgl. bereits Fn. 549.

744 *Piper*, GRUR 1996, 429 (435). Beispielsfälle aus der Rechtsprechung sind die Verwendung einer Whiskymarke für Putzmittel (BGH, GRUR 1985, 550 – *Dimple*) oder einer Süßwarenmarke („MARS") (BGH, GRUR 1994, 808 – *Markenverunglimpfung I)* beziehungsweise einer Kosmetikmarke („NIVEA") (BGH, GRUR 1995, 57 – *Markenverunglimpfung II*) für Kondome.

745 *Köhler*/Bornkamm, § 4 Rn. 7.9d.

746 *Köhler*/Bornkamm, § 4 Rn. 7.9a ff.

werbsverhältnis zu verneinen ist[747]. Entschärft wird dieser Konflikt durch den im Identitätsbereich gewährleisteten absoluten Schutz des Art. 9 Abs. 1 lit. a) GMV, der die Verunglimpfung unmittelbarer Konkurrenten im Warenidentitätsbereich regelmäßig erfassen wird. Für die verbleibenden Konstellationen außerhalb des Warenidentitätsbereichs bietet das lauterkeitsrechtliche Schutzinstrumentarium jedoch grundsätzlich Abhilfe, sodass die Frage der Anwendbarkeit bei Gemeinschaftsmarken besondere Relevanz beinhaltet.[748]

#### *(b) Rufbeeinträchtigung in vergleichender Werbung*

Im Bereich der vergleichenden Werbung hat die auf Art. 4 lit. d) der kodifizierten Irreführungsrichtlinie 2006/114/EG basierende Vorschrift des § 6 Abs. 2 Nr. 4 UWG Vorrang vor der Regelung des § 4 Nr. 7 UWG.[749] Danach ist vergleichende Werbung unlauter, die den Ruf des von einem Mitbewerber verwendeten Kennzeichens in unlauterer Weise ausnutzt oder beeinträchtigt. Nicht unterschieden wird zwischen bekannten und unbekannten Marken, sodass nach herrschender Ansicht, ebenso wie bekannte Marken, auch unbekannte Marken dem Anwendungsbereich des § 6 Abs. 2 Nr. 4 UWG unterfallen.[750] Die hier interessierende Frage des Spannungsverhältnisses markenrechtlicher Regelungen zum Recht der vergleichenden Werbung war Gegenstand der bereits erläuterten *O2*-Entscheidung des EuGH[751] und scheint für den Schutz der bekannten Marke im Grundsatz geklärt zu sein. Demnach seien die Art 5 Abs. 1 und 2 MRRL und Art. 3a Abs. 1 RL 84/450/EWG[752] dahingehend auszulegen, dass der Inhaber einer eingetragenen Marke nicht berechtigt ist, einem Dritten die Benutzung eines mit seiner Marke identischen oder ihr ähnlichen Zeichens in einer vergleichenden Werbung zu verbieten, die alle in Art. 3a Abs. 1 Richtlinie 84/450/EWG genannten Zulässigkeitsbedingungen erfüllt.[753] Mit anderen Worten: Die Benutzung eines Kennzeichens kann markenrechtlich nicht untersagt werden, sofern

---

747 *Köhler*/Bornkamm, § 4 Rn. 7.11; Harte/Henning/*Omsels*, § 4 Nr. 7 Rn. 40.

748 Siehe dazu unten Kapitel 2.II.2.b)(4)(b).

749 *Köhler*/Bornkamm, § 4 Rn. 7.7.

750 *Berlit*, BB 2000, 1305 (1308); *Sack*, WRP 2011, 155 (157); *ders.*, WRP 2004, 1405 (1417), *ders.*, WRP 2001, 327 (345). Anders dagegen *Plaß*, WRP 1999, 766 (770); *dies.*, NJW 2000, 3161 (3166). *Sack* nimmt die fehlende Beschränkung auf bekannte Marken im Rahmen des § 6 Abs. 2 Nr. 4 UWG zum Anlass, de lege ferenda die Vorschriften über den erweiterten Markenschutz in Art. 9 Abs. 1 lit. c) GMV auch auf nicht bekannte Marken zu erweitern. Als Korrektiv solle dagegen eine vertiefte Prüfung der Unlauterkeit bei Marken unterhalb der Bekanntheitsschwelle erfolgen (WRP 2010, 1000 (1001).

751 EuGH Rs. C-533/06, Slg. 2008, I-4231 – *O2*. Siehe oben Kapitel 2.I.1.a)(2)(c)(i)(d).

752 Entspricht weitestgehend Art. 4 der kodifizierten Irreführungsrichtlinie.

753 EuGH Rs. C-533/06, Slg. 2008, I-4231 – *O2*, Rn. 51.

die vergleichende Werbung nicht unlauter ist[754]. Für den Schutz unbekannter Marken ließen sich aus dieser Entscheidung jedoch zunächst (noch) keine zwingenden Schlüsse ziehen. Erst mit der Erweiterung des Schutzes im Identitätsbereich über die Herkunftsfunktion hinaus in der Entscheidung *L'Oréal/Bellure*[755] findet der Schutz unbekannter Marken zumindest eine teilweise Regelung, da rufbeeinträchtigende vergleichende Werbung zumindest die Qualitätsfunktion einer Marke möglicherweise beeinträchtigen kann.

*(c) Negative Begrenzungsfunktion des Art. 9 Abs. 1 lit. c) GMV, Art. 14 Abs. 1 GMV?*

Umgekehrt stellt sich jedoch sowohl für den Anwendungsbereich des § 6 Abs. 2 Nr. 4 UWG als auch für den subsidiär eingreifenden § 4 Nr. 7 UWG die Frage, ob von Art. 9 Abs. 1 lit. c) GMV eine negative Begrenzungswirkung in dem Sinne ausgehen kann, dass innerhalb des sachlichen Schutzbereichs, der durch die Erfassung von Fällen der Rufbeeinträchtigung unter Art. 9 Abs. 1 lit. c) GMV zweifelsfrei eröffnet ist, eine Anwendung außermarkenrechtlicher Vorschriften ausgeschlossen ist. Dies erscheint, insbesondere bei konsequenter Interpretation des Art. 14 Abs. 1 S. 1 GMV, wonach sich die Wirkung der Gemeinschaftsmarke ausschließlich nach den Bestimmungen der GMV richtet, sowohl für die europarechtlich geprägte Vorschrift des § 6 Abs. 2 Nr. 4 UWG als auch für § 4 Nr. 7 UWG nicht gänzlich unproblematisch und soll an anderer Stelle noch vertieft werden.[756]

(iv) Fehlen einer gedanklichen Verknüpfung – nicht-markenmäßige Benutzung im Rahmen des Art. 9 Abs. 1 lit. c) GMV

Neben dem möglichen Sonderschutz nicht bekannter Marken verbleibt unter Berücksichtigung der vom EuGH aufgestellten niedrigen „Hürde" der gedanklichen Verknüpfung letztlich nur ein geringer Anwendungsbereich für einen lauterkeitsrechtlichen Schutz. Zu denken wäre hierbei an zwei Konstellationen im sachlichen Schutzbereich des Art. 9 Abs. 1 lit. c) GMV: Zum einen die gezielte

754 Dogmatisch wird dieser Gleichklang durch eine einheitliche Auslegung der Unlauterkeit in den Tatbeständen der Art. 5 Abs. 2 MRRL (= Art. 9 Abs. 1 lit. c) GMV) sowie Art. 4 lit. f) RL 2006/114/EG (= § 6 Abs. 2 Nr. 4 UWG im deutschen Recht) durch den EuGH sichergestellt, vgl. EuGH Rs. C-487/07, Slg. 2009, I-5185 – *L'Oréal/Bellure*, Rn. 77. Diesem Ansatz zustimmend sowie vertiefend *Sack,* WRP 2011, 155 ff.

755 EuGH Rs. C-487/07, Slg. 2009, I-5185 – *L'Oréal/Bellure*, Rn. 58.

756 Siehe unten Kapitel 2.II.2.b)(4).

Benutzung einer bekannten Marke als Gattungsbezeichnung, zum anderen die Benutzung einer Marke als rein dekoratives Element.

*(a) Verwendung einer bekannten Marke als Gattungsbezeichnung*

Die Problematik der Verwendung einer Gemeinschaftsmarke als Gattungsbezeichnung ist kein seltenes Phänomen und wurde vom europäischen Gesetzgeber erkannt, wie sich aus der Sonderregelung des Art. 10 GMV ergibt. Dieser gewährt dem Gemeinschaftsmarkeninhaber einen Hinweisanspruch gegenüber dem Verleger eines Nachschlagewerks für denjenigen Fall, dass die Wiedergabe einer Marke in einem Nachschlagewerk den Eindruck erweckt, dass es sich um eine Gattungsbezeichnung für diejenigen Waren oder Dienstleistungen handelt, für die sie eingetragen ist. Für diesen Fall hat der Markeninhaber einen Anspruch darauf, dass der Verleger auf die Eigenschaft des Zeichens als eingetragene Marke hinweist. Ein Gebrauch ohne Hinweis auf die Eigenschaft als Marke vermag die Unterscheidungskraft einer Marke ganz erheblich zu beeinträchtigen und schlimmstenfalls dazu zu führen, dass sich eine Marke eben zu einer nicht schutzfähigen, gebräuchlichen Bezeichnung (vergleiche Art. 7 Abs. 1 lit. c) GMV) entwickelt, was in letzter Konsequenz den Verfall der Gemeinschaftsmarke gemäß Art. 50 Abs. 1 lit. b) GMV begründet.[757]

Dieses Gefahrenpotential kann jedoch nicht nur im Anwendungsbereich des Art. 10 GMV, also bei Nachschlagewerken, realisiert werden, sondern auch bei der Wiedergabe von Marken in Publikationen, die nicht Art. 10 GMV unterfallen (Pressemitteilungen, wissenschaftliche Aufsätze, Patentschriften *et cetera*), beziehungsweise bei mündlicher Wiedergabe. Bei einer solchen beschreibenden Benutzung ist der Anwendungsbereich des Art. 9 Abs. 1 lit. a) und b) GMV nicht eröffnet, da die Marke nicht im Zusammenhang mit dem Absatz von Waren und Dienstleistungen steht.[758] Auch im Bereich des Sonderschutzes bekannter Marken ließe die Voraussetzung der notwendigen „gedanklichen Verknüpfung" die Schutzmöglichkeit über Art. 9 Abs. lit. c) GMV regelmäßig entfallen, da die Verknüpfung in Fällen der beschreibenden Benutzung gerade zerstört wird.[759] Gleichwohl sieht die herrschende Ansicht wegen der Gefahr der Löschungsreife nach Art. 50 Abs. 1 lit. b) GMV ein erhebliches Schutzbedürfnis des Markeninhabers, sich gegen solche Handlungen zu wehren.[760] Dabei wird überwiegend der Rückgriff auf außermarkenrechtliche Vorschriften zugelassen, wobei hier insbesondere, mangels eines oftmals fehlenden Wettbewerbsverhältnisses

757 *Eisenführ*/Schennen, § 10 Rn. 1. Instruktiv Ströbele/*Hacker*, § 16 Rn. 2.

758 Ströbele/*Hacker*, § 16 Rn. 2.

759 Ströbele/*Hacker*, § 14 Rn. 121.

760 Vgl. Ströbele/*Hacker*, § 16 Rn. 13 ff.

zwischen Nutzer (häufig etwa ein Medienunternehmen) und Markeninhaber, § 823 Abs. 1 BGB besondere Bedeutung erlangt[761]. Wettbewerbsrechtlich kommt eine Sanktionierung unter dem Gesichtspunkt des Behinderungswettbewerbs gemäß § 4 Nr. 10 UWG in Betracht, sofern ein Wettbewerber versucht, durch eigene Presseveröffentlichungen oder durch Einwirken auf Zeitungsredaktionen den Eindruck zu erwecken, das als Marke angemeldete Zeichen als feststehenden Gattungsbegriff erscheinen zu lassen.[762] Zumindest für das nationale Markenrecht wird teilweise ebenfalls eine analoge Anwendung des § 14 Abs. 2 Nr. 3 MarkenG für diesen Fall der nicht-markenmäßigen Verwendung angedacht.[763]

##### *(b) Rein dekorativer Gebrauch*

Wie bereits geschildert, sind der Annahme eines rein dekorativen Gebrauchs durch die *Adidas/Fitnessworld* Entscheidung des EuGH enge Grenzen gesetzt.[764] Einzig wenn eine bekannte Marke zur Gänze im Gesamtdekor eines Produkts untergeht, vermag die notwendige gedankliche Verknüpfung zu verneinen sein.[765] Jedoch mag im Einzelfall auch in diesen Konstellationen dem Markeninhaber ein schutzwürdiges Interesse an der Unterbindung eines entsprechenden dekorativen Gebrauchs zustehen. Denkbar ist dies in den Fällen unbotmäßiger Zweitverwendung, wenn etwa eine bekannte Marke als Dekorbestandteil eines Produkts verwendet wird, das durch den Aufdruck des mit Gütevorstellung behafteten Kennzeichens einen zumeist wohl nicht vorhandenen Schein besonderer Güte auszuüben sucht. In dieser Konstellation erscheint es unter dem Gesichtspunkt unlauterer Rufausbeutung (§ 4 Nr. 9 lit. b) UWG) nicht ausgeschlossen, gegen eine solche Verwendung vorzugehen, auch wenn eine individuelle gedankliche Verknüpfung zur bekannten Marke, etwa durch die Verwendung mehrerer Kennzeichen, negiert wird.

---

761 Vgl. bereits RGZ 117, 408 – *Lysol*; OLG Frankfurt a.M., GRUR 2000, 1066 (1067) – *ACC*; *Hauck/Fischoeder*, GRUR 2004, 185 (189 f.).

762 Vgl. noch zu § 1 UWG a.F. BGH, GRUR 1984, 82 (85 f.) – *Lesering* mit der Einschränkung, dass ein Unterlassungsanspruch dann ausscheide, wenn das Zeichen einem nicht ganz unerheblichen Teil des Verkehrs ohnehin schon als Gattungsbezeichnung geläufig ist. Kritisch dazu *Ströbele/Hacker*, § 16 Rn. 15.

763 *Büscher*, FS Ullmann, 129 (151 f.); Ströbele/*Hacker*, § 14 Rn. 121.

764 Siehe oben Kapitel 2.I.1.a)(2)(b)(ii)(e).

765 Siehe oben Kapitel 2.I.1.a)(2)(c)(iii).

### d) Schutz bei markenrechtlich nicht erfassten Besitzständen

Lauterkeitsrechtliche Vorschriften vermögen überdies im Einzelfall einen vorgelagerten Kennzeichenschutz zu vermitteln, also diejenigen Verletzungshandlungen zu sanktionieren, in denen der Kennzeicheninhaber noch nicht über einen kennzeichenrechtlichen Besitzstand verfügt. Wegen des im Gemeinschaftsmarkenrecht verankerten strengen Eintragungsprinzips (Art. 6 GMV) erübrigt sich die Erörterung mancher Konstellation, die sich im nationalen Markenrecht stellt.[766] Wiederum erscheinen zwei Konstellationen prinzipiell eines ergänzenden Schutzes zugänglich. So könnte zum einen auch im Gemeinschaftsmarkenrecht ein gewisser „Anwartschaftsschutz" für diejenigen Fälle gewährt werden, in denen die Gemeinschaftsmarke zwar angemeldet wurde, eine Eintragung dieser Marke beim HABM jedoch noch nicht erfolgt ist. Zum anderen vermag ein lauterkeitsrechtlicher Schutz der Gemeinschaftsmarke für den Fall einer bösgläubigen Gemeinschaftsmarkenanmeldung das Löschungsverfahren nach Art. 51 Abs. 1 lit. b) GMV zu ergänzen.[767]

#### *(1) Anwartschaftsschutz*

Trotz des im Gemeinschaftsmarkenrechts geltenden strengen Eintragungsprinzips ist auch beim Schutz der Gemeinschaftsmarke ein gewisser Anwartschaftsschutz denkbar. Dies ergibt sich mittelbar aus der Regelung des Art. 9 Abs. 3 S. 2 GMV. Zwar kann das „Recht aus der Gemeinschaftsmarke", also das Recht aus dem Schutzsystem des Art. 9 Abs. 1 GMV, gemäß Art. 9 Abs. 3 S. 1 GMV erst dann geltend gemacht werden, wenn die Eintragung der Gemeinschaftsmarke veröffentlicht ist. Für den Zeitraum zwischen der Veröffentlichung der Anmeldung der Gemeinschaftsmarke sowie der Veröffentlichung der Eintragung gewährt Art. 9 Abs. 3 S. 2 GMV für den Fall kennzeichenverletzender Benutzungshandlungen dem Anmelder einen Entschädigungsanspruch. Trotz der expliziten Verneinung markenrechtlichen Schutzes jenseits eines Geldanspruchs scheint damit bereits zu diesem Zeitpunkt ein schützenswerter Besitzstand gegeben, der

766 Im nationalen Markenrecht wird angesichts der Möglichkeit eines über die Verkehrsgeltung gemäß § 4 Nr. 2 MarkenG von einer Eintragung losgelösten Schutzes einer Marke insbesondere über die Möglichkeit der Gewährung so genannter Verkehrsgeltungsanwartschaften diskutiert, also der Gewährung lauterkeitsrechtlichen Schutzes, wenn ein Zeichen noch nicht ganz Verkehrsgeltung erreicht hat, vgl. dazu etwa *Ingerl/Rohnke*, § 14 Rn. 1307 sowie Ströbele/*Hacker*, § 2 Rn. 45 ff. Wegen des in Art. 6 GMV verankerten strengen Eintragungsprinzips stellt sich diese Frage im Gemeinschaftsmarkenrecht nicht, die Anwendung nationaler Vorschriften ist ausgeschlossen, vgl. Eisenführ/*Schennen*, Art. 6 Rn. 12.

767 Vgl. BGH, WRP 2005, 881 – *The Colour of Elégance*.

Anknüpfungspunkte für das Lauterkeitsrecht, etwa für Fälle unlauterer Herabwürdigung bloß angemeldeter Kennzeichen über § 4 Nr. 7 UWG, schafft.

#### *(2) Bösgläubige Gemeinschaftsmarkenanmeldung*

Ferner stellt sich die Frage eines möglichen lauterkeitsrechtlichen Vorgehens gegen bösgläubige Gemeinschaftsmarkenanmeldungen.

#### (a) Rechtsprechung: Echte Anspruchskonkurrenz

In der Rechtsprechung des BGH wurde bereits unter Geltung des Warenzeichengesetzes die Möglichkeit einer außermarkenrechtlichen Löschungsklage nach § 1 UWG a.F. (§ 4 Nr. 10 UWG) unter dem Gesichtspunkt unlauteren Behinderungswettbewerbs anerkannt, sofern das formale Markenrecht in unlauterer Weise erworben oder eingesetzt wird.[768] Diese Rechtsprechung wurde auch unter Geltung des Markengesetzes aufrecht erhalten, obwohl das in §§ 50 Abs. 1, 54 MarkenG geregelte patentamtliche Löschungsverfahren markenrechtlichen Schutz gegen bösgläubige Anmeldungen gewährt.[769] Begründet wird dies mit dem praktischen Bedürfnis, den Markenschutz vor den ordentlichen Gerichten und dem Patentamt nicht künstlich teilen zu wollen. So bestünden häufig Abgrenzungsschwierigkeiten zwischen der ausschließlich vor dem Patentamt geltend zu machenden bösgläubigen Markenanmeldung und dem bösgläubigen Einsatz der Marke, der als Folge wiederum nur durch das Lauterkeitsrecht unter dem Gesichtspunkt des unlauteren Behinderungswettbewerbs geltend gemacht werden kann.[770] Überdies sei das Klageverfahren der ZPO besser auf die häufig streitigen und komplexen Verfahren bei bösgläubigen Markenanmeldungen zugeschnitten, als das Amtsermittlungsverfahren beim DPMA.[771] Die damit faktisch vorliegende echte Anspruchskonkurrenz wurde zwar als mit der Vorrangthese in Konflikt stehend angesehen, dies wurde jedoch angesichts der praktischen Vereinfachungen als Ausnahme hingenommen.[772]

---

768 Siehe etwa BGH, GRUR 1967, 298 – *Modess*; BGH, GRUR 1980, 110 (112) – *Torch*; BGH, GRUR 1986, 74 (76 f.) – *Shamrock III*.

769 BGH, GRUR 2000, 1032 (1034) – *EQUI 2000*; BGH, GRUR 2005, 414 (417) – *Russisches Schaumgebäck*.

770 Ströbele/*Hacker*, § 2 Rn. 101.

771 *Sack*, WRP 2004, 1405 (1423).

772 Vgl. *Sack*, WRP 2004, 1405 (1423).

### (b) Voraussetzungen

Nachfolgend soll kurz auf die Voraussetzungen der marken- und lauterkeitsrechtlichen Sanktionierung bösgläubiger Markenanmeldung im nationalen Recht eingegangen werden.[773] Sodann wird die jüngst ergangene Entscheidung des EuGH *Chocoladenfabrik Lindt & Sprüngli AG* skizziert, die erstmals den im Gemeinschaftsmarkenrecht geltenden Begriff der Bösgläubigkeit näher behandelt.

#### (i) Nationale Rechtsprechung

In der Rechtsprechung zum nationalen Kennzeichenrecht ist die bloße Anmeldung eines Kennzeichens nicht schon dann per se unlauter, wenn der Anmelder weiß, dass der Mitbewerber dieses Zeichen für die gleiche Warenart benutzt beziehungsweise benutzen möchte, ohne bereits einen formalen Kennzeichenschutz erworben zu haben.[774] Vielmehr müssen besondere Umstände hinzukommen, um unter dem Tatbestand der unlauteren Behinderung eine bösgläubige Markenanmeldung zu sanktionieren.[775] Hier haben sich in der Rechtsprechung drei Fallgruppen herausgebildet.[776] Zum einen ist ein Handeln dann als bösgläubige Markenanmeldung zu begreifen, wenn ohne sachlichen Grund in Kenntnis eines schutzwürdigen Besitzstandes gehandelt wird. Ein schutzwürdiger Bestand setzt dabei im Prioritätszeitpunkt eine gewisse Bekanntheit entweder aufgrund einer im Inland erfolgten Nutzung oder einer überragenden Verkehrsgeltung im Ausland voraus.[777] Ferner ist eine Markenanmeldung dann bösgläubig, wenn der Unternehmer die Anmeldung in der Absicht vornimmt, für den Vorbenutzer Sperrwirkung zu erzeugen.[778] In diesem Fall ist kein vorheriger schutzwürdiger Besitzstand vonnöten.[779] Ebenso ist es unlauter, eine Markenanmeldung mit dem

773 Nicht als Fälle bösgläubiger Markenanmeldungen sind hingegen bloße Domainregistrierungen zu begreifen. Hier sind Anmeldung, Registrierung und Nutzung selbst bereits kennzeichenrechtlich relevante Handlungen, die mit dem bestehenden Schutzinstrumentarium in Art. 9 Abs. 1 GMV angegriffen werden können, vgl. *Köhler*/Bornkamm, § 4 Rn. 10.88. Wettbewerbsrechtliche Relevanz unter dem Gesichtspunkt der gezielten Behinderung beinhaltet jedoch das so genannte „Domain-Grabbing", das heißt, wenn die Anmeldung nur darauf gerichtet ist, sich die Domain vom Kennzeicheninhaber abkaufen oder lizenzieren zu lassen. Siehe dazu *Köhler*/Bornkamm, § 4 Rn. 10.94.

774 Ständige Rechtsprechung, siehe etwa BGH, GRUR 1998, 412 (414) – *Analgin*, mit weiteren Nachweisen.

775 BGH, GRUR 2008, 160 (161 f.) – *CORDARONE*; BGH, GRUR 2008, 917 (918) – *EROS*.

776 Vgl. vertiefend *Köhler*/Bornkamm, § 4 Rn. 10.84a.

777 BGH, GRUR 2008, 621 (623) – *AKADEMIKS*.

778 Vgl. etwa BGH, GRUR 1980, 110 (112) – *Torch*; BGH, GRUR 1986, 74 (76 f.) – *Shamrock III*; BGH, GRUR 2005, 414 (417) – *Russisches Schaumgebäck*.

779 *Köhler*/Bornkamm, § 4 Rn. 10.84a.

Ziel vorzunehmen, die kraft Eintragung entstehende und an sich lauterkeitsrechtlich unbedenkliche Sperrwirkung der Marke zweckfremd als Mittel des Wettbewerbskampfes einzusetzen[780], etwa um das Eindringen eines ausländischen Mitbewerbers in den inländischen Markt zu verhindern[781].

(ii) Bösgläubigkeit im Gemeinschaftsmarkenrecht

Die Anforderungen an die Bösgläubigkeit im Gemeinschaftsmarkenrecht waren jüngst Gegenstand der Entscheidung *Chocoladenfabrik Lindt & Sprüngli AG*[782] vom 11. Juni 2009. Danach ist es für die Bejahung der Bösgläubigkeit allein noch nicht ausreichend, dass der Anmelder weiß oder wissen muss, dass ein Dritter zumindest in einem Mitgliedstaat seit langem ein gleiches oder ähnliches Zeichen für eine gleiche oder mit dem angemeldeten Zeichen verwechselbar ähnliche Ware benutzt.[783] In einem solchen Fall ist noch nicht unbedingt auszuschließen, dass auch der Anmelder der Gemeinschaftsmarke ein legitimes Interesse mit der Anmeldung der Gemeinschaftsmarke verfolgt, gerade wenn mehrere Hersteller auf dem Markt gleiche oder ähnliche Kennzeichen für gleiche oder ähnliche Waren verwenden.[784] Vielmehr müssen zusätzliche Faktoren berücksichtigt werden, die bei kumulativem Vorliegen zur Bejahung einer Bösgläubigkeit führen können. Insbesondere ist dabei eine eventuelle Behinderungsabsicht des Anmeldenden als subjektive Komponente zu berücksichtigen, die wiederum anhand objektiver Fallumstände zu ermitteln ist.[785] Dabei führt der EuGH als Beispiel an, dass der Anmelder durch die Anmeldung als Gemeinschafsmarke die Absicht verfolgen könnte, einen Dritten an der Vermarktung seiner Produkte zu hindern. Dies könnte aus dem objektiven Umstand belegt werden, dass der Anmelder die Marke nach Anmeldung gar nicht nutze.[786] Für die Beurteilung der Bösgläubigkeit kann zudem der Bekanntheitsgrad berücksichtigt werden, der einem Zeichen zum Zeitpunkt der Anmeldung zukommt.[787]

780 BGH, GRUR 2008, 160 (161 f.) – *CORDARONE*; BGH, GRUR 2008, 621 (623) – *AKADEMIKS*.

781 Vgl. etwa den Sachverhalt in ÖOGH, GRURInt 2000, 560 (562) – *Pinkplus*.

782 EuGH Rs. C-529/07 vom 11.6.2009, Slg. 2009, I-4893 – *Chocoladenfabrik Lindt & Sprüngli AG*.

783 EuGH Rs. C-529/07, Slg. 2009, I-4893 – *Chocoladenfabrik Lindt & Sprüngli AG*, Rn. 40.

784 EuGH Rs. C-529/07, Slg. 2009, I-4893 – *Chocoladenfabrik Lindt & Sprüngli AG*, Rn. 48.

785 EuGH Rs. C-529/07, Slg. 2009, I-4893 – *Chocoladenfabrik Lindt & Sprüngli AG*, Rn. 41 f.

786 EuGH Rs. C-529/07, Slg. 2009, I-4893 – *Chocoladenfabrik Lindt & Sprüngli AG*, Rn. 44 f.

787 EuGH Rs. C-529/07, Slg. 2009, I-4893 – *Chocoladenfabrik Lindt & Sprüngli AG*, Rn. 44 f.

#### (c) Vorgehen bei Gemeinschaftsmarken?

Diese „Faktorenlehre" lässt sich weitestgehend mit der tradierten Rechtsprechung des BGH in Fällen bösgläubiger Markenanmeldungen in Einklang bringen. Dies beantwortet jedoch noch nicht die Frage der Möglichkeit lauterkeitsrechtlichen Vorgehens gegen bösgläubige Gemeinschaftsmarkenanmeldungen. Ob ein entsprechendes lauterkeitsrechtliches Vorgehen vor den ordentlichen Gerichten auch im Falle einer bösgläubigen Gemeinschaftsmarkenanmeldung zulässig ist, ließ der BGH in seiner im Jahre 2005 ergangenen Entscheidung *Colour of Elégance* offen.[788] Für Gemeinschaftsmarken sieht die Gemeinschaftsmarkenverordnung ein Löschungsverfahren vor dem HABM gemäß Art. 52 lit. b) GMV sowie eine mögliche Nichtigkeitserklärung im Rahmen einer Widerklage nach Art. 100 Abs. 1 GMV vor, sodass ein Rückgriff auf das Lauterkeitsrecht nicht unproblematisch erscheint.[789]

### e) Konstellationen fehlender „Benutzung" – Kennzeichenentfernung zu Behinderungszwecken

Es sind Konstellationen denkbar, in denen eine markenrechtlich relevante Handlung an einer notwendigen „Benutzung" scheitert. Hier ist zuvorderst die Kennzeichenentfernung zu Behinderungszwecken zu nennen.[790] In diesen Fällen liegt ein relevantes Benutzen seitens des Verletzers bereits deshalb nicht vor, da die Beseitigung eines Kennzeichens vom Wortsinn her bereits als Gegenteil eines „Benutzens" anzusehen ist.[791] Eine Erfassung durch das Markenrecht scheitert insofern bereits an einer relevanten Handlung; es verbleiben jedoch möglicherweise lauterkeitsrechtliche Ansprüche nach § 4 Nr. 10 UWG, beziehungsweise allgemeine zivilrechtliche Ansprüche nach § 823 Abs. 1 BGB oder § 826 BGB.[792]

### f) Lauterkeitsrechtlicher Markenschutz bei fehlender Bestandskraft der Gemeinschaftsmarke?

Ferner ist ein lauterkeitsrechtlicher Markenschutz über das Irreführungsverbot des § 5 Abs. 2 UWG in den Fällen denkbar, in denen eine Gemeinschaftsmarke zu einem bestimmten Zeitpunkt in der Vergangenheit existierte, deren Schutz jedoch mangels Zahlung der Verlängerungsgebühr (vergleiche Art. 47 Abs. 1

788 BGH, WRP 2005, 881 (883) – *The Colour of Elégance*.

789 Siehe dazu unten Kapitel 2.II.3.b).

790 vgl. *Ingerl*, WRP 2004, 809 (811).

791 *Ingerl/Rohnke*, § 14 Rn. 353.

792 *Ingerl/Rohnke*, § 14 Rn. 354.

GMV) entweder ausgelaufen ist oder die Marke infolge von Verfall oder Nichtigkeit nicht mehr besteht.[793] Hier könnte unter den Voraussetzungen des § 5 Abs. 2 UWG ein lauterkeitsrechtliches Eingreifen in Erwägung gezogen werden, sofern im Übrigen die Voraussetzungen, also etwa die Gefahr von Verwechslungen mit der ausgelaufenen oder nichtigen älteren Gemeinschaftsmarke, vorliegen.

### g) Verwirkung bestehender Ansprüche gemäß Art. 54 GMV

Dogmatisch etwas anders als die Konstellationen fehlender markenrechtlicher Bestandskraft sind Verwirkungsfälle im Sinne des Art. 54 Abs. 1 GMV zu beurteilen. Der von Amts wegen zu berücksichtigende Verwirkungseinwand erzeugt lediglich eine Wirkung *inter partes* zwischen Gemeinschaftsmarkeninhaber und Verletzer[794], lässt aber den Bestand der prioritätsälteren Marke unberührt. Gemäß Art. 54 Abs. 1 GMV kann sich der Inhaber einer Gemeinschaftsmarke nicht der Benutzung einer prioritätsjüngeren (Gemeinschaftsmarke-) Marke widersetzen, wenn er deren Verwendung in Kenntnis dieser Benutzung fünf Jahre lang geduldet hat.[795] Gleichwohl kann auch in diesen Duldungskonstellationen der Tatbestand des § 5 Abs. 2 UWG erfüllt sein.[796] So erscheint es

793 *Bornkamm*, FS Loschelder, 2010, 31 (40); *ders.*, GRUR 2011, 1 (5).

794 Zur Qualifizierung der Verwirkung als Einwendung siehe bereits BGH, GRUR 1966, 623 (625) – *Kupferberg*; *Fezer*, § 21 Rn.46.

795 Hinsichtlich der deutlich praxisrelevanteren Verwirkung gegenüber prioritätsjüngeren nationalen Zeichen normieren §§ 125b Nr. 3, 21 MarkenG eine entsprechende Regelung.

796 *Bornkamm*, FS Loschelder, 31 (40 ). Konstruiert, und somit hier nicht näher zu diskutieren, wirkt die ebenfalls von *Bornkamm* angerissene Konstellation möglichen Lauterkeitsschutzes nach § 5 Abs. 2 UWG, wenn sich der Verletzer gegenüber dem Markeninhaber auf Verjährung berufen kann. Mangels gemeinschaftsweiter Regelung in der Gemeinschaftsmarkenverordnung richtet sich die Verjährung von Ansprüchen aus der Gemeinschaftsmarke nach den Vorschriften des nationalen Rechts, Art. 102 Abs. 2 GMV. Regelungen der Gemeinschaftsmarkenverordnung stehen in diesem Fall einer Anwendung nationalstaatlicher Vorschriften nicht entgegen, da die Gemeinschaftsmarkenverordnung selbst keine diesbezüglichen Regelungen enthält, vgl. *Schulte-Beckhausen*, WRP 1999, 300 (304). Sofern deutsches Recht zur Anwendung kommt (siehe dazu etwa *Tillmann*, GRURInt 2001, 673 ff.), gelten nach dem Willen des Gesetzesgebers (Vgl. BT-Drs. 13/3841, S. 11) sowie allgemeiner Ansicht in der Literatur in entsprechender Anwendung von §§ 125b, 20 MarkenG die allgemeinen Vorschriften des BGB, siehe nur Ströbele/Hacker/*Kober-Dehm*, §§ 20 Rn. 3, 125b Rn. 13. Für den wichtigsten Fall des kennzeichenrechtlichen Unterlassungsanspruchs gilt nach § 20 MarkenG, § 195 BGB die dreijährige Verjährungsfrist, deren Beginn sich nach § 199 Abs. 1 Nr. 2 BGB richtet. Während für den Beginn der dreijährigen Verjährungsfrist im Markenrecht jedoch noch die subjektiven Voraussetzungen „Kenntnis von Verletzungshandlungen“ sowie „Person des Verpflichteten“ vorliegen müssen, gilt im Lauterkeitsrecht die – kenntnisunabhängige – dreijährige Höchstgrenze des § 11 Abs. 4 UWG, siehe *Fezer*, § 20 Rn. 30. Abseits der theoretisch denkbaren Fälle eventueller Hemmung im UWG-Prozess eines nach § 5 Abs. 2 UWG berechtigten Anspruchs-

denkbar, dass der Markeninhaber sich auch nach fünfjähriger Duldung erstmals dazu entschließt, gegen das prioritätsjüngere Zeichen unter dem Deckmantel des Lauterkeitsschutzes vorzugehen. Auch die sonstigen Anspruchsberechtigten nach § 8 Abs. 3 UWG vermögen gegebenenfalls erst nach einer gewissen Zeitspanne und bei fortwährenden Verstößen gegen Verletzungshandlungen vorzugehen. Es stellt sich dann nurmehr die Frage, inwiefern der Einwand der Verwirkung nach Art. 54 GMV Einfluss auf die lauterkeitsrechtliche Bewertung nach § 5 Abs. 2 UWG hat.

### h) Unlautere Vorfeldhandlungen – Die unredliche Kenntniserlangung gemäß § 4 Nr. 9 lit. c) UWG

Ebenfalls als gesonderte Kategorie sind diejenigen Konstellationen zu behandeln, in denen im Vorfeld einer markenrechtlich relevanten Benutzung unlautere Handlungen vorgenommen wurden. Hier ist insbesondere die unredliche Kenntniserlangung nach § 4 Nr. 9 lit. c) UWG zu nennen, welche das Anbieten einer nachgeahmten Ware oder Dienstleistung sanktioniert, sofern die für eine Nachahmung erforderlichen Kenntnisse oder Unterlagen unredlich erlangt wurden. Das lauterkeitsrechtliche Unwerturteil gründet sich hierbei, wie bereits festgestellt, in Gänze auf das Verhalten des Verletzers gegenüber dem Hersteller des Originals, das keine besondere Eigenart aufweisen muss.[797] Ein Konflikt mit der markenrechtlichen Vorrangwirkung entsteht in diesem Falle einer an sich unlauteren Vorfeldhandlung somit grundsätzlich nicht, wenngleich eine aufgrund unredlicher Kenntniserlangung basierende markenrechtlich relevante Benutzungshandlung natürlich möglich ist. Sofern sich die unredliche Kenntniserlangung also auf die Gemeinschaftsmarke bezieht, ist zumindest eine Sanktionierung unter § 4 Nr. 9 lit. c) UWG denkbar, wenn diese als Kennzeichnung für ein angebotenes Produkt verwendet wird oder sie selber das Produkt darstellt.[798]

---

inhabers vermögen lauterkeitsrechtliche Ansprüche nach § 5 Abs. 2 UWG im Falle verjährter markenrechtlicher Ansprüche schon ob der UWG-eigenen Verjährungsregeln kein Spannungsverhältnis zur gemeinschaftsmarkenrechtlichen Regelungssystematik auszulösen.

797 Siehe dazu bereits Kapitel 1.I.1.b)(2)(c).

798 Hier ist sogar die Anerkennung eines produktunabhängigen Schutzes der Marke statthaft, also unabhängig von der Tatsache, ob etwa die Ware oder Dienstleistung eine Nachahmung des mit der Gemeinschaftsmarke versehenen Originalprodukts darstellt, da hier der Unlauterkeitsvorwurf in Gänze unabhängig von der Eigenschaft als Leistungsergebnis erhoben wird. Zur möglichen Sperrwirkung durch Art. 14 Abs. 1 GMV siehe unten Kapitel 2.II.3.e).

### i) Exkurs: Vorgehen gegen markenrechtlich freigestellte Benutzungen?

Die Frage eines außermarkenrechtlichen Vorgehens gegen markenrechtlich nach Art. 12, 13 GMV freigestellte Benutzungen stellt sich angesichts der Ausnahmeregelungen in Art. 12 GMV sowie Art. 13 Abs. 2 GMV kaum. Gleichwohl werden hier im Einzelfall lauterkeitsrechtliche Wertungen herangezogen, um eine an sich freigestellte Benutzung im Einzelfall unlauter erscheinen zu lassen. Hier wären insbesondere die Werbung für Ersatzteile, die unter den Voraussetzungen des Art. 12 lit. c) GMV gerechtfertigt ist, sowie der unbefugte Vertrieb von Originalware durch Außenseiter zu nennen.[799] In diesen Konstellationen stellen sich sowohl Fragen nach paralleler Anwendbarkeit lauterkeitsrechtlicher Tatbestände als auch nach der Berücksichtigung lauterkeitsrechtlicher Wertungen in den markenrechtlichen Schrankenregelungen.[800]

#### *(1) Werbung für Ersatzteile – Art. 12 lit. c) GMV*

Im erstgenannten Fall der Werbung für Ersatzteile ist das Verhältnis zu §§ 5, 6 UWG von Relevanz. Im Schutzbereich des § 6 UWG ist die Reichweite zwingender Berücksichtigung lauterkeitsrechtlicher Wertungen durch die *O2*-Entscheidung des EuGH weitgehend geklärt.[801] Ein möglicher Einfluss lauterer

799 Vgl. *Sack*, WRP 2004, 1405 (1419 f.; 1423 f.).

800 Auch außerhalb der Art. 12, 13 GMV finden sich in der Gemeinschaftsmarkenverordnung Schrankenregelungen, in denen das Konkurrenzverhältnis zum Lauterkeitsrecht sich jedenfalls theoretisch stellen könnte. So könnte zum einen der lauterkeitsrechtliche Schutz des § 5 Abs. 2 UWG in denjenigen Fällen anzuwenden sein, in denen einer Markenverletzung die Einrede der Nichtbenutzung nach Art. 51 Abs. 1 lit. a) GMV entgegengehalten werden könnte. Dies vermag etwa in den Konstellationen auftreten, in denen ein für lange Zeit nicht benutztes Kennzeichen gleichwohl Erinnerungen beim maßgeblichen Publikum erweckt (so *Bornkamm*, FS Loschelder 30 [42]), siehe dazu Kapitel 2.II.4.b)(2)(c)(i)(c). Zum anderen mag es Fälle geben, in denen ein Verletzer dem Markeninhaber, bei langjähriger geduldeter Nutzung eines prioritätsjüngeren Kennzeichens, gemäß Art. 54 GMV die Einrede der Verwirkung entgegenhalten kann. In diesen Verletzungskonstellationen ist zu fragen, ob die Verwirkungseinrede die Berufung auf das Lauterkeitsrecht für den Markeninhaber bzw. auf sonstige Anspruchsberechtigte in den Fällen des § 5 Abs. 2 UWG präkludiert (verneinend *Bornkamm*, FS Loschelder, 30 [40]), dazu näher Kapitel 2.II.4.b)(2)(c)(i)(b)(i). Die Problematik eines lauterkeitsrechtlichen Vorgehens gegen einen verjährten gemeinschaftsmarkenrechtlichen Anspruch existiert indes praktisch nicht, da wegen der objektiv zu bestimmenden Höchstfrist des § 11 Abs. 4 UWG lauterkeitsrechtliche Ansprüche vor gemeinschaftsmarkenrechtlichen verjähren, deren Regelung sich nach den allgemeinen Vorschriften des BGB richtet (*Ströbele/Hacker,* §§ 20 Rn. 3, 125b Rn. 13; zur Geltung der regelmäßigen Verjährungsfrist für den in der Praxis wichtigsten Anspruch auf Unterlassung, *Fezer,* § 20 Rn. 30), verjähren.

801 Vgl. EuGH Rs. C-533/06, Slg. 2008, I-4231 – *O2*.

vergleichender Werbung auf die Schrankenregelung des Art. 12 lit. c) GMV ist angesichts der bereits tatbestandsausschließenden Wirkung lauterer Werbung für die Konstellationen der Doppelidentität nur von theoretischem Interesse und soll nicht weiter erörtert werden.[802] Bei irreführender Werbung nach § 5 UWG mag dies anders zu beurteilen sein.

### *(2) Schutz von Vertriebsbindungen gegen Außenseiter*

Beim Schutz von Vertriebsbindungen gegen Dritte wurde in der Vergangenheit immer wieder auf das UWG zurückgegriffen[803], obschon diese Konstellation prinzipiell markenrechtlich erfasst wird[804]. So erfüllt der unbefugte Vertrieb von Originalware mit Originalmarke durch Außenseiter, also etwa Händler, die nicht in einem Vertriebssystem stehen, den Tatbestand der Doppelidentität nach Art. 9 Abs. 1 lit. a) GMV (= § 14 Abs. 2 Nr. 1 MarkenG).[805] Nach Art. 13 Abs. 1 GMV (= § 24 Abs. 1 MarkenG) sind jedoch Markenrechte prinzipiell dann erschöpft, wenn die betreffende Ware in der Gemeinschaft in den Verkehr gebracht wurde und wenn der Markeninhaber nach Abs. 2 keine berechtigten Gründe gegen die Erschöpfung vorbringen kann.[806] Nach Ansicht des BGH ist die Verletzung von Vertriebsbindungen nicht von vornherein ein berechtigter Grund im Sinne von Art. 13 Abs. 2 GMV (= § 24 Abs. 2 MarkenG) gegen die Erschöpfungseinrede.[807] Ein berechtigter Grund läge jedoch dann vor, wenn der Außenseiterwettbewerb bestimmte Unlauterkeitsvoraussetzungen erfülle.[808] Diese Unlauterkeitsvoraussetzungen sind wiederum kategorisch dem Lauterkeitsrecht zugeordnet und wurden in der Vergangenheit vom BGH auch über das UWG gewährt. So hält der BGH den Außenseiterwettbewerb für unlauter, wenn der Außenseiter seinen Lieferanten zum Bruch von Vertriebsbindungen verleitet[809], wenn sich der Außenseiter die vertriebsgebundene Ware

---

802 Vgl. zum Spannungsverhältnis marken- und lauterkeitsrechtlicher Vorschriften bei Ersatzteilwerbung vor der O2-Entscheidung, *Sack*, WRP 2004, 1405 (1419 f.).

803 Etwa BGH, GRUR 1999, 1113 – *Außenseiteranspruch I.*

804 *Sack*, WRP 2004, 1405 (1424 f.).

805 BGH, GRUR 2002, 709 – *Entfernung der Herstellungsnummer III*; BGH GRUR 2001, 448 (449 f.) *Kontrollnummernbeseitigung II*; BGH GRUR 2000, 724 – *Außenseiteranspruch II*; *Sack*, WRP 1999, 467 (469); *ders.*, WRP 2000, 447 (457); *Bayreuther*, WRP 2000, 349.

806 „Gemeinschaft" im Sinne des Art. 13 Abs. 1 GMV umfasst dabei nicht nur die Mitgliedstaaten sondern auch sonstige EWR-Staaten, vgl. *Ruhl*, Art. 13 Rn.5.

807 BGH, GRUR 2002, 709 – *Entfernung der Herstellungsnummer III.*

808 Vgl. dazu *Sack*, WRP 2004, 1405 (1423 f.).

809 BGH, GRUR 1999, 1113 (1114) – *Außenseiteranspruch I*; BGH, GRUR 1999, 1109 – *Entfernung der Herstellungsnummer*; BGH, GRUR 1999, 1017 – *Kontrollnummernbeseitigung*; BGH, GRUR 2000, 724 – *Außenseiteranspruch II.* Kritisch zur Fallgruppe des Verleitens zum Vertragsbruch jüngst *Sosnitza*, WRP 2009, 373.

durch Schleichbezug verschafft hat[810], oder wenn Fabrikationsnummern entfernt wurden, anhand derer die Lücke im Vertriebsbindungssystem festgestellt werden kann[811]. Diese Tatbestände sind sämtlich als Fälle unlauterer Behinderung gemäß § 4 Nr. 10 UWG zu begreifen; sofern das Führen von Fabrikationsnummern gesetzlich vorgeschrieben wird (etwa durch die KosmetikVO), ist der Weitervertrieb nach der Entfernung ebendieser überdies nach § 4 Nr. 11 UWG unlauter.[812] Im Hinblick auf die markenrechtliche Sanktionsfähigkeit, also das Vorliegen eines berechtigten Grunds gegen die Erschöpfungseinrede, stellt *Sack* zu Recht fest, dass nicht der Verstoß gegen das UWG den notwendigen berechtigten Grund darstelle, sondern dass dieselben lauterkeitsrechtlich erfassten Tatbestände berechtigte Gründe darstellten, die der Erschöpfungsrede nach Art. 13 Abs. 2 GMV entgegenstünden.[813] Neben dem weiterreichenden Schutz durch das Markenrecht erschöpft sich die selbstständige Berechtigung des lauterkeitsrechtlichen Schutz von Vertriebsbindungen somit in der vom BGH gewährten Verbandsklagebefugnis nach § 8 Abs. 3 Nr. 2 UWG.[814] Schwieriger im Hinblick auf ein nach § 2 Abs. 1 Nr. 3 UWG zu verlangendes „konkretes Wettbewerbsverhältnis" zu beantworten ist die Frage, ob dem Vertriebsbinder als Markeninhaber selber eine Klagebefugnis zusteht, da Außenseiter und Vertriebsbinder typischerweise auf verschiedenen Wirtschaftsstufen stehen.[815] Nach der Rechtsprechung des BGH ist jedoch auch bei Unternehmen verschiedener Wirtschaftsstufen ein konkretes Wettbewerbsverhältnis regelmäßig zu bejahen, wenn sie identische Waren innerhalb derselben Verbraucherkreise, wenn auch auf verschiedenen Absatzstufen, abzusetzen versuchen.[816]

### *(3) Lauterkeitsrechtliche Wertungen in markenrechtlichen Ausnahmevorschriften?*

In den vorgenannten Konstellationen drängen sich zwei Fragestellungen auf. Zum einen stellt sich bei losgelöster Anwendung lauterkeitsrechtlicher Vorschriften wiederum die klassische Fragestellung nach der Vorrangwirkung einer prinzipiell erfolgten markenrechtlichen Erfassung. Zum anderen erscheint aber

---

810 BGH, GRUR 1999, 1113 (1114) – *Außenseiteranspruch I*; BGH, GRUR 2000, 724 – *Außenseiteranspruch II.*

811 BGH, GRUR 2001, 841 – *Entfernung der Herstellungsnummer II*; BGH, GRUR 2002, 709 – *Entfernung der Herstellungsnummer III.*

812 *Sack*, WRP 2004, 1405 (1424).

813 *Sack*, WRP 2004, 1405 (1425).

814 BGH, GRUR 2000, 724 – *Außenseiteranspruch II.*

815 *Sack*, WRP 2004, 1405 (1424).

816 Etwa BGH, GRUR 2001, 841 – *Entfernung der Herstellungsnummer II.* Vgl. im Übrigen die Rechtsprechungsnachweise bei Harte/Henning/*Keller*, § 2 Rn. 138.

auch die mittelbar erfolgte Auslegung der Schrankenregelungen unter Berücksichtigung genuin lauterkeitsrechtlicher Wertungen nicht unproblematisch. Zwar zeigen bereits die Regelungen zur bekannten Marke originär lauterkeitsrechtliche Züge, was nicht zuletzt durch die frühere Gewährung ergänzenden Kennzeichenschutzes aufgrund des UWG untermauert wird.[817] Dennoch scheint es angesichts des europäischen Hintergrunds des nationalen Markenrechts und insbesondere des Gemeinschaftsmarkenrechts kaum statthaft, tradierte Wertungen des nationalen Lauterkeitsrechts kongruent auf die Ausnahmeregelungen (gemeinschafts-) markenrechtlicher Schranken anzuwenden. Diese spezifische Problematik soll im Rahmen der vorliegenden Erörterung jedoch nicht weiter vertieft werden.

## 3. Zwischenergebnis

Aus der zunächst erfolgten Bestimmung des Schutzumfangs der Gemeinschaftsmarke lassen sich prinzipiell drei Grundkonstellationen bilden, die für die weitere Bestimmung der Anwendbarkeit ergänzenden nationalen Lauterkeitsrechts weichenstellenden Charakter beinhalten: Für Handlungen, die mangels einer markenrechtlich nicht erfassten Benutzungshandlung nicht dem Regelungsregime des Art. 9 Abs. 1 GMV unterfallen, dürften im Hinblick auf die Anwendbarkeit wettbewerbsrechtlicher Tatbestände grundsätzlich keine Restriktionen gelten, da der Regelungsbereich des Sonderschutzrechts nicht eröffnet ist. Einzig Art. 5 Abs. 5 MRRL könnte im Einzelfall eine andere Betrachtungsweise angemessen erscheinen lassen, sofern man diesem für das Gemeinschaftsmarkenrecht eine „negative Begrenzungswirkung“ zukommen lässt, wie dies der BGH zumindest für Konstellationen nicht erfasster Benutzungen im Rahmen der Kollisionstatbestände Art. 9 Abs. 1 lit. a) und b) GMV anzunehmen scheint. Diese Rechtsprechung wird in den nachfolgenden Erörterungen indes noch kritisch zu überprüfen sein. Eine vergleichbare negative Begrenzungswirkung vermag ebenso beim Schutz markenrechtlich nicht erfasster Besitzstände einer lauterkeitsrechtlichen Sanktionierung entgegenzustehen. Prinzipiell sieht das Gemeinschaftsmarkenrecht Sanktionsmechanismen für diese Fallgestaltungen tatsächlich bereits vor. Diese Sanktionsmechanismen würden wiederum relativiert, ließe man Schutz durch das UWG vorbehaltlos zu.

In der zweiten Konstellation ist zwar im Grundsatz eine von Art. 9 Abs. 1 lit. a) und b) GMV erfasste Benutzung beziehungsweise eine durch die Verwendung ausgelöste „gedankliche Verknüpfung“ im Anwendungsbereich des Art. 9 Abs. 1 lit. c) GMV zu bejahen, diese Benutzung wird jedoch nicht

817 Siehe oben Kapitel 2.I.2.c)(1).

von einem der in Art. 9 Abs. 1 GMV geregelten Kollisionsfälle erfasst. Ob die Anwendbarkeit des nationalen Lauterkeitsrechts in diesen Konstellationen zulässig ist, erscheint insbesondere im Hinblick auf eine von Art. 14 Abs. 1 GMV ausgehende mögliche Sperrwirkung problematisch.

Selbiges gilt im Grundsatz auch für diejenigen Benutzungshandlungen, die von den Kollisionstatbeständen der Art. 9 Abs. 1 lit. a – c) GMV erfasst werden. Für das nationale Markenrecht wird, sofern ein Sachverhalt vom Markenrecht erfasst wird, im Grundsatz von einer Vorrangwirkung ausgegangen. Das Gemeinschaftsmarkenrecht scheint in Art. 14 Abs. 1 GMV weitergehend diese Vorrangwirkung kodifiziert zu haben. Eine Präklusion lauterkeitsrechtlicher Vorschriften könnte insbesondere im Regelungsbereich des Art. 9 Abs. 1 lit. a) beziehungsweise lit. b) GMV, also wenn eine nach Gemeinschaftsmarkenverordnung sanktionsfähige Markenverletzung vorliegt, jedoch im Widerspruch zu den Vorgaben der UGP-Richtlinie stehen. Da die UGP-Richtlinie im Bereich des Irreführungsschutzes eine Ausweitung der Aktivlegitimation auf Verbraucherverbände und Mitbewerber vorsieht, könnte dies letztlich doch wieder zu einer Anspruchskumulierung führen. Hier muss überprüft werden, inwiefern Regelungen der UGP-Richtlinie und damit auch die im UWG erfolgte Umsetzung im Gemeinschaftsmarkenrecht zu berücksichtigen sind beziehungsweise ob so weit gegangen werden muss, eine vollständige Anspruchskonkurrenz zum Lauterkeitsrecht anzunehmen.

## *II. Möglichkeiten eines ergänzenden Gemeinschaftsmarkenschutzes durch das Lauterkeitsrecht*

### 1. Primat des europäischen Sekundärrechts im Gemeinschaftsmarkenrecht

Die Gemeinschaftsmarke stellt sich als originär europäisches Registerrecht dar, das zwar weitgehende Parallelen mit den nationalen Markenrechtsordnungen aufgrund der konzeptionell vergleichbaren Markenrechtsrichtlinie aufweist. Dennoch bleibt es ein durch die Gemeinschaftsmarkenverordnung neu geschaffenes Immaterialgüterrecht, das für ein Kennzeichen erst bei Eintragung gemeinschaftsweiten Schutz begründet. Verzichtet man hingegen auf eine Eintragung, ist das verwendete Kennzeichen auch nicht als Gemeinschaftsmarke geschützt. Ein Schutz durch die Gemeinschaftsmarkenverordnung steht und fällt somit mit der Eintragung eines Kennzeichens als Gemeinschaftsmarke. Notwendig ist daher ein

Begründungstatbestand. Wird dieser erfüllt, muss überprüft werden, ob neben dem Begründungstatbestand auch Regelungen über die Reichweite des gewährten Schutzes getroffen werden. Wenn dies – wie bei der Gemeinschaftsmarke wegen Art. 9 ff. GMV – der Fall ist, richtet sich die Reichweite des diesem Rechtsinstitut zuteil kommenden Schutzes grundsätzlich autonom nach den sie begründenden Rechtsvorschriften. Dies gilt nur dann nicht, wenn der Gemeinschaftsgesetzgeber den materiell gewährleisteten Schutz an die Mitgliedstaaten delegiert oder durch die Formulierung eindeutiger Öffnungsklauseln Raum für die Anwendung mitgliedsstaatlichen beziehungsweise sonstigen Gemeinschaftsrechts schafft. Dies tut er im Falle der Gemeinschaftsmarkenverordnung zumindest für das einzelstaatliche Recht gerade nicht. In Art. 14 Abs. 1 S. 1 GMV heißt es vielmehr ausdrücklich, dass sich die Wirkung der Gemeinschaftsmarke *ausschließlich* nach der Gemeinschaftsmarkenverordnung bestimmt. Im Gegensatz zur Markenrechtsrichtlinie, die sich in Erwägungsgrund 7 außermarkenrechtlichen nationalen Vorschriften explizit öffnet, ist die Anwendung außermarkenrechtlicher nationaler Vorschriften im Gemeinschaftsmarkenrecht somit prinzipiell als systemfremd zu begreifen und nur in zu erörternden Ausnahmefällen überhaupt möglich.[818] Die strenge Subsidiarität nationalen Rechts wird auch an anderen Stellen in der Gemeinschaftsmarkenverordnung belegt. So bestimmt etwa Erwägungsgrund 3 zur Gemeinschaftsmarkenverordnung, dass „(...) ein Markensystem der Gemeinschaft erforderlich" ist, „das den Unternehmen ermöglicht, in einem einzigen Verfahren Gemeinschaftsmarken zu erwerben, die einen *einheitlichen* Schutz genießen und im gesamten Gebiet der Gemeinschaft wirksam sind". Das in dieser Vorschrift zum Ausdruck kommende Prinzip einheitlicher Schutzgewährung würde konterkariert, ließe man auf nationalstaatlicher Ebene einen erweiterten Schutz zu. Der Gemeinschaftsmarke könnte in der Folge in denjenigen Staaten, die – wie Deutschland – einen weitergehenden lauterkeitsrechtlichen Schutz von Immaterialgüterrechten vorsehen, ein faktisch höheres Schutzniveau zukommen als in denjenigen Staaten, die auf weitergehenden Schutz außerhalb des Sonderrechtsschutzes verzichten.[819] Auch Art. 101 Abs. 2 GMV, der von der Literatur teilweise zu Unrecht als Öffnungsklausel herangezogen wird, belegt die Notwendigkeit einer restriktiven Anwendung nationalen Rechts.[820] Danach wenden die Gemeinschaftsmarkengerichte ihr nationales Recht in allen Fragen an, die *nicht* von der Gemeinschaftsmarkenverordnung erfasst werden. Von einer vollständigen Anspruchskonkurrenz, wie es etwa *Fezer* bereits vor Erlass der UGP-Richtlinie für das Verhältnis von Markenrecht und Lauterkeitsrecht vertreten hat, kann deshalb von vornherein im Gemeinschaftsmarkenrecht

818 Siehe sogleich Kapitel 2.II.
819 Vgl. hierzu jüngst *Ohly*, WRP 2008, 177 (184 f.).
820 Etwa *Eisenführ*/Schennen, Art. 101 Rn. 4 f.

nicht ausgegangen werden.[821] In den nachfolgenden Erörterungen soll somit davon abgesehen werden, abschließend Stellung zu der bisweilen müßigen Diskussion um das Für und Wider einer grundsätzliche Vorrangwirkung des Markenrechts zu beziehen[822], da sie im Gemeinschaftsmarkenrecht schlichtweg verfehlt ist. Die Rechtsnatur als originär gemeinschaftliches Rechtsinstitut, das Einheitlichkeit und Autonomie beansprucht, lässt den Regelungen des Gemeinschaftsrechts per se bereits eine „natürliche" Vorrangwirkung zukommen, die nur durch explizite Öffnung für das nationale Recht überwunden werden kann. Wie hingegen das Verhältnis der Gemeinschaftsmarkenverordnung zum sekundären Gemeinschaftsrecht und darauf basierendem nationalen Recht auszulegen ist, bedarf gesonderter Betrachtung.[823]

## 2. Ausgangspunkt: Die Regelung des Art. 14 GMV

Nachdem festgestellt wurde, dass im Gemeinschaftsmarkenrecht ein strikter Vorrang sekundärrechtlicher Wertungen zu gelten hat, wird im Folgenden auf mögliche Anwendungsbereiche ergänzenden Lauterkeitsschutzes eingegangen.

Ausgangspunkt für die Anwendung mitgliedsstaatlichen Rechts ist Art. 14 GMV. Nach dessen Abs. 1 bestimmt sich die *Wirkung* der Gemeinschaftsmarke ausschließlich nach der Gemeinschaftsmarkenverordnung. Hingegen bleibt nach Abs. 2 das Recht unberührt, Klagen betreffend eine Gemeinschaftsmarke auf innerstaatliche Rechtsvorschriften zu stützen.

Fraglich ist somit, in welchem Verhältnis diese Vorschriften zueinander stehen.

---

821 Anders jedoch eben *Fezer*, § 2 Rn. 51 ff. der neben der Vorschrift des Art. 14 Abs. 2 GMV auch die begrenzte Reichweite der Harmonisierung für eine kumulative Anwendung des Lauterkeitsrechts auch für das Gemeinschaftsmarkenrecht anführt. Mag diese Annahme angesichts der Erwägungsgründe 4 und 7 in der MRRL sowie der dies bestätigenden Rechtsprechung des EuGH (vgl. etwa EuGH Rs. C-313/94 vom 26.11.1996, Slg. 1996, I-6039 – *Graffione/Fransa*, Rn. 29; EuGH Rs. C-23/01, Slg. 2002, I-10913 – *Robelco/Robeco*, Rn. 33) für das nationale Markenrecht noch plausibel erscheinen und der BGH in seinen jüngsten Urteilen trotz Festhaltens an der Vorrangthese dazu tendieren (siehe oben), so verkennt eine solche Betrachtung im Gemeinschaftsmarkenrecht die Eigenschaft der Gemeinschaftsmarke als originär europarechtliches Schutzinstitut. Dieses ist, untechnisch gesprochen, soweit bereits vereinheitlicht, wie es der Gemeinschaftsgesetzgeber eben wollte. Der Begriff der begrenzten Reichweite der Harmonisierung ist für das Gemeinschaftsmarkenrecht somit verfehlt. Zu den bestehenden Möglichkeiten der Berücksichtigung lauterkeitsrechtlichen Schutzes bei Gemeinschaftsmarken siehe Kapitel 2.II.5.

822 Siehe dazu bereits die Ausführungen in Kapitel 2.I.2.b)(1)(c) und Kapitel 2.I.2.c) sowie zusammenfassend etwa *Büscher*, GRUR 2009, 230 (231 ff.).

823 Siehe Kapitel 2.II.4.

### a) Art. 14 Abs. 2 GMV als Öffnungsklausel?

Im Gegensatz zu der hier vertretenen restriktiven Tendenz und der Rechtsprechung des BGH begreift die bisweilen herrschende Ansicht in der Literatur Art. 14 Abs. 2 GMV als Öffnungsklausel, die eine Erweiterung der Schutzmöglichkeiten der Gemeinschaftsmarke prinzipiell umfassend zulasse.[824] Einschränkend wurde unter Berücksichtigung der in der *Mac Dog*-Entscheidung vertretenen Vorrangthese dieses weitreichende Verständnis dahingehend modifiziert, dass, soweit der Schutz nach der Gemeinschaftsmarkenverordnung reiche, dieser auch ausschließlich nach ihr zu bestimmen sei.[825] Folge dieser Auslegung wäre also eine grundsätzliche Zulässigkeit erweiterten materiell rechtlichen Schutzes der Gemeinschaftsmarke aufgrund nationalen, mitgliedsstaatlichen Rechts, sofern die Gemeinschaftsmarkenverordnung selbst keinen Schutz bietet.[826] Die konkrete Ausgestaltung des Verhältnisses von Lauterkeitsrecht zum Gemeinschaftsmarkenrecht würde hier also, unbeeinträchtigt eventueller Sperrklauseln, entsprechend dem nationalen Markenrecht gelöst.[827] Diese Auslegung hätte zwar die begrüßenswerte Konsequenz einer weitgehend übereinstimmenden Handhabung des Schutzes von nationalen Marken und Gemeinschaftsmarken zufolge[828], eine Interpretation von Art. 14 Abs. 2 GMV als grundsätzlicher Öffnungsklausel für materiell-rechtliche Vorschriften begegnet jedoch angesichts der Bestimmung des Art. 14 Abs. 1 GMV gleichwohl erheblichen Bedenken.

### b) Reichweite des Art. 14 Abs. 1 GMV

Der BGH ging in seiner Entscheidung *The Home Store* von einer weitreichenden Präklusionswirkung des Art. 14 Abs. 1 GMV aus.[829] Diese unterschiedliche Bewertung der Vorschriften in Art. 14 GMV lässt eine nähere Betrachtung der Reichweite des Art. 14 Abs. 1 GMV unumgänglich werden.

---

824 *Eichmann*, GRUR 1998, 201 (207); *Kur*, MarkenR 2001, 137 (146); *Piper*, GRUR 1996, 657 (661 f.). *Eisenführ* scheint gar die grundsätzliche Möglichkeit materieller Schutzerweiterung Art. 101 Abs. 2 GMV) entnehmen zu wollen (*Eisenführ*/Schennen, Art. 101 Rn. 4 f.).

825 *Kur*, MarkenR 2001, 137 (146).

826 *Sack*, WRP 1998, 1127 (1138).

827 Vgl. dazu die Ausführungen unter Kapitel 2.I.2.

828 So zu Recht *Kur*, MarkenR 2001, 137 (146).

829 BGH, WRP 2008, 236 – *The Home Store*. In diese Richtung früher tendierend bereits *Sack*, WRP 1998, 1127 (1138). Aus jüngerer Zeit ebenfalls *Böxler*, ZGE 2009, 357 (389). Siehe dazu bereits Kapitel 2.I.2.b)(3)(c)(ii).

### *(1) Begriff der Wirkung*

Dabei steht insbesondere der in Art. 14 Abs. 1 GMV verwendete Begriff der Wirkung im Vordergrund. Sofern diese Wirkung eingreift, sollen die Vorschriften der Gemeinschaftsmarkenverordnung ausschließlich gelten. Wegen des im Gemeinschaftsmarkenrechts herrschenden Autonomiegrundsatzes ist der Begriff der Ausschließlichkeit dahingehend zu interpretieren, dass, sofern die Wirkung der Gemeinschaftsmarke eingreift, die Anwendung nationaler Vorschriften betreffend die Gemeinschaftsmarke präkludiert sein soll. Der Begriff der Wirkung der Gemeinschaftsmarke wird in der Gemeinschaftsmarkenverordnung selbst nicht näher definiert. Dennoch lässt sich ihre Reichweite im systematischen Kontext der Art. 9 ff. GMV konkretisieren. So verwendet der Gemeinschaftsgesetzgeber in der amtlichen Überschrift des 2. Abschnitts des 2. Titels der Gemeinschaftsmarkenverordnung den Begriff der „Wirkungen". Dieser Abschnitt behandelt den von der Gemeinschaftsmarkenverordnung originär gewährleisteten Schutzumfang. Insofern erscheint es naheliegend, dass als „Wirkungen" der von der Gemeinschaftsmarkenverordnung positiv gewährleistete Schutzbereich in Art. 9 bis 11 GMV mit den Schrankenregelungen der Art. 12 GMV und Art. 13 GMV zu erfassen ist. Diesen Begriff führt der Gemeinschaftsgesetzgeber in Art. 14 GMV, der den zweiten Abschnitt beschließt, dann wieder in Abs. 1 auf. Aus dieser gesetzgeberischen Anordnung lässt sich der Rückschluss ziehen, dass mit „Wirkung" der Gemeinschaftsmarke jedenfalls der von Art. 9 GMV bis Art. 13 GMV originär gewährleistete Schutzumfang gemeint ist, also insbesondere die von den Kollisionstatbeständen des Art. 9 Abs. 1 lit. a) – c) GMV erfassten Verletzungshandlungen. Ob auch nicht geregelte Konstellationen – wie etwa die Rufbeeinträchtigung nicht bekannter Marken – unter den Wirkungsbegriff zu fassen sind, wird noch festzustellen sein.[830]

### *(2) Abschließende Regelung möglicher Verletzungshandlungen nach Art. 9–11 GMV?*

Denkbar ist indes noch eine weitergehende Interpretation der Regelung des Art. 14 GMV. So spricht die amtliche Überschrift von der Anwendung einzelstaatlichen Rechts bei Verletzung. Die Wendung „bei Verletzung" setzt jedoch logisch voraus, dass eine Verletzungshandlung überhaupt vorliegt. Nun scheint die Verwendung des Begriffs der „Verletzung" im Zusammenhang mit der systematischen Verordnung des Art. 14 GMV im Kapitel über die „Wirkungen der Gemeinschaftsmarke" zunächst die Annahme nahezulegen, dass die Kollisions-

830 Siehe unten Kapitel 2.II.2.b)(4).

tatbestände des Art. 9 Abs. 1 GMV sowie die besonderen Konstellationen der in Art. 10, 11 GMV enumerativ geregelte Fälle möglicher Verletzungshandlungen darstellen, die exklusiv im Stande sind, nach dem Willen des Gemeinschaftsgesetzgebers eine Verletzung von Rechten an der Gemeinschaftsmarke zu begründen.

Eine solch restriktive Interpretation erscheint jedoch unvereinbar mit der Regelung des Art. 14 Abs. 2 GMV. Danach lässt die Verordnung das Recht unberührt, Klagen betreffend eine Gemeinschaftsmarke auf innerstaatliche Rechtsvorschriften, insbesondere über die zivilrechtliche Haftung und den unlauteren Wettbewerb, zu stützen. Bei losgelöster Betrachtung dieser Bestimmung ließe sich diese zwar auch vom Wortlaut her in dem Sinne interpretieren, dass sie nicht eine materielle Schutzerweiterung durch das nationale Recht behandelt, sondern eine Erweiterung möglicher Sanktionen auf der Rechtsfolgenseite durch mitgliedsstaatliches Recht vorsieht. Dieser von der Gemeinschaftsmarkenverordnung tatsächlich vorgesehene Rückgriff auf das ergänzende nationale Sanktionssystem ergibt sich jedoch bereits ausdrücklich aus Art. 14 Abs. 1 S. 2 GMV in Verbindung mit Art. 102 Abs. 2 GMV. Für einen Verweis auf nationales Verfahrensrecht gilt hingegen die Verweisnorm des Art. 14 Abs. 3 GMV. Insofern verbliebe kaum ein legitimer Anwendungsbereich für die Vorschrift des Art. 14 Abs. 2 GMV, misst man ihr die Eigenschaft als materiell-rechtliche Öffnungsklausel nicht zu.

### *(3) Abgestuftes Verhältnis von Art. 14 Abs. 1 und Abs. 2 GMV*

Um diesen Konflikt zu lösen, bietet sich eine Interpretation dahingehend an, dass Art. 14 Abs. 1 und Abs. 2 GMV in einem Stufenverhältnis zur Bestimmung möglicher Grenzen ergänzenden materiellen Schutzes auf der Grundlage materiellen Rechts gesehen wird. Soweit die Wirkung der Gemeinschaftsmarke reicht, stellt Art. 14 Abs. 1 GMV klar, dass nur die Regelungen der Gemeinschaftsmarkenverordnung exklusiv zu gelten haben. Geht es jedoch um materiell-rechtlichen Schutz außerhalb des Wirkungsbereichs, legt Art. 14 Abs. 2 GMV fest, dass es dem Inhaber der Gemeinschaftsmarke im Grundsatz unbenommen ist, Ansprüche auf innerstaatliche Rechtsvorschriften zu stützen.[831] Für den materiell-rechtlichen Schutzumfang, der einer Gemeinschaftsmarke zuteil werden soll, präkludiert somit die Einschlägigkeit des Art. 14 Abs. 1 GMV die Öffnungsklausel

---

831 Unklar in diesem Zusammenhang hingegen die Auffassung *Sacks* (WRP 1998, 1127 [1138]), der das Anwendungsfeld des Art. 14 Abs. 2 GMV nur in der ergänzenden Heranziehung nationalen Rechts in Bezug auf „Klagen“ zulassen will, ohne dies jedoch sachlich auszuführen. Die Existenz der Öffnungsklauseln in Art. 14 Abs. 3 GMV sowie Art. 102 GMV für Fragestellungen prozessualer Durchsetzung spricht jedenfalls gegen eine Auslegung als prozessuale Öffnungsklausel.

des Art. 14 Abs. 2 GMV.[832] Außerhalb des Wirkungsbereichs ist die ergänzende Anwendung mitgliedsstaatlichen Rechts zwar grundsätzlich zuzulassen, jedoch können die sonstigen Wertungen des Gemeinschaftsmarkenrechts nicht unberücksichtigt bleiben. Dies gilt insbesondere für die Sanktionierung bösgläubiger Gemeinschaftsmarkenanmeldungen, für die die Gemeinschaftsmarkenverordnung eigene Sanktionsmechanismen vorsieht.[833] Mittelbar haben dabei auch die Wertungen der Markenrechtsrichtlinie nicht unerheblichen Einfluss auf die Bestimmung der Reichweite gemeinschaftsmarkenrechtlicher Wirkung.[834]

#### *(4) Negative Begrenzungswirkung des Art. 14 Abs. 1 GMV*

Der Wirkungsbegriff umfasst somit zumindest die positiv geregelten Kollisionstatbestände des Art. 9 Abs. 1 GMV. Unklar ist indes, inwieweit der Wirkungsbegriff darüber hinaus eine negative Begrenzungswirkung gegenüber solchen Tatbeständen innehat, die sachlich zwar in den Anwendungsbereich des Art. 9 Abs. 1 GMV fallen, jedoch eben keinen Verbotsanspruch begründen. Hier sind drei Konstellationen potentiell zu erfassen: Der Schutz der nicht bekannten Marke vor Rufbeeinträchtigung außerhalb des Identitätsbereichs[835], der Schutz von nicht erfassten Benutzungen im Anwendungsbereich der Art. 9 Abs. 1 lit. a) und b) GMV[836] sowie der Schutz der bekannten Marke, sofern zu ihr selbst keine „gedankliche Verknüpfung“ gezogen werden kann[837].

---

832 Im Ergebnis ähnlich Schricker/Bastian/*Knaak*, GMV Rn. 318 f. Ein solches Verständnis kollidiert auch nicht mit der Vorschrift des Art. 101 Abs. 2 GMV, die schon aufgrund ihres Wortlauts und ihrer systematischen Stellung äußerst restriktiv begriffen werden muss. Zum einen ist Art. 101 GMV verortet im Kapitel über Zuständigkeits- und Verfahrensfragen und eben nicht in einem Abschnitt der Fragen des materiellen Gemeinschaftsmarkenrechts behandelt. Zum anderen weist Art. 101 Abs. 2 GMV lediglich „alle Fragen, die nicht durch diese Verordnung erfasst werden“, dem nationalen Recht zu. Hier interessierende Fragen des materiellen Schutzumfangs der Gemeinschaftsmarke werden durch die Gemeinschaftsmarkenverordnung zweifellos erfasst. Eine dahingehende Auslegung, dass die Anwendung nationalen Rechts außerhalb einer ureigenen materiellen Verortung in der Gemeinschaftsmarkenverordnung schrankenlos zulässig ist, lässt sich überdies nicht mit dem Autonomieprinzip vereinbaren. Vielmehr ist die Vorschrift streng auf diejenigen Regelungskomplexe zu beschränken, die sachlich überhaupt keine Erfassung in der Gemeinschaftsmarkenverordnung gefunden haben. Hier sind zuvorderst die Regelungen über das nationale IPR zu nennen, die in Art. 101 Abs. 2 GMV ausdrücklich erwähnt werden.

833 Siehe dazu Kapitel 2.II.3.b).

834 Siehe sogleich Kapitel 2.II.2.b)(4)(a).

835 Siehe Kapitel 2.II.2.b)(4)(b).

836 Siehe Kapitel 2.II.2.b)(4)(c).

837 Siehe Kapitel 2.II.2.b)(4)(d).

#### (a) Fehlende Öffnungsklausel im Sinne des Art. 5 Abs. 5 MRRL – Auswirkungen auf den Wirkungsbegriff

Augenscheinlich nicht unerheblich für die Bestimmung der Reichweite gemeinschaftsmarkenrechtlicher Wirkung ist nach der Rechtsprechung des BGH im Falle *The Home Store* die Regelung des Art. 5 Abs. 5 MRRL. So maß der BGH Art. 14 Abs. 1 GMV bereits deshalb eine weitgehende Ausschlusswirkung gegenüber der Anwendung mitgliedsstaatlichen Rechts zu, da eben eine Regelung wie Art. 5 Abs. 5 MRRL, die nach hiesigem Verständnis eine fakultative Öffnung des nationalen Markenrechts für die Sanktionierung von nicht von Art. 5 Abs. 1 und 2 MRRL erfassten Benutzungen darstellt, im Gemeinschaftsmarkenrecht nicht existiert. Demgemäß ist die Rechtsprechung des BGH dahingehend zu deuten, dass unter Art. 5 Abs. 5 MRRL fallende Benutzungen lediglich aufgrund der Tatsache, dass für nationale Marken die fakultative Möglichkeit eines dahingehenden Schutzes eröffnet ist, vom Wirkungsbegriff umfasst sein sollen. Zumindest eine dahingehende Auslegungstendenz wird aus der Entscheidung des BGH unmissverständlich deutlich. Ob der BGH entgegen der hier vertretenen Auffassung Art. 14 Abs. 1 GMV eine so weitreichende Sperrwirkung zumisst, dass sonstiges materielles Recht zum Schutz der Gemeinschaftsmarke überhaupt nicht herangezogen werden kann, bleibt hingegen offen.[838]

#### (b) Rufbeeinträchtigung nicht bekannter Marken

Für die Rufbeeinträchtigung nicht bekannter Marken liegt die Ausganglage ein stückweit anders als bei der Sanktionierung von nicht von Art. 9 Abs. 1 lit. a) und lit. b) GMV erfassten Benutzungen. So werden Fälle unlauterer Rufbeeinträchtigung außerhalb des Identitätsbereichs in der Gemeinschaftsmarkenverordnung im Grundsatz vom Kollisionstatbestand des Art. 9 Abs. 1 lit. c) GMV erfasst, jedoch nur für solche Gemeinschaftsmarken, die über einen gewisse Bekanntheit verfügen.[839] Bei der Sanktionierung nicht von Art. 9 Abs. 1 lit. a) und b) GMV umfasster Handlungen geht es hingegen um Konstellationen, in denen schon gar nicht von markenrechtlich relevanten Benutzungshandlungen ausgegangen werden kann. Während die eine Konstellation markenrechtlich nicht erfasst wird, erkennt die Gemeinschaftsmarkenverordnung wiederum Fälle der Rufbeeinträchtigung für bestimmte Marken auch außerhalb des Identitätsbereichs prinzipiell an. Diesen Gemeinschaftsmarken

838 BGH, WRP 2008, 236 (238) – *The Home Store*.

839 Zum Begriff der Bekanntheit im Gemeinschaftsmarkenrecht siehe oben Kapitel 2.I.1.a)(2)(a)(iii)(a).

sollte ein weitergehender materieller Schutz zukommen als solchen Marken, die über ihre Eigenschaft als Herkunftskennzeichen keinen vom Produkt losgelösten besonderen Imagewert erlangt haben. Das Regelungsbedürfnis wurde vom Gemeinschaftsgesetzgeber gesehen, jedoch schlichtweg nicht als solches wahrgenommen. Einer dahingehenden Auslegung, dass der Schutz vor Rufbeeinträchtigung nicht als „Wirkung der Gemeinschaftsmarke“ begriffen werden kann, wie dies in der Literatur teilweise angedacht wurde[840], kann, wie gezeigt, bereits aus systematischen Gründen nicht gefolgt werden. Die Rufbeeinträchtigung nicht bekannter Marken fällt damit unter Art. 14 Abs. 1 GMV. Die Anwendung nationalen Lauterkeitsrechts ist daher präkludiert, sodass entsprechende Rufschädigungen im Gemeinschaftsmarkenrecht, sofern auch nicht der Anwendungsbereich der Art. 9 Abs. 1 lit. a) und b) GMV eröffnet oder die Schwelle zur Bekanntheit nicht überschritten ist, nicht sanktionierbar sind.

### (c) Nicht erfasste Benutzungen im Anwendungsbereich der Art. 9 Abs. 1 lit. a) und b) GMV

Fälle fehlender Benutzung im Sinne des Art. 9 Abs. 1 lit. a) oder b) GMV sind entgegen der vergleichsweise strikten Linie des BGH zumindest nicht mit einer bloß wertenden Gegenüberstellung der Regelung des Art. 5 Abs. 5 MRRL als nicht sanktionsfähig zu begreifen. So scheint es nicht unmittelbar einleuchtend, dass, wenn schon keine markenrechtlich relevante Benutzung vorliegt, die Gemeinschaftsmarkenverordnung unterhalb dieser Schwelle überhaupt Wirkung erzeugen sollte. Trotzdem ist der restriktiven Auslegung des BGH zumindest im Anwendungsbereich der Art. 9 Abs. 1 lit. a) und b) GMV zuzustimmen. Der Gemeinschaftsgesetzgeber hat die Problematik möglicher Verwendungen von Kennzeichen außerhalb des Anwendungsbereichs der Art. 5 Abs. 1 MRRL erkannt, wie die Regelung des Art. 5 Abs. 5 MRRL verdeutlicht, auch wenn nach der *L'Oréal/Bellure* Entscheidung im Bereich der Doppelidentität nur noch ein geringes Anwendungsfeld für fakultativen Markenschutz nach Art. 5 Abs. 5 MRRL besteht. Durch die positive Nichtregelung in der Gemeinschaftsmarkenverordnung beziehungsweise durch das Fehlen einer vergleichbaren Öffnungsklausel, muss von einer bewussten Entscheidung des Gemeinschaftsgesetzgebers ausgegangen werden, entsprechende Benutzungen auch für nicht sanktionswürdig zu halten. Dies hat in der Rechtsprechung des EuGH Untermauerung gefunden.[841] Entsprechend sind im Bereich der Doppelidentität auch nach der Entscheidung *L'Oréal/Bellure* solche Verwendungen, die nicht „für Waren und Dienstleistun-

840 Vgl. *Sack*, WRP 1998, 1127 (1138).
841 Siehe oben Kapitel 2.I.1.a)(2)(b)(ii)(g).

gen“ vorgenommen werden, wie der etwa rein firmenmäßige Gebrauch einer Gemeinschaftsmarke[842], lauterkeitsrechtlich grundsätzlich nicht sanktionsfähig.

### (d) Keine gedankliche Verknüpfung beim Sonderschutz bekannter Marken

Beim Sonderschutz bekannter Gemeinschaftsmarken muss im Gegensatz zum Markenschutz nach Art. 9 Abs. 1 lit. a) und b) GMV zur Bestimmung des Wirkungscharakters wiederum ein anderer Ansatzpunkt gewählt werden. Die von der Rechtsprechung gezogene Grenze „gedanklicher Verknüpfung“ findet ihre Entsprechung nicht in Art. 5 Abs. 5 MRRL. Gleichwohl besitzt auch in diesen (seltenen) Konstellationen die fehlende Äquivalenz dieser Regelung in der Gemeinschaftsmarkenverordnung mittelbar einen weitreichenden Einfluss. So nennt die fakultative Regelung des Art. 5 Abs. 5 MRRL auch denjenigen Schutzumfang als erweiterte Anwendungsmöglichkeit nationalen Rechts, der für den Sonderschutz bekannter Marken bereits eine Regelung gefunden hat, nämlich Schutz vor Rufausbeutung („Trittbrettfahren“), Rufbeeinträchtigung („Verunglimpfung“) und Beeinträchtigung der Unterscheidungskraft („Verwässerung“). Diese Öffnung soll für nicht bekannte Marken und bekannte Marken zugleich gelten, sofern eine Benutzung vorliegt, die nicht von Art. 5 Abs. 1 und 2 MRRL erfasst wird. Man könnte nunmehr argumentieren, dass der Gemeinschaftsgesetzgeber wiederum Fälle erkannt hat, in denen unterhalb der Schwelle der von Art. 5 Abs. 2 MRRL erfassten Benutzungen der bekannten Marke ein Schutz zuteil werden sollte. Jedoch hat der EuGH in der Entscheidung *Adidas/Fitnessworld* Abstand vom Erfordernis einer markenmäßigen Benutzung für bekannte Marken genommen, und es für den erweiterten Schutz der bekannten Marke ausreichen lassen, ob eine „gedankliche Verknüpfung“ zwischen benutztem Kennzeichen und bekannter Marke hergestellt werden kann.[843] Aus dieser Entscheidung folgt daher, dass Art. 5 Abs. 5 MRRL trotz des Bezuges auf die Regelungen der bekannten Marke in Art. 5 Abs. 2 MRRL nicht vorbehaltlos Anwendung finden und somit Grenzen für den Wirkungsbegriff ziehen kann, da der Begriff der gedanklichen Verknüpfung weiter gefasst ist, als derjenige der markenmäßigen Benutzung.[844] Diese Sichtweise bestätigt sich im Urteil *Celine*, aus dem hervorgeht, dass für den Bekanntheitsschutz nur eine Verwendung für Waren und Dienstleistungen erforderlich ist, nicht jedoch eine Verwendung zur Unterscheidung von Waren und

842 Für diesen Fall könnte sich aus den Verpflichtungen der UGP-Richtlinie, *in concreto* aus der Regelung des Art. 6 Abs. 2 UGP-Richtlinie, eine andere Beurteilung ergeben, vgl. *Henning-Bodewig*, GRURInt 2008, 301 (308). Siehe unten Kapitel 2.II.4.b)(2)(c)(i).

843 Dazu bereits Kapitel 2.I.2.b)(3)(c)(ii).

844 Siehe dazu Kapitel 2.I.1.a)(2)(b)(iii).

Dienstleistungen.[845] Im Gegensatz zur Benutzung nicht bekannter Marken außerhalb des Art. 5 Abs. 1 MRRL vermag Art. 5 Abs. 5 MRRL somit für Nutzungen unterhalb der Schwelle gedanklicher Verknüpfung keine negative Begrenzungswirkung für das Gemeinschaftsmarkenrecht zu bewirken. Somit steht in dieser Konstellation der Anwendung nationalen Lauterkeitsrechts Art. 14 Abs. 1 GMV nicht im Wege.

### c) Zwischenergebnis

Der den Autonomiegrundsatz der Gemeinschaftsmarkenverordnung verkörpernde Art. 14 Abs. 1 GMV bewirkt nach hiesigem Verständnis eine weitgehende Ausschlusswirkung gegenüber der Anwendung nationalen Lauterkeitsrechts. Präkludiert ist jedenfalls die Anwendung des UWG bei Benutzungen, die keine Markenfunktionen beeinträchtigen, nicht „für Waren und Dienstleistungen“ erfolgen, sowie bei der Rufbeeinträchtigung nicht bekannter Marken außerhalb des Anwendungsbereichs des Art. 9 Abs. 1 lit. a) GMV. Ob für den von Art. 9 Abs. 1 lit. a) und b) GMV erfassten Regelungsbereich Wertungen der UGP-Richtlinie beziehungsweise der Irreführungsrichtlinie Ausnahmen vom Autonomiegrundsatz des Gemeinschaftsmarkenrechts erfordern, wird noch zu vertiefen sein. Von der Regelung des Art. 14 Abs. 1 GMV jedenfalls nicht gesperrt ist die Anwendung des nationalen Lauterkeitsrecht beim Sonderschutz bekannter Marken, sofern die Voraussetzung der gedanklichen Verknüpfung nicht vorliegt. Liegt im Kollisionsfalle eine gedankliche Verbindung indes vor, bewirkt Art. 14 Abs. 1 GMV die Präklusion nationalen Lauterkeitsrechts. Ein produktunabhängiger Gemeinschaftsmarkenschutz aufgrund § 4 Nr. 9 lit. b) UWG oder § 4 Nr. 7 UWG scheidet folglich dann aus.

## 3. Vorrangwirkung des Markenrechts

Wie gezeigt, ist es legitim, Art. 14 Abs. 1 GMV als „kodifizierte Vorrangthese“ zu begreifen, da er für sekundärrechtlich nicht geprägtes Lauterkeitsrecht, sofern damit der „Wirkungsbereich“ des Gemeinschaftsmarkenrechts betroffen ist, Präklusionswirkung innehat. Dies heißt umgekehrt nicht, dass markenrechtliche Wertungen in der Folge nicht mehr zu berücksichtigen sind. Vielmehr muss im Gemeinschaftsmarkenrecht noch mehr als im nationalen Markenrecht eine grundsätzliche Vorrangwirkung markenrechtlicher Wertungen herrschen. Insbesondere vor dem Hintergrund drohender Rechtszersplitterung durch Gewährleis-

845 Siehe Kapitel 2.I.1.a)(2)(b)(ii)(g).

tung von Markenschutz auf der Grundlage nationalen Lauterkeitsrechts ist auch außerhalb des Schutzbereichs des Art. 9 GMV eine intensive Prüfung vorzunehmen, ob das Gemeinschaftsmarkenrecht Anwendungsfelder präkludiert. Die Problematik markenrechtlicher Vorrangwirkung konzentriert sich in der nationalen Diskussion zum einen auf das Verhältnis zum lauterkeitsrechtlich gewährleisteten Irreführungsschutz[846], zum anderen auf das Verhältnis zum – durch Marken vermittelten beziehungsweise originär markenschützenden – wettbewerbsrechtlichen Nachahmungsschutz[847]. Diese Konstellationen werden anlässlich der möglichen Berücksichtigung sekundärrechtlicher Wertungen durch die UGP-Richtlinie noch gesondert behandelt.[848]

Darüber hinaus gibt es jedoch Konstellationen, in denen unter Berücksichtigung größtmöglicher Autonomie und Einheitlichkeit im Gemeinschaftsmarkenrecht auch außerhalb des Wirkungsbereichs nationales Recht womöglich nicht zur Anwendung kommen mag. Dabei sind insbesondere zwei Fragestellungen zu diskutieren: Zum einen, ob das Gemeinschaftsmarkenrecht einen ergänzenden materiellen Schutz bei kennzeichenrechtlich (noch) nicht oder nicht mehr geschützten Besitzständen zulässt. Dies betrifft in erstgenannter Konstellation Fälle eines möglichen materiellen Anwartschaftsschutzes von Gemeinschaftsmarken[849] sowie die lauterkeitsrechtliche Sanktionierung bösgläubiger Gemeinschaftsmarkenanmeldungen[850]; in den letztgenannten Konstellationen Fälle verlorengegangenen Markenschutzes infolge fehlender Verlängerung oder erfolgter Löschung[851]. Zum anderen ist zu erörtern, ob bei markenrechtlich irrelevantem Verhalten, mangels notwendiger „Benutzung“, lauterkeitsrechtlich eingegriffen werden kann, sofern eine Gemeinschaftsmarke betroffen ist. Dies betrifft insbesondere die Kennzeichenentfernung zu Behinderungszwecken.[852]

### a) Anwartschaftsschutz bei Gemeinschaftsmarken?

Bei der Frage der Anwendung eines möglichen Anwartschaftsschutzes bei Gemeinschaftsmarken muss ein anderer Ansatzpunkt als im nationalen Markenrecht gewählt werden. Im Gegensatz zum deutschen Markenrecht herrscht im Gemeinschaftsmarkenrecht gemäß Art. 6 GMV grundsätzlich ein strenges Eintragungsprinzip, so dass sich insbesondere die im nationalen Recht umstrit-

846 Siehe bereits Kapitel 2.I.2.b)(1)(c).
847 Siehe bereits Kapitel 2.I.2.c).
848 Siehe Kapitel 2.II.4.
849 Siehe sogleich Kapitel 2.II.3.a).
850 Siehe Kapitel 2.II.3.b).
851 Siehe Kapitel 2.II.3.c).
852 Siehe Kapitel 2.II.3.d).

tene Frage sogenannter Verkehrsgeltungsanwartschaften nicht stellt. Aber auch darüber hinaus lässt Art. 6 GMV eine dahingehende gesetzgeberische Intention erkennen, dass materieller Schutz nur einer eingetragenen Gemeinschaftsmarke zukommen soll. Dies belegt auch die Regelung des Art. 9 Abs. 3 S. 1 GMV, wonach Rechte aus der Gemeinschaftsmarke erst nach Veröffentlichung der Eintragung einem Dritten entgegengehalten werden können. Erst ab diesem Zeitpunkt kann materieller Schutz durch die Gemeinschaftsmarkenverordnung in Anspruch genommen werden. Gleichwohl hat der Verordnungsgeber erkannt, dass zwischen Anmeldung und Eintragung ein Schutzbedürfnis des zukünftigen Inhabers besteht, wie Art. 9 Abs. 3 S. 2 GMV belegt. Sofern einer der Kollisionstatbestände des Art. 9 Abs. 1 GMV erfüllt ist, soll sich in dieser Phase der Anspruch des Anmelders auf einen Entschädigungsanspruch beschränken.[853] Materiellen Schutzumfang zu gewährleisten würde das Stufenverhältnis von materiellem Schutz nach Eintragung und dem bloßen Geldersatz nach Veröffentlichung der Anmeldung vor Eintragung konterkarieren und dem strengen Eintragungsprinzip aus Art. 6 GMV in Verbindung mit Art. 9 Abs. 3 S. 1 GMV entgegenwirken. Über die Sonderregelung des Art. 9 Abs. 3 S. 2 GMV hinaus ist ein Anwartschaftsschutz der Gemeinschaftsmarke daher grundsätzlich abzulehnen.

### b) Sanktionierung bösgläubiger Gemeinschaftsmarkenanmeldungen

Die Problematik einer möglichen Sanktionierung bösgläubiger Gemeinschaftsmarkenanmeldungen durch das Lauterkeitsrecht war Gegenstand des Urteils *Colour of Elégance* des BGH vom 20.1.2005[854], wobei im konkreten Fall die Frage mangels Bösgläubigkeit offen gelassen wurde[855]. Die Vorinstanzen haben dagegen einen wettbewerbsrechtlichen Beseitigungsanspruch auf Rücknahme der Gemeinschaftsmarkenanmeldungen auf die lauterkeitsrechtliche Generalklausel § 1 UWG a.F. gestützt.[856]

Im nationalen Markenrecht wird das Spannungsverhältnis eines dualen Verfahrens, das heißt das lauterkeitsrechtliche Vorgehen gegen bösgläubige Markenanmeldungen neben dem Löschungsverfahren vor dem DPMA gemäß § 8 Abs. 2 Nr. 10 MarkenG in Verbindung mit § 50 Abs. 1 MarkenG, zwar

853 Für das nationale Markenrecht ist ein solcher Entschädigungsanspruch nicht vorgesehen. Siehe dazu näher *Hofmann*, GRURInt 2010, 376.

854 BGH, WRP 2005, 881 – *The Colour of Elégance*.

855 BGH, WRP 2005, 881 (883) – *The Colour of Elégance*. Zum Begriff der Bösgläubigkeit in der Gemeinschaftsmarkenverordnung siehe bereits oben Kapitel 2.I.2.d)(2)(b)(ii).

856 Vgl. OLG Düsseldorf, Urteil vom 18.12.2001, Az: 20 U 58/01 sowie LG Düsseldorf, Urteil vom 15.3.2001, Az: 34 O 141/00.

gesehen[857], von Rechtsprechung und Literatur jedoch mit dem Verweis auf das praktische Bedürfnis eines entsprechenden Schutzes überwiegend begrüßt[858]. Dieses praktische Bedürfnis besteht im Grunde genommen zu einem noch größeren Teil im Gemeinschaftsmarkenrecht, da mangels möglicher Berücksichtigung im Anmeldeverfahren – wie es das nationale Markenrecht in § 8 Abs. 2 Nr. 10 MarkenG vorsieht – die Gefahr ungerechtfertigter Monopolrechte noch eher vorliegt.[859] Die Möglichkeiten, gegen unberechtigte Anmeldungen vorzugehen, beschränken sich auf das Löschungsverfahren auf Antrag beim HABM gemäß Art. 52 Abs. 1 lit. b) GMV, respektive im Rahmen einer Widerklage im Verletzungsverfahren aus der angegriffenen Gemeinschaftsmarke nach Art. 100 Abs. 1 GMV. Einen originären Anspruch auf Rücknahme der Gemeinschaftsmarkenanmeldung im Rahmen eines Verletzungsverfahrens vor den Gemeinschaftsmarkengerichten sieht die Gemeinschaftsmarkenverordnung jedoch nicht vor.

Dieses praktisch unflexible Ergebnis hat zur Folge, dass der Verletzte von sich aus nur im Löschungsverfahren vor dem HABM Rechtsschutz erreichen kann, sofern man einen Schutz durch nationales Lauterkeitsrecht verweigert. Im Übrigen macht die Reduktion auf ein Vorgehen gegen die Anmeldung im Rahmen der Widerklage die Möglichkeit der Geltendmachung der Nichtigkeit vor Gemeinschaftsmarkengerichten letztlich von der Reaktion des Markenanmelders abhängig.

Gleichwohl ist ein Vorgehen aufgrund mitgliedsstaatlichen Rechts auch in Fällen bösgläubiger Gemeinschaftsmarkenanmeldungen aufgrund des Autonomie- und Einheitlichkeitsgrundsatzes und die sie normierenden Regelungen abzulehnen. Der Rechtsschutz gegen bösgläubige Anmeldungen hat sowohl im Löschungsverfahren vor dem HABM wie auch dem Verletzungsverfahren prinzipiell eine Regelung gefunden, wenn auch eine praktisch lückenhafte. Dies ändert jedoch nichts an der Deutlichkeit des vorgesehenen Rechtsschutzes, der keinen Spielraum für Interpretationen lässt und demgemäß nicht als durch die Gemeinschaftsmarkenverordnung „nicht erfasste Frage“ im Sinne des Art. 101 Abs. 2 GMV gelten kann. So normiert Art. 96 Abs. 1 lit. d) GMV, dass die Gemeinschaftsmarkengerichte über Fragen der Rechtsgültigkeit einer Marke entscheiden können, jedoch eben nur in Fällen der Widerklage und nicht über originäre Feststellungsanträge. Auch Art. 52 Abs. 1 lit. b) GMV spricht davon, dass die Nichtigerklärung der bösgläubig angemeldeten Gemeinschaftsmarke im Verletzungsverfahren nur mittels Widerklage erreicht werden kann. Somit vermag der verfahrensrechtlich ordnungsgemäße, jedoch rechtsmissbräuchliche, Erwerb

857 *Sack*, WRP 2004, 1405 (1423).

858 Siehe Kapitel 2.I.2.d)(2)(a).

859 Vgl. zur Berücksichtigung der bösgläubigen Anmeldung beim Eintragungsverfahren nationaler Marken vor dem DPMA, Ekey/Klippel/Bender/*Bues*, § 50 Rn. 7.

einer formalen Rechtsposition zwar allgemein als sanktionswürdig gelten[860], dennoch muss der gemeinschaftsrechtliche Rahmen respektiert werden.[861] Demgemäß bleibt die Bösgläubigkeit einer Gemeinschaftsmarkenanmeldung vorrangig im Löschungsverfahren vor dem HABM geltend zu machen. Ein eigenständiges Verletzungsverfahren gestützt auf § 4 Nr. 10 UWG kann hingegen nicht angestrengt werden.

### c) Fehlende Bestandskraft der Marke

In Konstellationen eines abgelaufenen Markenschutzes lässt sich zur Bestimmung des Konkurrenzverhältnisses bereits der Wortlaut des § 5 Abs. 2 UWG selbst sowie Art. 6 Abs. 2 lit. a) UGP-Richtlinie heranziehen.[862] Danach muss sich die Irreführung aus der Verwechslung „mit der Marke oder einem anderen Kennzeichen des Mitbewerbers" ergeben. Dieser Wortlaut setzt einen grundsätzlich bestehenden Markenschutz voraus, der – parallel zu den Konstellationen eines gemeinschaftsmarkenrechtlichen Anwartschaftsschutzes – nur dann vorliegt, wenn eine Gemeinschaftsmarke noch eingetragen ist. Aus nicht mehr existenten Marken können keine lauterkeitsrechtlichen Ansprüche hergeleitet werden, da es am tatsächlichen Anknüpfungspunkt für eine relevante Irreführungshandlung mangelt.[863]

### d) Konstellationen fehlender Benutzung: Kennzeichenentfernung zu Behinderungszwecken

Die Frage der markenrechtlichen Vorrangwirkung stellt sich auch in Konstellationen, wo es an einem markenrechtlich relevanten Verhalten, also an einem Benutzen fehlt. Hier muss eine Begrenzungsfunktion des Gemeinschaftsmarkenrechts jedoch verneint werden. Unterhalb der Benutzungsschwelle erzeugt die Marke keine Wirkung, da die Kennzeichenentfernung als Gegenteil einer Benutzung weder als „Benutzung" gemäß Art. 9 Abs. 1 GMV noch als „Benutzung"

860 Vgl. etwa Ekey/Klippel/Bender/*Bues*, § 50 Rn. 8 f.

861 Zu dieser restriktiven Interpretation scheint auch der EuGH zu tendieren. Dies lässt die jüngst ergangene Entscheidung *Chocoladefabriken Lindt & Sprüngli AG* erahnen (EuGH Rs. C-529/07, Slg. 2009, I-4893). So betont die Entscheidung in Rn. 34, dass „zur Beantwortung der Vorlagefragen (…) daran zu erinnern" ist, „dass sich aus dem Wortlaut von Art. 51 Abs. 1 Buchst. b der Verordnung Nr. 40/94 ergibt, dass die Bösgläubigkeit einer der absoluten Nichtigkeitsgründe der Gemeinschaftsmarke ist, so dass sie entweder vor dem HABM oder im Rahmen einer anlässlich eines Verletzungsverfahrens erhobenen Widerklage geltend gemacht werden kann".

862 *Bornkamm*, FS Loschelder, 31 (40).

863 So auch im Ergebnis *Bornkamm*, FS Loschelder, 31 (40).

im Sinne des Art. 5 Abs. 5 MRRL zu begreifen ist. Das von der Kennzeichenentfernung ausgehende, nicht bestreitbare Unrecht liegt gerade nicht in einer Benutzung, sondern genau im Gegenteil. Auch im Übrigen wird die Kennzeichenentfernung nicht vom Gemeinschaftsmarkenrecht erfasst, sodass eine aus sonstigen Vorschriften begründete Vorrangwirkung nicht besteht. Eine Sanktionierung auf der Basis nationalen Lauterkeitsrechts oder aufgrund sonstiger zivilrechtlicher Vorschriften ist gemeinschaftsmarkenrechtlich unbedenklich und kann als legitimer Anwendungsfall des Art. 14 Abs. 2 GMV angesehen werden.

### e) Sanktionierung unlauterer Vorfeldhandlungen über § 4 Nr. 9 lit. c) UWG

Ebenfalls weder von Art. 14 Abs. 1 GMV umfasst, noch der Vorrangwirkung des Markenrechts unterlegen, ist die Sanktionierung unredlicher Kenntniserlangung über § 4 Nr. 9 lit. c) UWG. Das lauterkeitsrechtliche Unwerturteil resultiert hier auf einem Verhalten des Verletzers im Vorfeld eigentlicher Benutzungshandlungen und ist deshalb schon tatbestandlich nicht vom Begriff der markenrechtlichen „Benutzung“ umfasst.[864] Eine Sanktionierung ist, wie bei der soeben geschilderten Kennzeichenentfernung zu Behinderungszwecken, neben den Rechten betreffend die Gemeinschaftsmarke aus der Gemeinschaftsmarkenverordnung möglich.

### f) Zwischenergebnis

Auch außerhalb des Art. 14 GMV können markenrechtliche Wertungen die Anwendung lauterkeitsrechtlicher Ansprüche sperren. Ein etwaiger Anwartschaftsschutz besteht außerhalb der engen Grenzen des Art. 9 Abs. 3 S. 2 GMV nicht. Sanktionsmöglichkeiten gegen bösgläubige Gemeinschaftsmarken sind enumerativ in der GMV geregelt, darüber hinaus sind Ansprüche aufgrund nationalen Rechts gesperrt. Einzig das Benutzungserfordernis in Art. 9 Abs. 1 GMV hat keine Begrenzungswirkung, so dass das Fehlen einer relevanten Benutzungshandlung für sich noch keine Sperrwirkung erzeugt. Eine Kennzeichenentfernung kann somit gegebenenfalls als unlautere Behinderung gemäß § 4 Nr. 10 UWG oder als vorsätzliche sittenwidrige Schädigung nach § 826 BGB sanktioniert werden. Auch unlauterere Vorfeldhandlungen zur eigentlichen Benutzung können unter den Voraussetzungen des § 4 Nr. 9 lit. c) UWG untersagt werden beziehungsweise Schadensersatzansprüche auslösen.

---

864 Vgl. Derclaye/*Leistner*, S. 278 f.

## 4. Gemeinschaftsmarkenrecht und (sonstiges) sekundäres Gemeinschaftsrecht

Es bleibt festzuhalten, dass mitgliedsstaatliches Recht zum Schutze der Gemeinschaftsmarke durch die Gemeinschaftsmarkenverordnung weitestgehend präkludiert ist. Nicht geklärt ist jedoch die Frage, inwiefern durch sekundäres Gemeinschaftsrecht harmonisiertes, nationales Recht zur Anwendung kommen kann. Hier gilt, wie bei der Erörterung des Verhältnisses des Gemeinschaftsmarkenrechts zum (rein) nationalen Recht, eine zwingend vorrangige Berücksichtigung sekundärrechtlicher Regelungen. Schließen diese bereits einen zusätzlichen Schutz aufgrund harmonisierten Rechts aus, erübrigt sich die Diskussion einer möglichen Anspruchskonkurrenz. Ist hingegen das geschaffene Schutzinstrumentarium im Grundsatz mit dem restriktiven, autonomen Schutzsystem der Gemeinschaftsmarkenverordnung vereinbar, muss darüber hinaus geklärt werden, ob und inwiefern Wertungen des Gemeinschaftsmarkenrechts einzelne Bereiche harmonisierten Schutzes überlagern können.

### a) Keine Restriktionen durch Art. 14 GMV

Im Verhältnis zu sonstigen sekundärrechtlichen Vorschriften gelten jedenfalls nicht die Restriktionen des Art. 14 GMV. Dies ergibt sich sowohl aus dem Wortlaut wie auch aus dem Sinn und Zweck des Art. 14 GMV. Ausweislich der amtlichen Überschrift zu Art. 14 GMV behandelt dieser die „ergänzende Anwendung des *einzelstaatlichen* Rechts bei Verletzung“, was per se von der Begrifflichkeit auf die Anwendung im Verhältnis zu rein national geprägten Vorschriften hindeutet. Ebenso deutet die Formulierung des Art. 14 Abs. 2 GMV, die eine Öffnungsklausel für die ergänzende Anwendung *innerstaatlicher* Rechtsvorschriften ist, auf eine Erfassung rein nationalen Rechts hin. Aber auch Sinn und Zweck sprechen klar gegen eine Einbeziehung harmonisierten, nationalen Rechts in den Anwendungsbereich des Art. 14 GMV. Das Prinzip der Einheitlichkeit, das der Gemeinschaftsmarkenverordnung zugrunde liegt, wird durch die mögliche Anwendung harmonisierten, nationalen Rechts nicht tangiert, sofern idealerweise sämtliche Mitgliedsstaaten eventuellen Umsetzungsverpflichtungen nachgekommen sind.[865]

865 Diese Sichtweise wird im Übrigen auch in der im Jahre 1976 ergangenen Denkschrift der EG-Kommission über die Schaffung einer EWG-Marke akzentuiert (Dok. SEC (76) 2462, abgedruckt in GRURInt 1976, 481): Die Autonomie der EWG-Marke ist nur dann gewährleistet, wenn sie allein den Vorschriften des Markenrechts der Gemeinschaft unterliegt und *einzelstaatliche* Vorschriften nur dann Anwendung finden, wenn dies ausdrücklich vorgesehen ist. Von einer Verweisung auf das nationale Recht sollte nur dann Gebrauch gemacht werden,

### b) Gemeinschaftsmarkenrecht und harmonisiertes Lauterkeitsrecht

Das Konkurrenzverhältnis von Gemeinschaftsmarkenverordnung und harmonisiertem Lauterkeitsrecht ist grundsätzlich in drei Spannungsfelder zu unterteilen: Dem Verhältnis der Regelungen zur vergleichenden Werbung, zum Irreführungsschutz im B2B-Bereich und zum Irreführungsschutz im B2C-Bereich.

#### (1) *Vergleichende Werbung gemäß Art. 4 Irreführungsrichtlinie 2006/114/EG*

Der Einfluss der Irreführungsrichtlinie und das daraus resultierende Verhältnis zum Recht der vergleichenden Werbung ist, trotz der Entscheidungen des EuGH in den Fällen *O2* und *L'Oréal/Bellure*, zumindest für das Gemeinschaftsmarkenrecht nicht eindeutig geklärt. Wie gezeigt, deutet die Rechtsprechung des EuGH zur Markenrechtsrichtlinie für das nationale Markenrecht auf eine Anspruchskumulierung marken- und lauterkeitsrechtlicher Regelungen hin.[866] Diese Auslegung deckt sich im Ergebnis auch mit der Einschätzung des BGH in der Entscheidung *Imitationswerbung*[867], in der es unter anderem um das Verhältnis markenrechtlicher Ansprüche zu der Regelung des § 6 Abs. 2 Nr. 6 UWG (= Art. 4 lit. g) Irreführungsrichtlinie) ging. Dort wurde ein Vorrang des Markenrechts deshalb abgelehnt, weil die wettbewerbsrechtliche Beurteilung der Verwendung vergleichender Werbung unter anderen Gesichtspunkten gewürdigt wird, als etwa bei der Geltendmachung markenrechtlicher Ansprüche nach § 14 Abs. 2 Nr. 3 MarkenG.[868] Für den konkreten Fall nach § 6 Abs. 2 Nr. 6 UWG wird angeführt, dass das Unlauterkeitsurteil nach § 6 Abs. 2 Nr. 6 UWG anders als § 14 Abs. 2 MarkenG nicht an die Benutzung des Zeichens als solchem anknüpft, sondern an den Vergleich der Produkte, bei dem das beworbene Produkt als eine Imitation oder Nachahmung des mit dem geschützten Zeichen versehenen Artikels dargestellt wird[869], mithin also die vermittelnde Werbebotschaft. Die Regelung des § 6 Abs. 2 Nr. 6 UWG verlangt gerade nicht, dass die Darstellung als Imitation oder Nachahmung gerade durch Bezugnahme oder Nennung des geschützten Zeichens erfolgt.[870] Bereits aufgrund der unterschiedlichen Schutzrichtungen und

wenn dies unumgänglich erscheint. Es sollten daher auch die Rechte aus der EWG-Marke und ihr Schutzumfang entsprechend der ersten Fassung von Art. 14 des Vorentwurfs 1964 gemeinschaftlich geregelt werden (Nr. 63).

866 Siehe oben Kapitel 2.I.1.a)(2)(c)(i)(f).

867 BGH, GRUR 2008, 628 – *Imitationswerbung.*

868 BGH, GRUR 2008, 628 (630) – *Imitationswerbung.* Zu dieser Argumentation vgl. bereits die Entscheidung BGH, GRUR 2005, 163 (165) – *Aluminiumräder.*

869 BGH, GRUR 2008, 628 (630) – *Imitationswerbung.*

870 BGH, GRUR 2008, 628 (630) – *Imitationswerbung.*

Schutzgegenstände ist mit der Rechtsprechung von einer kumulativen Anwendung von Markenschutz und lauterkeitsrechtlichen Sanktionen aufgrund des § 6 Abs. 2 Nr. 6 UWG auszugehen. Bei der Regelung des § 6 Abs. 2 Nr. 6 UWG geht es im Kern nicht um Markenschutz, sondern um die Sanktionierung von Werbebotschaften, die ein Produkt explizit als Imitation bezeichnen beziehungsweise die geeignet sind, betreffenden Verkehrskreisen implizit den Gedanken zu vermitteln, dass es sich bei dem beworbenen Produkt um eine Imitation handelt.[871] Somit kann es im Bereich des § 6 Abs. 2 Nr. 6 UWG zwar zur Überschneidung mit eventuellen markenrechtlichen Ansprüchen kommen, gleichwohl besteht hier kein originäres Konkurrenzverhältnis, so dass sich ein eventueller Vorrang des Markenrechts zumindest nach dem Verständnis des BGH im konkreten Verhältnis zu § 6 Abs. 2 Nr. 6 UWG gar nicht stellt.[872] Objektive Voraussetzung des Unlauterkeitsurteils ist vielmehr nur, dass das imitierte Produkt überhaupt unter einem geschützten Kennzeichen vertrieben wird.[873] Einen wirklich kongruenten Schutz zu den Vorschriften des Markenrechts bieten nur der (selten einschlägige) § 6 Abs. 2 Nr. 3 UWG[874] sowie § 6 Abs. 2 Nr. 4 UWG, wobei sich auch für diese Vorschriften Aussagen aus der Entscheidung *Imitationswerbung* bezüglich der unterschiedlich zu würdigenden Beurteilungsgesichtspunkte im Recht der vergleichenden Werbung und dem Markenrecht fruchtbar machen lassen.

### (a) Erwägungsgründe 14 und 15 der Richtlinie 2006/114/EG

So führt der BGH die Erwägungsgrunde 14 und 15 der Irreführungsrichtlinie als Beleg dafür an, dass dem markenrechtlichen Schutz gegenüber dem harmonisierten Recht der vergleichenden Werbung kein Vorrang zukommen soll.[875] Nach Erwägungsgrund 14 kann es für eine wirksame vergleichende Werbung unerlässlich sein, Waren oder Dienstleistungen eines Mitbewerbers dadurch erkennbar zu machen, dass auf eine ihm gehörende Marke oder auf seinen Handelsnamen

---

871 So nunmehr auch der BGH (WRP 2010, 761 – *Imitation von Parfümen*), der im Anschluss an das Urteil des EuGH in der Rechtssache *L'Oréal/Bellure* von einer weiten Auslegung des § 6 Abs. 2 Nr. 6 UWG ausgeht (siehe dazu sogleich Fn. 872). Zur früher vertretenen Auffassung, wonach nur „offene" Darstellungen der beworbenen Produkte von § 6 Abs. 2 Nr. 6 UWG erfasst werden sollen, vgl. die Nachweise bei *Köhler*/Bornkamm, § 6 Rn. 188.

872 An dieser Bewertung ändert auch die vom EuGH in jüngerer Zeit vertretene Auffassung nichts, dass nicht nur solche Werbebotschaften verboten sind, die den Gedanken an eine Imitation oder Nachahmung ausdrücklich („offen") wecken, sondern auch solche Botschaften, die in ihrem Gesamtkontext im Einzelfall geeignet sind, eine ebensolche Botschaft implizit zu vermitteln (EuGH Rs. C-488/07, Slg. 2009, I-5185 – *L'Oréal/Bellure*, Rn. 76.

873 Vgl. *Köhler*/Bornkamm, § 6 Rn. 184.

874 Siehe dazu bereits Kapitel 2.I.2.b)(2).

875 BGH, GRUR 2008, 628 (630) – *Imitationswerbung.*

Bezug genommen wird. Sodann wird in Erwägungsgrund 15 festgestellt, dass eine Markenbenutzung in vergleichender Werbung nicht das Ausschließlichkeitsrecht Dritter verletzt, wenn die Verwendung unter Beachtung der in der Richtlinie aufgestellten Bedingungen erfolgt. Der europäische Gesetzgeber geht daher selbst von einer Außerachtlassung markenrechtlicher Ausschließlichkeitsrechte bei zulässiger vergleichender Werbung aus.

### (b) Keine andere Bewertung bei Gemeinschaftsmarken

Trotz des Bezuges in Erwägungsgrund 13 der Irreführungsrichtlinie nur auf das aus Art. 5 MRRL resultierende Ausschließlichkeitsrecht nationaler Markeninhaber kann für das Gemeinschaftsmarkenrecht keine andere Bewertung gelten. Dass sich die Erwägungsgründe 14 und 15 der Irreführungsrichtlinie nicht nur auf nationale Marken beziehen, wird bereits aus der Nennung von Handelsnamen oder sonstigen Unterscheidungskennzeichen deutlich, die gerade nicht zum durch die Markenrechtsrichtlinie harmonisierten Markenrecht gehören. Insofern muss auch die Gemeinschaftsmarke als „Marke“ im Sinne der Erwägungsgründe 14 und 15 der Irreführungsrichtlinie angesehen werden. Überdies stünde ein möglicher Vorrang des Gemeinschaftsmarkenrechts dem Bestreben des europäischen Gesetzgebers entgegen, die vergleichende Werbung als grundsätzlich zulässiges Mittel zur Unterrichtung der Verbraucher zu etablieren, beziehungsweise unzulässige vergleichende Werbung lauterkeitsrechtlich zu sanktionieren. Praktische Auswirkungen wird diese Fragestellung des möglichen Vorrangs wohl nur in Fällen des § 6 Abs. 2 Nr. 3 UWG haben, da hier neben dem (Gemeinschafts-) Markeninhaber als aktivlegitimiertem Mitbewerber auch die in § 8 Abs. 3 UWG Genannten zur Geltendmachung der aufgrund dieser Vorschrift unzulässigen vergleichenden Werbung berechtigt sind.[876] Würde hier die Gemeinschaftsmarkenverordnung aufgrund eines Vorrangs lauterkeitsrechtliche Ansprüche verdrängen, wären sonstige Mitbewerber beziehungsweise aktivlegitimierte Verbände von der Geltendmachung eventueller Ansprüche aufgrund unzulässiger vergleichender Werbung ausgeschlossen.

### (c) Zwischenergebnis

Im Ergebnis ist daher von einer zulässigen Kumulierung lauterkeitsrechtlicher und gemeinschaftsmarkenrechtlicher Ansprüche in Fällen unzulässiger verglei-

876 Vgl. Piper/*Ohly*/Sosnitza, § 6 Rn. 73. Zur Aktivlegitimation in den Fällen des § 6 Abs. 2 Nr. 4 UWG siehe bereits Fn. 724.

chender Werbung auszugehen, was nach der Entscheidung *L'Oréal/Bellure* nicht nur bei einem Unlauterkeitsurteil nach § 6 Abs. 2 Nr. 3 UWG der Fall sein wird.

Handelt es sich hingegen um eine Verwendung in zulässiger vergleichender Werbung, müssen auch Ansprüche hinsichtlich einer Gemeinschaftsmarke aus der Gemeinschaftsmarkenverordnung ausscheiden. Dies birgt angesichts der Anerkennung und selbstständigen Geltendmachung der Beeinträchtigung anderer Markenfunktionen neben der Herkunftsfunktion im Bereich der Doppelidentität dogmatische Unsauberkeiten. So vermag gerade auch zulässige vergleichende Werbung etwa die Werbefunktion beziehungsweise das Image einer Marke nachhaltig zu beeinträchtigen, sodass im Identitätsbereich eine Funktionsbeeinträchtigung grundsätzlich vorliegt. Hier ist jedoch ausnahmsweise von einer sekundärrechtlich gestatteten Funktionsbeeinträchtigung auszugehen, die im Sinne einer Schrankenregelung nach dem Vorbild der Art. 6 MRRL beziehungsweise Art. 12 GMV die Verwendung geschützter Kennzeichen erlaubt.[877]

### *(2) Schutz vor Irreführung durch die Irreführungsrichtlinie und die UGP-Richtlinie*

Wie gezeigt, regelt die UGP-Richtlinie umfassend die Irreführung gegenüber Verbrauchern und verdrängt für das Verhältnis B2C die Regelungen bezüglich irreführender Werbung in Art. 3 der Irreführungsrichtlinie.[878] Soweit die Irreführungsrichtlinie den Schutz vor Irreführung und nicht die Anforderungen an zulässige vergleichende Werbung zum Gegenstand hat, beschränkt sich ihr Anwendungsfeld auf den Schutz Gewerbetreibender vor Irreführung (vergleiche Art. 1 der Irreführungsrichtlinie).[879] Dies spiegelt eine Abkehr des europäischen Gesetzgebers von dem Konzept eines einheitlichen Lauterkeitsrechts wieder, wie es für das deutsche Recht typisch ist. So dient das UWG in seiner bisherigen Form gleichermaßen dem Schutz der Verbraucher wie auch dem Schutz der Gewerbetreiben, wobei Letztgenannte typischerweise sowohl als Marktgegenseite wie auch als Mitbewerber zu agieren vermögen.[880]

---

877 Im Ergebnis ebenfalls *Henn,* der jedoch eine Lösung über die Schrankenregelung des § 23 Nr. 2 MarkenG (= Art. 12 lit. b) GMV) vorzieht (S. 99 ff.).

878 Köhler/*Bornkamm*, § 5 Rn. 1.13.

879 *Henning-Bodewig*, GRURInt 2010, 549 (555 f.).

880 So richtigerweise Köhler/*Bornkamm*, § 5 Rn. 1.22a. Siehe auch *Hoeren* (WRP 2009, 789 [793]), der betont das der B2B und B2C Schutz als Folge der UGP-Richtlinie „stark separierte Teilbereiche des Lauterkeitsrechts" darstellen. Anders *Bärenfänger* (WRP 2011, 16 [25]), der die fehlende Geltung der UGP-Richtlinie im B2B Bereich als unschädlich im Hinblick auf die konkurrierende Anwendung des § 5 Abs. 2 UWG neben kennzeichenrechtlichen Ansprüchen ansieht, da Erwägungsgrund 8 der UGP-Richtlinie auch den Schutz von Mitbewerbern vorsehe. Dabei wird jedoch verkannt, dass dieser mittelbare Schutz nurmehr über die Ausweitung

### (a) Grundkonflikt

Bevor eine nähere Erörterung des Verhältnisses des sowohl im B2B als auch im B2C Bereich sekundärrechtlich geprägten Schutzes vor Irreführung zum Gemeinschaftsmarkenrecht erfolgen soll, wird noch einmal auf den grundsätzlich schwelenden Konflikt zwischen Irreführungsschutz und markenrechtlichem Schutz hingewiesen.[881] Zum einen liegt es prinzipiell im Interesse des Inhabers der Gemeinschaftsmarke, dass nur er oder – sofern der Inhaber zustimmt – eventuelle Lizenznehmer gegen eine Markenverletzung vorgehen.[882] Zum anderen besteht jedoch auch ein legitimes Interesse insbesondere der Verbraucher, aber auch sonstiger Gewerbetreibender, nicht Opfer irreführender geschäftlicher Handlungen zu werden. Wiederum ist die Lösung des Konflikts zuvorderst in den Regelungen des sekundären Gemeinschaftsrechts zu suchen, wobei hier die Wertungen insbesondere auch des europäischen Primärrechts nicht außer acht gelassen werden dürfen.

### (b) Keine ausdrückliche Lösung des Konkurrenzverhältnisses im Sekundärrecht

Weder die Gemeinschaftsmarkenverordnung, noch die Irreführungsrichtlinie oder die UGP-Richtlinie äußern sich ausdrücklich zum Verhältnis von (Gemeinschafts-) Markenrecht und Irreführungsschutz. Einzig Erwägungsgrund 9 der UGP-Richtlinie enthält eine „Unberührt"-Klausel: Demnach berührt die UGP-Richtlinie „nicht die gemeinschaftlichen und nationalen Vorschriften in den Bereichen (...), Schutz des Geistigen Eigentums, (...)", wozu der europäische Gesetzgeber auch die gewerblichen Schutzrechte, also die Gemeinschaftsmarke zählt.[883] Wie gezeigt, trifft die Gemeinschaftsmarkenverordnung für die Anwendung des harmonisierten nationalen Rechts keine Regelungen, insbesondere entfaltet Art. 14 GMV in diesen Konstellationen keine Wirkung.

Somit besteht für den Schutz vor Irreführung per se keine strikte Präklusion der Anwendung durch das Gemeinschaftsmarkenrecht. Wie im nationalen Recht verlagert sich die Diskussion somit in den Bereich der Interessenabwägung, in dem das Interesse des Markeninhabers an der alleinigen Geltendmachung seines

---

der Aktivlegitimation besteht, originärer Anwendungsbereich der UGP-Richtlinie jedoch B2C bleibt.

881 Siehe bereits Kapitel 2.I.2.b)(1)(c).

882 Zur Aktivlegitimation von Lizenznehmern im Gemeinschaftsmarkenrecht vgl. etwa *Eisenführ/Schennen*, Art. 9 Rn. 17 sowie Art. 22 Rn. 23 ff.

883 Vgl. Art. 1 der Richtlinie 2004/48/EG des Europäischen Parlaments und des Rates vom 29.4.2004 zur Durchsetzung der Rechte des Geistigen Eigentums, ABl. L 157, S. 45–86.

Ausschließlichkeitsrechts dem weitreichenden Irreführungsschutz der Verbraucher sowie sonstiger Gewerbetreibender gegenübersteht. Dies schließt jedoch natürlich nicht aus, gemeinschaftsrechtliche Wertungen zu berücksichtigen und auch Ausnahmen vom Irreführungsschutz zuzulassen.[884]

### (c) Denkbare Lösungen zur Bestimmung des Konkurrenzverhältnisses

Für die Bestimmung des Konkurrenzverhältnisses zwischen Gemeinschaftsmarkenrecht und Irreführungsschutz bieten sich aufgrund der sekundärrechtlichen Natur beider Regelungsregime mannigfaltige Auslegungsmöglichkeiten an. Zum einen vermag man angesichts der Wertungen der UGP-Richtlinie und insbesondere der Normierung eines ausdrücklichen Schutzes vor irreführender Produktvermarktung in Art. 6 Abs. 2 lit. a) UGP-Richtlinie darauf zu schließen, dass der Gemeinschaftsgesetzgeber den Schutz vor Irreführung als vorrangig im Vergleich zu dem ausschließlich vom Markeninhaber beziehungsweise von Lizenznehmern geltend zu machenden Markenrechten ansieht. Andererseits bleiben laut Erwägungsgrund 9 UGP-Richtlinie „Rechte und Vorschriften zum Schutze des geistigen Eigentums“ unberührt. Konsequenterweise sind somit auch Interessen des Markeninhabers zu berücksichtigen, die möglicherweise dann ausgehöhlt würden, ließe man einen Irreführungsschutz mit seiner erweiterten Aktivlegitimation vorbehaltlos zu.[885]

Aber auch eine weitgehende Präklusion außermarkenrechtlicher Regelungen, wie gemäß Art. 14 Abs. 1 GMV für den originär ergänzenden nationalen Lauterkeitsrechtsschutz angeordnet[886], kann nicht die gewünschte Lösung des Spannungsverhältnisses bewirken. Dies würde insbesondere dem intendierten Schutz der Verbraucher zuwiderlaufen, wie ihn die Regelungen der UGP-Richtlinie vorsehen. Ob somit an der tradierten Lösung des BGH, nach dem ein kennzeichenrechtlicher Schutz den Irreführungsschutz grundsätzlich verdrängt[887], festgehalten werden kann, erscheint für das nationale Markenrecht wie für das Gemeinschaftsmarkenrecht nicht mehr gangbar[888]. Wünschenswerter ist deshalb

---

884 Mittelbar könnte etwa für die Zulässigkeit des Irreführungsschutzes im B2B-Verhältnis Art. 8 Abs. 1 der Irreführungsrichtlinie sprechen, der einen fakultativ weitergehenden Schutz der Mitgliedstaaten zulässt, als ihn die Irreführungsrichtlinie normiert. Siehe dazu Kapitel 2.II.4.b)(2)(c)(ii).

885 Zu den möglichen Konflikten siehe Kapitel 2.II.4.b)(2)(c)(i)(b).

886 Siehe Kapitel 2.II.2.b).

887 Vgl. BGH, GRUR 2002, 622 (623) – *shell.de*. Zum Irreführungsschutz bei qualifizierten Herkunftsangaben siehe Kapitel 2.I.2.b)(1)(c)(i).

888 So jedoch jüngst das OLG Köln, das am Vorrang des Markenrechts gegenüber dem Irreführungsschutz trotz der Regelung des § 5 Abs. 2 UWG festhält, ohne dies auch nur ansatzweise wirklich plausibel zu begründen. Vielmehr wurde schlicht behauptet, dass nach „Auffassung

eine vermittelnde Lösung, die unter Berücksichtigung der Wertungen des Markenrechts einerseits und des sonstigen Sekundärrechts andererseits eine dahingehende Lösung zieht, die möglichst nicht die „Kernbereiche" der jeweils anderen Regelungsregime berührt. Dabei muss nicht zwingend ein einheitlicher Maßstab im Verhältnis B2C beziehungsweise B2B gelten. Vielmehr hat der europäische Gesetzgeber differenziert und will dem Verbraucher einen weitergehenden Schutz vor irreführenden geschäftlichen Handlungen zukommen lassen, der im Verhältnis zu geschäftserfahrenen Gewerbetreibenden auch zweifelsfrei angemessen ist.[889] So lässt etwa der neu geschaffene, auf Art. 6 Abs. 2 lit. a) UGP-Richtlinie basierende Schutz vor irreführender Produktvermarktung in § 5 Abs. 2 UWG, der ausschließlich im Verhältnis zu Verbrauchern gilt, eine deutliche Akzentuierung des Gesetzgebers zugunsten eines starken Verbraucherschutzes erkennen. Zwar sind die von § 5 Abs. 2 UWG erfassten Fälle einer Irreführung durch Verwendung von Kennzeichen nach richtiger Ansicht über § 5 Abs. 1 S. 2 Nr. 1 UWG als Irreführung über die betriebliche Herkunft erfasst, da der Verkehr Marken als Angaben über die betriebliche Herkunft ansieht.[890] Dennoch bedeutet die gesonderte Normierung der irreführenden Produktvermarktung durch Kennzeichen zumindest eine deutliche Hervorhebung des Irreführungsschutzes gegenüber Verbrauchern[891], die gegenüber sonstigen Gewerbetreibenden nicht besteht.

---

des Senats (…) viel dafür spricht, die Vorschriften des Markenrechts in ihrem Anwendungsbereich (…) auch weiterhin als abschließende Spezialregelung anzusehen" (OLG Köln, LMuR 2009, 120 (123) – *Amarula)*.

889 Anders *Bärenfänger*, WRP 2011, 17 (19).

890 Eigenständige Relevanz beinhaltet § 5 Abs. 2 UWG insbesondere für diejenigen Fälle, in denen Waren aufgrund ihrer Produktform und deren Präsentation in der Werbung geeignet sind, Verwechslungsgefahr mit den Produkten anderer Mitbewerber hervorzurufen.

891 In den ersten Stellungnahmen zur Umsetzung des die irreführende Produktvermarktung regelnden Art. 6 Abs. 2 lit. a) UGP-Richtlinie wurde die Notwendigkeit einer gesonderten Umsetzung unter Verweis auf das bis dato bestehende Schutzinstrumentarium des § 5 Abs. 2 Nr. 1 UWG 2004 sowie des § 4 Nr. 9 UWG in der Literatur teilweise verneint (vgl. nur *Glöckner/Henning-Bodewig*, WRP 2005, 1311 (1331); in diese Richtung auch *Köhler*, GRUR 2007, 548 (551), der eine integrierte Umsetzung innerhalb des Tatbestands des wettbewerbsrechtlichen Leistungsschutzes nach § 4 Nr. 9 lit. a) UWG 2004 als einer Fallkonstellation der vermeidbaren Abnehmertäuschung über die betriebliche Herkunft vorschlug (vgl. auch *Köhler*, NJW 2008, 3032 (3036); dieser Ansicht jüngst noch folgend *Heep*, S. 118 ff.; zustimmend auch *Henning-Bodewig*, GRURInt 2007, 986 (988); anders jedoch *Seichter*, WRP 2005, 1087 (1092), der aus Klarstellungsgründen eine gesonderte Regelung der irreführenden Produktvermarktung verlangte; im Ergebnis ebenso *Thress*, Rn. 345 f.). Auch im ursprünglichen Referentenentwurf zur Umsetzung der UGP-Richtlinie vom 27.7.2007 war eine gesonderte Normierung der irreführenden Produktvermarktung nicht vorgesehen (Referentenentwurf, Erstes Gesetz zur Änderung des Gesetzes gegen den unlauteren Wettbewerb, S. 29 ff.). Nicht zuletzt die Kritik im Schrifttum, die das Fehlen des verbraucherschützenden Lauterkeitstatbestands der irreführenden Produktvermarktung als „Bagatellisierung" bezeichneten

### (i) Schutz gegenüber Verbrauchern

#### *(a) Grundsatz – Nebeneinander von Irreführungsschutz und Kennzeichenschutz*

Diese Hervorhebung des Verbraucherschutzes macht es unumgänglich, sich von der Vorrangwirkung markenrechtlicher Regelung sowohl auf nationaler Ebene, als auch auf Ebene des Gemeinschaftsmarkenrechts zumindest beim Irreführungsschutz im B2C-Verhältnis weitgehend zu verabschieden. Zwar hat der nationale Gesetzgeber bei der Umsetzung der UGP-Richtlinie in der UWG Novelle 2008 die Bestimmung des Verhältnisses von Kennzeichenrecht und nationalem Recht der Rechtsprechung überlassen wollen.[892] Dies kann jedoch nicht als Indiz gegen eine Abkehr vom Prinzip der Vorrangwirkung gewertet werden.[893] Vielmehr bestätigt die Gesetzesbegründung zur UWG Novelle 2008, dass Art. 6 Abs. 2 lit. a) UGP-Richtlinie einen Vorrang des Markenrechts gerade nicht vorsieht. Der Verweis auf eine zukünftige Bestimmung des Konkurrenzverhältnisses durch die Rechtsprechung muss somit dahingehend ausgelegt werden, dass zumindest bei der Irreführung von Verbrauchern ein Vorrang des Kennzeichenrechts wie bisher nicht mehr vertreten werden kann. Vorzugswürdig jedenfalls für die Irreführung im B2C-Bereich erscheint die ursprünglich insbesondere von *Fezer* vertretene Ansicht einer kumulativen Normenkonkurrenz, in der die Kennzeichenrechte für die sodann zuzulassende Anwendung außermarkenrechtlicher Vorschriften eine tatbestandliche Begrenzungsfunktion innehaben, die nicht die Anwendbarkeit außermarkenrechtlicher Regelungsregime bestimmt, sondern ihren Anwendungsbereich.[894] Diese tatbestandliche Begrenzungsfunktion kann im Lauterkeitsrecht dann in der Form berücksichtigt werden, dass die Eigenschaft als ausschließliches Immaterialgüterrecht bei der Konkretisierung der Lauterkeit und allgemein bei der zur Feststellung der Rechtswidrigkeit notwendigen Güter- und Interessenabwägung zu berücksichtigen ist.[895]

---

(etwa *Fezer*, MarkenR 2006, 511), sowie die der Europäischen Kommission veranlassten den nationalen Gesetzgeber in der Folge zu der ausdrücklichen Umsetzung des Art. 6 Abs. 2 lit. a) UGP-Richtlinie in § 5 Abs. 2 UWG 2008. Siehe ausführlich zur Entwicklung des § 5 Abs. 2 UWG etwa *Fezer*, GRUR 2009, 451 (452 f.).

892 BT-Drs. 16/10145, S. 37.

893 In diese Richtung jedoch OLG Köln, LMuR 2009, 120 (123) – *Amarula*.

894 *Fezer*, § 2 Rn. 33 ff.; *ders.*, GRUR 2010, 953 (957).

895 *Fezer*, § 2 Rn. 35 ff.

### *(b) Sachliche Grenzen des Irreführungsschutzes – Kernbereich des Markenschutzes*

Eine grundsätzliche Parallelität der Ansprüche nach § 5 Abs. 1 und 2 UWG muss jedoch berücksichtigen, dass das Markenrecht als Ausschließlichkeitsrecht nicht ausgehöhlt werden darf. Insbesondere darf die Eigenschaft der Marke als Vermögensgut nicht dadurch beeinträchtigt werden, dass vorgesehene Instrumentarien, wie insbesondere die Möglichkeit der Lizenzerteilung, zukünftig nicht mehr in vollem Umfang Geltung beanspruchen können. Auch darf die Marke nicht zu einer „Geißel" des Markeninhabers werden, indem dieser etwa zukünftig gehalten sein wird, unter einer Marke immer nur Waren gleicher Art und Güte zu vertreiben. Ein paralleler Irreführungsschutz muss also berücksichtigen, dass bei bestimmten Verletzungshandlungen, die eigentlich die Tatbestände der § 5 Abs. 1 und 2 UWG erfüllen, die zugleich aber auch Konstellationen betreffen, welche den Wesensgehalt einer Marke als eines selbstständigen, verfassungsrechtlich geschützten Vermögensgutes kennzeichnen und ausmachen[896], die genannten Vorschriften des UWG vom Gemeinschaftsmarkenrecht überlagert werden.

#### (i) Irreführung bei Herstellung und Vertrieb durch Lizenznehmer

Erster möglicher Anwendungsfall einer solchen Überlagerung von Kennzeichen- und Irreführungsschutze liegt in denjenigen Fällen vor, in denen ein Lizenznehmer Produkte des eigentlichen Markeninhabers herstellt und vertreibt oder

896 Das aus der Gemeinschaftsmarke resultierende Ausschließlichkeitsrecht unterfällt ebenso wie das nationale Markenrecht der Eigentumsgarantie des Art. 14 Abs. 1 GG, siehe *Spuhler*, Das System des internationalen und supranationalen Schutzes von Marken und geographischen Herkunftsangaben, 2000, S. 10. Diese Eigentumsgarantie ist, wie *Bärenfänger* (WRP 2011, 17 [22]) zu Recht anmerkt, nicht schrankenlos gewährleistet, sondern durch die Schrankenregelung des Art. 14 Abs. 1 S. 2 GG sowie durch die Sozialfunktion des Eigentums gemäß Art. 14 Abs. 2 GG beschränkt. Gleichwohl bleibt es ein dem Inhaber alleinig zugewiesenes Schutzrecht (so zu Recht *Bornkamm*, Geistiges Eigentum und Gemeinfreiheit, 2008, 181 [187]), das nurmehr Einschränkungen unterliegen kann. Richtigerweise ist somit davon auszugehen, dass das Verfassungsrecht einer das Ausschließlichkeitsrecht des Markeninhabers beschränkenden Regelung – wie sie in der Erweiterung der Aktivlegitimation durch die UGP-Richtlinie gesehen werden kann – nicht entgegensteht. Als Argument für eine parallele Anwendbarkeit des lauterkeitsrechtlichen Regelungsregimes taugt die verfassungsrechtlich erlaubte Einschränkbarkeit indes nicht. Vielmehr bildet das Verfassungsrecht nurmehr einen äußeren Rahmen, innerhalb dessen eine Abwägung zwischen Interessen des Markeninhabers an der ausschließlichen Geltendmachung seiner Rechte einerseits und der Anerkennung lauterkeitsrechtlicher Ansprüche in Bezug auf ein Kennzeichen durch Dritte anderseits zu treffen ist.

allgemein Lizenzverbindungen bestehen.[897] Im Allgemeinen erwartet der Verbraucher bei einer Marke stets die Herkunft aus demselben Betrieb.[898] Es könnte daher bei Herstellung und Vertrieb der mit der Marke gekennzeichneten Waren durch Lizenznehmer tatbestandlich eine Irreführung angenommen werden, insbesondere wenn die Tatsache von Herstellung und Vertrieb durch Lizenznehmer (noch) nicht in das Bewusstsein des maßgeblichen Verkehrs eingedrungen ist.[899] Eine solch weitgehende Auslegung gefährdet jedoch die bereits unter Geltung des Warenzeichengesetzes anerkannte Möglichkeit der Lizenzerteilung[900], die mit Inkrafttreten der Gemeinschaftsmarkenverordnung beziehungsweise des Markengesetzes und der Schaffung dinglicher Lizenzen sowie der Möglichkeit selbstständiger Übertragung von Marken zu den Grundfesten des neuen Markenrechts gezählt werden muss. Das Prinzip der Markenlizenzierung würde in Gänze in Zweifel gestellt, würde man in diesen Konstellationen einen lauterkeitsrechtlichen Irreführungsschutz gewähren. Gerade großen Unternehmen, die womöglich hohe Investitionen zur Etablierung einer Marke getätigt haben, wären gezwungen, die Früchte ihrer Investitionen zwingend selbst zu ernten, ohne die Möglichkeit einer Lizenzerteilung erwägen zu können. Auch nach Umsetzung der UGP-Richtlinie kann daher nicht angenommen werden, dass eine markenrechtlich zulässige Lizenzerteilung in jedem Fall eine unlautere Irreführung über die betriebliche Herkunft begründen kann. Dieses Ergebnis war bereits unter Geltung des Warenzeichengesetzes im Grundsatz mit der Begründung anerkannt, dass der Verkehr nicht darauf vertrauen könne, dass das mit einer Marke versehene Produkt stets aus demselben Betrieb stamme[901], wurde jedoch durch die „Lehre von den qualifizierten Herkunftsangaben" im Ausnahmefall überlagert.[902] Auch angesichts bestehender Abgrenzungsprobleme von der einfachen zur qualifizierten Herkunftsangabe ist eine vergleichbare Kompromisslösung für das Gemeinschaftsmarkenrecht nicht wünschenswert.[903] Vielmehr sollte der Möglichkeit der Lizenzerteilung umfassend Rechnung getragen werden und

897 So schon *Bornkamm*, FS Mühlendahl, 9 (19).

898 Köhler/*Bornkamm*, § 5 Rn. 1.80.

899 Zur notwendigen Irreführungsquote vgl. etwa *Lettl*, § 5 Rn. 49 .

900 Siehe nächste Fußnote.

901 Dieses Ergebnis ist die logische Konsequenz der (auch) unter Geltung des Warenzeichengesetzes anerkannten Möglichkeit einer Warenzeichenlizenz, die (mangels ausdrücklicher Regelung) als schuldrechtliche Einwilligung in die Benutzung eines Zeichens konstruiert wurde, vgl. *Bornkamm*, FS Mühlendahl, 9 (11). Zur Warenzeichenlizenz siehe Baumbach/*Hefermehl*, Warenzeichenrecht, Anhang zu § 8 WZG Rn. 2.

902 Siehe bereits Kapitel 2.I.2.b)(1)(c). Dazu kritisch *Bornkamm*, FS Mühlendahl, 9 (14 ff.).

903 Anders *Steinbeck* (WRP 2006, 632 [637 f.]), die das Vorliegen einer Verwechslungsgefahr im Lauterkeitsrecht von besonderen Gütevorstellungen abhängig machen will.

die Verwendung der Marke durch Lizenznehmer nicht als irreführend untersagt werden dürfen.[904]

Wertungsmäßig nicht gleichzusetzen mit der markenrechtlichen Lizenzierung ist dagegen die Verwirkungseinrede des Verletzers auf Grundlage des Art. 54 GMV. Dem Verletzer, also dem Inhaber einer prioritätsjüngeren Gemeinschaftsmarke oder nationalen Marke[905], wird weder ein subjektives Recht wie im Falle der Lizenzierung zugestanden[906], noch wird durch die Duldung eine gegenüber dem Verkehr schützenswerte Position erlangt. Dies ergibt sich bereits aus Art. 54 Abs. 1, 3 GMV, wonach der Verwirkungseinwand nurmehr eine Wirkung *inter partes* erzeugen soll. Hier kann eine Vorrangwirkung des Gemeinschaftsmarkenrechts per se nur insoweit greifen, als dem Gemeinschaftsmarkeninhaber die Berufung auf das Lauterkeitsrecht in Fällen, in denen eine Verwirkung im Sinne des Art. 54 GMV in Betracht kommt, versagt wird. Eine solche Vorrangwirkung in Bezug auf den Gemeinschaftsmarkeninhaber ist nach hiesiger Ansicht zu bejahen, da der Verwirkungseinwand ein Grundprinzip des Markenrechts verkörpert, welches durch die zwingende Vorschrift des Art. 9 Abs. 1 MRRL auch in sämtliche nationalen Markenrechtsordnungen Eingang gefunden hat. Dogmatisch könnte der Verwirkungseinwand im Gemeinschaftsmarkenrecht über das auch im Lauterkeitsrecht anerkannte Institut der Verwirkung Berücksichtigung finden.[907] Gegenüber dem Gemeinschaftsmarkeninhaber wären unter den Voraussetzungen des Art. 54 Abs. 1 GMV sowohl der notwendige Vertrauenstatbestand wie auch der schutzwürdige Besitzstand zu bejahen. Sonstigen Mitbewerbern und aktivlegitimierten Verbänden bleibt, sofern dass Lauterkeitsrecht wie in den Fällen des § 5 Abs. 2 UWG dies vorausgesetzt, eine Inanspruchnahme des Verletzers unbenommen.[908]

### (ii) Pflicht zur Qualitätserhaltung

Ebenso problematisch ist die Anerkennung einer irreführenden Handlung, wenn der Markeninhaber freiwillig oder unfreiwillig den Qualitätsstandard der von ihm unter einer Marke vertriebenen Produkte heruntersetzt. Auch hier könnte die

---

904 Ebenso *Bornkamm*, FS Mühlendahl, 9 (19); Derclaye/*Leistner*, S. 278; *Thress*, Rn. 263 ff. Anders jedoch *Fezer*, GRUR 2009, 451 (457); *Schmidt*, GRUR-Prax 2011, 159; zu Anhang I Nr. 13 UGP-Richtlinie (= § 3 Abs. 3 UWG i.V.m. Anhang I Nr. 13 UWG) *Büllesbach*, S. 97 f.

905 Der Verwirkungseinwand richtet sich in diesen Fällen nach nationalem Recht, vgl. in Deutschland §§ 125b Nr. 3, 21 Abs. 1 MarkenG.

906 Vgl. zum nationalen Markenrecht *Fezer*, § 21 Rn. 19.

907 Zum Verwirkungseinwand vgl. Harte/Henning/*Bergmann*/*Goldmann*, Vor § 8, Rn. 37 ff.

908 So *Bornkamm*, FS Loschelder, 30 (42), ohne zwischen Gemeinschaftsmarkeninhaber und sonstigen Berechtigten zu differenzieren.

fortlaufende Verwendung einer Marke vom Verbraucher als irreführende Angabe über die Beschaffenheit eines Produkts gemäß § 5 Abs. 1 S. 2 Nr. 1 UWG aufzufassen sein. Jedoch muss auch in diesen Fällen das Gemeinschaftsmarkenrecht dem Irreführungsschutz grundsätzlich vorgehen. Zwar ist es anerkanntermaßen eine Funktion der Marke, dem Verkehr zu signalisieren, dass er unter derselben Marke stets Waren oder Dienstleistungen gleichbleibender Qualität erwarten könne.[909] Dennoch kann diese Marke letztlich nicht als „Geißel" des Markeninhabers fungieren, indem sie ihn dazu zwingt, seinem Produkt stets die qualitativen Eigenschaften zu verleihen, an die sich der Verkehr gewöhnt hat und mit der Marke verbindet.[910] In diesen Fällen muss es dem Markeninhaber vorbehalten bleiben, Qualitätsstandards zu heben oder zu senken.[911]

#### (iii) Zwischenergebnis – Grundsätzliche Normenkonkurrenz – enumerative Ausnahmen

Die Geltendmachung lauterkeitsrechtlichen Irreführungsschutzes im B2C-Bereich ist grundsätzlich vorbehaltlos zuzulassen, um den Vorgaben der UGP-Richtlinie maximale Geltung zu verschaffen. Im B2C-Bereich ist es also zwingend hinzunehmen, dass Fälle der Marken- und Kennzeichenverletzung auch als irreführende geschäftliche Handlungen verfolgt werden können. Wegen der Aktivlegitimation von Verbraucherschutzverbänden beziehungsweise Mitbewerbern gemäß § 8 Abs. 3 Nr. 2–4 UWG, der damit den Vorgaben des Art. 11 UGP-Richtlinie entspricht, liegt es somit nicht allein in der Hand des Gemeinschaftsmarkeninhabers, sanktionswürdiges Verhalten zu verfolgen. Dabei stehen diesen Aktivlegitimierten nicht dieselben Rechte wie einem Markeninhaber zu, sondern im Grundsatz nur Unterlassungs- und Beseitigungsansprüche. Überdies kommt anspruchsberechtigten Mitbewerbern möglicherweise gemäß § 9 UWG ein Schadensersatzanspruch zu, der jedoch auf durch die irreführende Verwendung der Gemeinschaftsmarke entstandenen konkreten Schaden zu beschränken ist. Einzig die genannten Ausnahmekonstellationen, in denen Kernbefugnisse des

909 Vgl. in jüngerer Zeit EuGH Rs. C-487/07, Slg. 2009, I-5185 – *L'Oréal/Bellure*; *Bornkamm*, FS Mühlendahl, 9 (17).

910 So schon zum Warenzeichengesetz BGH, GRUR 1966, 45 (46) – *Markenbenzin*. Anders mag dies nur zu beurteilen sein, wenn der Markeninhaber eine bestimmte Eigenschaft in der Werbung fest mit der Marke verbunden hat. Vgl. dazu illustrativ das Beispiel bei *Bornkamm*, FS Mühlendahl, 9 (18).

911 Auch bei der Herstellung von Waren durch Lizenznehmer kann nichts anderes gelten. Auch hier muss in der Regel das Ausschließlichkeitsrecht des Markeninhabers Vorrang genießen. Diesem allein obliegt es, bestehende Qualitätsverluste zu würdigen und ggf. Abhilfe zu schaffen, vgl. Köhler/*Bornkamm*, § 5 Rn. 1.86.

Markeninhabers berührt werden, begründen eine Sperrwirkung für die Irreführungsvorschriften im B2C-Verhältnis.[912]

### *(c) Exkurs: Auswirkungen der markenrechtlichen Schrankenregelungen auf den Irreführungsschutz*

Die Kumulierung marken- und lauterkeitsrechtlicher Ansprüche birgt unter dem Aspekt gemeinschaftsmarkenrechtlicher Schrankenregelungen weitergehendes Konfliktpotential: Mögen die Sanktionsmöglichkeiten im Zuge eines lauterkeitsrechtlichen Vorgehens gegen Kennzeichenrechtsverletzungen zwar hinter dem markenrechtlichen Instrumentarium zurückstehen[913], kann der in § 5 Abs. 2 UWG vorgesehene Schutz für den Kennzeicheninhaber dennoch erhebliche praktische Bedeutung erlangen. So unterliegt die irreführende und damit nach den Vorschriften des UWG unzulässige Benutzung eines fremden Kennzeichens keinen gesetzlich festgelegten Schranken im Sinne eines Freihaltebedürfnisses, wie etwa ausdrücklich in Art. 12 lit. b) GMV (= 23 Nr. 2 MarkenG) vorgesehen.[914] Dies kann im Einzelfall dazu führen, dass der Markeninhaber aufgrund gemeinschaftsmarkenrechtlicher Schranken an der Geltendmachung kennzeichenrechtlicher Ansprüche wegen freistellender Schrankenregelungen gehindert ist, die Verwendung seines Kennzeichens jedoch wiederum über die Geltendmachung des lauterkeitsrechtlichen Irreführungsschutzes untersagen kann. Dass dies bei konsequenter Nichtberücksichtigung markenrechtlicher Schranken bei der Anwendung von § 5 Abs. 2 UWG keine unbedeutende Diskrepanz im Schutzniveau nach sich zieht, liegt auf der Hand.[915] Für die wünschenswerte Lösung dieser Diskrepanz bieten sich verschiedenste Möglichkeiten an. Es wäre zunächst denkbar, die auf Art. 6 MRRL beziehungsweise Art. 12 GMV

---

912 Ebenso Derclaye/*Leistner*, S. 278; Diese gegenüber dem Irreführungsverbot nicht als nachrangig zu begreifenden Konstellationen ließen sich im lauterkeitsrechtlichen Irreführungsschutz auf Ebene der Verhältnismäßigkeit insofern berücksichtigen, als ausnahmsweise die Interessen des Werbenden überwiegen, vgl. juris-PK/*Link*, 2. Auflage 2009, § 5 Rn. 691, 703 f. Zum Vorbehalt der Verhältnismäßigkeit bei Irreführung vgl. insbesondere die Entscheidung *Klosterbrauerei* (BGH, GRUR 2003, 628). Dogmatisch anders *Bärenfänger* (WRP 2011, 160 [173]), der zulässige Dispositionen seitens des Markeninhabers über eine Rückkopplung der Lauterkeitstatbestände an § 3 Abs. 2 UWG erreichen will. So sollen markenrechtlich erlaubte Dispositionen keinen nach § 3 Abs. 2 UWG notwendigen Verstoß gegen die „fachliche Sorgfalt" begründen.

913 Zusammenfassend für das nationale Recht *Sack*, WRP 2004, 1405 (1425).

914 *Jonas/Hamacher*, WRP 2009, 535 (536). Die markenrechtlichen Schrankenregelungen erfuhren nach der neueren EuGH-Rechtsprechung eine deutliche Ausweitung (vgl. etwa EuGH Rs. C-100/02 vom 7.1.2004, Slg. 2004, I-691 – *Kerry Spring/Gerri*, Rn. 15, zur Anwendung der Schranke des Art. 6 Abs. 1 lit. b) MRRL bei Verwendung als Marke).

915 Vgl. die Beispiele bei *Jonas/Hamacher*, WRP 2009, 535 (537).

basierenden Schranken analog auf § 5 Abs. 2 UWG anzuwenden.[916] Es ist jedoch nicht ersichtlich, warum ein eventuelles Freihaltebedürfnis zwischen einem Markeninhaber und einem Drittbenutzer sich zulasten des übrigen Rechtsverkehrs, im Falle des § 5 Abs. 2 UWG also des Verbrauchers, auswirken soll. Überdies ist es nicht Aufgabe des Lauterkeitsrechts, den Marktauftritt von Wettbewerbern zu erleichtern, wenn dieser Marktauftritt mit einer relevanten Irreführung einhergeht.[917] Entsprechend ist eine Schrankenübertragung auf das Lauterkeitsrecht abzulehnen. Eine weitere Möglichkeit zur Lösung der Schutzdiskrepanz läge in der Beschränkung der Aktivlegitimation des Gemeinschaftsmarkeninhabers bei Geltendmachung von Ansprüchen aus § 5 Abs. 2 UWG. So könnte einerseits das zwischen Gemeinschaftsmarkeninhaber und Drittbenutzer bestehende Freihaltebedürfnis Berücksichtigung finden und darüber hinaus durch die verbleibenden Aktivlegitimierten nach § 8 Abs. 3 Nr. 2 bis 4 UWG ein effektiver Schutz vor irreführender Produktvermarktung gewährleistet werden. Indes scheint dieser Ansatz kaum praktikabel, da der Gemeinschaftsmarkeninhaber mittelbar über die Anstrengung eines Verfahrens durch einen berechtigten Verband gegen die Irreführung vorgehen kann. Zudem findet sich in der UGP-Richtlinie kein Anhaltspunkt, dass der Markeninhaber als „Mitbewerber" von der Geltendmachung eventueller Ansprüche bezüglich seines Kennzeichens ausgenommen werden soll. Vorzugswürdig zur Lösung des geschilderten Konflikts erscheint die von *Jonas/Hamacher* vorgeschlagene Lösung eines einheitlich anzusetzenden Maßstabs für den Sitten- beziehungsweise Lauterkeitsverstoß unter besonderer Berücksichtigung der restriktiven Rechtsprechung des EuGH zum materiellen Schutzumfang der Schrankenvorschriften.[918] Danach fungiere die materielle Verwirklichung des Tatbestands der irreführenden Produktvermarktung nach § 5 Abs. 2 UWG als ein stets zu beachtender Prüfungsmaßstab für die Schranken-Schranke des Art. 12 letzter HS. GMV („..., sofern die Benutzung den anständigen Gepflogenheiten in Gewerbe und Handel entspricht). Mit anderen Worten: Ist ein Verstoß gegen § 5 Abs. 2 UWG gegeben, greift die Schutzschranke des Art. 12 GMV gerade nicht.[919] Entsprechend wären unterschiedliche Resultate

916 *Büscher*, GRUR 2009, 230 (236).

917 *Jonas/Hamacher*, WRP 2009, 535 (536 f.).

918 *Jonas/Hamacher*, WRP 2009, 535 (538 f.). So hat der EuGH in der Entscheidung *Adidas/Marca Mode* entschieden, dass keine generelle Einschränkung des Markenrechts durch das Allgemeininteresse gerechtfertigt ist, sondern nur im Rahmen der durch Art. 6 MRRL festgelegten Beschränkungen der Wirkungen der Marke (EuGH Rs. C-102/07 vom 10.4.2008, Slg. 2008, I-2439 – *Adidas/Marca Mode*, Rn. 49). Zumindest für das Verhältnis von zulässiger vergleichender Werbung und markenrechtlichen Ansprüchen ist darüber hinaus jedoch eine schrankenähnliche Wirkung für markenrechtliche Ansprüche anzunehmen, siehe oben Kapitel 2.II.4.b)(1)(c).

919 Vgl. *Jonas/Hamacher*, WRP 2009, 535 (539).

bei der Anwendung dieses einheitlichen Prüfungsmaßstabs nicht denkbar. Diese Lösung erscheint angesichts der sekundärrechtlichen Natur der Gemeinschaftsmarkenverordnung und der UGP-Richtlinie auch vorbehaltlos möglich und sogar im Sinne einer wünschenswerten Einheit der Rechtsordnung geboten.

Eine entsprechende Lösung des Konkurrenzverhältnisses verbietet sich indes, sofern ein Fall der (gemeinschafts-)markenrechtlichen Erschöpfung nach Art. 13 GMV (Art. 7 MRRL) vorliegt beziehungsweise wenn im (gemeinschafts-)markenrechtlichen Verwechslungsprozess einer Gemeinschaftsmarke gemäß Art. 51 Abs. 1 lit. a) GMV die Einrede der Löschungsreife infolge mangelnder Benutzung entgegenstünde.[920] Im erstgenannten Fall zwingt schon der Grundsatz des freien Warenverkehrs nach Art. 34 AEUV zur konsequenten Beachtung des Erschöpfungsgrundsatzes[921], der nicht über die Hintertür des Lauterkeitsrechts umgangen werden darf.

Nicht anders ist jedoch auch im zweiten Fall zu verfahren. Der Benutzungszwang ist als fundamentales markenrechtliches Grundprinzip zu begreifen, das in fast allen Markenrechtsordnungen Eingang gefunden hat.[922] Dieses Grundprinzip darf nicht dadurch ausgehebelt werden, dass eine ältere, nicht mehr benutzte Marke nunmehr gegenüber einem jüngeren Kennzeichen Schutz nach § 5 Abs. 2 UWG genießt, der ihr gemeinschaftsmarkenrechtlich versagt wäre. Hier kann nichts anderes gelten als in denjenigen Konstellationen, in denen ein Nebeneinander identischer oder ähnlicher Kennzeichen aufgrund zwingender Wertungen des Gemeinschaftsmarkenrechts toleriert wird.[923]

(ii) Schutz gegenüber Gewerbetreibenden

Für den Irreführungsschutz im B2B-Verhältnis erscheint es fraglich, ob von einem zwingenden Gleichrang ausgegangen werden kann. So beschränken sich der Anwendungsbereich der UGP-Richtlinie und insbesondere der Schutz vor irreführender Produktvermarktung in Art. 6 Abs. 2 lit. a) UGP-Richtlinie ausdrücklich auf den Schutz der Verbraucher. Im Gegensatz dazu findet sich in der für den Irreführungsschutz im B2B-Bereich maßgeblichen Irreführungsrichtlinie keine entsprechende Vorschrift zur irreführenden Kennzeichenverwendung. Vielmehr beschränkt sich der Gemeinschaftsgesetzgeber in Art. 3 lit. a) Irreführ-

---

920 So auch für das nationale Markenrecht Köhler/*Bornkamm*, § 5 Rn. 4.249 f.; *ders.*, Loschelder FS, 30 (42); Derclaye/*Leistner*, S. 280. Trotz fehlender ausdrücklicher Regelung kann der Einwand mangelnder Benutzung auch im Gemeinschaftsmarkenrecht einredeweise erhoben werden, vgl. *Kellerhals*, GRURInt 1999, 14 (24).

921 Vgl. *Eisenführ*/Schennen, Art. 13 Rn. 1.

922 *Fezer*, Vor §§ 25, 26 Rn. 1.

923 Siehe Kapitel 2.II.4.b)(2)(c)(i)(b).

rungsrichtlinie auf die Normierung eines Beispielskatalogs von Angaben, die bei der Beurteilung der Irreführungswirkung einer Werbung zu beachten sind. Dies entspricht zwar im Grundsatz der Regelungstechnik der UGP-Richtlinie in Art. 6 Abs. 1 lit. b), wird jedoch nicht durch eine dem Art. 6 Abs. 2 lit. a) UGP-Richtlinie vergleichbare Vorschrift sekundiert. Überdies misst der Gemeinschaftsgesetzgeber ohnehin dem Schutz der Gewerbetreibenden (noch) kein dem Verbraucherschutz vergleichbares Gewicht zu.[924] Ebenso fehlt beim Schutz Gewerbetreibender der ausdrückliche primärrechtliche Anknüpfungspunkt, der ein vergleichbar hohes Schutzniveau wie ihn im Falle des Schutzes der Verbraucher Art. 169 Abs. 1 AEUV verlangt. Auch Art. 8 Abs. 1 der Irreführungsrichtlinie, der eine Mindestharmonisierung durch die Irreführungsrichtlinie vorsieht, kann nicht für eine kumulative Anwendung des Irreführungsschutzes neben den Ausschließlichkeitsrechten des Gemeinschaftsmarkeninhabers angeführt werden. So zielt die Intention der erweiterten fakultativen Schutzmöglichkeiten auf eine materielle Erweiterung der Schutzmöglichkeiten im nationalen Recht, die der nationale Gesetzgeber mit der einheitlichen Umsetzung der UGP-Richtlinie ins nationale Recht wahrgenommen hat. Dieser so etablierte Mindeststandard bedeutet jedoch umgekehrt keinen Anwendungsbefehl, sondern erlaubt vielmehr die Interessenabwägung insbesondere mit originär sekundärrechtlichen Schutzrechten wie der Gemeinschaftsmarke. Hier sollte dass Interesse des Gemeinschaftsmarkeninhabers an der ausschließlichen Geltendmachung seiner Markenrechte überwiegen, nicht zuletzt auch im Hinblick auf die bloße Etablierung eines Mindeststandards und die damit drohende Rechtszersplitterung bei Anspruchskumulierung. Ein entsprechender Wille des Gemeinschaftsgesetzgebers zur kumulativen Geltendmachung lauterkeitsrechtlichen Irreführungsschutzes, wie im B2C-Verhältnis der Fall, ist im B2B-Verhältnis jedenfalls nicht erkennbar.[925] Bei Irreführung ausschließlich gegenüber Gewerbetreibenden ist damit ein Vorrang des Gemeinschaftsmarkenrechts umfassend anzuerkennen.[926]

---

924 So sind die bisherigen Bemühungen zur Etablierung europaweit einheitlicher Schutzsysteme im B2B-Bereich an den Voten einzelner Mitgliedstaaten gescheitert. Nicht zuletzt deshalb und durch die Fokussierung auf das verbraucherschützende Lauterkeitsrecht mit der Vollharmonisierung durch die UGP-Richtlinie sieht etwa *Hoeren* den Mitbewerberschutz als Zielperspektive des Lauterkeitsrechts in Gänze ausscheiden (*Hoeren*, WRP 2009, 789 (790)). Dies kann im Hinblick auf Erwägungsgrund 8 UGP-Richtlinie, der den mittelbaren Schutz der Gewerbetreibenden zumindest nicht als schädlich für die Sanktionierung unlauterer Geschäftspraktiken erachtet, in dieser Absolutheit wohl auch nicht gelten.

925 Bezeichnend ist dabei, dass die Regelungen der Irreführungsrichtlinie zumindest in der nationalen Literatur kaum zur Bestimmung des Verhältnisses von Irreführungsschutz und Markenrecht herangezogen wurden.

926 Diese Sperrwirkung des Gemeinschaftsmarkenrechts mag dem Markeninhaber in bestimmten Konstellationen auch zum Nachteil gereichen. So vermag der „vergesellschaftete“ Schutz

## 5. Ergebnis: Konkrete Anwendungsmöglichkeiten ergänzenden Lauterkeitsrechts

Die ergänzende Anwendung nationalen Lauterkeitsrechts beim Schutz der Gemeinschaftsmarke ist, sofern es sich nicht um harmonisiertes nationales Recht handelt, weitestgehend präkludiert. Insbesondere ein kumulativer Schutz durch das Lauterkeitsrecht, etwa in Form des ergänzenden wettbewerbsrechtlichen Leistungsschutzes ist (abseits der Regelung des § 4 Nr. 9 lit. c) UWG) nicht anzuerkennen, sofern die Gemeinschaftsmarke die Eigenart des Produkts begründet, respektive ein produktunabhängiger Markenschutz etwa durch die Vorschrift des § 4 Nr. 9 lit. b) UWG angestrebt wird. Aber auch darüber hinaus setzt das der Gemeinschaftsmarke zugrunde liegende Prinzip der Autonomie mit seiner Verkörperung in Art. 14 Abs. 1 GMV der ergänzenden Anwendung rein nationaler lauterkeitsrechtlicher Vorschriften enge Grenzen. So bestimmt sich die Wirkung der Gemeinschaftsmarkenverordnung ausschließlich nach den Vorschriften der Art. 9 ff. GMV, so dass der darin festgelegte materielle Schutzumfang das Ausfüllen eventueller Schutzlücken, wie etwa die Rufbeeinträchtigung nicht bekannter Marken außerhalb des Bereich der Doppelidentität präkludiert. Der Begriff der „gedanklichen Verknüpfung“ hat indes ebenso wenig Präklusionswirkung für die Anwendung des Lauterkeitsrechts unterhalb dieser Schwelle wie die Notwendigkeit einer positiven Benutzungshandlung im geschäftlichen Verkehr. Somit sind in denjenigen Fällen, in denen das Unwerturteil auf einer unlauteren Vorfeldhandlung (wie im Falle des § 4 Nr. 9 lit. c) UWG) basiert, beziehungsweise gar keine positive Benutzungshandlung vorgenommen wird, die Vorschriften des UWG anwendbar. Ein Schutz gegen bösgläubige Gemeinschaftsmarkenanmeldungen ist abzulehnen, wie auch ein (gemeinschafts-)markenrechtlicher Anwartschaftsschutz nicht über das UWG begründet werden kann. Bei harmonisiertem nationalen Lauterkeitsrecht ist hingegen zu differenzieren: Während bei Irreführung gegenüber Verbrauchern eine umfassende, kumulative Normenkonkurrenz außerhalb enumerativ geregelter Ausnahmefälle mit den diesbezüglichen Konsequenzen hinzunehmen ist, ist bei der Irreführung im B2B-Bereich ein Vorrang des Gemeinschaftsmarkenrechts vollumfänglich anzuerkennen. Im Bereich der vergleichenden Werbung ist hingegen von einem stückweiten Vorrang des Lauterkeitsrechts vor dem Gemeinschaftsmarkenrecht auszugehen. So präkludiert zulässige vergleichende Werbung die Anwendung gemeinschaftsmarken-

des Irreführungstatbestands im B2C-Bereich den Markeninhaber beim Vorgehen von Mitbewerbern beziehungsweise Verbraucherverbänden vor der Geltendmachung von Unterlassungsansprüchen in eigenem Namen zu schützen, um etwa spätere Lizenzverhandlungen mit dem aktuellen Verletzer nicht zu gefährden, gleichfalls aber den Wettbewerbsverstoß ahnden zu lassen. Vgl. auch Köhler/*Bornkamm*, § 5 Rn. 4.216.

rechtlicher Vorschriften für den Markeninhaber, auch wenn die Verwendung von Marken innerhalb vergleichender Werbung fast zwingend eine Funktionsbeeinträchtigung nach sich zieht. Diese Beeinträchtigung ist jedoch, um die Wertungen der Irreführungsrichtlinie bezüglich der Regelungen über vergleichende zulässige Werbung nicht zu konterkarieren, als ausnahmsweise erlaubte Funktionsbeeinträchtigung im Bereich der Doppelidentität zuzulassen, vergleichbar mit den Schrankenregelungen des Art. 12 GMV.

# Kapitel 3. Zusammenfassung in Thesen

## *I. Konkurrenzverhältnis des formlosen Geschmacksmusterschutzes und des Schutzes nach § 4 Nr. 9 UWG*

1. Die Einführung des nicht eingetragenen Gemeinschaftsgeschmacksmusters führt zu einer weitgehenden „faktischen Harmonisierung" des formlosen Nachahmungsschutzes von Produktgestaltungen. Diese Harmonisierungswirkung reicht jedoch nur so weit, wie die Gestaltung musterfähiger Erzeugnisse betroffen ist.

2. Ein über die Schutzdauer gewährter formloser Schutz aufgrund des lauterkeitsrechtlichen Nachahmungsschutzes läuft dieser faktischen Harmonisierung zuwider und begründet einen Widerspruch zum sekundären Gemeinschaftsrecht, wenn der UWG-Nachahmungsschutz an die Art und Weise der Nachahmung anknüpft oder wenn die Unlauterkeit der Nachahmung sich auf produktimmanente Faktoren, wie den „guten Ruf" eines Produkts stützt. Hier ist der Inhaber des formlosen Schutzrechts, begehrt er für seine Produktgestaltung weiterhin Schutz vor Nachahmungen, auf Registerschutzrechte beziehungsweise den Schutz der Warenformmarke als Benutzungsmarke verwiesen, sofern nicht ein besonderes, geschmacksmusterrechtlich nicht erfasstes Unlauterkeitsmoment eine Anwendung nach abgelaufener Schutzdauer rechtfertigt.

3. Im Bereich des Zuordnungsschutzes liegt zwar im Moment der „Vermeidbarkeit" eine geschmacksmusterrechtlich nicht erfasste Komponente vor, sodass ein Schutz vor Herkunftstäuschung auch über den lauterkeitsrechtlichen Nachahmungsschutz noch nach Ablauf des dreijährigen formlosen Schutzes gewährt werden kann. Dabei ist jedoch der vormalige Inhaber des nicht eingetragenen Gemeinschaftsgeschmacksmusters auf Rechte aus irreführender Produktvermarktung gemäß § 5 Abs. 2 UWG verwiesen, der § 4 Nr. 9 lit. a) UWG für den Schutz musterfähiger Erzeugnisse vor Nachahmungen durch Herkunftstäuschung verdrängt. Aktivlegitimiert in Fällen irreführender Produktvermarktung sind nicht nur der Hersteller des nachgeahmten Originals sondern auch sonstige Mitbewerber sowie legitimierte (Verbraucher-)Verbände.

4. Ist ein Muster aufgrund fehlender Neuheit oder Eigenart geschmacksmusterrechtlich nicht schutzfähig, kann ein Rückgriff auf den lauterkeitsrechtlichen Nachahmungsschutz nach § 4 Nr. 9 UWG innerhalb von drei Jahren nach Veröffentlichung des Musters erfolgen. Ein unmittelbarer Leistungsschutz im Sinne der *Modeneuheiten*-Rechtsprechung ist hingegen abzulehnen, was durch eine entsprechend großzügige Auslegung der objektiven Schutzvoraussetzungen des formlosen Gemeinschaftsgeschmacksmusters zu kompensieren ist. Dies gilt entsprechend, wenn das Muster aufgrund fehlender Eigenart oder Neuheit von einem Gemeinschaftsgeschmacksmustergericht für nichtig erklärt wurde, sofern ein Ausnahmefall nach Art. 26 Abs. 2 lit. a) oder b) GGV nicht vorliegt.

## *II. Anwendungsbereich eines lauterkeitsrechtlichen Markenschutzes bei Gemeinschaftsmarken*

1. Das Gemeinschaftsmarkenrecht als autonomes, in sich geschlossenes Schutzsystem, begreift die Anwendung nationalen Lauterkeitsrechts grundsätzlich als systemfremd. Der durch die Gemeinschaftsmarkenverordnung gewährte Schutz ist grundsätzlich als abschließend zu begreifen. Diese Erwägung findet in Art. 14 Abs. 1 GMV ihre materiell-rechtliche Anknüpfung, der eine weitgehende Präklusionswirkung für die Anwendung eines ergänzenden nationalen Schutzes durch das Lauterkeitsrecht begründet.

2. Soweit die „Wirkungen" der Gemeinschaftsmarke, also ihr materieller Schutzumfang, reichen, bestimmt sich der Schutz ausschließlich nach der Gemeinschaftsmarkenverordnung. Dabei bewirkt der erweiterte Schutz der bekannten Marke eine negative Begrenzungswirkung dahingehend, dass nicht bekannten Marken ein ebensolcher Schutz nach nationalem Recht versperrt bleibt. Ebenfalls nicht sanktionierbar durch nationales Lauterkeitsrecht sind Handlungen, die die Schwelle zur markenrechtlich relevanten Handlung im Anwendungsbereich von Art. 9 Abs. 1 lit. a) und b) GMV nicht erreichen. Keine Präklusionswirkung entfaltet indes die zur Einschlägigkeit des Kollisionstatbestands des Art. 9 Abs. 1 lit. c) GMV notwendige „gedankliche Verknüpfung".

3. Auch über den von der Gemeinschaftsmarkenverordnung gewährleisteten materiellen Schutz besteht ein weitgehender Vorrang der von ihr zur Verfügung gestellten Rechtsinstrumente. Insbesondere scheidet ein Anwartschaftsschutz aufgrund des der Gemeinschaftsmarkenverordnung zugrundeliegenden Eintragungsprinzips ebenso wie ein, für das nationale Markenrecht nach ständi-

ger Rechtsprechung gewährter, lauterkeitsrechtlicher Schutz vor bösgläubigen Gemeinschaftsmarkenanmeldungen aus. Der Vorrang des Gemeinschaftsmarkenrechts reicht jedoch nicht so weit, dass Handlungen, die schon begrifflich keine Benutzung darstellen, lauterkeitsrechtlich nicht sanktioniert werden können. Ebenso entfaltet die Gemeinschaftsmarkenverordnung keine Präklusionswirkung für unlautere Vorfeldhandlungen, sofern sie nicht die Gemeinschaftsmarkenanmeldung betreffen.

4. Neben den Rechten des Gemeinschaftsmarkeninhabers können Mitbewerber und legitimierte Verbraucherverbände Schutz vor Irreführung nach § 5 Abs. 1 S. 2 UWG beanspruchen, wenn gegenüber Verbrauchern die Gefahr von Herkunftstäuschungen besteht. Ein diesbezüglicher Vorrang des Gemeinschaftsmarkenrechts vor dem Irreführungsrecht, was einen Ausschluss der Aktivlegitimation für Mitbewerber und Verbände begründen würde, besteht nicht. Ausgenommen davon sind ureigene Kernbereiche des Markenrechts, sodass jedenfalls keine Irreführung angenommen werden kann bei bestehenden Lizenzbeziehungen oder bei Qualitätsveränderungen einer gekennzeichneten Ware. Hingegen besteht im Bereich des Irreführungsschutzes gegenüber Unternehmern ein umfassender Vorrang des Gemeinschaftsmarkenrechts. Einzig dem Inhaber der Gemeinschaftsmarke bleibt die Sanktionierung von Zuordnungsverwirrungen vorbehalten.

5. In Fällen zulässiger vergleichender Werbung scheiden Ansprüche aus dem Gemeinschaftsmarkenrecht aus. Handelt es sich jedoch um unzulässige vergleichende Werbung sind gemeinschaftsmarkenrechtliche und lauterkeitsrechtliche Ansprüche nebeneinander anwendbar.

# Literaturverzeichnis


*Ahrens, Hans-Jürgen*: Anmerkung zu BGH 24.3.1994 I ZR 152/92 „*Pulloverbeschriftung*", GRUR 1994, S. 637–638.

*Althammer, Werner*: Warenzeichengesetz, Kommentar, 4. Auflage, Köln 1989.

*Auteri, Paolo*: Die Zukunft des Designschutzes in Europa aus Sicht des italienischen Rechts, GRURInt 1998, S. 360–367.

*Bärenfänger, Jan*: Das Spannungsfeld von Lauterkeitsrecht und Markenrecht unter dem neuen UWG – Symbiotische Theorie zum Kennzeichen- und Lauterkeitsrecht, Münster 2010.

*Bärenfänger, Jan*: Symbiotische Theorie zum Kennzeichen- und Lauterkeitsrecht, Teil 1, WRP 2011, S. 16–28.

*Bärenfänger, Jan*: Symbiotische Theorie zum Kennzeichen- und Lauterkeitsrecht, Teil 2, WRP 2011, S. 160–174.

*Bartenbach, Kurt/Fock, Sönke*: Das neue nicht eingetragene Geschmacksmuster – Ende des ergänzenden wettbewerbsrechtlichen Leistungsschutzes im Geschmacksmusterrecht oder dessen Verstärkung?, WRP 2002, S. 1119–1124.

*Baumbach, Adolf/Hefermehl, Wolfgang*: Warenzeichenrecht, 12. Auflage, München 1985.

*Baumbach, Adolf/Hefermehl, Wolfgang*: Gesetz gegen den unlauteren Wettbewerb, 22. Auflage, München 2001.

*Bayreuther, Frank*: Rechtsprobleme im Zusammenhang mit dem Schutz von Vertriebsbindungssystemen nach Markenrecht, WRP 2000, S. 349–362.

*Beater, Axel*: Nachahmen im Wettbewerb – Eine rechtsvergleichende Untersuchung zu § 1 UWG, Tübingen 1995.

*Becker, Guido Michael*: Wem „gehört" das nicht eingetragene Gemeinschaftsgeschmacksmuster? – Zugleich Anmerkung zu EuGH vom 2. Juli 2009 – C-32/08, GRURInt 2009, 1018 – *FEIA/Cul de Sac*, GRURInt 2010, S. 484–489.

*Beier, Friedrich-Karl*: Gedanken zur Verwechselungsgefahr und ihrer Feststellung im Prozeß, GRUR 1974, S. 514–522

*Beier, Friedrich-Karl/Krieger, Ulrich*: Wirtschaftliche Bedeutung, Funktion und Zweck der Marke (68) – Bericht erstattet im Namen der Landesgruppe der Bundesrepublik Deutschland, GRURInt 1976, S. 125–128.

*Beier, Friedrich-Karl/Kur, Annette*: Das Verhältnis von Markenrecht und Recht des unlauteren Wettbewerbs im Wandel der Zeiten, in: Festschrift für Wolfgang Fikentscher zum 70. Geburtstag, Tübingen 1998, S. 477–493.

*Berlit, Wolfgang*: Markenrechtliche und europarechtliche Grenzen des Markenschutzes, GRUR 1998, S. 423–433.

*Berlit, Wolfgang*: Gesetzesentwurf der Bundesregierung zur vergleichenden Werbung und zur Änderung wettbewerbsrechtlicher Vorschriften, BB 2000, S. 1305–1310.

*Berlit, Wolfgang*: Vergleichende Werbung, München 2002.

*Berlit, Wolfgang*: Markenrecht, 8. Auflage, München 2010.

*Berlit, Wolfgang*: Markenrecht, 9. Auflage, München 2012.

*Berneke, Wilhelm*: Kennzeichenstärke und Verwechslungsgefahr im Markenrecht, WRP 2007, S. 1417–1426.

*Boes, Ulrich/Deutsch, Volker*: Die „Bekanntheit" nach dem neuen Markenrecht und ihre Ermittlung durch Meinungsumfragen, GRUR 1996, S. 168–173.

*Böxler, Bernhard*: Der Vorrang des Markenrechts, ZGE 2009, S. 357–391.

*Born, Christian*: Zur Zulässigkeit einer humorvollen Markenparodie – Anmerkung zum Urteil des BGH „Lila-Postkarte, GRUR 2006, S. 192–194.

*Bornkamm, Joachim*: Markenrecht und wettbewerbsrechtlicher Kennzeichenschutz – Zur Vorrangthese der Rechtsprechung, GRUR 2005, S. 97–102.

*Bornkamm, Joachim*: Kennzeichenrecht und Irreführungsverbot – Zur wettbewerbsrechtlichen Beurteilung der irreführenden Kennzeichenbenutzung, in: Festschrift für Alexander v. Mühlendahl zum 65. Geburtstag, Köln 2005, S. 9–21.

*Bornkamm, Joachim*: Konfliktzonen zwischen Kennzeichen- und Wettbewerbsrecht, in: Geistiges Eigentum und Gemeinfreiheit, Tübingen 2008, S. 181–198.

*Bornkamm, Joachim*: Der lauterkeitsrechtliche Schutz vor Verwechslungen: Ein Kuckucksei im Nest des UWG?, in: Festschrift für Michael Loschelder zum 65. Geburtstag, Köln 2010, S. 31–46.

*Bornkamm, Joachim*: Die Schnittstellen zwischen gewerblichem Rechtsschutz und UWG – Grenzen des lauterkeitsrechtlichen Verwechslungsschutzes, GRUR 2011, S. 1–8.

*Bott, Kristofer; Hacker, Franz u.a.*: Grenzen des Markenschutzes, GRURInt 2007, S. 509 – 515.

*Brem, Florian*: Der ergänzende wettbewerbsrechtliche Leistungsschutz in Europa, Berlin 2004.

*Büllesbach, Eike*: Auslegung der irreführenden Geschäftspraktiken des Anhangs I der Richtlinie 2005/29/EG über unlautere Geschäftspraktiken, München 2008.

*Büscher, Wolfgang*: Bekannte Zeichen – Kennzeichnungskraft und Schutzumfang, in: Festschrift für Eike Ullmann, Saarbrücken 2006, S. 129–156.

*Büscher, Wolfgang*: Schnittstellen zwischen Markenrecht und Wettbewerbsrecht, GRUR 2009, S. 230–236.

*Büscher, Wolfgang/Dittmer, Stephan/Schiwy, Peter*: Gewerblicher Rechtsschutz – Urheberrecht – Medienrecht, Kommentar, Köln u.a. 2. Auflage 2011.

*Bulling, Alexander*: Ein neues Schutzrecht entsteht: Das nicht eingetragene Gemeinschaftsgeschmacksmuster, Mitt. 2002, S. 170–176.

*Bulling, Alexander/Langöhrig, Angelika/Hellwig, Tillmann*: Gemeinschaftsgeschmacksmuster, 3. Auflage, Köln u.a. 2011.

*Bunnenberg, Stefan*: Das Markenrecht als abschließendes Regelungssystem?, MarkenR 2008, S. 148–158.

*Busse, Rudolf/Starck, Joachim*: Warenzeichengesetz, Kommentar, 6. Auflage, Berlin 1990.

*Callmann, Rudolf*: Der unlautere Wettbewerb, Kommentar, 2.Auflage, Mannheim u.a. 1932.

*Danger, Torben*: Die rechtsverletzende Benutzungshandlung im Markenrecht – Abschied von , Köln 2007.

*Derclaye, Estelle/Leistner, Matthias*: Intellectual Property Overlaps: A European Perspective, Oxford 2011.

*Deutsch, Volker*: Zur Markenverunglimpfung – Anmerkungen zu den BGH-Entscheidungen „*Mars*" und „*Nivea*" –, GRUR 1995, S. 319–321.

*Dorndorf, Maximilian*: Schutz vor Herkunftstäuschung und Rufausbeutung, Münster 2005.

*Eck, Matthias*: Neue Wege zum Schutz der Formgebung, Köln u.a. 1993.

*Eck, Matthias/Ikas, Klaus*: Neue Grenzen vergleichender Werbung – Zur Auslegung und Anwendung der Richtlinie 97/55/EG vom 06. Oktober 1997, WRP 1999, S. 251–273.

*Eichelberger, Jan*: Der Schutz von Markenfamilien und Markenbildungsprinzipien, Berlin 2004

*Eichhammer, Stefan*: Die markenmäßige Benutzung, Tübingen 2008.

*Eichmann, Helmut*: Der Schutz von bekannten Kennzeichen, GRUR 1998, S. 201–214.

*Eisenführ, Günther/Schennen, Detlef*: Kommentar zur Gemeinschaftsmarkenverordnung, 3. Auflage, Köln 2010.

*Ekey, Friedrich*: Der markenrechtliche Gebrauch im Spannungsfeld der Rechtsprechung des EuGH nach L'Oréal, MarkenR 2009, S. 475–476.

*Ekey, Friedrich/Klippel, Diethelm/Bender, Achim* (Hrsg.): Markenrecht, Kommentar – Band 1 – Markengesetz und Markenrecht ausgewählter ausländischer Staaten, 2. Auflage, Heidelberg 2009.

*Emmerich, Volker*: Unlauterer Wettbewerb, 9. Auflage, München 2012.

*Engeländer, Thomas*: Der ergänzende Schutz von Marken durch das Wettbewerbsrecht, Hamburg 2004.

*Engels, Gabriele*: „Vorrang“ von Geschmacksmuster- gegenüber wettbewerbsrechtlichem Leistungsschutz?, GRURPrax 2013, S. 5–7.

*Erdmann, Willi*: Die zeitliche Begrenzung des ergänzenden wettbewerbsrechtlichen Leistungsschutzes, in: Festschrift für Ralf Vieregge zum 70. Geburtstag, Berlin – New York 1995, S. 197–216.

*Fezer, Karl-Heinz*: Markenschutz durch Wettbewerbsrecht – Anmerkungen zum Schutzumfang des subjektiven Markenrechts, GRUR 1986, S. 485–494.

*Fezer, Karl-Heinz*: Leistungsschutz im Wettbewerbsrecht, WRP 1993, S. 63–73.

*Fezer, Karl-Heinz*: Markenrecht, 2. Auflage, München 1999.

*Fezer, Karl-Heinz*: Markenrecht, 3. Auflage, München 2001.

*Fezer, Karl-Heinz* (Hrsg.): Gesetz gegen den unlauteren Wettbewerb, Kommentar – Band 1 2. Auflage, München 2010.

*Fezer, Karl-Heinz*: Imitationsmarketing – Die irreführende Produktvermarktung im Sinne der europäischen Lauterkeitsrichtlinie (Art.6 Abs.2 lit. a RL), MarkenR 2006, S. 511–515.

*Fezer, Karl-Heinz*: Normenkonkurrenz zwischen Kennzeichenrecht und Lauterkeitsrecht, WRP 2008, S. 1–9.

*Fezer, Karl-Heinz*: Markenrecht, 4. Auflage, München 2009

*Fezer, Karl-Heinz*: Imitationsmarketing als irreführende Produktvermarktung, GRUR 2009, S. 451–459.

*Fezer, Karl-Heinz*: Eine Replik: Die Auslegung der UGP-RL vom UWG aus? – Methodensynkretismus zur Abwehr des rechtsverbindlichen Richtlinienbegriffs der Unlauterkeit im Sinne des Art. 5 Abs. 2 lit. a und b UGP-RL, WRP 2010, S. 677–686.

*Fezer, Karl-Heinz:* Kumulative Normenkonkurrenz zwischen Markenrecht und Lauterkeitsrecht – Schutzzweckkompabilität zwischen Immaterialgüterrecht als Funktionseigentum und Wettbewerbsrecht, GRUR 2010, S. 953–962.

*Fritze, Ulrich*: Verderben die Juristen die guten Sitten im Wettbewerb? – untersucht am Beispiel der sklavischen Nachahmung –, GRUR 1982, S. 520–525.

*v. Gamm, Otto-Friedrich Freiherr von*: Wettbewerbsrecht, 1. Halbband, 5. Auflage, Köln 1987.

*v. Gamm, Otto-Friedrich Freiherr von*: Schwerpunkte des neuen Markenrechts – Referat anlässlich der GRUR-Jahrestagung am 3.6.1994, GRUR 1994, S. 775–781.

*v. Gamm, Eva-Irina/Schaper, Eike*: Tagung des Max-Planck-Instituts für ausländisches und internationales Patent-, Urheber- und Wettbewerbsrecht über die Gemeinschaftsmarke Berlin, 14. – 16. Mai 2001 (Tagungsbericht), GRURInt 2001, S. 965–968.

*Gewiese, Georg*: Sklavische Nachahmung, GRUR 1936 , S. 296–301.

*Gieseler, Sascha*: Formloser geschmacksmuster- und wettbewerbsrechtlicher Designschutz, Hamburg 2007.

*Glöckner, Jochen*: Richtlinienvorschläge über unlautere Geschäftspraktiken, deutsches UWG oder die schwierige Umsetzung von europäischen Generalklauseln, WRP 2004, S. 936–945.

*Glöckner, Jochen*: The Scope of Application of the UCP Directive – „I Know What You Did Last Summer", IIC 2010, S. 570–592.

*Glöckner, Jochen/Henning-Bodewig, Frauke*: EG-Richtlinie über unlautere Geschäftspraktiken – Was wird aus dem „neuen" UWG?, WRP 2005, S. 1311–1335.

*Gloy, Wolfgang/Loschelder, Michael*: Handbuch des Wettbewerbsrechts, 3. Auflage, München 2005.

*Gloy, Wolfgang/Loschelder, Michael/ Erdmann, Willi*: Handbuch des Wettbewerbsrechts, 4. Auflage, München 2010.

*Götte, Bertold*, Die Schutzdauer im ergänzenden wettbewerbsrechtlichen Leistungsschutz, Baden-Baden 2000.

*Goldmann, Michael*: Lauterkeitsrechtlicher Schutz gegen mittelbare Verwechslungsgefahr?, GRUR 2012, S. 857–864.

*Gottschalk, Sylvia*: Der Schutz des Designs nach deutschem und europäischem Recht, Baden Baden 2005.

*Gottschalk, Eckart/ Gottschalk, Sylvia*: Das nicht eingetragene Gemeinschaftsgeschmacksmuster: eine Wunderwaffe des Designschutzes?, GRURInt 2006, 461 – 468.

*v. d. Groeben, Hans/Schwarze, Jürgen*: Kommentar zum Vertrag über die Europäische Union und zur Gründung der Europäischen Gemeinschaft, 6. Auflage, München 2003.

*Hacker, Franz*: Die Benutzung einer Marke „als Marke" als rechtliche Voraussetzung für den Erwerb, die Aufrechterhaltung und die Verletzung von Rechten, GRURInt 2002, S. 502–511.

*Hacker, Franz*: Markenrecht – Das deutsche Markensystem, 2. Auflage, Köln – München 2010.

*Harte-Bavendamm, Henning/Henning-Bodewig, Frauke*: Gesetz gegen den unlauteren Wettbewerb, 2. Auflage, München 2009.

*Harte-Bavendamm, Henning/Henning-Bodewig, Frauke*: Gesetz gegen den unlauteren Wettbewerb, 3. Auflage, München 2013.

*Hartwig, Henning* (Hrsg.): Designschutz in Europa – Design Protection in Europe.
- Band 1, Köln u.a. 2007
- Band 3, Köln u.a. 2009.

*Hartwig, Henning*: Das Prinzip der Reziprozität im Geschmacksmusterrecht, GRUR-RR 2009, S. 201–204.

*Hauck, Felix/Fischoeder, Sebastian*: Gattungsmäßige Benutzung von Kennzeichen in den Medien – Rechte des Kennzeicheninhabers, GRUR 2004, S. 185–191.

*Helm, Marianne*: Zur ergänzenden Anwendung wettbewerbsrechtlicher Bestimmungen auf markenrechtliche Tatbestände, GRUR 2001, S. 291–295.

*Hefermehl, Wolfgang/ Köhler, Helmut/ Bornkamm, Joachim*: Gesetz gegen den unlauteren Wettbewerb, Kommentar, 27. Auflage, München 2009.

*Heep, Sebastian*: Lauterkeitsrechtlicher Schutz vor Herkunftstäuschung (§ 4 Nr. 9 lit. a. UWG) und Rufausbeutung (§ 4 Nr. 9 lit. b, 1.Alt UWG) im Verhältnis zum Geschmacksmuster- und Kennzeichenrecht, Konstanz 2010.

*Heermann, Peter/Hirsch, Günter (Hrsg.)*: Münchener Kommentar zum Lauterkeitsrecht

– Band 1, München 2006.

*Helfrich, Jörg-Oliver*: Rechtsschutz der Mode, Baden-Baden 1993.

*Henn, Steffen*: Markenschutz und UWG, Baden-Baden 2009.

*Henning-Bodewig, Frauke*: Relevanz der Irreführung, UWG-Nachahmungsschutz und die Abgrenzung Lauterkeitsrecht/IP-Rechte, GRURInt 2007, S. 986–990.

*Henning-Bodewig, Frauke*: Nicht markenmäßiger Gebrauch und Art. 5 Abs. 5 Markenrichtlinie, GRURInt 2008, S. 301–309.

*Henning-Bodewig, Frauke*: Nationale Eigenständigkeit und europäische Vorgaben im Lauterkeitsrecht, GRURInt 2010, S. 549–563.

*Hertz-Eichenrode, Christian*: Die Rechtsprechung zur rechtsverletzenden Benutzung von Marken, insbesondere von 3D-Marken, WRP 2008, S. 1499–1508.

*Heydt, Ludwig*: Zum Begriff des „warenzeichenmäßigen Gebrauchs" im Sinn des § 16 WZG, Mitt. 1969, S. 319–328.

*Heydt, Ludwig*: Wider die herrschende Lehre vom Erfordernis der warenzeichenmäßigen Benutzung, GRUR 1976, S. 7–15.

*Heyers, Johannes*: Wettbewerbsrechtlicher Schutz gegen das Einschieben in fremde Serien – Zugleich ein Beitrag zu Rang und Bedeutung wettbewerblicher Nachahmungsfreiheit nach der UWG-Novelle, GRUR 2006, S. 23–27.

*Hoeren, Thomas*: Das neue UWG – der Regierungsentwurf im Überblick, BB 2008, S. 1182–1192.

*Hoeren, Thomas*: Das neue UWG und dessen Auswirkungen auf den B2B-Bereich, WRP 2009, 789–794.

*Hösch, Ulrich*: Der Schutz von „Image" als unternehmerische Leistung im UWG und seine Grenzen durch Art. 30 EGV und den freien Wettbewerb, WRP 1994, S. 796–802.

*Hofmann, Franz*: Steht dem Markenanmelder vor Eintragung ein Entschädigungsanspruch zu?, GRURInt 2010, S. 376–380.

*Hotz, Andreas*: Die rechtsverletzende Markenbenutzung in der neueren Rechtsprechung von EuGH und BGH, GRUR 2003, S. 993–1002.

*Hubmann, Heinrich*: Die sklavische Nachahmung, GRUR 1975, S. 230–239.

*Hühner, Sebastian*: Domain-Parking – Vertrags- und Haftungsfragen unter zusätzlicher Berücksichtigung suchwortabhängiger Werbung, Köln 2012.

*Hye-Knudsen, Rebekka/Schafft, Thomas*: Territorial unterschiedliche Verwechslungsgefahr bei der Verletzung von Gemeinschaftsmarken, MarkenR 2004, S. 209–213.

*Ingerl, Reinhard.*: Rechtsverletzende und rechtserhaltende Benutzung im Markenrecht, WRP 2002, S. 861–870.

*Ingerl, Reinhard*: Der wettbewerbsrechtliche Kennzeichenschutz und sein Verhältnis zum MarkenG in der neueren Rechtsprechung des BGH und in der UWG-Reform, WRP 2004, S. 809–816.

*Ingerl, Reinhard/Rohnke, Christian*: Markengesetz, Kommentar, 1. Auflage, München 1998.

*Ingerl, Reinhard/Rohnke, Christian*: Markengesetz, Kommentar, 2. Auflage, München 2003.

*Ingerl, Reinhard/Rohnke, Christian*: Markengesetz, Kommentar, 3. Auflage, München 2010.

*Jacobs, Rainer/Lindacher, Walter/Teplitzky, Otto*: Gesetz gegen den unlauteren Wettbewerb mit Nebengesetzen, Großkommentar, 1. Auflage, Berlin 2006.

*Jonas, Kay Uwe/ Hamacher, Karl*: „MAC Dog" und „shell.de" ade? – Die Auswirkungen des § 5 Abs 2 UWG n F auf §§ 14, 15 MarkenG und die Schrankenregelung des § 23 MarkenG, WRP 2009, S. 535–539.

*Karl, Roland*: Anbringen eines Logos an Spielzeugfahrzeugen – Anmerkung zu EuGH, Rs. C-48/05 Opel/Autec, EuZW 2007, 181.

*Keller, Erhard*: Die zeichenmäßige Benutzung im Markenrecht – Umfang und Grenzen der markenrechtlichen Abwehrbefugnis –, GRUR 1996, S. 607–613.

*Keller, Erhard*: Der wettbewerbsrechtliche Leistungsschutz – Vom Handlungsschutz zur Immaterialgüterrechtsähnlichkeit, in: Festschrift für Willi Erdmann zum 65. Geburtstag, Köln 2002, S. 595–611.

*Kellerhals, Miriam*: Der Benutzungszwang im Gemeinschaftsmarkenrecht, GRURInt 1999, S. 14–24.

*Kiethe, Kurt/Groeschke, Peer*: Die Ubiquität des europäischen Verbraucherleitbilds – Der europäische Paß des informierten und verständigen Verbrauchers, WRP 2001, S. 230–238.

*Kiethe, Kurt/Groeschke, Peer*: „Jeans" – Verteidigung wettbewerblicher Eigenart von Modeneuheiten, WRP 2006, S. 794–800.

*Kiethe, Kurt/Groeschke, Peer*: Erweiterung des Markenschutzes vor Verwechselungen durch das neue Lauterkeitsrecht, WRP 2009, S. 1343–1348.

*Klippel, Diethelm*: Grundfragen des Schutzes gewerblicher Kennzeichen gegen Verwässerungsgefahr, GRUR 1986, S. 697–712.

*Knaak, Roland*: Die Durchsetzung der Rechte aus der Gemeinschaftsmarke, GRUR 2001, S. 21–29.

*Knaak, Roland*: Das auf Sanktionen gemäß Art. 98 der Gemeinschaftsmarkenverordnung anwendbare Recht, in: Festschrift für Wilfried Tillmann zum 65. Geburtstag, Köln u.a. 2003, S. 373–383.

*Knaak, Roland*: Markenmäßiger Gebrauch als Grenzlinie des harmonisierten Markenschutzes, GRURInt 2008, S. 91–95

*Köhler, Helmut*: Der ergänzende Leistungsschutz – Plädoyer für eine gesetzliche Regelung, WRP 1999, S. 1075–1082.

*Köhler, Helmut/Piper, Henning*: Gesetz gegen den unlauteren Wettbewerb Kommentar, 3. Auflage, München 2002.

*Köhler, Helmut/Lettl, Tobias*: Das geltende europäische Lauterkeitsrecht, der Vorschlag für eine EG-Richtlinie über unlautere Geschäftspraktiken und die UWG-Reform, WRP 2003, S. 1019–1057.

*Köhler, Helmut*: Die Bagatellklausel in § 3 UWG, GRUR 2005, S. 1–9.

*Köhler, Helmut*: Das Verhältnis des Wettbewerbsrechts zum Recht des geistigen Eigentums – Zur Notwendigkeit einer Neubestimmung auf Grund der Richtlinie über unlautere Geschäftspraktiken, GRUR 2007, S. 548–554.

*Köhler, Helmut*: Vom deutschen zum europäischen Lauterkeitsrecht – Folgen der Richtlinie über unlautere Geschäftspraktiken für die Praxis, NJW 2008, S. 3032–3037.

*Köhler, Helmut*: Die UWG-Novelle 2009, WRP 2009, S. 109–117.

*Köhler, Helmut*: Der Schutz vor Produktnachahmung im Markenrecht, Geschmacksmusterrecht und neuen Lauterkeitsrecht, GRUR 2009, S. 445–451.

*Köhler, Helmut/Bornkamm, Joachim*: Gesetz gegen den unlauteren Wettbewerb, Kommentar, 31. Auflage, München 2013.

*Koos, Stefan/Menke, Burkhart/Ring, Gerhart*: Praxis des Wettbewerbsrechts, Münster 2009.

*Koschtial, Ulrike*: Das Gemeinschaftsgeschmacksmuster: Die Kriterien der Eigenart, Sichtbarkeit und Funktionalität, GRURInt 2003, S. 973–982.

*Krüger, Christof*: Zum gedanklichen Inverbindungbringen im Sinne der §§ 9 I 2, 14 II 2 Markengesetz, GRUR 1995, S. 527–530.

*Krüger, Christof/v. Gamm, Eva-Irina*: Die „Noppenbahnen-Doktrin" – Ein Irrweg? – Zum Erfordernis der Bekanntheit im ergänzenden wettbewerbsrechtlichen Leistungsschutz, WRP 2004, S. 978–985.

*Kur, Annette*: Verwechselungsgefahr und Irreführung – Zum Verhältnis von Markenrecht und § 3 UWG, GRUR 1989, S. 240–250.

*Kur, Annette*: Der wettbewerbliche Leistungsschutz – Gedanken zum wettbewerbsrechtlichen Schutz von Formgebungen, bekannten Marken und „Characters“, GRUR 1990, S. 1–15.
*Kur, Annette*: Die notorisch bekannte Marke im Sinne von 6bis PVÜ und die „bekannte Marke“ im Sinne der Markenrechtsrichtlinie, GRUR 1994, S. 330–340.
*Kur, Annette*: Wettbewerbsrechtlicher Nachahmungsschutz gegen kompatible Produkte? – Zugleich Anmerkung zu den Entscheidungen des BGH, der Cour de Cassation und des Hoyesterett (norw. Oberster Gerichtshof) in Sachen LEGO/TOMY-Train, GRURInt 1995, S. 469–473.
*Kur, Annette*: Die Zukunft des Designschutzes in Europa – Musterrecht, Urheberrecht,Wettbewerbsrecht, GRURInt 1998, S. 353–359.
*Kur, Annette*: Ansätze zur Harmonisierung des Lauterkeitsrechts im Bereich des wettbewerbsrechtlichen Leistungsschutzes, GRURInt 1998, S. 771–781.
*Kur, Annette*: Anmerkungen zu EuGH, Rs. C-063/97 – *BMW/Deenik*, JZ 1999, S. 838–840.
*Kur, Annette*: Die Schnittstellen zwischen Marken- und Wettbewerbsrecht bei nationalen und bei Gemeinschaftsmarken, MarkenR 2001, S. 137–146.
*Kur, Annette*: Die Auswirkungen des neuen Geschmacksmusterrechts auf die Praxis, GRUR 2002, S. 661–670.
*Kur, Annette*: Nachahmungsschutz und Freiheit des Warenverkehrs – der wettbewerbliche Leistungsschutz aus der Perspektive des Gemeinschaftsrechts, in: Festschrift für Eike Ullmann, Saarbrücken 2006, S. 717–735.
*Kur, Annette*: Confusion Over Use? – Die Benutzung „als Marke“ im Lichte der EuGH-Rechtsprechung, GRURInt 2008, S. 1–12.
*Larenz, Karl*: Methodenlehre der Rechtswissenschaft, 6. Auflage, Berlin 1991.
*Lehmann-Schmidtke, Wilfried*: Das Erfordernis der wettbewerbsrechtlichen Eigenart im ergänzenden wettbewerbsrechtlichen Leistungsschutz, Pfaffenweiler 1988.
*Lehmler, Lutz*: UWG – Kommentar zum Wettbewerbsrecht, Neuwied 2007.
*Leistner, Matthias*: Der Rechtsschutz von Datenbanken im deutschen und europäischen Recht, Berlin 2000.
*Leistner, Matthias*: Harmonization of Intellectual Property Law in Europe: The European Court of Justice's Trade Mark Case Law 2004–2007, CMLR Band 45 (2008), S. 69–91.
*Leistner, Matthias*: Rechtsvergleichende und ökonomische Bemerkungen zur Diskussion um den wettbewerbsrechtlichen Leistungsschutz, in: Festschrift für Gerhard Pfennig, München 2012, S. 41–64.
*Lettl, Tobias*: Das neue UWG, GRUR-RR 2009, S. 41–45.
*Lettl, Tobias*: Wettbewerbsrecht, 2. Auflage, München 2013.

*v. Linstow, Bernard*: Die Verwendung fremder Zeichen zur Bezeichnung fremder Waren, WRP 2000, 955–959.

*Loschelder, Michael*: Technische Schutzrechte und das neue UWG, VPP 2/2004, S. 40–48.

*Lubberger, Andreas*: Grundsatz der Nachahmungsfreiheit?, in: Festschrift für Eike Ullmann, Saarbrücken, S. 737–755.

*Maierhöfer, Christopher*: Geschmackmusterschutz und UWG-Leistungsschutz, München 2006.

*Mees, Hans-Kurt*: Verbandsklagebefugnis in Fällen des ergänzenden wettbewerblichen Leistungsschutzes, WRP 1999, S. 62–67.

*Mittelstaedt, Axel*: Kommt es für die Feststellung der Geschmacksmusterverletzung auf die Unterschiede oder auf die Gemeinsamkeiten an?, WRP 2007, S. 1161–1165.

*Müller-Laube, Hans-Martin*: Wettbewerbsrechtlicher Schutz gegen Nachahmung und Nachbildung gewerblicher Erzeugnisse, ZHR 156 (1992), S. 480–511.

*Münker, Reiner/Kaestner, Jan*: Das reformierte UWG im Überblick – Die Sicht der Praxis, BB 2004, S. 1689–1700.

*Münker, Reiner*: Verbandsklagen im sogenannten ergänzenden wettbewerbsrechtlichen Leistungsschutz, in: Festschrift für Eike Ullmann, Saarbrücken 2006, S. 781–793.

*v. Mühlendahl, Alexander/Ohlgart, Dietrich*: Die Gemeinschaftsmarke, München 1998.

*Nemeczek, Heinrich*: Gibt es einen unmittelbaren Leistungsschutz im Lauterkeitsrecht?, WRP 2010, S. 1204–1214.

*Nemeczek, Heinrich:* Wettbewerbliche Eigenart und die Dichotomie des mittelbaren Leistungsschutzes, WRP 2010, S. 1315–1321.

*Nemeczek, Heinrich*: Rechtsübertragungen und Lizenzen beim wettbewerbsrechtlichen Leistungsschutz – Zugleich ein Beitrag gegen den unmittelbaren Leistungsschutz, GRUR 2011, S. 292–295.

*Nerreter, Paul*: Allgemeine Grundlagen eines deutschen Wettbewerbsrechts, Berlin 1936.

*Nirk, Rudolf*: Zur Rechtsfigur des wettbewerbsrechtlichen Leistungsschutzes, GRUR 1993, S. 247–255.

*Nirk, Rudolf/Rörig, Ursula*: Nicht eingetragenes EG-Geschmacksmuster und ergänzender Leistungsschutz, in: Festschrift für Karl-Peter Mailänder zum 70. Geburtstag, Berlin u.a. 2006, S. 161–174.

*Nordemann, Wilhelm/Nordemann, Axel/Nordemann, Jan*: Wettbewerbsrecht und Markenrecht, 10. Auflage, Baden-Baden 2004.

*Ohly, Ansgar*: Die Europäisierung des Designrechts, ZEuP 2004, S. 296–318.

*Ohly, Ansgar*: Designschutz im Spannungsfeld von Geschmacksmuster-, Kennzeichen- und Lauterkeitsrecht, GRUR 2007, S. 731–740.

*Ohly, Ansgar*: Schadensersatzansprüche wegen Rufschädigung und Verwässerung im Marken- und Lauterkeitsrecht, GRUR 2007, S. 926–934.

*Ohly, Ansgar*: Bausteine eines europäischen Lauterkeitsrechts, WRP 2008, S. 177–185.

*Ohly, Ansgar*: Anmerkung zu EuGH Rs. C- 533/06 vom 12.6. 2008 „*O2*", GRUR 2008, S. 701–702.

*Ohly, Ansgar*: Keyword-Advertising auf dem Weg von Karlsruhe nach Luxemburg, GRUR 2009, S. 709–717.

*Ohly, Ansgar*: Hartplatzhelden.de oder: Wohin mit dem unmittelbaren Leistungsschutz?, GRUR 2010, S. 487–494.

*Ohly, Ansgar*: The Freedom of Imitation and its Limits – A European Perspective, IIC 2010, S. 506–524.

*Ohly, Ansgar*: Keyword-Advertising auf dem Weg zurück von Luxemburg nach Paris, Wien, Karlsruhe und Den Haag, GRUR 2010, S. 776–785.

*Oldekop, Axel*: Das nicht eingetragene Gemeinschaftsgeschmacksmuster – Eine Chance für Designer?, WRP 2006, S. 801–810.

*Ortner, Roderic*: Zum gewerblichen Rechtsschutz bei Nachahmung von Modeerzeugnissen, WRP 2006, S. 189–194.

*Osterrieth, Christian*: Der Nachahmungsschutz beim nicht eingetragenen Gemeinschaftsgeschmacksmuster und beim wettbewerbsrechtlichen Leistungsschutz, in: Festschrift für Winfried Tillmann zum 70. Geburtstag, Köln 2003, S. 221–237.

*Peifer, Karl-Nikolaus*: „Hartplatzhelden.de" – Das Ende des unmittelbaren Leistungsschutzes?, GRURPrax 2011, S. 181–184.

*Peukert, Alexander*: Güterzuordnung als Rechtsprinzip, Tübingen 2008.

*Peukert, Alexander*: hartplatzhelden.de – Eine Nagelprobe für den wettbewerbsrechtlichen Leistungsschutz, WRP 2010, S. 316–321.

*Piper, Henning*: Der Schutz der bekannten Marken, GRUR 1996, S. 429–439.

*Piper, Henning*: Zu den Anforderungen an den Schutz der bekannten Gemeinschaftsmarke nach der Gemeinschaftsmarkenverordnung, GRUR 1996, S. 657–663.

*Piper, Henning/Ohly, Ansgar*: Gesetz gegen den unlauteren Wettbewerb, 4. Auflage, München 2006.

*Piper, Henning/Ohly, Ansgar/Sosnitza, Olaf*: Gesetz gegen den unlauteren Wettbewerb, 5. Auflage, München 2010.

*Plaß, Gunda*: Die EG-Richtlinie Vergleichende Werbung, WRP 1999, S. 766–771.

*Plaß, Gunda*: Die gesetzliche Neuregelung der vergleichenden Werbung, NJW 2000, S. 3161 – 3169.

*Rahlf, Sylvia/Gottschalk, Eckart*: Neuland: Das nicht eingetragene Gemeinschaftsgeschmacksmuster, GRURInt 2004, S. 821–827.
*Rauda, Christian*: Abschied des BGH vom Einschieben in eine fremde Serie?, GRUR 2002, S. 38–42.
*Reinisch, Birgit*: Das nicht eingetragene Gemeinschaftsgeschmacksmuster und sein Verhältnis zum ergänzenden wettbewerbsrechtlichen Leistungsschutz, München 2008.
*Rohnke, Christian*: Gemeinschaftsmarken oder nationale Marken? – Strategische Überlegungen zur Rechtsdurchsetzung, GRURInt 2002, S. 979–989.
*Rother, Gereon*: Die prozessuale Durchsetzung des nicht eingetragenen Gemeinschaftsgeschmacksmusters, in: Festschrift für Günther Eisenführ zum 70. Geburtstag, Köln u.a. 2003.
*Ruhl, Oliver*: Gemeinschaftsgeschmacksmuster, Kommentar, 2. Auflage, Köln u.a. 2010.
*Ruhl, Oliver*: Fragen des Schutzumfangs im Geschmacksmusterrecht, GRUR 2010, S. 289–300.
*Ruhl, Oliver*: Anmerkungen zur geschmacksmusterrechtlichen Entscheidung des BGH „Verlängerte Limousinen“, GRUR 2010, S. 692–696.
*Sack, Rolf*: Sonderschutz bekannter Marken, GRUR 1995, S. 81–98.
*Sack, Rolf*: Zum Schutz vor Verwässerung gemäß MarkenG §§ 9 Abs. 1 Nr. 3 und 14 Abs. 2 Nr. 3, WRP 1995, S. 887–888.
*Sack, Rolf*: Probleme des Markenschutzes im Ähnlichkeitsbereich, WRP 1998, S. 1127–1141.
*Sack, Rolf*: Markenrechtlicher Schutz von Vertriebsbindungen, WRP 1999, S. 467–474.
*Sack, Rolf*: Vertriebsbindungen und Außenseiter, WRP 2000, S. 447–457.
*Sack, Rolf*: Vergleichende Werbung nach der UWG-Novelle, WRP 2001, S. 327–349.
*Sack, Rolf*: Die Toshiba-Entscheidung des EuGH zur vergleichenden Werbung, WRP 2002, S. 363–367.
*Sack, Rolf*: Das Einschieben in eine fremde Serie : Sonderfall oder Normalfall des ergänzenden wettbewerbsrechtlichen Leistungsschutzes?, in: Festschrift für Willi Erdmann zum 65. Geburtstag, Köln 2002, S. 697–718.
*Sack, Rolf*: Folgeverträge unlauteren Wettbewerbs, GRUR 2004, S. 625–630.
*Sack, Rolf*: Markenschutz und UWG, WRP 2004, S. 1405–1425.
*Sack, Rolf*: Die lückenfüllende Funktion der Generalklausel des § 3 UWG, WRP 2005, S. 531– 44.
*Sack, Rolf*: Markenrechtliche Probleme vergleichender Werbung, GRUR 2008, S. 201–205.

*Sack, Rolf*: Vom Erfordernis der markenmäßigen Benutzung zu den Markenfunktionen bei der Haftung für Markenverletzungen, WRP 2010, S. 198–211.
*Sack, Rolf*: Vorschläge zur Reform der Verletzungstatbestände und des Erschöpfungsgrundsatzes des europäischen Markenrechts, WRP 2010, S. 1000–1008.
*Sack, Rolf*: Die unlautere Ausnutzung des Rufs von Marken im Marken- und Wettbewerbsrecht, WRP 2011, S. 155–160.
*Sack, Rolf*: Unlautere vergleichende Werbung und Markenrecht, WRP 2011, S. 288–292.
*Sack, Rolf*: Die Verwechslungsgefahr im Marken- und Wettbewerbsrecht – einheitliche Auslegung?, WRP 2013, S. 8–16.
*Sambuc, Thomas*: Die Eigenart der „wettbewerblichen Eigenart" – Bemerkungen zum Nachahmungsschutz von Arbeitsergebnissen durch § 1 UWG, GRUR 1986, S. 130–140.
*Sambuc, Thomas*: Der UWG-Nachahmungsschutz, München 1996.
*Sambuc, Thomas*: Designschutz mit Markenrecht?, GRUR 2009, S. 333–337.
*Schabenberger, Andreas*: Zur Eigenart und Erschöpfung des Gemeinschaftsgeschmacksmusters – Zugleich Anmerkung zum Urteil BGH, I ZR 89/08 vom 22.4.2010–Verlängerte Limousinen, WRP 2010, 992–999.
*Schaub, Renate*: Schadensersatz und Gewinnabschöpfung im Lauterkeits- und Immaterialgüterrecht, GRUR 2005, S. 918–924.
*Schennen, Detlef*: Das Gemeinschaftsgeschmacksmuster – Neuland für Alicante, in: Festschrift für Günther Eisenführ zum 70. Geburtstag, Köln u.a. 2003.
*Scherer, Inge*: Der Verhältnis des lauterkeitsrechtlichen Nachahmungsschutzes nach § 4 Nr. 9 UWG zur europarechtlichen Vollharmonisierung der irreführenden und vergleichenden Werbung, WRP 2009, S. 1446–1454.
*Scherer, Inge*: Was bringt die „Schwarze Liste" tatsächlich? – Bestandsaufnahme und Konsequenzen, WRP 2011, S. 393–400.
*Scherer, Inge*: Kehrtwende bei der vergleichenden Werbung – Welche Konsequenzen hat die Änderung der BGH-Rechtsprechung?, GRUR 2012, S. 545–551.
*Schmidt, Michael*: Verschiebung markenrechtlicher Grenzen lauterkeitsrechtlicher Ansprüche nach Umsetzung der UGP-Richtlinie, GRURPrax 2011, S. 159.
*Schrader, Paul*: Begrenzung des ergänzenden wettbewerbsrechtlichen Leistungsschutzes, WRP 2005, S. 562–564.
*Schreiber, Peter*: Wettbewerbsrechtliche Kennzeichenrechte?, GRUR 2009, S. 113–118.
*Schricker, Gerhard*: Verbraucherschutz und unlauterer Wettbewerb, GRURInt 1970, S. 32–44.

*Schricker, Gerhard*: Möglichkeiten zur Verbesserung des Schutzes der Verbraucher und des funktionsfähigen Wettbewerbs im Recht des unlauteren Wettbewerbs, ZHR 139 (1975), S. 208–249.

*Schricker, Gerhard/Henning-Bodewig, Frauke*: Elemente einer Harmonisierung des Rechts des unlauteren Wettbewerbsrechts in der Europäisches Union, WRP 2001, S. 1367–1407.

*Schricker, Gerhard/Bastian, Eva-Marina/Knaak, Roland* (Hrsg.): Gemeinschaftsmarke und Recht der EU-Mitgliedsstaaten, München 2006.

*Schröer, Benjamin*: Der unmittelbare Leistungsschutz, Tübingen 2010.

*Schroeter, Kurt*: Die Sittenwidrigkeit bei der Benutzung fremder Arbeit und Gedanken im Wettbewerb, GRUR 1949, S. 228–236.

*Schulte-Beckhausen, Thomas*: Das Verhältnis des § 1 UWG zu den gewerblichen Schutzrechten und dem Urheberrecht, Bonn 1994.

*Schulte-Beckhausen, Thomas*: Die gerichtliche Durchsetzung von Ansprüchen der Gemeinschaftsmarke, WRP 1999, S. 300–306.

*Schweizer, Robert*: Die normative Verkehrsauffassung – ein doppeltes Mißverständnis, WRP 2000, S. 923–933.

*Seibt, Katrin*: Das europäische Verbraucherleitbild – ein Abschied von der Verwechslungsgefahr als Rechtsfrage?, GRUR 2002, S. 465–478.

*Seichter, Dirk*: Der Umsetzungsbedarf der Richtlinie über unlautere Geschäftspraktiken, WRP 2005, S. 1087–1095.

*Sosnitza, Olaf*: Aktuelle Probleme im europäischen und deutschen Markenrecht, WRP 2003, S. 1186–1193.

*Sosnitza, Olaf*: Der Gesetzentwurf zur Umsetzung der Richtlinie über unlautere Geschäftspraktiken, WRP 2008, S. 1014–1034.

*Sosnitza, Olaf*: Verleiten zum Vertragsbruch – Berechtigte Fallgruppe oder alter Zopf?, WRP 2009, S. 373–378.

*Spätgens, Klaus*: Gedanken zur Klageberechtigung und zum Herstellerbegriff beim ergänzenden wettbewerbsrechtlichen Leistungsschutz in: Festschrift für Willi Erdmann zum 65. Geburtstag, Köln 2002, S. 727–739.

*Spuhler*, Oliver: Das System des internationalen und supranationalen Schutzes von Marken und geographischen Herkunftsangaben, Berlin, 2000.

*Stang, Felix*: Das urheberrechtliche Werk nach Ablauf der Schutzfrist, Tübingen, 2011.

*Starck, Joachim*: Markenrechtliche Verwechselungsgefahr, MarkenR 2000, S. 233–236.

*Starck, Joachim*: Die Benutzung von Marken – Der Benutzungsbegriff im Rahmen der Rechtsverletzung und Rechtserhaltung, MarkenR 2005, S. 169–173.

*Steinbeck, Anja*: Richtlinie über unlautere Geschäftspraktiken – Irreführende Geschäftspraktiken – Umsetzung in das deutsche Recht, WRP 2006, S. 632–639.

*Stieper, Malte*: Das Verhältnis von Immaterialgüterrechtsschutz und Nachahmungsschutz nach dem neuen UWG, WRP 2006, S. 291–302.

*Stolz, Ekkehard*: Geschmacksmuster- und markenrechtlicher Designschutz, Baden-Baden 2002.

*Ströbele, Paul/Hacker, Franz*: Markengesetz, Kommentar, 9. Auflage, Köln 2009.

*Ströbele, Paul/Hacker, Franz*: Markengesetz, Kommentar, 10. Auflage, Köln 2011.

*Teplitzky, Otto*: Anmerkung zum Urteil des BGH „*Lila-Postkarte*“, LMK 2005, S. 149923.

*Teplitzky, Otto/Peifer, Karl-Nikolaus/Leistner, Matthias* : Gesetz gegen den unlauteren Wettbewerb mit Nebengesetzen, Großkommentar, 2. Auflage, Berlin 2013.

*Tillmann, Winfried*: Gemeinschaftsmarke und Internationales Privatrecht, GRURInt 2001, S. 673–677.

*Thress, Konstantin*: Die irreführende Produktvermarktung – Zur Auslegung des Art. 6 Abs. 2 lit. a der Richtlinie 2005/29/EG über unlautere Geschäftspraktiken und des § 5 Abs. 2 UWG, Köln 2011.

*Ullmann, Eike*: Juris Praxiskommentar zum UWG, 2. Auflage, Saarbrücken 2009.

*Ulmer, Eugen*: Warenzeichenrecht und unlauterer Wettbewerb in ihrer Fortentwicklung durch die Rechtsprechung, Berlin 1929.

*Ulmer, Eugen*: Wandlungen und Aufgaben im Wettbewerbsrecht, GRUR 1937, S. 769–773.

*Ulmer, Eugen*: Urheber- und Verlagsrecht, 3. Auflage, Berlin 1980.

*Völker, Stefan/Elskamp, Gregor*: Die neuen Markenfunktionen des EuGH, WRP 2010, S. 64–72.

*Weihrauch, Frank*: Der unmittelbare Leistungsschutz im UWG – Eine Untersuchung zu den rechtsdogmatischen und rechtstatsächlichen Grundlagen eines ergänzenden Leistungsschutzes auf der Grundlage des § 1 UWG, Berlin 2001.

*Wiebe, Andreas*: Unmittelbare Leistungsübernahme im neuen Wettbewerbsrecht, in: Festschrift für Gerhard Schricker zum 70. Geburtstag, München 2005, S. 773–783.

*Zenner, Holger*: Designschutz ohne Registereintragung in Deutschland, Hamburg 2008.

www.ingramcontent.com/pod-product-compliance
Ingram Content Group UK Ltd.
Pitfield, Milton Keynes, MK11 3LW, UK
UKHW021910290926
8980IPUK00015B/1164

9 783631 641682